E-Book inside.

Mit folgendem persönlichen Code können Sie die E-Book-Ausgabe dieses Buches downloaden.

9r65p-6ycn5-
01800-0w15t

Registrieren Sie sich unter
www.hanser-fachbuch.de/ebookinside
und nutzen Sie das E-Book auf Ihrem Rechner*, Tablet-PC und E-Book-Reader.

Der Download dieses Buches als E-Book unterliegt gesetzlichen Bestimmungen bzw. steuerrechtlichen Regelungen, die Sie unter www.hanser-fachbuch.de/ebookinside nachlesen können.
* Systemvoraussetzungen: Internet-Verbindung und Adobe® Reader®

Kania

Samba 4

Bleiben Sie auf dem Laufenden!

 Unser **Computerbuch-Newsletter** informiert Sie monatlich über neue Bücher und Termine. Profitieren Sie auch von Gewinnspielen und exklusiven Leseproben. Gleich anmelden unter

 www.hanser-fachbuch.de/newsletter

 Hanser Update ist der IT-Blog des Hanser Verlags mit Beiträgen und Praxistipps von unseren Autoren rund um die Themen Online Marketing, Webentwicklung, Programmierung, Softwareentwicklung sowie IT- und Projektmanagement. Lesen Sie mit und abonnieren Sie unsere News unter

 www.hanser-fachbuch.de/update

Stefan Kania

Samba 4

Das Handbuch für Administratoren

HANSER

Alle in diesem Buch enthaltenen Informationen, Verfahren und Darstellungen wurden nach bestem Wissen zusammengestellt und mit Sorgfalt getestet. Dennoch sind Fehler nicht ganz auszuschließen. Aus diesem Grund sind die im vorliegenden Buch enthaltenen Informationen mit keiner Verpflichtung oder Garantie irgendeiner Art verbunden. Autor und Verlag übernehmen infolgedessen keine juristische Verantwortung und werden keine daraus folgende oder sonstige Haftung übernehmen, die auf irgendeine Art aus der Benutzung dieser Informationen – oder Teilen davon – entsteht. Ebenso übernehmen Autor und Verlag keine Gewähr dafür, dass beschriebene Verfahren usw. frei von Schutzrechten Dritter sind. Die Wiedergabe von Gebrauchsnamen, Handelsnamen, Warenbezeichnungen usw. in diesem Buch berechtigt deshalb auch ohne besondere Kennzeichnung nicht zu der Annahme, dass solche Namen im Sinne der Warenzeichen- und Markenschutz-Gesetzgebung als frei zu betrachten wären und daher von jedermann benutzt werden dürften.

Bibliografische Information der Deutschen Nationalbibliothek:
Die Deutsche Nationalbibliothek verzeichnet diese Publikation in der Deutschen Nationalbibliografie; detaillierte bibliografische Daten sind im Internet über *http://dnb.d-nb.de* abrufbar.

Dieses Werk ist urheberrechtlich geschützt.
Alle Rechte, auch die der Übersetzung, des Nachdruckes und der Vervielfältigung des Buches, oder Teilen daraus, vorbehalten. Kein Teil des Werkes darf ohne schriftliche Genehmigung des Verlages in irgendeiner Form (Fotokopie, Mikrofilm oder ein anderes Verfahren) auch nicht für Zwecke der Unterrichtsgestaltung reproduziert oder unter Verwendung elektronischer Systeme verarbeitet, vervielfältigt oder verbreitet werden.

© 2019 Carl Hanser Verlag München, www.hanser-fachbuch.de
Lektorat: Brigitte Bauer-Schiewek
Copy editing: Jürgen Dubau, Freiburg/Elbe
Layout: le-tex publishing services GmbH
Umschlagdesign: Marc Müller-Bremer, www.rebranding.de, München
Umschlagrealisation: Stephan Rönigk
Druck und Bindung: Kösel, Krugzell
Ausstattung patentrechtlich geschützt. Kösel FD 351, Patent-Nr. 0748702
Printed in Germany

Print-ISBN: 978-3-446-45591-7
E-Book-ISBN: 978-3-446-45735-5

Inhalt

Vorwort		XIII
1	**Einleitung**	1
1.1	Formales	1
	1.1.1 Kommandozeile vs. grafische Administration	1
1.2	Schriftarten	2
	1.2.1 Eingabe langer Befehle	2
	1.2.2 Screenshots	2
	1.2.3 Internetverweise	3
	1.2.4 Icons	3
1.3	Linux-Distributionen	3
2	**Grundlagen**	5
2.1	Das Protokoll SMB	5
2.2	Das Protokoll NetBIOS	8
3	**Installation von Samba**	9
3.1	Unterschiede zwischen den verschiedenen Samba4-Versionen	9
3.2	Die verschiedenen Installationsarten	12
	3.2.1 Installation eines Domaincontrollers aus den Distributionspaketen	12
	3.2.2 Installation eines Fileservers aus den Distributionspaketen	13
	3.2.3 Installation aus den Quellen	13
	3.2.4 Installation der SerNet-Pakete	14
	3.2.5 Installation der Pakete von Louis van Belle	14
3.3	Installationen unter den verschiedenen Distributionen	14
	3.3.1 Debian 9	15
	3.3.2 Ubuntu 18.04	21
	3.3.3 CentOS 7	26

	3.3.4	Suse Leap 15	32
	3.3.5	Installation der SerNet-Pakete	37
	3.3.6	Installation der Pakete von Louis van Belle	39

4 Einrichten des ersten Domaincontrollers ... 43
4.1 Allgemeines zum Einrichten des Domaincontrollers ... 43
4.2 Konfiguration des ersten Domaincontrollers (DC Teil 1) ... 45
    4.2.1 Erster Start des Samba4-Servers ... 48
4.3 Konfiguration des ersten Domaincontrollers (DC Teil 2) ... 49
4.4 Testen des Domaincontrollers ... 54
    4.4.1 Testen der Prozesse ... 54
    4.4.2 Testen der Serverports ... 55
    4.4.3 Testen des DNS-Servers ... 56
    4.4.4 Testen des Verbindungsaufbaus ... 56
    4.4.5 Testen des Kerberos-Servers ... 57
    4.4.6 Testen des LDAP-Servers ... 59
4.5 Konfiguration des Zeitservers ... 61

5 Die Benutzerverwaltung ... 63
5.1 Benutzer- und Gruppenverwaltung über die Kommandozeile ... 64
    5.1.1 Verwaltung von Gruppen über die Kommandozeile ... 65
    5.1.2 Verwaltung von Benutzern über die Kommandozeile ... 70
    5.1.3 Passwortregeln setzen ... 74
    5.1.4 Ändern und Suchen von Benutzern mit den ldb-tools ... 75
5.2 Die Remote Server Administration Tools (RSAT) ... 79
    5.2.1 Einrichtung der Remote Server Administration Tools(RSAT) ... 79
    5.2.2 Benutzer- und Gruppenverwaltung mit den RSAT ... 82
5.3 Benutzer- und Gruppenverwaltung mit dem LAM ... 83
    5.3.1 Installation des LAM ... 83
    5.3.2 Konfiguration des LAM ... 85
    5.3.3 Arbeiten mit dem LAM ... 89

6 Gruppenrichtlinien ... 91
6.1 Gruppenrichtlinien – Grundlagen ... 91
6.2 Verwaltung der GPOs mit den RSAT ... 92
    6.2.1 Erste Schritte mit dem Gruppenrichtlinieneditor ... 92
    6.2.2 Erstellen einer Gruppenrichtlinie ... 94
    6.2.3 Verknüpfung der Gruppenrichtlinie mit einer OU ... 96
    6.2.4 Verschieben der Benutzer und Gruppen ... 100

6.3		GPOs über die Kommandozeile	101
	6.3.1	Prüfen der Gruppenrichtlinienreplikation	103
	6.3.2	Reparieren der ACLs von Gruppenrichtlinien	104

7 Verwaltung von Domaincontrollern 107

7.1		Installation des neuen DCs	107
	7.1.1	Konfiguration des DNS-Servers	108
7.2		Konfiguration des zweiten DCs	112
	7.2.1	Testen des neuen Domaincontrollers	120
7.3		Replikation der Freigabe sysvol	126
	7.3.1	Testen der FSMO-Rolle	126
	7.3.2	Einrichten von rsync auf dem PDC-Master	127
	7.3.3	Konfiguration aller anderen DCs	129
	7.3.4	Einrichtung eines Cron-Jobs	131
	7.3.5	Anpassen der smb.conf auf den Client-DCs	131
7.4		Die FSMO-Rollen	133
	7.4.1	Verwaltung der FSMO-Rollen mit samba-tool	135
	7.4.2	Auflisten aller Rollen	135
	7.4.3	Transferieren der FSMO-Rollen	136
7.5		Entfernen eines aktiven Domaincontrollers	138
7.6		Entfernen eines ausgefallenen Domaincontrollers	139
7.7		Standorte und Subnetze	143
7.8		Der read-only Domaincontroller	145
	7.8.1	Installation des RODC	146
	7.8.2	Verwalten der Benutzer auf einem RODC	151

8 Ausfallsicherer DHCP-Server 155

8.1		Der erste DHCP-Server	155
	8.1.1	Vorbereitungen für den ersten DHCP-Server	155
	8.1.2	Konfiguration des ersten DHCP-Servers	160
	8.1.3	Konfiguration des zweiten DHCP-Servers	162
	8.1.4	Testen der DHCP-Server	168

9 Zusätzliche Server in der Domäne 173

9.1		Einrichten eines Linux-Fileservers	173
9.2		ID-Mapping	173
9.3		Einrichten des Fileservers	174
	9.3.1	Grundkonfiguration des Fileservers	175
9.4		Konfiguration über die Registry	178
9.5		Die Registry-Datenbank	180
9.6		Das Kommando net conf	183

10 Verwaltung von Freigaben 189
10.1 Freigabenverwaltung über die Datei smb.conf 189
10.2 Verwaltung der Freigaben über die Registry 191
    10.2.1 Erstellen einer Freigabe in der Registry 193
    10.2.2 Zugriff auf eine Freigabe aus der Registry 195
    10.2.3 Erweitern einer Freigabe in der Registry 197
    10.2.4 Sichern der Freigabeeinstellungen aus der Registry 198
    10.2.5 Löschen einer Freigabe aus der Registry 198
    10.2.6 Wiederherstellen von Freigaben in der Registry 199
10.3 Die Freigabe der Heimatverzeichnisse 199
    10.3.1 Einrichtung der Freigabe für servergespeicherte Profile 202
10.4 Allgemeine Freigaben 205
    10.4.1 Administrative Freigaben 205
    10.4.2 Erstellen einer Freigabe unter Windows 206
    10.4.3 Eine Freigabe mit hide unreadable 213
    10.4.4 Eine Freigabe mit Netzwerkpapierkorb 215
10.5 Zuweisung der Freigaben über Gruppenrichtlinien 217
    10.5.1 Anlegen der Gruppenrichtlinie 217
    10.5.2 Zuordnung der Gruppenrichtlinie 221
    10.5.3 Testen auf der Konsole 224
10.6 Samba und das Distributed File System (DFS) 226
    10.6.1 Grundlagen DFS 226
    10.6.2 Samba4 als DFS-Proxy 226
    10.6.3 Einrichtung einer DFS-Freigabe mit DFS-Link 227

11 Das Dateisystem 229
11.1 Dateisystemberechtigungen 229
    11.1.1 Vererbung der Rechte 229
    11.1.2 Aufhebung der Vererbung 233
    11.1.3 Ändern des Besitzers 237
11.2 Dateisystemquotas 239
    11.2.1 Installation und Aktivierung der Quotas 240
    11.2.2 Quota-Einträge verwalten 241

12 Verwaltung von Clients in der Domäne 247
12.1 Hinzufügen eines Windows-Clients in die Domäne 247
12.2 Hinzufügen eines Linux-Clients zur Domäne 248
    12.2.1 Installation und Konfiguration 249
    12.2.2 Konfiguration des winbind 250

12.3	Zugriff von Linux-Clients auf Samba-Freigaben		254
	12.3.1	Caching der Anmeldeinformationen	257
12.4	Sssd versus winbind		258
	12.4.1	Installation und Konfiguration des sssd	259
	12.4.2	Abfrage des sssd	261

13   Cluster mit CTDB 263

13.1	Vorbereiten der Systeme		263
13.2	GlusterFS		264
	13.2.1	Clients und Protokolle	265
	13.2.2	Die verschiedenen Modi	266
	13.2.3	Installation der Gluster-Pakete	267
	13.2.4	Konfiguration der Knoten	268
	13.2.5	Einrichten der Bricks	269
	13.2.6	Einrichtung des Volumes	270
	13.2.7	Verwenden des Volumes	272
	13.2.8	Gluster-Snapshots	275
	13.2.9	Erweitern eines Volumes	279
	13.2.10	Austauschen eines Knotens	281
13.3	CTDB		284
	13.3.1	Installation der Software	285
	13.3.2	Installation des Kerberos-Clients	285
	13.3.3	Einträge im DNS-Server erstellen	285
	13.3.4	Konfiguration von CTDB	286
	13.3.5	Erstellen der Konfiguration für Samba	290
	13.3.6	Starten und Testen des CTDB-Cluster	292
	13.3.7	Das Kommando onnode	294
	13.3.8	Benutzer und Freigaben	296

14   Schemaerweiterung 303

14.1	Vorbereitung der Installation	303
14.2	Zusätzliche Attribute erstellen	304

15   Sicherung der Datenbanken 309

15.1	Sicherung der Datenbanken	309
15.2	Wiederherstellung der Datenbanken	312

16 Vertrauensstellungen 315
16.1 Vertrauensstellung zwischen zwei Forests 316
    16.1.1 Die Einrichtung der Domänen 316
16.2 Einrichten eines DNS-Proxys 317
    16.2.1 Installation und Konfiguration 317
    16.2.2 Umstellung an den Domaincontrollern 318
16.3 Einrichten der Vertrauensstellungen 321
16.4 Der Windows-Client 326
16.5 Der Linux-Client 327
16.6 Verwaltung von Namespaces 331
16.7 Einrichtung von Namespaces 331

17 Samba4 über die Kommandozeile verwalten 335
17.1 Das Kommando samba-tool 336
    17.1.1 samba-tool dbcheck 336
    17.1.2 samba-tool drs 337
    17.1.3 samba-tool dsacl 341
    17.1.4 samba-tool fsmo 341
    17.1.5 samba-tool gpo 341
    17.1.6 samba-tool group 341
    17.1.7 samba-tool ldapcmp 342
    17.1.8 samba-tool ntacl 343
    17.1.9 samba-tool sites 343
    17.1.10 samba-tool user 343
    17.1.11 Zusammenfassung 344
17.2 Das Kommando net 344
    17.2.1 net rpc 344
    17.2.2 net ads 344
    17.2.3 net status 346
    17.2.4 Zusammenfassung 346
17.3 Die smb-Kommandos 346
    17.3.1 smbclient 347
    17.3.2 smbstatus 351
    17.3.3 smbtree 351
    17.3.4 Zusammenfassung 351
17.4 Skripte 352
    17.4.1 Anlegen von Benutzern 352
    17.4.2 Ändern von Benutzern 355
    17.4.3 Entfernen von gelöschten Objekten 359
17.5 Fazit zur Kommandozeile 362

18 Die Migration einer bestehenden Domäne ... 363
- 18.1 Migration von Samba ... 363
  - 18.1.1 Migration einer tdb-Backend-Domäne ... 364
  - 18.1.2 Migration der Benutzer und Gruppen aus einem openLDAP ... 370
- 18.2 Migration eines Windows-Servers ... 374
  - 18.2.1 DNS-Einträge erstellen und prüfen ... 375
  - 18.2.2 Global Catalog umziehen ... 375
  - 18.2.3 Übertragung der FSMO-Rollen ... 376
  - 18.2.4 Prüfen der Gruppenrichtlinien ... 378

19 Samba4 als Printserver ... 379
- 19.1 Vorbereitungen ... 379
  - 19.1.1 Privilegien für die Druckerverwaltung ... 380
- 19.2 Vorbereitungen des CUPS-Drucksystems ... 381
- 19.3 Einrichten der Freigaben ... 383
  - 19.3.1 Einrichten eines Druckers mit CUPS ... 385
- 19.4 Hochladen der Druckertreiber ... 388
- 19.5 Zuordnung des Druckertreibers ... 390
- 19.6 Verbinden mit dem Drucker ... 393
- 19.7 Gruppenrichtlinien für Drucker ... 393
  - 19.7.1 Gruppenrichtlinien für unsignierte Druckertreiber ... 394
  - 19.7.2 Gruppenrichtlinie für die Druckerzuweisung ... 395

20 WINS und Samba4 ... 397
- 20.1 Einrichten des Knotentyps ... 398
- 20.2 Konfiguration des WINS-Servers ... 400
- 20.3 Einrichten der Replikation ... 400
- 20.4 Backup und Recovery der WINS-Daten ... 401
- 20.5 Testen der WINS-Server ... 402

21 Einrichtung von ssh ... 405
- 21.1 Einrichtung des ssh-Servers ... 405
- 21.2 Einrichten des Clients ... 406

22 Firewall und Sicherheit ... 407
- 22.1 Firewall ... 407
  - 22.1.1 Ports auf einem Domaincontroller ... 407
  - 22.1.2 Ports auf einem Fileserver ... 408
- 22.2 Sicherheit ... 411
  - 22.2.1 Absichern des Betriebssystems ... 411
  - 22.2.2 Absichern des Samba-Dienstes ... 412

23 Hilfe zur Fehlersuche 415
23.1 Installations- und Konfigurationsfehler 416
23.1.1 Der erste Domaincontroller 416
23.1.2 Der zweite Domaincontroller 419
23.1.3 Replikation der SYSVOL-Freigabe 420
23.1.4 Der Fileserver 422
23.2 Fehler im laufenden Betrieb 426
23.2.1 Fehler bei der Replikation 426
23.2.2 Berechtigungsprobleme bei den ACLs 427
23.2.3 Ungleiche Zeit auf den Domaincontrollern 428

24 Jetzt alles zusammen 431
24.1 Das Unternehmen 431
24.2 Planung des Active Directorys 433
24.3 Installation des ersten Domaincontrollers 434
24.4 Einrichtung des Zeitservers 435
24.5 Installation des zweiten Domaincontrollers 436
24.5.1 Replikation der Freigabe sysvol 437
24.6 Konfiguration von GlusterFS 439
24.7 Konfiguration von CTDB 442
24.8 Konfiguration von Samba 444
24.9 Einrichten der administrativen Freigaben 447
24.10 Einrichten des Druckservers 448
24.11 Nachwort zum Workshop 451

Stichwortverzeichnis 453

Vorwort

Eine neue Auflage vom Samba-4-Buch bei einem neuen Verlag. Der eine oder andere wird sich fragen, warum ich für diese Auflage den Verlag gewechselt habe. Ich kann Ihnen dazu nur sagen, dass ich mit meinem Samba-4-Buch ganz ohne jeden Streit vom Rheinwerk-Verlag zum Hanser-Verlag gewechselt bin. Die Bücher «Linux-Server» und «Shell-Programmierung» werde ich auch weiterhin für den Rheinwerk-Verlag schreiben.

Nun aber zu diesem Buch. Auch in dieser Ausgabe stecken wieder sehr viele Erfahrungen aus Projekten und Schulungen der letzten Jahre. Samba 4 ist mittlerweile sehr viel weiter, als es bei der letzten Auflage mit der Version 4.3 war. Ich werde hier die Version 4.8.3 verwenden und damit die neuesten Möglichkeiten und Techniken ansprechen. An einigen Stellen im Buch habe ich aber auch schon Neuerungen zu der Version 4.9 beschrieben. Jetzt wird sich der eine oder andere von Ihnen fragen: Warum nicht gleich alles in der Version 4.9? Der Grund ist der: Ein Buch hat immer einen gewissen Vorlauf, und die Korrektur, der Satz und der Druck brauchen auch Zeit. Auch ist es immer besser, eine etwas ausgereiftere Version für ein Buch zu verwenden. Wie schon in den ersten zwei Auflagen werde ich hier immer den praktischen Bezug nehmen. Die Kapitel sind logisch aufeinander aufgebaut, Sie können aber gezielt in den einzelnen Kapiteln nach Lösungen für Ihre Aufgaben suchen.

Einige Dinge sind in dieser Auflage komplett neu. Dazu gehört, dass ich die Konfiguration der Domaincontroller jetzt auch mit Bind9 als Nameserver beschrieben habe. Auch die Einbindung des DHCP-Dienstes mit zwei Servern für ein dynamisches DNS ist neu in dieser Auflage. Die Skripte für die Verwaltung über Kommandozeile habe ich auch noch überarbeitet.

Dann habe ich ein ganz neues Kapitel ins Buch aufgenommen. Dieses Kapitel ist aufgrund von konstruktiven Anregungen einiger Leser ins Buch gekommen. Es geht dabei um Fehler, die bei der Einrichtung von Domaincontrollern und Fileservern auftreten können, wie sie sich bemerkbar machen und wie Sie sie beheben können.

Leider musste ich auch ein Kapitel aus dem Buch entfernen: jenes, das die Wiederherstellung von gelöschten Objekten im Active Directory beschreibt. Diese Funktion ist momentan so fehlerhaft, dass ich mich entschieden habe, das Kapitel, zumindest in dieser Auflage, aus dem Buch zu nehmen. Das Wiederherstellen von Objekten klappt nur, wenn Sie lediglich einen Domaincontroller in Ihrem Netz haben.

Danksagung

An dieser Stelle möchte ich mich beim Hanser-Verlag bedanken, der mein Buch aufgenommen und mir freie Hand gelassen hat bei der Gestaltung und den Inhalten. Das Erstellen eines Fachbuchs ist nie die Leistung eines Einzelnen, sondern immer die Arbeit eines Teams.

Da ein Buch immer ein Projekt neben der anderen Arbeit ist, muss man als Autor immer auch Stunden der Freizeit opfern, um alles zu testen und dann schreiben zu können. Aus dem Grund möchte ich hier auch meiner Lebensgefährtin danken, dass sie mich sehr oft in aller Ruhe hat arbeiten lassen. Ohne diese Geduld wäre so ein Projekt nicht möglich.

Jetzt bleibt mir nur noch, Ihnen viel Spaß mit der neuen Auflage zu wünschen, und wie immer freue ich mich über Anregungen und Kritik.

1 Einleitung

An dieser Stelle möchte ich Ihnen erklären, was ich mir bei der Verwendung der verschiedenen Formatierungsmöglichkeiten und Administrationsarten gedacht habe. Hier finden Sie auch die Beschreibung zu den im Buch verwendeten Icons.

1.1 Formales

Damit Sie den größtmöglichen Nutzen aus diesem Buch ziehen können, sollen im Folgenden einige Konventionen erläutert werden.

1.1.1 Kommandozeile vs. grafische Administration

An vielen Stellen im Buch verwende ich die Kommandozeile, um bestimmte Dienste zu konfigurieren oder zu testen, aber auch die Maus kommt hier zum Einsatz. In diesem Buch geht es ja um Samba 4. Samba 4 soll ein möglichst genaues Abbild einer Windows-Umgebung darstellen, und das betrifft natürlich auch die Administration.

Da die Administration unter Windows im Normalfall über die grafische Oberfläche stattfindet, wird genau das hier häufig auftauchen. An manchen Stellen macht es auch keinen Sinn, obwohl es ginge, die Administration über die Kommandozeile vorzunehmen, da Sie mit der Maus viel schneller sind. An einigen Stellen haben Sie auch mehr Möglichkeiten, wenn Sie die grafische Administration verwenden.

Für alle Leser unter Ihnen, die am liebsten alles oder wenigstens möglichst viel über die Kommandozeile erledigen möchten, habe ich dieses Mal ein eigenes Kapitel geschrieben, das sich ausschließlich mit der Administration über die Kommandozeile befasst.

1.2 Schriftarten

Viele der Beispiele zu den Kommandos werden aber auch in Listings dargestellt. In den Listings werden Sie von der Befehlszeile bis zum Ergebnis alles nachvollziehen können, wie Sie hier im Beispiel sehen:

Listing 1.1 Ein Testlisting

```
stefan@samba4~\$ ps
  PID TTY          TIME CMD
 4008 pts/2    00:00:00 bash
 4025 pts/2    00:00:00 ps
```

Die folgenden Schriftarten werden im Buch verwendet:

- Um bestimmte Begriffe hervorzuheben, wird die Schriftart `Schreibmaschine` eingesetzt.
- Für die Darstellung von Tastenkombinationen und Klicks auf bestimmte Symbole oder Karteireiter in der grafischen Oberfläche wird die Schriftart KAPITÄLCHEN verwendet.
- Wenn im Text der Hinweis auf eine Datei gegeben wird, werde ich die Schriftart Serifenlos verwenden.
- Im fließenden Text werden Konsolenbefehle, Parameter und Werte aus Listings durch die Verwendung von *Kursivschrift* gekennzeichnet.

1.2.1 Eingabe langer Befehle

Es gibt noch eine weitere wichtige, eher technische Konvention: Einige der vorgestellten Kommandozeilenbefehl oder Ausgaben von Ergebnissen erstrecken sich über mehrere Buchzeilen. Im Buch kennzeichnet am Ende der entsprechenden Zeilen ein „\", dass der Befehl oder die Ausgabe in der nächsten Zeile weitergeht.

1.2.2 Screenshots

Wie heißt es doch so schön: Ein Bild sagt mehr als tausend Worte. Wann immer es sinnvoll erscheint, soll ein Screenshot zur Erhellung des Sachverhaltes beitragen.

Gerade wenn Windows verstärkt für die Administration eingesetzt wird, sind Screenshots einfach unerlässlich. Auch sollen die Screenshots Ihnen helfen, bestimmte Einstellungen schneller und einfacher zu finden.

1.2.3 Internetverweise

An einigen Stellen werde ich auf bestimmte URLs verweisen – sei es, um Ihnen Quellen für bestimmte Downloads zu geben, oder um Ihnen den Weg zu tiefergehenden und weiterführenden Erklärungen zu geben, die den Rahmen dieses Buches sprengen würden. Verweise auf Internetadressen werden immer kursiv geschrieben, zum Beispiel so: *www.samba.org*.

1.2.4 Icons

Sie werden in den einzelnen Kapiteln am Rand oft Icons finden, die Sie auf bestimmte Zusammenhänge oder Besonderheiten hinweisen sollen. Die Icons haben die folgenden Bedeutungen:

Wichtig
Wann immer Sie das nebenstehende Symbol sehen, ist Vorsicht angeraten: Hier weise ich auf besonders kritische Einstellungen hin oder auf Fehler, die dazu führen können, dass das System nicht mehr stabil läuft. Damit sich die Warnungen mehr vom übrigen Text abheben, habe ich diese Textbereiche dann noch mit einem grauen Kasten hinterlegt.

Hinweis
Alle Textstellen, die ich mit diesem Icon versehen habe, sollten Sie unbedingt lesen! Hier handelt es sich oft um wichtige Hinweise, die Sie nicht außer Acht lassen sollten.

Tipp
Bei diesem Symbol finden Sie nützliche Tipps und Tricks zu bestimmten Aufgaben.

■ 1.3 Linux-Distributionen

Welche Distribution Sie verwenden, ist immer abhängig davon, welche Samba-Version Sie einsetzen wollen. Zurzeit unterstützen nur Ubuntu und Debian die Funktion des Active-Directory-Domaincontrollers. Der Grund ist der, dass bis zur Version 4.6 nur der Heimdal-Kerberos-Server bei Samba zum Einsatz gekommen ist. Nur Debian und Ubuntu stellen den Heimdal-Server noch zur Verfügung, alle anderen Distributionen verwenden nur noch den MIT-Kerberos um, die aktuellen Versionen nutzen zu können.

Eine weitere Möglichkeit für die Installation auf Debian-Systemen sind die Pakete von Louis van Belle *https://apt.van-belle.nl/*. Ich werde diese Pakete hier im Buch einsetzen, um die aktuelle Samba-Version vorstellen zu können.

Die wichtigsten Unterscheidungsmerkmale finden sich hauptsächlich in der Installation. Die Administration ist anschließend bei allen Distributionen identisch.

Ein Hinweis zu Firewalls, SELinux und Apparmor: Ich werde vor der Installation diese Systeme immer deaktivieren, da es in diesem Buch nicht um das Thema Systemsicherheit geht. Wenn Sie eines dieser Systeme nutzen wollen, müssen Sie sich in zusätzlicher Literatur darüber informieren, da diese System für sich schon ganze Bücher füllen.

Wenn Sie jetzt überlegen, welche Distribution Sie verwenden wollen, folgen hier ein paar Tipps:

- Achten Sie auf langen Support, wählen Sie deshalb auf jeden Fall eine LTS-Version Ihrer Lieblingsdistribution.
- Installieren Sie auf allen Servern die gleiche Distribution, schaffen Sie sich keinen Distributionszoo.
- Testen Sie, mit welcher Distribution Sie am besten zurechtkommen.
- Schauen Sie sich die verschiedenen Versionen von Samba 4 an, und überlegen Sie, welche Version Sie mindestens installieren müssen, um alle benötigten Funktionen realisieren zu können.

Einige der hier im Buch beschriebenen Distributionen bringen nicht die Funktion des Domaincontrollers mit, da der Domaincontroller den Heimdal-Kerberos-Server benötigt und nicht alle Distributionen diesen unterstützen. An der entsprechenden Stelle werde ich auf diese Thematik noch genauer eingehen.

Jetzt bleibt mir nur noch, Ihnen viel Spaß mit dem Buch zu wünschen und zu hoffen, dass Ihnen mein Buch bei Ihrer täglichen Arbeit eine Hilfe sein wird.

2 Grundlagen

Bevor es an die Praxis geht, will ich auf ein paar Grundlagen eingehen. Hier soll nicht das gesamte OSI-Referenzmodell besprochen, sondern ein kurzer Einblick in die verwendeten Protokolle vermittelt werden.

In diesem Kapitel werden zunächst einige Grundlagen zu den beiden Protokollen SMB und NetBIOS angesprochen. Auch will ich hier auf die verschiedenen Versionen des SMB-Protokolls eingehen.

Für die Datenübertragung und Adressierung im Netzwerk verwendet Windows zwei unterschiedliche Protokolle: SMB für die Datenübertragung und NetBIOS für die Adressierung über die NetBIOS-Namen.

Die beiden Protokolle haben dabei verschiedene Aufgaben. Auf das SMB-Protokoll können Sie nicht verzichten, denn es wird immer für die Datenübertragung verwendet. Das Protokoll wurde auch über die Jahre stets weiterentwickelt. Auf das NetBIOS-Protokoll können Sie heute aber ganz verzichten, denn sämtliche Adressierung kann über DNS oder das Active Directory vorgenommen werden. Aber sehr oft kommt das Protokoll doch noch zum Einsatz, um zum Beispiel die Netzwerkumgebung im Explorer unter Windows weiterverwenden zu können.

■ 2.1 Das Protokoll SMB

Bei SMB handelt es sich um ein Protokoll zur Kommunikation mit Datei- und Druckdiensten. SMB wird auch oft als Dateisystem betrachtet, was es aber eigentlich nicht ist. SMB kann wohl besser mit NFS verglichen werden, das besonders unter Linux verwendet wird und dort den Austausch von Dateien regelt.

SMB ist für die Übertragung der Daten zwischen dem Client und dem Server verantwortlich. SMB benötigt immer ein Transportprotokoll. Hier kam früher das Protokoll NetBIOS alleine zum Einsatz, später wurde dann auf NetBIOS over TCP umgeschwenkt. Ab Windows 2000 ist es aber auch möglich, TCP alleine zu verwenden.

Da aber der Computersuchdienst, der für den Aufbau der Netzwerkumgebung verantwortlich ist, auf NetBIOS basiert, wird oft NetBIOS weiterverwendet, da sonst die Rechner im Netzwerk nicht mehr in der Netzwerkumgebung angezeigt würden. Unter Samba wird das Protokoll SMB über den Daemon smbd bereitgestellt.

Mit Windows Vista erschien eine neue Version des SMB-Protokolls auf dem Markt: das SMB2-Protokoll. Dieses Protokoll wurde an einigen Stellen komplett überarbeitet. Eines der Hauptmerkmale der neuen Version ist, dass die Anzahl der Kommandos von über 100 auf 16 reduziert wurde.

Dadurch ist das Protokoll im Netzwerk nicht mehr so „gesprächig". Auch wurden die Puffer für die Datenübertragung vergrößert, wodurch eine schnellere Übertragung von großen Dateien möglich ist.

Hinweis

In Samba 3 gibt es ab der Version 3.5 eine experimentelle Unterstützung für SMB2. Ab der Samba-Version 3.6 wird das SMB2-Protokoll voll unterstützt.

Mit Samba 4 kam dann die Unterstützung des SMB3-Protokolls. Zwar werden noch nicht alle Funktionen dieser Version von Samba 4 unterstützt, aber die Entwickler arbeiten daran, alle Funktionen auch in Samba 4 zu implementieren.

Das SMB-Protokoll gibt es in verschiedenen Versionen, die von den unterschiedlichen Windows-Versionen unterstützt werden:

- **Version 1.0**
  Diese Version kommt bei Windows 2000, Windows XP, Windows Server 2003 und Windows Server 2003 R2 zum Einsatz.

- **Version 2.0**
  Ab Windows Vista Service Pack 1 und Windows Server 2008 ist das Protokoll SMB in der Version 2.0 das Standardprotokoll für die Datenübertragung. Diese Version wird auch bei Samba ab der Version 3.6 unterstützt.

- **Version 2.1**
  Mit Windows 7 und Windows Server 2008 R2 wurde die verbesserte Version 2.1 eingeführt. Samba 3.6 unterstützt auch diese Version.

- **Version 3.0**
  Seit Windows 8 und Windows Server 2012 wird die aktuelle Version 3.0 des Protokolls implementiert. Ältere Windows-Versionen unterstützen die Version 3.0 nicht mehr.

In Tabelle 2.1 sehen Sie eine Matrix für die Kompatibilität der einzelnen Windows-Betriebssysteme mit den SMB-Versionen.

Im Folgenden sehen Sie eine Liste der Änderungen und Anpassungen in den verschiedenen Versionen:

- Von SMB 1.0 auf SMB 2.0:
  - Verbesserung der Skalierung der Dateiübertragung
  - Verbesserung der Performance
  - Zusammenfassung von Anfragen
  - asynchrone Operationen
  - größere Schreib- und Lesezugriffe
  - weniger Kommandos
  - Signierung verwendet jetzt HMAC SHA-256 anstelle von MD5.

Tabelle 2.1 Zuordnung der Protokolle

Client-/Server OS	Windows 10, Windows Server 2016	Windows 8, Windows Server 2012	Windows 7, Windows Server 2008 R2	Windows Vista, Windows Server 2008
Windows 10, Windows Server 2016	SMB 3.1.1	SMB 3.0	SMB 2.1	SMB 2.0
Windows 8, Windows Server 2012	SMB 3.0	SMB 3.0	SMB 2.1	SMB 2.0
Windows 7, Windows Server 2008 R2	SMB 2.1	SMB 2.1	SMB 2.1	SMB 2.0
Windows Vista, Windows Server 2008	SMB 2.0	SMB 2.0	SMB 2.0	SMB 2.0
Samba 4.2	SMB 3.0	SMB 3.0	SMB 2.1	SMB 2.0
Samba 4.3	SMB 3.1.1	SMB 3.0	SMB 2.1	SMB 2.0

- Von SMB 2.0 auf SMB 2.1:
  - Verbesserung der Datei-Leasings
  - Unterstützung größerer MTUs
  - Verbesserung des Cachings
- Von SMB 2.1 auf SMB 3.0:
  - verbesserte Verfügbarkeit
  - SMB Transparent Failover für den Einsatz in Clustern
  - Einsatz von SMB Multichannel
  - Verbesserung der Performance
  - SMB 3.0 over Remote Direct Memory Access (RDMA)
  - SMB Multichannel
  - Verbesserung der Sicherheit
  - Die SMB-Verschlüsselung nutzt jetzt AES-CCM (optional).
  - Die Signierung nutzt jetzt AES-CMAC.

Nicht alle Funktionalitäten der neuen Version SMB 3.0 werden aktuell von Samba 4 unterstützt. Wenn Sie genau wissen wollen, welche der Funktionen im Moment implementiert sind, können Sie sich darüber im Samba-Wiki informieren. Unter der URL *https://wiki.samba.org/index.php/Samba3/SMB2#SMB3.0* finden Sie das Wiki.

Mit der Version 4.3 wird die SMB-Version 3.1.1 unterstützt, die bei Microsoft ab Windows 10 zum Einsatz kommt. Beide, sowohl der Samba-Client als auch der Samba-Server, unterstützen diese SMB-Version. Die Version 3.1.1 sorgt vor allen Dingen für eine höhere Sicherheit bei der Kommunikation zwischen Client und Server.

Alle Eigenschaften, die Samba über das SMB-Protokoll bereitstellt, werden über die zentrale Konfigurationsdatei /etc/samba/smb.conf eingestellt.

2.2 Das Protokoll NetBIOS

NetBIOS ist dagegen für die Namensdienste im Netzwerk verantwortlich. Es wird unter Samba über den Daemon nmbd bereitgestellt. Im Verlauf des Buches werden Sie sehen, dass bei Samba4 NetBIOS auf den Domaincontrollern nicht mehr für den Computersuchdienst bereitgestellt wird. Dadurch werden die Domaincontroller nicht mehr in der Netzwerkumgebung angezeigt. Verbindungen lassen sich dort nur noch direkt über die Freigabe einrichten. Sie werden im Verlauf des Buches auch den Grund dafür erfahren.

Das Protokoll NetBIOS ist eine Entwicklung der Firmen IBM und Sytek Inc. Es wurde bereits im Jahre 1983 entwickelt. Ursprünglich war es dazu gedacht, die Kommunikation in kleinen Netzen bis maximal 80 Hosts zu gewährleisten. Später wurde NetBIOS als Protokoll definiert, das direkt auf der OSI-Ebene 2 aufsetzt. Daraus wurde das Protokoll NetBEUI, ein sehr einfach aufgebautes Protokoll ohne Routing-Funktion, das aber den Anforderungen an kleine Netze genügte.

Alle Microsoft-Betriebssysteme vor der Version Windows 2000 waren zwingend auf das Protokoll NetBIOS angewiesen, da mit diesem Protokoll die gesamte Adressierung der Systeme und der Dienste im Netz durchgeführt wurde. NetBIOS ist ein Protokoll der Ebene 5 des OSI-Referenzmodells. Dadurch können die verschiedensten Netzwerkprotokollfamilien auf den Ebenen 3 und 4 verwendet werden. Am Anfang stand hier NetBEUI im Vordergrund, da das Protokoll NetBIOS mehr für kleine lokale Netze gedacht war. Heute verwendet NetBIOS die Protokolle TCP/IP zum Transport der Daten und kann somit auch in modernen Netzen zum Einsatz kommen.

Seit Windows 2000 kann aber auch ganz auf NetBIOS verzichtet und die gesamte Kommunikation komplett über TCP/IP realisiert werden. Aus Kompatibilitätsgründen ist NetBIOS aber immer noch in den Microsoft-Betriebssystemen vorhanden und auch standardmäßig immer aktiv. NetBIOS ist deswegen immer noch vorhanden und aktiv, weil die Netzwerkumgebung auf einem Windows-Client stark von NetBIOS abhängig ist. Zwar füllt NetBIOS die Netzwerkumgebung nicht direkt (dafür ist der Computersuchdienst verantwortlich), aber der Computersuchdienst ist sehr stark von NetBIOS abhängig.

Soll kein NetBIOS mehr zum Einsatz kommen, wird die Verwaltung der Dienste und Rechner in einem Windows-Netzwerk vom Active Directory übernommen, und die Netzwerkumgebung bleibt leer.

Viele Administratoren lassen deshalb NetBIOS aktiv, da sich die Anwender an die Netzwerkumgebung gewöhnt haben und sich nur schwer umstellen können oder wollen.

3 Installation von Samba

In diesem Kapitel geht es um die verschiedenen Möglichkeiten, Samba4 zu installieren. Dabei werde ich sowohl auf die Installation aus den Quellen als auch auf die Paketinstallation aus den Distributionen und die Installation der SerNet-Pakete eingehen. Zu jeder dieser Installationsarten werde ich die Vor- und Nachteile erwähnen, so dass Sie am Ende dieses Kapitels eine eigene Entscheidung treffen können, welchen Weg Sie gehen wollen.

3.1 Unterschiede zwischen den verschiedenen Samba4-Versionen

Mittlerweile sind die Pakete in den Distributionen relativ aktuell, es hängt immer davon ab, welche Distribution Sie einsetzen.

Durch den vom Samba-Team auf sechs Monate verkürzten Release-Zyklus der Versionen können die Distributionen nicht immer die aktuellste Version bereitstellen. Da der Funktionsumfang von Version zu Version steigt, müssen Sie im Vorfeld genau überlegen, welche Funktion von Samba 4 Sie benötigen, und dann die richtige Version auswählen. Die Unterschiede der einzelnen zum Zeitpunkt des Schreibens dieses Buches vorhandenen Versionen will ich Ihnen hier kurz auflisten. Die Liste zeigt die großen Unterschiede, die für eine Entscheidung für den Einsatz von Samba 4 relevant sind. Ich werde dabei nur auf die Versionen eingehen, die vom Samba-Team unterstützt oder von einer der großen Distributionen bereitgestellt werden.

- **Version 4.5**
  Diese Version wird zwar nicht mehr vom Samba-Team unterstützt, ist aber in Debian Stretch die in den Standard-Repositories enthaltene Version. Bei dieser Version wurde besonders die Performance verbessert. Auch wurden bei der Sicherheit einige Einstellungen angepasst. So wird anstelle von NTLNv1 jetzt als Standard NTLMv2 aktiviert. Wenn Sie noch das alte Protokoll benötigen, müssen Sie es aktivieren. Die Werkzeuge zur Verwaltung eines CTDB-Cluster wurden komplett überarbeitet. Die Funktion der shadow-copy wurde überarbeitet.
- **Version 4.6**
  In dieser Version wurden sehr viele Verbesserungen im Bereich id-mapping, LDAP und dem internen DNS-Server vorgenommen. Erst mit dieser Version ist es Ihnen möglich,

die `GID` der Unix-Attribute selber festzulegen. Bei allen vorherigen Versionen war diese immer die Gruppe der `domain users` und konnte auch nicht verändert werden. Auch eine Mitgliedschaft in einer Windows-Domäne ist mit der Version 4.1 möglich. Die erste Auflage dieses Buches basierte auf dieser Version. Seit dem Erscheinen des Buches wurden an dieser Version verschiedene Bug Fixes vorgenommen, sodass auch mit dieser Version eine produktive Umgebung aufgebaut werden kann.

- **Version 4.7**
  Mit dieser Version kam eine der größten Änderungen der letzten Jahre in die Pakete: die optionale Unterstützung des `MIT-Kerberos`. Bis zur Version 4.6 wurde nur der `Heimdal-Kerberos` unterstützt. Diese gravierende Änderung wird dafür sorgen, dass in naher Zukunft auch Distributionen wie Red Hat, CentOS und Suse die Funktion des Domaincontrollers unterstützen werden. Denn in diesen Distributionen wird der `Heimdal-Kerberos` nicht mehr unterstützt.

- **Version 4.8**
  Die beim Schreiben dieses Buches aktuellste Version hat wieder ein paar Neuerungen bereitgestellt. In der LDAP-Datenbank wurde das GUID-Indexing überarbeitet. In der Version 4.8.0 und 4.8.1 gab es daher Problem bei dem Upgrade von älteren Versionen auf eine der beiden Versionen.

> **Wichtig**
> Wenn Sie bereits einen oder mehrere Samba-4-Domaincontroller in Ihrem Netz laufen haben, dürfen Sie auf gar keinen Fall ein Upgrade auf die Versionen 4.8.0 oder 4.8.1 durchführen. Durch ein Upgrade auf eine der beiden Versionen würden Sie sich Ihre Datenbank unwiderruflich zerstören. Verwenden Sie bei einem Upgrade mindestens die Version 4.8.2.

Wenn Sie einen Samba-Member mit dem Parameter *security = ads* oder *security = domain* verwenden, müssen Sie auf jeden Fall den `winbind` installieren und konfigurieren. Die Verwaltung von Vertrauensstellungen wurde sehr stark verbessert. Ich werde im Buch auf dieses Thema genauer eingehen.

Nachdem vor einigen Jahren das Modul zum Online-Virenscannen entfernt wurde, gibt es jetzt ein neues Modul, das diese Funktion wieder ermöglicht.

- **Version 4.9**
  Am 13.09.2018 erschien die Version 4.9.0, die in vielen Bereichen ergänzt und verbessert wurde. Der produktive Einsatz einer neuen Version ist erfahrungsgemäß immer erst mit der ersten Überarbeitung (in diesem Fall mit der Version 4.9.1) zu empfehlen. Im Buch beschränke ich mich auf die Version 4.8.3, wenn es um die Einrichtung von Funktionen geht. Ich werde aber auch an verschiedenen Stellen auf die kommenden Möglichkeiten mit Samba 4.9 hinweisen. Hier schon mal eine Übersicht über die neuen Funktionen:
  - Erweitertes Auditing
    In vielen Bereichen ist die Datenbank um die Möglichkeit des Auditings erweitert worden. So können Sie jetzt die Datenbank überwachen, um Änderungen an Objekten und vor allen Dingen an Passwörtern zu kontrollieren.
  - Unterstützung der `Password Settings Objects` (PSOs)
    Mit den PSOs können Sie für einzelnen Benutzer oder Gruppen die Passwortrichtli-

nien der Domäne übersteuern und so für bestimmte Benutzergruppen stärkere oder schwächere Passwortregeln festlegen. Die PSOs setzen Sie mit dem neuen Kommando *samba-tool domain passwordsettings pso*

- Domain Backup und Restore
Jetzt können Sie Ihre Active-Directory-Datenbank direkt mit dem *samba-tool* im laufenden Betrieb sichern und im Falle eines Komplettausfalls der Domäne wieder herstellen. Sie benötigen kein eigenes Skript mehr für diese Aufgaben. Das Kommando *samba-tool* wurde dafür um die beiden Kommandos *samba-tool domain backup online* und *samba-tool domain backup restore* erweitert.

- Verwalten von OUs mithilfe von *samba-tool*
Ein komplett neues Sub-Kommando für die Verwaltung von OUs wurde entwickelt. So können Sie jetzt auch auf der Kommandozeile OUS anlegen, löschen und umbenennen.

- DNS-Einträge werden bereinigt
Wenn Sie einen Domaincontroller aus der Domäne mit *demote* entfernen, werden jetzt auch alle DNS-Einträge für den Domaincontroller entfernt.

- Die Funktionen der Vertrauensstellungen wurde verbessert
Endlich ist es möglich, Gruppen und Benutzer aus der vertrauten Domäne zu einer Gruppe hinzuzufügen. Sie können jetzt den SID einer Gruppe oder eines Benutzers zu einer lokalen Gruppe hinzufügen.

- Änderungen an CTDB
CTDB wurde fast komplett überarbeitet. Die Konfigurationsdatei entspricht jetzt der der smb.conf. Die Event-Skripte wurden verändert und werden jetzt effektiver verwaltet. Im CTDB wurden wohl die meisten Änderungen durchgeführt. In der nächsten Samba-Version wird CTDB weitere Änderungen durchlaufen, die noch radikaler sein werden, so wie die Aufteilung aller Aufgaben auf mehrere Daemons. Im Moment werden alle Aufgaben von CTDB über einen Daemon durchgeführt. In Zukunft werden die Aufgaben verteilt, um die Performance von CTDB zu verbessern.

Wenn Sie sich einen vollständigen Überblick über alle Änderungen in den verschiedenen Versionen machen wollen, empfehle ich Ihnen einen Blick auf die Seite *https://www.samba.org/samba/history/*.

Nachdem Sie jetzt eine Übersicht über die unterschiedlichen Funktionen der einzelnen Versionen haben, müssen Sie sich entscheiden, welchen Weg der Installation Sie gehen wollen und welche Distribution Sie nutzen wollen. Bei der Installation des Active-Directory-Domaincontrollers muss immer auch ein Kerberos-Server eingerichtet werden. Samba verwendet hierfür im Moment noch den Heimdal-Kerberos. Erst ab der Version 4.7 ist eine Umstellung möglich. Aber der vollständige Funktionsumfang ist noch nicht gegeben.

Damit fallen die Pakete der Distributionen aus der Auswahl, die nur den MIT-Kerberos bereitstellen. Dazu gehören `Fedora`, `Red Hat`, `Suse` und `CentOS`. Wollen Sie eine dieser Distributionen verwenden, können Sie hierfür nicht die von der Distribution bereitgestellten Pakete benutzen. Für diese Distributionen bleiben Ihnen nur zwei Wege: die Installation aus den Quellen oder die Installation der SerNet-Pakete.

Die Funktion des Fileservers kann aber mit allen Paketen aus den Distributionen realisiert werden.

In den folgenden Abschnitten werde ich Ihnen die Installation auf verschiedenen Wegen an Beispielen erklären und die Vor- und Nachteile ansprechen. Die Art und Weise, die Sie letztendlich auswählen, ist abhängig von den Funktionen, die Sie benötigen.

Hinweis

In diesem Kapitel werde ich auf die unterschiedlichen Pfade in den Distributionen und in den unterschiedlichen Installationsarten eingehen. Im Verlauf des Buches werde ich dann aber nur noch die Kommandos verwenden, um die Beispiele übersichtlich zu halten.

An dieser Stelle werden noch keine Dienste eingerichtet, da es hier nur um die Installation der Pakete gehen soll. Die gesamte Konfiguration der Dienste folgt im Anschluss an dieses Kapitel.

In Tabelle 3.1 sehen Sie eine Übersicht der bereitgestellten Versionen und ob die Distribution die Installation eines Domaincontrollers unterstützt.

Tabelle 3.1 Übersicht über die Versionen

Distribution	Version	ADDC möglich
Debian 9	4.5.12	ja
Ubuntu 18.04	4.7.6	ja
Suse Leap 15	4.7.6	nein
CentOS 7.x	4.7.1	nein

■ 3.2 Die verschiedenen Installationsarten

Damit Sie eine Übersicht über die verschiedenen Installationsarten bekommen, habe ich hier die unterschiedlichen Arten mit ihren Vor- und Nachteilen aufgeführt.

3.2.1 Installation eines Domaincontrollers aus den Distributionspaketen

Alle Distributionen, die die Funktion des Domaincontrollers unterstützen, bringen mindestens die Version 4.5.x mit. Die einfachste Möglichkeit, Samba 4 zu installieren, ist die Installation über diese Pakete. Als einzige der großen Distributionen bieten Debian und Ubuntu im Moment die Möglichkeit, den Active-Directory-Domaincontroller direkt aus den eigenen Paketen zu installieren, da diese Distributionen als einzige den Heimdal-Kerberos unterstützen. Dieser wird zwingend für den Betrieb eines Active-Directory-Domaincontrollers (ADDC) benötigt. Ab der Samba 4-Versionen wird auch der MIT-Kerberos unterstützt, aber zurzeit bietet keine der Distributionen die Einrichtung eines Domaincontrollers mit dem MIT-Kerberos an. Aus diesem Grund wird hier lediglich die Installation von Debian 9 und Ubuntu 18.04 beschrieben.

Vor- und Nachteile der Paketinstallation eines ADDC

Wenn Sie die Domaincontroller-Funktion direkt aus den Paketen der Distribution installieren, haben Sie den Vorteil, dass Sie alle Sicherheits-Updates automatisch erhalten und keine zusätzlichen fremden Quellen in Ihr System einbinden müssen. Der Nachteil ist aber, dass Sie nie die aktuellste Version von Samba 4 erhalten und neue Funktionen daher nicht nutzen können. Wenn der Funktionsumfang der hier vorgestellten Distributionspakete für Sie ausreichend ist, sind Sie mit dieser Art der Installation gut beraten.

3.2.2 Installation eines Fileservers aus den Distributionspaketen

Für die Funktion des Fileservers können Sie jede der großen Distributionen einsetzen. Da für den Fileserver kein Kerberos-Server benötigt wird, haben Sie bei allen Distributionen die Möglichkeit, einen Fileserver oder Client als Mitglied einer Active-Directory-Domäne zu installieren. Hier besteht nur ein Unterschied zwischen den bereitgestellten Versionen von Samba 4.

Vor- und Nachteile der Paketinstallation eines Fileservers

Hier gilt das Gleiche wie schon vorher beim Domaincontroller. Wenn die Funktionen, die Ihnen die Pakete aus der Distribution bieten, ausreichen, dann nehmen Sie diese Pakete. Aber auch hier gilt, dass Sie mit diesen Paketen nie den aktuellen Stand von Samba 4 erhalten.

3.2.3 Installation aus den Quellen

Bei dieser Art der Installation können Sie auf allen Distributionen sowohl den Active-Directory-Domaincontroller als auch den Fileserver installieren. Für jede Distribution müssen Sie dann die passende `Build-Umgebung` installieren. Ich werde hier den Bau der Pakete besprechen inklusive Installation der Build-Umgebung auf den Systemen.

Vor- und Nachteile der Installation aus den Quellen

Sie sind mit einer Installation aus den Quellen immer auf dem neuesten Stand der Entwicklung und können so auch immer alle Funktionen von Samba nutzen. Auch Distributionen, die über die Pakete die Funktion des Domaincontrollers nicht unterstützen, können Sie so als Domaincontroller einrichten. Aber: Sie haben immer eine Build-Umgebung mit Compiler und allen Libraries auf dem System und müssen für jedes Update Samba neu bauen. Ein einfaches Update ist nicht möglich. Gerade im produktiven Einsatz sollten Sie sich überlegen, ob das der richtige Weg ist. Sie müssen sich neben den Updates auch um alle anderen Abhängigkeiten selbst kümmern. Wenn Sie für sich die Entscheidung treffen, Samba aus den Quellen zu installieren, dann bauen Sie unbedingt ein Testsystem auf, auf dem Sie jedes neue Update erst testen.

3.2.4 Installation der SerNet-Pakete

Mit der Version 4.3 hat die Firma SerNet die kostenfreie Bereitstellung der Samba-Pakete eingestellt. Die aktuellen Pakete können Sie nur noch über eine Subscription nutzen. Trotzdem sind die SerNet-Pakete immer noch eine sehr gute Alternative für den produktiven Einsatz.

Die Pakete stellen für alle unterstützten Distributionen immer auch die Funktion des Domaincontrollers zur Verfügung, sind immer auf dem aktuellen Stand und lassen sich über Repositories in das System einbinden und somit auch einfach aktualisieren.

Vor- und Nachteile der Installation aus den SerNet-Paketen

Mit den SerNet-Paketen erhalten Sie aktuelle Pakete, die sich einfach verwalten und aktualisieren lassen. Durch den Support wird sichergestellt, dass die Pakete auch ohne Probleme auf eine neue Version aktualisiert werden können. Der Nachteil ist, dass die Pakete nicht mehr kostenlos bereitgestellt werden.

3.2.5 Installation der Pakete von Louis van Belle

Wie ich schon in der Einleitung angesprochen habe, gibt es für Debian-Pakete von Louis van Belle. Er stellt eigene Repositories zur Verfügung und auch immer die aktuellsten Pakete. Auf seiner Website *https://apt.van-belle.nl/* finden Sie die Repositories für Debian Jessie und Debian Stretch. Diese Pakete unterstützen den Domaincontroller und alle Clients.

Vor- und Nachteile der Pakete von Louis van Belle

Sie bekommen immer die aktuellsten Pakete und können durch die Einbindung seiner Repositories die Aktualisierung zusammen mit einem System-Update durchführen. Nachteilig ist nur, dass es nur einen Maintainer gibt, der sich um die Pakete kümmert. Sollte er die Unterstützung einstellen, müssten Sie sich eine andere Quelle für Ihre Samba-Pakete suchen.

■ 3.3 Installationen unter den verschiedenen Distributionen

In diesem Abschnitt können Sie die verschiedenen Arten der Installation bezogen auf Ihre bevorzugte Distribution nachlesen. Ich werde hier alle Möglichkeiten der Installation ansprechen, sodass Sie für die gewünschte Distribution den von Ihnen gewünschten Weg gehen können.

Da bei `Red Hat`, `CentOS` und `Suse` die Installation eines Domaincontrollers aus den Paketen der Distribution nicht möglich ist, werde ich bei diesen Distributionen lediglich die Installation eines Domaincontrollers aus den Quellen erklären.

Hinweis

Wenn Sie im nächsten Abschnitt mehrere Installationsarten ausprobieren wollen, achten Sie darauf, dass Sie Samba immer nur auf eine Art auf Ihrem System installiert haben. Wenn Sie Samba aus verschiedenen Quellen auf demselben System installieren, führt das zu Konflikten, und es kann Ihnen passieren, dass Samba gar nicht mehr startet.

3.3.1 Debian 9

Bei Debian 9 kann über das Repository die Version 4.5.12 installiert werden. Mit den Paketen wird sowohl der Domaincontroller als auch der Fileserver installiert. Nur wenn Sie später einen CTDB-Cluster installieren wollen, geht das nicht mit den eigentlichen Samba-Paketen, dann müssen Sie die eigenständigen CTDB-Pakete installieren.

Installation über die Pakete

Wie bei Debian üblich, werden die Pakete hier über die Kommandozeile mittels *apt-get* installiert. Listing 3.1 zeigt die Installation für einen ADDC:

Listing 3.1 Installation eines ADDC unter Debian 9

```
root@sambabuch:~# root@sambabuch:~# apt-get install samba libpam-heimdal 
    heimdal-clients \
                 ldb-tools winbind libpam-winbind smbclient libnss-winbind \
                 bind9 bind9utils dnsutils
Paketlisten werden gelesen... Fertig
Abhöngigkeitsbaum wird aufgebaut.
Statusinformationen werden eingelesen.... Fertig
.
.
.
Möchten Sie fortfahren? [J/n]
```

Die Pakete *bind9* und *bin9utils* benötigen Sie nur, wenn Sie den Bind9 als DNS-Backend einsetzen wollen. Bei der Konfiguration des ersten Domaincontrollers in Kapitel 5 werde ich näher auf die Unterschiede und die verschiedenen Einrichtungen eingehen.

Hinweis

Während der Installation der Pakete werden Sie nach drei verschieden Parametern für die Kerberos-Clientkonfiguration gefragt, an dieser Stelle können Sie die Eingabe einfach mit RETURN bestätigen. Diese Eingaben würde die Datei /etc/krb5.conf erstellen. Diese Datei wird aber beim Einrichten der Domäne erzeugt und kann dann an die entsprechende Stelle kopiert werden.

Die Konfigurationsdatei smb.conf befindet sich später im Verzeichnis /etc/samba. Diese Datei ist bei Debian nach der Installation der Pakete bereits vorhanden. Sie müssen diese Datei vor dem Einrichten der Domäne auf jeden Fall löschen, da es sonst zu Fehlern während der Einrichtung der Domäne kommt. Die Datenbanken und die sysvol-Freigabe befinden sich im Verzeichnis /var/lib/samba.

Installation über die Quellen

Für die Installation aus den Quellen müssen auf dem Zielsystem bestimmte Vorbereitungen getroffen werden. Dazu gehört, dass die Build-Umgebung mit allen Libraries und Compiler installiert werden muss. Listing 3.2 zeigt die Installation der benötigten Pakete:

Listing 3.2 Installation der Build-Umgebung

```
root@sambabuch:~# apt-get install acl attr autoconf bison build-essential \
    debhelper dnsutils docbook-xml docbook-xsl flex gdb krb5-user \
    libacl1-dev libaio-dev libattr1-dev libblkid-dev libbsd-dev \
    libcap-dev libcups2-dev libgnutls28-dev libjson-perl \
    libldap2-dev libncurses5-dev libpam0g-dev libparse-yapp-perl \
    libpopt-dev libreadline-dev perl perl-modules pkg-config \
    python-all-dev python-dev python-dnspython python-crypto \
```

Hinweis

Bei der Installation der Pakete werden auch Kerberos-Pakete mit installiert. Während der Installation kommt die Frage nach dem Passwort für Kerberos. Diese Abfrage können Sie übergehen, da später beim Einrichten des Domaincontrollers der Kerberos-Server konfiguriert wird.

Nachdem Sie die Build-Umgebung installiert haben, können Sie sich jetzt die aktuellen Quellen von Samba aus dem Internet herunterladen und entpacken. Listing 3.3 zeigt diesen Vorgang:

Listing 3.3 Installation und Entpacken der Samba-Quellen

```
root@sambabuch:~# cd /usr/src

root@sambabuch:/usr/src# wget -cq \\
        https://www.samba.org/samba/ftp/samba-latest.tar.gz

root@sambabuch:/usr/src# tar zxf samba-latest.tar.gz

root@sambabuch:/usr/src# ls
samba-4.8.2  samba-latest.tar.gz
```

Bevor Sie jetzt mit dem Compilieren beginnen, will ich Ihnen an dieser Stelle einige Optionen erklären, die Sie während des Ausführens von ./configure setzen können.

- **--disable-cups**
  Ohne eine entsprechende Option wird immer der CUPS-Support mit eingebunden. Wollen Sie kein CUPS verwenden, können Sie es über die Option --*disable-cups* deaktivieren.
- **--without-ad-dc**
  Über die Option --*without-ad-dc* können Sie die Funktionalität Domaincontroller deaktivieren.Das ist immer dann sinnvoll, wenn Ihre Samba-Installation ein Memberserver oder Client werden soll.
- **--sbindir=/usr/sbin/**
  Ohne diese Option werden die Binaries normalerweise nach dem Compilieren in das Verzeichnis /usr/local/sbin/ verschoben.

  Über diese Option können Sie den Pfad anpassen.
- **--sysconfdir=/etc/samba/**
  Diese Option verschiebt die smb.conf an den gewohnten Platz.
- **--mandir=/usr/share/man/**
  Legt die Manpages in das angegebene Verzeichnis.
- **--with-privatedir=/var/lib/samba**
  Ändert das Verzeichnis, in dem die Datenbanken abgelegt werden.

Damit später im Buch alle Kommandos und Dateien immer an derselben Stelle liegen, werde ich beim Aufruf von *./configure* die Pfade anpassen. In Ihrer Umgebung können Sie die Standardpfade übernehmen oder aber so wie in Listing 3.4 angeben:

Listing 3.4 Konfigurieren von Samba

```
root@sambabuch:/usr/src/samba-4.8.3# ./configure --disable-cups\
                    --sysconfdir=/etc/samba/ \
                    --mandir=/usr/share/man/ \
                    --with-privatedir=/var/lib/samba/private \
                    --sbindir=/usr/sbin/ \
                    --prefix=/
.
Checking compiler for full RELRO support                    : yes
Checking compiler accepts ['-fstack-protector']             : yes
Checking linker accepts ['-fstack-protector']               : yes
'configure' finished successfully (6m54.424s)
```

Hinweis

Wenn Sie anstelle eines Domaincontrollers einen Memberserver oder Client einrichten wollen, können Sie *./configure* um die Option *--without-ad-dc* erweitern und Compilieren. Wenn Sie später einen Cluster mit CTDB aufbauen wollen, müssen Sie den Parameter *--with-cluster-support* angeben.

Je nach Ausstattung des Systems kann dieser Vorgang einige Zeit dauern. Wenn dieser Vorgang mit *successfully* abgeschlossen wurde, kann der Compiler mit dem Kommando *make* gestartet werden. Das Compilieren von Samba 4 dauert auf jeden Fall länger als das Konfigurieren, so wie Listing 3.5 zeigt:

Listing 3.5 Bauen der Pakete

```
root@sambabuch:/usr/src/samba-4.8.3# make
.
Waf: Leaving directory '/usr/src/samba-4.8.3/bin'
'build' finished successfully (43m58.528s)
```

Nachdem der Prozess ohne Fehler abgeschlossen ist, kann Samba mit dem Kommando *make install* installiert werden. Listing 3.6 zeigt das Ergebnis:

Listing 3.6 Installation von Samba

```
root@sambabuch:/usr/src/samba-4.8.3# make install
.
.
Waf: Leaving directory '/usr/src/samba-4.8.2/bin'
'install' finished successfully (11m56.185s)
```

Jetzt ist die Installation von Samba 4 abgeschlossen. Durch die Parameter, die Sie bei der Konfiguration angegeben haben, werden Sie alle Programme und Konfigurationsdateien an denselben Stellen finden wie bei den über die Distribution installierten Paketen.

Startskripte für Debian

Hinweis

An dieser Stelle folgen alle Startskripte, sowohl für den Domaincontroller als auch für die Memberserver und Clients. Um den Dienst letztendlich starten zu können, muss er erst konfiguriert sein. In diesem Kapitel geht es aber nur um die Installation und nicht um die Konfiguration. Sie können hier alles vorbereiten, aber starten können Sie den Dienst erst, wenn er konfiguriert wurde. Das Konfigurieren der Dienste folgt in den nächsten Kapiteln.

Im Gegensatz zu den Paketen aus den Distributionen werden beim Bau von Samba aus den Quellen keine Startskripte installiert, hier müssen Sie also selbst tätig werden. Seit Debian 9 wird der `Systemd` für das Starten von Diensten verwendet. Hier ist es wichtig zu wissen, ob Sie einen Domaincontroller starten wollen oder einen Memberserver/Client. Listing 3.7 zeigt das Skript für den Start des Domaincontrollers:

Listing 3.7 Startskript für den Domaincontroller

```
[Unit]
Description=Samba4 AD DC
After=network.target remote-fs.target nss-lookup.target

[Service]
Type=forking
ExecStart=/usr/sbin/samba -D --configfile=/etc/samba/smb.conf
PIDFile=/var/run/samba.pid
```

```
[Install]
WantedBy=multi-user.target
```

Das Skript müssen Sie im Verzeichnis /lib/systemd/system anlegen. Das Skript erhält den Namen samba-ad-dc.service. Listing 3.8 zeigt die einzelnen Schritte zur Erstellung und Aktivierung des Skripts:

Listing 3.8 Alle Schritte für das Systemd-Skript

```
root@sambabuch:~# vi /lib/systemd/system/samba-ad-dc.service

root@sambabuch:~# systemctl daemon-reload

root@sambabuch:~# systemctl list-unit-files | grep samba
samba-ad-dc.service              disabled

root@sambabuch:~# systemctl enable samba-ad-dc

root@sambabuch:~# systemctl list-unit-files | grep samba
samba-ad-dc.service              enabled

root@sambabuch:~# systemctl start samba-ad-dc

root@sambabuch:~# systemctl status samba-ad-dc
```

Auch nach einem Neustart des Systems wird jetzt der Domaincontroller gestartet.

Wollen Sie einen Memberserver oder einen Samba-Client installieren, dann benötigen Sie drei andere Startskripte, denn auf diesen Systemen soll kein Domaincontroller gestartet werden, sondern die drei Daemons smbd, nmbd und winbindd.

Achten Sie darauf, dass Sie immer nur eine Funktion auf Ihrem Samba-System starten, entweder Domaincontroller oder Domainmember. In Listing 3.9 sehen Sie das Skript smbd.service für den smbd:

Listing 3.9 Startskript für den smbd

```
[Unit]
Description=Samba4 smbd
After=network.target remote-fs.target nss-lookup.target

[Service]
Type=forking
ExecStart=/usr/sbin/smbd -D --configfile=/etc/samba/smb.conf
PIDFile=/var/run/smbd.pid

[Install]
WantedBy=multi-user.target
```

Listing 3.10 zeigt das Skript nmbd.service für den Start des nmbd:

Listing 3.10 Startskript für den nmbd

```
[Unit]
Description=Samba4 nmbd
After=network.target remote-fs.target nss-lookup.target

[Service]
Type=forking
ExecStart=/usr/sbin/nmbd -D --configfile=/etc/samba/smb.conf
PIDFile=/var/run/nmbd.pid

[Install]
WantedBy=multi-user.target
```

Als letztes Skript folgt in Listing 3.11 das Skript winbindd.service für den Start des winbindd:

Listing 3.11 Startskript für den winbindd

```
[Unit]
Description=Samba4 winbindd
After=network.target remote-fs.target nss-lookup.target

[Service]
Type=forking
ExecStart=/usr/sbin/winbindd -D --configfile=/etc/samba/smb.conf
PIDFile=/var/run/winbindd.pid

[Install]
WantedBy=multi-user.target
```

Nachdem Sie alle Skripte erstellt haben, müssen Sie die Dienste noch aktivieren und starten. Wie Sie die Dienste aktivieren und starten, sehen Sie in Listing 3.12:

Listing 3.12 Aktivieren und Starten der Dienste

```
root@sambabuch:~# systemctl daemon-reload

root@sambabuch:~# systemctl enable smbd nmbd winbindd
Created symlink from /etc/systemd/system/multi-user.target.wants/\
        nmbd.service to /lib/systemd/system/smbd.service.

Created symlink from /etc/systemd/system/multi-user.target.wants/\
        nmbd.service to /lib/systemd/system/nmbd.service.

Created symlink from /etc/systemd/system/multi-user.target.wants/\
        winbindd.service to /lib/systemd/system/winbindd.service.

root@sambabuch:~# systemctl start smbd nmbd winbindd
```

Jetzt können Sie mit der Konfiguration der Dienste beginnen. Immer wenn Sie eine neue Version installieren wollen, müssen Sie die drei Schritte ./configure, make und make install erneut ausführen. Aus diesem Grund sollten Sie sich die Einstellungen, gerade für ./configure, merken oder noch besser das Ganze in ein Skript schreiben.

3.3.2 Ubuntu 18.04

Bei Ubuntu können Sie sowohl die Funktion des Domaincontrollers als auch die des Domainmembers realisieren. Dazu müssen Sie keine zusätzlichen Paketquellen einbinden, sondern können die Pakete direkt installieren. Für die Installation aus den Quellen ist die Vorgehensweise fast identisch mit der unter Debian. Auch Ubuntu nutzt schon den Systemd für das Starten von Diensten, sodass auch die Skripte von Debian übernommen werden können.

Installation über die Pakete

Die Pakete können Sie am einfachsten und schnellsten über die Kommandozeile installieren. Listing 3.13 zeigt die nötigen Schritte:

Listing 3.13 Installation eines ADDC unter Ubuntu 18.04

```
root@sambabuch:~# root@sambabuch:~# apt-get install samba libpam-heimdal
    heimdal-clients \
                ldb-tools winbind libpam-winbind smbclient libnss-winbind \
                bind9 bind9utils dnsutils
Paketlisten werden gelesen... Fertig
Abhöngigkeitsbaum wird aufgebaut.
Statusinformationen werden eingelesen.... Fertig
.
.
.
Möchten Sie fortfahren? [J/n]
```

Hinweis

Bei der Installation der Pakete werden auch Kerberos-Pakete mit installiert. Während der Installation kommt die Frage nach dem Passwort für Kerberos. Diese Abfrage können Sie übergehen, da später beim Einrichten des Domaincontrollers der Kerberos-Server konfiguriert wird.

Die Konfigurationsdatei smb.conf befindet sich später im Verzeichnis /etc/samba. Die Datenbanken und die sysvol-Freigabe befinden sich im Verzeichnis /var/lib/samba. Nach der Installation wird sofort der Samba-Dienst als Client oder Memberserver gestartet. Erst durch die Konfiguration als Domaincontroller über das Kommando *samba-tool* wird beim Neustart des Systems die Funktion des Domaincontrollers erkannt und auch aktiviert. Im Gegensatz zu den SerNet-Paketen müssen Sie die Startart nicht in einer Konfigurationsdatei einstellen. Damit ist die Installation von Samba auf einem Ubuntu-Server auch schon abgeschlossen. Wie Sie sehen, unterscheidet sich die Installation nicht von der unter Debian.

Installation über die Quellen

Wie schon unter Debian müssen Sie unter Ubuntu noch für die Build-Umgebung sorgen. Dazu müssen Sie die folgenden Pakete aus Listing 3.14 installieren:

Listing 3.14 Einrichten der Build-Umgebung unter Ubuntu

```
root@sambabuch:~# apt-get install acl attr autoconf bison build-essential \
        debhelper dnsutils docbook-xml docbook-xsl flex gdb krb5-user \
        libacl1-dev libaio-dev libattr1-dev libblkid-dev libbsd-dev \
        libcap-dev libcups2-dev libgnutls28-dev libjson-perl libldap2-dev \
        libncurses5-dev libpam0g-dev libparse-yapp-perl libpopt-dev \
        libreadline-dev perl perl-modules pkg-config python-all-dev \
        python-dev python-dnspython python-crypto
```

Nachdem Sie die Build-Umgebung installiert haben, können Sie sich jetzt die aktuellen Quellen von Samba aus dem Internet herunterladen und entpacken. Listing 3.15 zeigt diesen Vorgang:

Listing 3.15 Installation und Entpacken der Samba-Quellen

```
root@sambabuch:~# cd /usr/src

root@sambabuch:/usr/src# wget -cq \
        https://www.samba.org/samba/ftp/samba-latest.tar.gz

root@sambabuch:/usr/src# tar zxf samba-latest.tar.gz

root@sambabuch:/usr/src# ls
samba-4.8.2  samba-latest.tar.gz
```

Bevor Sie jetzt mit dem Compilieren beginnen, will ich Ihnen an dieser Stelle einige Optionen erklären, die Sie während des Ausführens von *./configure* setzen können.

- **--disable-cups**
  Ohne eine entsprechende Option wird immer der CUPS-Support mit eingebunden. Wollen Sie kein CUPS verwenden, können Sie es über die Option *--disable-cups* deaktivieren.
- **--without-ad-dc**
  Über die Option *--without-ad-dc* können Sie die Funktionalität Domaincontroller deaktivieren. Das ist immer dann sinnvoll, wenn Ihre Samba-Installation ein Memberserver oder Client werden soll.
- **--sbindir=/sbin/**
  Ohne diese Option werden die Binaries normalerweise nach dem Compilieren in das Verzeichnis /usr/local/sbin/ verschoben. Über diese Option können Sie den Pfad anpassen.
- **--sysconfdir=/etc/samba/**
  Diese Option verschiebt die smb.conf an den gewohnten Platz.
- **--mandir=/usr/share/man/**
  Legt die Manpages in das angegebene Verzeichnis.
- **--with-privatedir=/var/lib/samba**
  Ändert das Verzeichnis, in dem die Datenbanken abgelegt werden.

Damit später im Buch alle Kommandos und Dateien immer an derselben Stelle liegen, werde ich beim Aufruf von *./configure* die Pfade anpassen. In Ihrer Umgebung können Sie die Standardpfade übernehmen oder aber so wie in Listing 3.16 angeben:

Listing 3.16 Konfigurieren von Samba

```
root@sambabuch:/usr/src/samba-4.8.3# ./configure --disable-cups \
                            --sysconfdir=/etc/samba/ \
                            --mandir=/usr/share/man/ \
                            --with-privatedir=/var/lib/samba/private \
                            --sbindir=/usr/sbin/ \
                            --prefix=/
.
.
.
Checking compiler for full RELRO support                  : yes
Checking compiler accepts ['-fstack-protector']           : yes
Checking linker accepts ['-fstack-protector']             : yes
'configure' finished successfully (5m31.060s)
```

Hinweis

Wenn Sie anstelle eines Domaincontrollers einen Memberserver oder Client einrichten wollen, können Sie ./configure um die Option --without-ad-dc ergänzen und compilieren. Wenn Sie später einen Cluster mit CTDB aufbauen wollen, müssen Sie den Parameter --with-cluster-support angeben.

Je nach Ausstattung des Systems kann dieser Vorgang einige Zeit dauern. Wenn dieser Vorgang mit *successfully* abgeschlossen wurde, kann der Compiler mit dem Kommando *make* gestartet werden. Das Compilieren von Samba 4 dauert auf jeden Fall länger als das Konfigurieren, so wie Listing 3.5 zeigt:

Listing 3.17 Bauen der Pakete

```
root@sambabuch:/usr/src/samba-4.8.3# make
.
.
.
Waf: Leaving directory '/usr/src/samba-4.8.3/bin'
'build' finished successfully (43m8.535s)
```

Nachdem der Prozess ohne Fehler abgeschlossen ist, kann Samba mit dem Kommando *make install* installiert werden. Listing 3.18 zeigt das Ergebnis:

Listing 3.18 Installation von Samba

```
root@sambabuch:/usr/src/samba-4.8.3# make install
.
.
.
Waf: Leaving directory '/usr/src/samba-4.8.3/bin'
'install' finished successfully (12m45.461s)
```

Jetzt ist die Installation von Samba 4 abgeschlossen. Durch die Parameter, die Sie bei der Konfiguration angegeben haben, werden Sie alle Programme und Konfigurationsdateien an denselben Stellen finden wie bei den über die Distribution installierten Paketen.

Startskripte für Ubuntu

Hinweis

An dieser Stelle folgen alle Startskripte, sowohl für den Domaincontroller als auch für die Memberserver und Clients. Um den Dienst letztendlich starten zu können, muss er erst konfiguriert sein.

In diesem Kapitel geht es aber nur um die Installation und nicht um die Konfiguration. Sie können hier alles vorbereiten, aber starten können Sie den Dienst erst, wenn er konfiguriert wurde. Das Konfigurieren der Dienste folgt in den nächsten Kapiteln.

Im Gegensatz zu den Paketen aus den Distributionen werden beim Bau von Samba aus den Quellen keine Startskripte installiert. Auch hier müssen Sie wieder selbst tätig werden.

Seit Ubuntu 15.10 wird der Systemd für das Starten von Diensten verwendet. Hier ist es wichtig zu wissen, ob Sie einen Domaincontroller starten wollen oder einen Memberserver/Client. Listing 3.19 zeigt das Skript für den Start des Domaincontrollers:

Listing 3.19 Startskript für den Domaincontroller

```
[Unit]
Description=Samba4 AD DC
After=network.target remote-fs.target nss-lookup.target

[Service]
Type=forking
ExecStart=/usr/sbin/samba -D --configfile=/etc/samba/smb.conf
PIDFile=/var/run/samba.pid

[Install]
WantedBy=multi-user.target
```

Das Skript müssen Sie im Verzeichnis /lib/systemd/system anlegen. Das Skript erhält den Namen samba-ad-dc.service. Listing 3.20 zeigt die einzelnen Schritte zur Erstellung und Aktivierung des Skripts:

Listing 3.20 Alle Schritte für das Systemd-Skript

```
root@sambabuch:~# vi /lib/systemd/system/samba-ad-dc.service

root@sambabuch:~# systemctl daemon-reload

root@sambabuch:~# systemctl list-unit-files | grep samba
samba-ad-dc.service            disabled

root@sambabuch:~# systemctl enable samba-ad-dc

root@sambabuch:~# systemctl list-unit-files | grep samba
samba-ad-dc.service            enabled
```

```
root@sambabuch:~# systemctl start samba-ad-dc

root@sambabuch:~# systemctl status samba-ad-dc
```

Auch nach einem Neustart des Systems wird jetzt der Domaincontroller gestartet.

Wollen Sie einen Memberserver oder einen Samba-Client installieren, dann benötigen Sie drei andere Startskripte, denn auf diesen Systemen soll kein Domaincontroller gestartet werden, sondern die drei Daemons `smbd`, `nmbd` und `winbindd`. Achten Sie darauf, dass Sie immer nur eine Funktion auf Ihrem Samba-System starten: entweder Domaincontroller oder Domainmember. In Listing 3.21 sehen Sie das Skript smbd.service für den smbd:

Listing 3.21 Startskript für den smbd

```
[Unit]
Description=Samba4 smbd
After=network.target remote-fs.target nss-lookup.target

[Service]
Type=forking
ExecStart=/usr/sbin/smbd -D --configfile=/etc/samba/smb.conf
PIDFile=/var/run/smbd.pid

[Install]
WantedBy=multi-user.target
```

In Listing 3.22 folgt das Skript nmbd.service für den Start des nmbd:

Listing 3.22 Startskript für den nmbd

```
 [Unit]
Description=Samba4 nmbd
After=network.target remote-fs.target nss-lookup.target

[Service]
Type=forking
ExecStart=/usr/sbin/nmbd -D --configfile=/etc/samba/smb.conf
PIDFile=/var/run/nmbd.pid

[Install]
WantedBy=multi-user.target
```

Als letztes Skript folgt in Listing 3.23 das Skript winbindd.service für den Start des winbindd:

Listing 3.23 Startskript für den winbindd

```
[Unit]
Description=Samba4 winbindd
After=network.target remote-fs.target nss-lookup.target

[Service]
Type=forking
ExecStart=/usr/sbin/winbindd -D --configfile=/etc/samba/smb.conf
```

```
PIDFile=/var/run/winbindd.pid

[Install]
WantedBy=multi-user.target
```

Nachdem Sie alle Skripte erstellt haben, müssen Sie die Dienste noch aktivieren und starten. Wie Sie die Dienste aktivieren und starten, sehen Sie in Listing 3.24:

Listing 3.24 Aktivieren und Starten der Dienste

```
root@sambabuch:~# systemctl daemon-reload

root@sambabuch:~# systemctl enable smbd nmbd winbindd
Created symlink from /etc/systemd/system/multi-user.target.wants/\
    nmbd.service to /lib/systemd/system/smbd.service.
Created symlink from /etc/systemd/system/multi-user.target.wants/\
    nmbd.service to /lib/systemd/system/nmbd.service.
Created symlink from /etc/systemd/system/multi-user.target.wants/\
    winbindd.service to /lib/systemd/system/winbindd.service.
root@sambabuch:~# systemctl start smbd nmbd winbindd
```

Jetzt können Sie mit der Konfiguration der Dienste beginnen. Immer wenn Sie eine neue Version installieren wollen, müssen Sie die drei Schritte *./configure*, *make* und *make install* erneut ausführen. Aus diesem Grund sollten Sie sich die Einstellungen, gerade für *./configure*, merken oder, noch besser, das Ganze in ein Skript schreiben.

3.3.3 CentOS 7

Wie schon am Anfang dieses Kapitels beschrieben, lässt sich unter CentOS nur ein Memberserver oder Client installieren, da hier der Heimdal-Kerberos-Server nicht unterstützt wird. Auch bei CentOS wird für den Systemstart `Systemd` verwendet, so dass auch hier später die Startskripte für den `Systemd` erstellt werden müssen, wenn Sie Samba aus den Quellen selbst bauen. Bei CentOS müssen Sie sich auch immer Gedanken über die auf dem System laufende Firewall machen und zusätzlich eventuell die Einstellungen für `SELinux` anpassen. Hier im Buch gehe ich davon aus, dass sowohl die lokale Firewall als auch `SELinux` deaktiviert sind.

Installation aus den Paketen

Die Samba-Pakete lassen sich hier auch am einfachsten über die Kommandozeile installieren. Dazu wird unter CentOS yum verwendet. Listing 3.25 zeigt die einzelnen Schritte:

Listing 3.25 Installation der Samba-Pakete unter CentOS

```
[root@sambabuch ~]# yum install samba-dc.x86_64 samba-winbind.x86_64
.
Installiert:
   samba-dc.x86_64 0:4.7.1-6.el7
Komplett!
```

Hier sehen Sie, dass ich ein Paket installiert habe, das `samba-dc` heißt. Kann CentOS also doch als Domaincontroller installiert werden? Nein! Das Paket installiert zwar alle für den Domainmember benötigten Pakete, aber anstelle der ADDC-Pakete wird nur eine Textdatei installiert, die darauf hinweist, dass Samba unter Fedora keinen Domaincontroller unterstützt, weil nicht der MIT-Kerberos verwendet wird. Diese Meldung kommt, obwohl in 4.7 die Verwendung des MIT-Kerberos möglich wäre. Da der MIT-Kerberos aber noch nicht vollständig unterstützt wird, bleibt es dabei, dass der Domaincontroller und CentOS nicht genutzt werden kann.

Im Gegensatz zu Debian und Ubuntu werden die Dienste nicht sofort gestartet, das zeigt auch die Abfrage des `Systemd` in Listing 3.26:

Listing 3.26 Abfrage des Systemstatus

```
[root@sambabuch ~]# systemctl list-unit-files | egrep 'smb|nmb|winbind'
nmb.service                                 disabled
smb.service                                 disabled
winbind.service                             disabled
```

Wollen Sie die Dienste direkt aus den Paketen nutzen, müssen Sie sie erst aktivieren. Listing 3.27 zeigt diesen Vorgang:

Listing 3.27 Aktivieren der Samba-Dienste unter CentOS

```
[root@sambabuch system]# systemctl enable smb
ln -s '/usr/lib/systemd/system/smb.service' \
   '/etc/systemd/system/multi-user.target.wants/smb.service'

[root@sambabuch system]# systemctl enable nmb
ln -s '/usr/lib/systemd/system/nmb.service' \
   '/etc/systemd/system/multi-user.target.wants/nmb.service'

[root@sambabuch system]# systemctl enable winbind
ln -s '/usr/lib/systemd/system/winbind.service' \
   '/etc/systemd/system/multi-user.target.wants/winbind.service'
```

Anschließend können Sie die Dienste konfigurieren und starten. Jetzt können Sie CentOS als Domainmember nutzen.

Installation über die Quellen

Wenn Sie Samba unter CentOS als Domaincontroller betreiben wollen, dann ist im Moment die Installation aus den Quellen der einzige Weg, dieses ohne weitere Kosten zu realisieren. Deshalb beschreibe ich hier die Installation aus den Quellen. Wenn Sie den Teil der Installation unter Debian und Ubuntu gelesen haben, werden Sie feststellen: Ab einem gewissen Punkt sind die Schritte identisch. Als Erstes muss wieder die Build-Umgebung installiert werden. Listing 3.28 zeigt die Liste der zu installierenden Pakete:

Listing 3.28 Installation der Build-Umgebung unter CentOS

```
[root@sambabuch ~]# yum install perl gcc attr libacl-devel \
            libblkid-devel gnutls-devel readline-devel \
            python-devel gdb pkgconfig krb5-workstation \
            zlib-devel setroubleshoot-server \
            libaio-devel setroubleshoot-plugins \
            policycoreutils-python libsemanage-python \
            perl-ExtUtils-MakeMaker perl-Parse-Yapp \
            perl-Test-Base popt-devel libxml2-devel libattr-devel \
            keyutils-libs-devel cups-devel bind-utils libxslt \
            docbook-style-xsl openldap-devel autoconf python-crypto
```

Nachdem Sie die Build-Umgebung installiert haben, können Sie sich die aktuellen Quellen von Samba aus dem Internet herunterladen und entpacken. Listing 3.29 zeigt diesen Vorgang:

Listing 3.29 Installation und Entpacken der Samba-Quellen

```
[root@sambabuch:#] cd /usr/src

[root@sambabuch src]# wget -cq \
            https://www.samba.org/samba/ftp/samba-latest.tar.gz

[root@sambabuch src]# tar zxf samba-latest.tar.gz

[root@sambabuch src]# ls
debug   kernels   samba-4.8.2   samba-latest.tar.gz
```

Bevor Sie jetzt mit dem Compilieren beginnen, will ich Ihnen an dieser Stelle einige Optionen erklären, die Sie während des Ausführens von *./configure* setzen können.

- **--disable-cups**
  Ohne eine entsprechende Option wird immer der CUPS-Support mit eingebunden. Wollen Sie kein CUPS verwenden, können Sie es über die Option *--disable-cups* deaktivieren.
- **--without-ad-dc**
  Über die Option *--without-ad-dc* können Sie die Funktionalität Domaincontroller deaktivieren. Das ist immer dann sinnvoll, wenn Ihre Samba-Installation ein Memberserver oder Client werden soll.
- **--sbindir=/usr/sbin/**
  Ohne diese Option werden die Binaries normalerweise nach dem Compilieren in das Verzeichnis /usr/local/sbin/ verschoben. Über diese Option können Sie den Pfad anpassen.
- **--sysconfdir=/etc/samba/**
  Diese Option verschiebt die smb.conf an den gewohnten Platz.
- **--mandir=/usr/share/man/**
  Legt die Manpages in das angegebene Verzeichnis.
- **--with-privatedir=/var/lib/samba**
  Ändert das Verzeichnis, in dem die Datenbanken abgelegt werden.

Nachdem Sie die Build-Umgebung und die aktuellen Quellen von Samba installiert haben, kann jetzt der Bau der Software beginnen. Als Erstes wird hier das Kommando *./configure* mit den in Listing 3.30 aufgeführten Optionen gestartet:

Listing 3.30 Start der Konfiguration

```
[root@sambabuch samba-4.8.2]# ./configure --disable-cups \
                              --sysconfdir=/etc/samba/ \
                              --mandir=/usr/share/man/ \
                              --with-privatedir=/var/lib/samba/private \
                              --sbindir=/usr/sbin/ \
                              --prefix=/
.
.
.
Checking compiler for full RELRO support                 : yes
Checking compiler accepts ['-fstack-protector']          : yes
Checking linker accepts ['-fstack-protector']            : yes
'configure' finished successfully (6m45.411s)
```

Sie können *./configure* auch ohne weitere Optionen aufrufen, dann werden später alle Dateien in das Verzeichnis /usr/local/samba/ installiert. Dann müssen Sie im Verlauf des Buches die Pfade gemäß Ihrer Einstellungen anpassen.

Hinweis

Wenn Sie anstelle eines Domaincontrollers einen Memberserver oder Client einrichten wollen, können Sie *./configure* um die Option *--without-ad-dc* erweitern und compilieren.

Wenn Sie später einen Cluster mit CTDB aufbauen wollen, müssen Sie den Parameter *--with-cluster-support* angeben.

Wenn *./configure* ohne Fehler durchlaufen wurde, können Sie jetzt den Compiler starten. Listing 3.31 zeigt diesen Vorgang:

Listing 3.31 Compilieren von Samba

```
[root@sambabuch samba-4.8.2]# make
.
.
.
Waf: Leaving directory '/usr/src/samba-4.8.2/bin'
'build' finished successfully (47m29.356s)
```

Jetzt können Sie Samba mit dem Kommando *make install* auf Ihrem System installieren.

Startskripte für CentOS

Hinweis

An dieser Stelle folgen alle Startskripte, sowohl für den Domaincontroller als auch für die Memberserver und Clients. Um den Dienst letztendlich starten zu können, muss er erst konfiguriert sein. In diesem Kapitel geht es aber nur um die Installation und nicht um die Konfiguration. Sie können hier alles vorbereiten, aber starten können Sie den Dienst erst, wenn er konfiguriert wurde. Das Konfigurieren der Dienste folgt in den nächsten Kapiteln.

Im Gegensatz zu den Paketen aus den Distributionen werden beim Bau von Samba aus den Quellen keine Startskripte installiert. Hier müssen Sie selbst tätig werden. Seit CentOS 7 wird der Systemd für das Starten von Diensten verwendet. Hier ist es wichtig zu wissen, ob Sie einen Domaincontroller starten wollen oder einen Memberserver/Client. Listing 3.32 zeigt das Skript für den Start des Domaincontrollers:

Listing 3.32 Systemd-Startskript für den Domaincontroller

```
[Unit]
Description=Samba4 AD DC
After=network.target remote-fs.target nss-lookup.target

[Service]
Type=forking
ExecStart=/usr/sbin/samba -D --configfile=/etc/samba/smb.conf
PIDFile=/var/run/samba.pid

[Install]
WantedBy=multi-user.target
```

Das Skript müssen Sie im Verzeichnis /usr/lib/systemd/system anlegen. Das Skript erhält den Namen **samba-ad-dc.service**. Listing 3.33 zeigt die einzelnen Schritte zur Erstellung und Aktivierung des Skripts:

Listing 3.33 Alle Schritte für das Systemd-Skript

```
[root@sambabuch ~]# vi /lib/systemd/system/samba-ad-dc.service

[root@sambabuch ~]# systemctl daemon-reload

[root@sambabuch ~]# systemctl list-unit-files | grep samba
samba-ad-dc.service              disabled

[root@sambabuch ~]# systemctl enable samba-ad-dc

[root@sambabuch ~]# systemctl list-unit-files | grep samba
samba-ad-dc.service              enabled

[root@sambabuch ~]# systemctl start samba-ad-dc

[root@sambabuch ~]# systemctl status samba-ad-dc
```

Auch nach einem Neustart des Systems wird jetzt der Domaincontroller gestartet.

Wollen Sie einen Memberserver oder einen Samba-Client installieren, dann benötigen Sie drei andere Startskripte, denn auf diesen Systemen soll kein Domaincontroller gestartet werden, sondern die drei Daemons `smbd`, `nmbd` und `winbindd`.

Achten Sie darauf, dass Sie immer nur eine Funktion auf Ihrem Samba-System starten: entweder Domaincontroller oder Domainmember. In Listing 3.34 sehen Sie das Skript smbd.service für den `smbd`:

Listing 3.34 Startskript für den smbd

```
[Unit]
Description=Samba4 smbd
After=network.target remote-fs.target nss-lookup.target

[Service]
Type=forking
ExecStart=/usr/sbin/smbd -D --configfile=/etc/samba/smb.conf
PIDFile=/var/run/smbd.pid

[Install]
WantedBy=multi-user.target
```

Listing 3.35 zeigt das Skript smbd.service für den Start des `nmbd`:

Listing 3.35 Startskript für den nmbd

```
[Unit]
Description=Samba4 nmbd
After=network.target remote-fs.target nss-lookup.target

[Service]
Type=forking
ExecStart=/usr/sbin/nmbd -D --configfile=/etc/samba/smb.conf
PIDFile=/var/run/nmbd.pid

[Install]
WantedBy=multi-user.target
```

Als letztes Skript folgt in Listing 3.36 das Skript winbindd.service für den Start des `winbindd`:

Listing 3.36 Startskript für den winbindd

```
[Unit]
Description=Samba4 winbindd
After=network.target remote-fs.target nss-lookup.target

[Service]
Type=forking
ExecStart=/usr/sbin/winbindd -D --configfile=/etc/samba/smb.conf
PIDFile=/var/run/winbindd.pid

[Install]
WantedBy=multi-user.target
```

Nachdem Sie alle Skripte erstellt haben, müssen Sie die Dienste noch aktivieren und starten. Wie Sie die Dienste aktivieren und starten, sehen Sie in Listing 3.37:

Listing 3.37 Aktivieren und Starten der Dienste

```
[root@sambabuch ~]# systemctl daemon-reload

[root@sambabuch ~]# systemctl enable smbd nmbd winbindd
ln -s '/usr/lib/systemd/system/smbd.service'\\
   '/etc/systemd/system/multi-user.target.wants/smbd.service'
ln -s '/usr/lib/systemd/system/nmbd.service'\\
   '/etc/systemd/system/multi-user.target.wants/nmbd.service'
ln -s '/usr/lib/systemd/system/winbindd.service'\\
   '/etc/systemd/system/multi-user.target.wants/winbindd.service'

[root@sambabuch ~]# systemctl start smbd nmbd winbindd
```

Jetzt können Sie mit der Konfiguration der Dienste beginnen. Immer wenn Sie eine neue Version installieren wollen, müssen Sie die drei Schritte *./configure*, *make* und *make install* erneut ausführen. Aus diesem Grund sollten Sie sich die Einstellungen, gerade für *./configure*, merken oder, noch besser, das Ganze in ein Skript schreiben.

3.3.4 Suse Leap 15

Auch Suse nutzt nur noch den MIT-Kerberos-Server für seine Pakete, somit kann auch mit den Samba-Paketen von Suse kein Domaincontroller eingerichtet werden.

Installation aus den Paketen

Die Pakete, die Suse von Samba 4 bereitstellt, können Sie auf zwei verschiedene Arten installieren: einmal über den Yast oder über die Kommandozeile mit *zypper*. Hier im Buch werde ich mich auf die Installation über zypper beschränken. Auch für die Installation der Build-Umgebung werde ich zypper verwenden, da dieses erheblich einfacher und schneller ist. Für die Pakete aus der Distribution müssen keine besonderen Repositories eingebunden sein, Sie können diese Pakete direkt installieren, so wie in Listing 3.38:

Listing 3.38 Installation der Samba-Pakete

```
sambabuch:~ # zypper install samba
.
Zusätzliche RPM-Ausgabe:
Updating /etc/sysconfig/samba...
```

Wenn Sie Samba unter Suse aus den eigenen Paketen installieren, können Sie den Samba-Dienst anschließend über den Yast konfigurieren. So können Sie jetzt einen Memberserver oder einen Client konfigurieren. Wollen Sie unter Suse aber einen ADDC einrichten, dann müssen Sie auch hier Samba selbst bauen. Die Schritte sind identisch mit den Schritten unter den anderen Distributionen. Als Erstes müssen Sie wieder die Build-Umgebung auf Ihrem System installieren. Die benötigten Pakete werden in Listing 3.39 aufgeführt:

Listing 3.39 Installation der Build-Umgebung unter Suse

```
sambabuch:~ # zypper install libacl-devel python-selinux autoconf make \
        python-devel gdb sqlite3-devel libgnutls-devel binutils \
        policycoreutils-python setools-libs selinux-policy \
        setools-libs popt-devel libpcap-devel keyutils-devel \
        libidn-devel libxml2-devel libacl-devel libsepol-devel \
        libattr-devel zlib-devel cyrus-sasl-devel gcc \
        krb5-client openldap2-devel libopenssl-devel bind-utils \
        bind-libs
```

Installation über die Quellen

Nachdem Sie die Build-Umgebung installiert haben, können Sie sich jetzt die aktuellen Quellen von Samba aus dem Internet herunterladen und entpacken. Listing 3.40 zeigt diesen Vorgang:

Listing 3.40 Installation und Entpacken der Samba-Quellen

```
sambabuch:~ # cd /usr/src

sambabuch:/usr/src # wget -cq \\
        https://www.samba.org/samba/ftp/samba-latest.tar.gz

sambabuch:/usr/src # tar zxf samba-latest.tar.gz

sambabuch:/usr/src # ls
packages   samba-4.8.2   samba-latest.tar.gz
```

Bevor Sie jetzt mit dem Compilieren beginnen, will ich Ihnen an dieser Stelle einige Optionen erklären, die Sie während des Ausführens von *./configure* setzen können.

- **--disable-cups**
  Ohne eine entsprechende Option wird immer der CUPS-Support mit eingebunden. Wollen Sie kein CUPS verwenden, können Sie es über die Option *--disable-cups* deaktivieren.
- **--without-ad-dc**
  Über die Option *--without-ad-dc* können Sie die Funktionalität Domaincontroller deaktivieren. Das ist immer dann sinnvoll, wenn Ihre Samba-Installation ein Memberserver oder Client werden soll.
- **--sbindir=/usr/sbin/**
  Ohne diese Option werden die Binaries normalerweise nach dem Compilieren in das Verzeichnis /usr/local/sbin/ verschoben. Über diese Option können Sie den Pfad anpassen.
- **--sysconfdir=/etc/samba/**
  Diese Option verschiebt die smb.conf an den gewohnten Platz.
- **--mandir=/usr/share/man/**
  Legt die Manpages in das angegebene Verzeichnis.
- **--with-privatedir=/var/lib/samba**
  Ändert das Verzeichnis, in dem die Datenbanken abgelegt werden.

Nachdem Sie die Build-Umgebung und die aktuellen Quellen von Samba installiert haben, kann jetzt der Bau der Software beginnen. Als Erstes wird hier das Kommando ./configure mit den in Listing 3.41 aufgeführten Optionen gestartet:

Listing 3.41 Start der Konfiguration

```
sambabuch:/usr/src # ./configure --disable-cups \
                        --sysconfdir=/etc/samba/\
                        --mandir=/usr/share/man/\
                        --with-privatedir=/var/lib/samba/private\
                        --sbindir=/usr/sbin/\
                        --prefix=/
.
.
.
Checking compiler for full RELRO support                 : yes
Checking compiler accepts ['-fstack-protector']          : yes
Checking linker accepts ['-fstack-protector']            : yes
'configure' finished successfully (7m01.134s)
```

Sie können ./configure auch ohne weitere Optionen aufrufen, dann werden später alle Dateien in das Verzeichnis /usr/local/samba/ installiert. Dann müssen Sie im Verlauf des Buches die Pfade gemäß Ihrer Einstellungen anpassen.

Hinweis

Wenn Sie anstelle eines Domaincontrollers einen Memberserver oder Client einrichten wollen, können Sie ./configure um die Option --without-ad-dc ergänzen und compilieren.

Wenn Sie später einen Cluster mit CTDB aufbauen wollen, müssen Sie den Parameter --with-cluster-support angeben.

Wenn ./configure ohne Fehler durchlaufen wurde, können Sie jetzt den Compiler starten. Listing 3.42 zeigt diesen Vorgang:

Listing 3.42 Compilieren von Samba

```
sambabuch:/usr/src # make
.
.
Waf: Leaving directory '/usr/src/samba-4.8.2/bin'
'build' finished successfully (45m15.331s)

sambabuch:/usr/src # make install
.
.
Waf: Leaving directory '/usr/src/samba-4.8.2/bin'
'install' finished successfully (11m13.135s)
```

Jetzt können Sie Samba mit dem Kommando *make install* auf Ihrem System installieren. Listing 3.43 zeigt diesen Vorgang:

Listing 3.43 Installation von Samba
```
sambabuch:/usr/src # make install
.
.
.
Waf: Leaving directory '/usr/src/samba-4.8.2/bin'
'install' finished successfully (11m13.135s)
```

Startskripte für Suse

Hinweis

An dieser Stelle folgen alle Startskripte, sowohl für den Domaincontroller als auch für die Memberserver und Clients. Um den Dienst letztendlich starten zu können, muss dieser erst konfiguriert sein.

In diesem Kapitel geht es aber nur um die Installation und nicht um die Konfiguration. Sie können hier alles vorbereiten, aber starten können Sie den Dienst erst, wenn er konfiguriert wurde. Das Konfigurieren der Dienste folgt in den nächsten Kapiteln.

Im Gegensatz zu den Paketen aus den Distributionen werden beim Bau von Samba aus den Quellen keine Startskripte installiert, hier müssen Sie auch selbst tätig werden. Bei Suse wird jetzt der `Systemd` für das Starten von Diensten verwendet. Hier ist es wichtig zu wissen, ob Sie einen Domaincontroller starten wollen oder einen Memberserver/Client. Listing 3.44 zeigt das Skript für den Start des Domaincontrollers:

Listing 3.44 Systemd-Startskript für den Domaincontroller
```
[Unit]
Description=Samba4 AD DC
After=network.target remote-fs.target nss-lookup.target

[Service]
Type=forking
ExecStart=/usr/sbin/samba -D --configfile=/etc/samba/smb.conf
PIDFile=/var/run/samba.pid

[Install]
WantedBy=multi-user.target
```

Das Skript müssen Sie im Verzeichnis /usr/lib/systemd/system/ anlegen. Das Skript erhält den Namen **samba-ad-dc.service**. Listing 3.45 zeigt die einzelnen Schritte zur Erstellung und Aktivierung des Skripts:

Listing 3.45 Alle Schritte für das Systemd-Skript
```
sambabuch:~ # vi /usr/lib/systemd/system/samba-ad-dc.service

sambabuch:~ # systemctl daemon-reload

sambabuch:~ # systemctl list-unit-files | grep samba
```

```
samba-ad-dc.service              disabled

sambabuch:~ # systemctl enable samba-ad-dc

sambabuch:~ # systemctl list-unit-files | grep samba
samba-ad-dc.service              enabled

sambabuch:~ # systemctl start samba-ad-dc

sambabuch:~ # systemctl status samba-ad-dc
```

Auch nach einem Neustart des Systems wird jetzt der Domaincontroller gestartet. Wollen Sie einen Memberserver oder einen Samba-Client installieren, dann benötigen Sie drei andere Startskripte, denn auf diesen Systemen soll kein Domaincontroller gestartet werden, sondern die drei Daemons smbd, nmbd und winbindd. Achten Sie darauf, dass Sie immer nur eine Funktion auf Ihrem Samba-System starten: entweder Domaincontroller oder Domainmember. In Listing 3.46 sehen Sie das Skript smbd.service für den smbd:

Listing 3.46 Startskript für den smbd

```
[Unit]
Description=Samba4 smbd
After=network.target remote-fs.target nss-lookup.target

[Service]
Type=forking
ExecStart=/usr/sbin/smbd -D --configfile=/etc/samba/smb.conf
PIDFile=/var/run/smbd.pid

[Install]
WantedBy=multi-user.target
```

Listing 3.47 zeigt das Skript smbd.service für den Start des nmbd:

Listing 3.47 Startskript für den nmbd

```
[Unit]
Description=Samba4 nmbd
After=network.target remote-fs.target nss-lookup.target

[Service]
Type=forking
ExecStart=/usr/sbin/nmbd -D --configfile=/etc/samba/smb.conf
PIDFile=/var/run/nmbd.pid

[Install]
WantedBy=multi-user.target
```

Als letztes Skript folgt in Listing 3.48 das Skript winbindd.service für den Start des winbindd:

Listing 3.48 Startskript für den winbindd

```
[Unit]
Description=Samba4 winbindd
After=network.target remote-fs.target nss-lookup.target

[Service]
Type=forking
ExecStart=/usr/sbin/winbindd -D --configfile=/etc/samba/smb.conf
PIDFile=/var/run/winbindd.pid

[Install]
WantedBy=multi-user.target
```

Nachdem Sie alle Skripte erstellt haben, müssen Sie die Dienste noch aktivieren und starten. Wie Sie die Dienste aktivieren und starten, sehen Sie in Listing 3.49:

Listing 3.49 Aktivieren und Starten der Dienste

```
root@sambabuch:~# systemctl daemon-reload

root@sambabuch:~# systemctl enable smbd nmbd winbindd

root@sambabuch:~# systemctl start smbd nmbd winbindd
```

Jetzt können Sie mit der Konfiguration der Dienste beginnen. Immer wenn Sie eine neue Version installieren wollen, müssen Sie die drei Schritte *./configure, make* und *make install* erneut ausführen. Aus diesem Grund sollten Sie sich die Einstellungen, gerade für *./configure* merken, oder, noch besser, das Ganze in ein Skript schreiben.

Hinweis

Wenn Sie unter Suse Samba selbst bauen, dürfen Sie unter gar keinen Umständen Samba über den Yast konfigurieren. Sie müssen Ihren Samba-Dienst immer direkt mit einem Editor in der smb.conf konfigurieren.

3.3.5 Installation der SerNet-Pakete

Für alle hier im Buch aufgeführten Distributionen können Sie auf die Pakete der Firma SerNet zurückgreifen. Wie anfangs schon beschrieben, haben Sie mit diesen Paketen den großen Vorteil, dass Sie einfach die Repositories in Ihr System einbinden und dann über die Paketverwaltung Ihrer Wahl die Pakete installieren und aktuell halten können. Die Pakete sind immer auf dem aktuellsten Stand der Samba-Entwicklung, und Sie können somit auch alle neuen Funktionen wie den Aufbau eines CTDB-Clusters oder der Domain-Trusts verwenden.

Da die Installation der SerNet-Pakete für alle Distributionen nahezu identisch ist, werde ich an dieser Stelle nur die Installation der Pakete unter Debian genau beschreiben. Wenn Sie eine andere Distribution verwenden, können Sie einfach den Anleitungen auf der SerNet-

Webseite folgen. Den Hintergrund, warum die Pakete nicht mehr kostenfrei sind, finden Sie hier: *http://samba.plus*.

Um überhaupt auf die aktuellen Pakete zugreifen zu können, müssen Sie als Erstes über die Webseite *https://shop.samba.plus/samba* die gewünschte Subscription erwerben. Nachdem Sie den Zugang erhalten haben, können Sie sich auf der Webseite *https://oposso.samba.plus* anmelden und Ihre Subscription verwalten und mit einem Passwort versehen. Der Subscription Key und das von Ihnen vergebene Passwort sind auch die Anmeldedaten für den Download der Pakete.

Erweitern Sie Ihre Datei /etc/apt/sources.list um die Zeilen aus Listing 3.50:

Listing 3.50 Erweiterung der Datei /etc/apt/sources.list

```
deb https://KEY:PASSWORD@download.sernet.de/subscriptions/samba/\
     4.8/debian stretch main
deb-src https://KEY:PASSWORD@download.sernet.de/subscriptions/samba/\
     4.3/debian stretch main
```

Dabei müssen Sie den *KEY* durch Ihren Subscription Key ersetzen und das *PASSWORD* durch das von Ihnen vergebene Passwort für die Subscription.

Bevor Sie jetzt ein *apt-get upgrade* durchführen können, müssen Sie erst noch die GPG-Schlüssel installieren. Dieser Vorgang ist nur für Debian-basierte Distributionen nötig, bei allen anderen Distributionen wird der GPG-Key beim Update der Repository-Listen automatisch installiert. Zusätzlich müssen Sie bei Debian das Paket für HTTPS-Verbindung über *apt-get* installieren. Listing 3.51 zeigt diesen Vorgang:

Listing 3.51 Installieren der GPG-Schlüssel

```
root@sambabuch:~# wget \\
    https://download.sernet.de/pub/sernet-samba-keyring_1.5_all.deb

root@sambabuch:~# dpkg -i sernet-samba-keyring_1.5_all.deb

root@sambabuch:~# apt-get install apt-transport-https
```

Nach einer Aktualisierung der Repositories können Sie sich die Liste der Pakete, die SerNet bereitstellt, auflisten lassen. Listing 3.52 zeigt eine Liste der Pakete:

Listing 3.52 Liste alle SerNet-Pakete

```
root@sambabuch:~# apt-get update

root@sambabuch:~# apt-cache search sernet
sernet-samba-winbind - Samba nameservice integration server
sernet-samba - SMB/CIFS file, print, and login server for Unix
sernet-samba-libpam-smbpass - Glue package for sernet-samba-libs.
sernet-samba-libsmbclient0 - Shared library that allows applications \
                             to talk to SMB servers
libwbclient0 - Glue package for sernet-samba-libs.
sernet-samba-ctdb - Cluster implementation of the TDB database
sernet-samba-common - Samba common files used by both the server \
                      and the client
```

```
sernet-samba-client - a LanManager-like simple client for Unix
sernet-samba-libwbclient-dev - libwbclient static libraries and headers
sernet-samba-ad - Samba Active Directory Domain Controller
sernet-samba-libs - Samba common library files used by both the server \
                    and the client
sernet-samba-dbg - Samba debugging symbols
libsmbclient - Glue package for sernet-samba-libsmbclient0.
sernet-samba-libsmbclient-dev - libsmbclient static libraries and headers
samba-common-bin - Glue package for sernet-samba-client.
samba-common - Glue package for sernet-samba-common.
sernet-samba-ctdb-tests - This package contains CTDB tests
sernet-samba-keyring - GnuPG archive keys of the SerNet Samba archive
samba - Glue package for sernet-samba.
sernet-samba-libwbclient0 - Glue package for sernet-samba-libs.
```

Wollen Sie jetzt einen Domaincontroller installieren, müssen Sie die Pakete wie in Listing 3.53 installieren:

Listing 3.53 Installation der ADDC-Pakete

```
root@sambabuch:~# apt-get install sernet-samba-ad libpam-heimdal
```

Wollen Sie einen Domainmember installieren, benötigen Sie die Pakete aus Listing 3.54:

Listing 3.54 Installation der Member-Pakete

```
root@sambabuch:~# apt-get install sernet-samba sernet-samba-winbind \
                                  libpam-heimdal
```

Anschließend müssen Sie in der Konfigurationsdatei /etc/default/sernet-samba die Startart des Samba-Dienstes festlegen. Über die Variable *SAMBA_START_MODE=none* legen Sie fest, ob Samba als Domaincontroller *SAMBA_START_MODE=dc* oder als Memberserver/Client *SAMBA_START_MODE=classic* gestartet wird.

Hinweis

Diese Datei finden Sie für die SerNet-Pakete auf allen Distributionen. Daher ist es sehr einfach, Samba auf verschiedenen Distributionen einzusetzen, da die Installation und Aktivierung der Dienste immer identisch sind.

3.3.6 Installation der Pakete von Louis van Belle

Als weitere Möglichkeit der Installation der Samba-Pakete möchte ich hier noch die Pakete von Louis van Belle vorstellen. Diese Pakete sind immer aktuell und lassen sich auf Debian- und Ubuntu-Systemen sehr gut über Repositories installieren. Ich werde hier im Buch alle Schritte auf einem Debian-Server immer über diese Pakete durchführen. Auch wenn Sie diese Pakete nicht verwenden wollen, können Sie allen weiteren Schritten im Buch folgen, da auch hier dieselben Kommandos, Dateien und Pfade verwendet werden wie bei allen anderen Installationsarten auch.

Um die Pakete verwenden zu können müssen Sie sich von der Website *https://apt.van-belle.nl/* als Erstes die Repository-Liste auf Ihr System kopieren. Das geht am einfachsten mit dem Kommando aus Listing 3.55:

Listing 3.55 Kopieren der Repository-Liste
```
echo "deb http://apt.van-belle.nl/debian stretch-samba48 \
      main contrib non-free" | tee -a /etc/apt/sources.\
      list.d/van-belle.list
```

Um die Pakete dann auch noch herunterladen und installieren zu können, benötigen Sie noch den GPG-Key, um die Echtheit der Pakete zu prüfen. Um die Schlüssel herunterladen und zu installieren, verwenden Sie das Kommando aus Listing 3.56:

Listing 3.56 Installation der GPG-Keys
```
wget -O - http://apt.van-belle.nl/louis-van-belle.gpg-key.asc \
         | apt-key add -
```

Anschließend können Sie mit *apt update* Ihre Paketliste aktualisieren und anschließend dieselben Pakete wie bei der Verwendung der Distributionspakete installieren. In Listing 3.57 sehen Sie diesen Vorgang:

Listing 3.57 Installation der Pakete
```
root@sambabuch:~# apt update

root@sambabuch:~# apt-get install samba \
                  libpam-heimdal heimdal-clients \
                  ldb-tools winbind libpam-winbind smbclient \
                  libnss-winbind \


Paketlisten werden gelesen... Fertig
Abhöngigkeitsbaum wird aufgebaut.
Statusinformationen werden eingelesen.... Fertig
.
.
.
Möchten Sie fortfahren? [J/n]
```

Nach der Installation können Sie, so wie Sie es in Listing 3.58 sehen, die installierten Versionen des Samba prüfen:

Listing 3.58 Prüfen der Samba-Version der Pakete
```
root@sambabuch:~# dpkg -l | grep samba
ii  python-samba         2:4.8.2+nmu-1 amd64 Python bindings for Samba
ii  samba                2:4.8.2+nmu-1 amd64 SMB/CIFS file, print, and
    login \
                                       server for Unix
ii  samba-common         2:4.8.2+nmu-1 all   common files used by both
    the \
```

```
                            Samba server and client
ii  samba-common-bin        2:4.8.2+nmu-1 amd64 Samba common files used by
    both \
                            the server and the client
ii  samba-dsdb-modules:amd64 2:4.8.2+nmu-1 amd64 Samba Directory Services
    Database
ii  samba-libs:amd64        2:4.8.2+nmu-1 amd64 Samba core libraries
ii  samba-vfs-modules:amd64 2:4.8.2+nmu-1 amd64 Samba Virtual FileSystem
    plugins
```

Damit haben Sie alle Pakete installiert und können mit der Konfiguration des ersten Domaincontrollers fortfahren.

Hinweis

Wenn Sie später den Bind9 als DNS-Server anstelle des internen DNS-Servers von Samba verwenden wollen, dann müssen Sie auf jeden Fall die drei Pakete bind9, bind9utils und dnsutils installieren.

Wenn Sie einen neuen Domaincontroller oder Memberserver oder einen Client installieren wollen, können Sie in diesem Kapitel alle Schritte nachvollziehen. Im weiteren Verlauf werde ich daher die Installation der Samba-Software nicht mehr erklären, da von diesem Zeitpunkt die weitere Administration immer identisch ist, egal welchen Weg der Installation und welche Distribution Sie gewählt haben.

4 Einrichten des ersten Domaincontrollers

Nachdem ich die Installation im letzten Kapitel ausführlich beschrieben habe, soll jetzt der erste Samba Active-Directory-Domaincontroller eingerichtet werden. Dabei geht es nicht nur um die reine Konfiguration, sondern auch um einige Tests, mit denen Sie die Funktion des Domaincontrollers überprüfen können.

Für Samba4 wird, wie auch bei einem Windows-Domaincontroller, auf jeden Fall ein Kerberos-Server für die Authentifizierung der Benutzer benötigt. Dieser wird von Samba4 bereitgestellt.

Hinweis
Zurzeit wird hier noch der Heimdal-Kerberos verwendet.

Zusätzlich benötigt Samba4 auf jeden Fall einen DNS-Server, der nicht nur zur Auflösung der Hostnamen dient, sondern auch zur Auflösung der benötigten Dienste in der Domäne. Der DNS-Server kann entweder von Samba4 bereitgestellt werden oder Sie können einen Bind9-Nameserver verwenden. Im Gegensatz zum internen Nameserver unterstützt der Bind9 die Funktion round robin, um eventuell unterschiedliche IP-Adressen der Server und Dienste in verschiedenen Reihenfolge an die Clients zu geben.

■ 4.1 Allgemeines zum Einrichten des Domaincontrollers

Für die Konfiguration und die Administration eines Samba4-Servers steht Ihnen das Kommando *samba-tool* zur Verfügung. Mit diesem Kommando können Sie die Domäne einrichten und verwalten, aber auch später die Benutzer und Gruppen sowie die Gruppenrichtlinien und den DNS-Server verwalten. Wobei die Verwaltung der DNS-Einträge unabhängig von dem verwendeten DNS-Server ist. Es spielt keine Rolle, ob Sie den internen DNS-Server oder Bind9-DNS-Server verwenden.

In Listing 4.1 sehen Sie eine Übersicht über die Aufgaben in Ihrer Domäne, die Sie mit dem Kommando *samba-tool* durchführen können:

Listing 4.1 Ein Testlisting

```
root@sambabuch:~# samba-tool
Usage: samba-tool <subcommand>

Main samba administration tool.


Options:
  -h, --help        show this help message and exit

  Version Options:
    -V, --version   Display version number


Available subcommands:
    dbcheck      - Check local AD database for errors.
    delegation   - Delegation management.
    dns          - Domain Name Service (DNS) management.
    domain       - Domain management.
    drs          - Directory Replication Services (DRS) management.
    dsacl        - DS ACLs manipulation.
    fsmo         - Flexible Single Master Operations (FSMO) \
                   roles management.
    gpo          - Group Policy Object (GPO) management.
    group        - Group management.
    ldapcmp      - Compare two ldap databases.
    ntacl        - NT ACLs manipulation.
    processes    - List processes (to aid debugging on systems \
                   without setproctitle).
    rodc         - Read-Only Domain Controller (RODC) management.
    sites        - Sites management.
    spn          - Service Principal Name (SPN) management.
    testparm     - Syntax check the configuration file.
    time         - Retrieve the time on a server.
    user         - User management.
    visualize    - Produces graphical representations of Samba \
                   network state
For more help on a specific subcommand, please type: \
                   samba-tool <subcommand> (-h|--help)
```

Immer wenn Sie das Kommando *samba-tool* mit einem der Subkommandos angeben, ohne weitere Parameter zu verwenden, bekommen Sie eine Hilfe zu dem entsprechenden Subkommando angezeigt.

Bevor Sie die Konfiguration des Domaincontrollers mit dem Kommando *samba-tool domain provision* durchführen, müssen Sie erst die dafür benötigten Informationen besorgen. Bei der Konfiguration des Domaincontrollers werden sie abgefragt. Die folgenden Informationen sollten Sie für die Konfiguration bereithalten:

- **Den Realm:**
  Der Realm wird für den Kerberos-Server benötigt. Der Realm wird bei der Einrichtung des DNS-Servers auch als DNS-Domainname verwendet.

- **Den NetBIOS-Domainname:**
  Der NetBIOS-Domainname ist die Adresse, über die der Server per NetBIOS-Protokoll erreichbar ist. Der NetBIOS-Name sollte immer der erste Teil des Realms sein.
- **Die Funktion des Servers:**
  Sie sollten wissen, welche Rolle der Server in der Domäne übernehmen soll. In unserem Fall übernimmt er die Rolle des Domaincontrollers.
- **Welcher DNS-Server soll verwendet werden?**
  Sie müssen wissen, ob Sie den internen DNS-Server von Samba4 verwenden wollen oder einen Bind9-Server.
- **Die IP-Adresse eines eventuell benötigten DNS-Forwarders:**
  An diese IP-Adresse werden alle DNS-Anfragen weitergeleitet, die nicht zur eigenen Zone gehören. Ohne einen Forwarder ist die Namensauflösung der Namen im Internet nicht möglich. Sie können hier auch mehr als eine IP-Adresse angeben. Die einzelnen Server werden durch Leerzeichen voneinander getrennt.

Bevor Sie das Provisioning starten, sollten Sie einen Blick auf alle möglichen Optionen werfen, indem Sie das Kommando *samba-tool domain provision –help* eingeben. Dort finden Sie eine Option, auf die ich hier gesondert eingehen möchte: die Option *–use-rfc2307*. Wenn Sie diese Option beim Provisioning mit angeben, dann werden spezielle Unix-Attribute beim Anlegen von Benutzern und Gruppen mit erzeugt. Es handelt sich, unter anderen, um die Attribute *UID* und *GID*. Diese Attribute können Sie dann bei den Benutzern mit angeben, wenn Sie einen neuen Benutzer oder eine neue Gruppe anlegen. Die Nummerierung der Benutzer und Gruppen müssen Sie aber selbst vornehmen. Im Gegensatz zur Vergabe der SID eines Objekts werden diese Attribute nicht automatisch vergeben. Hier im Buch werde ich Samba immer ohne diese Attribute provisionieren, da die Anmeldung und einheitlichen IDs der Posix-User und Gruppen auch über die SID realisiert werden können. Der Vorteil ist, dass Sie sich bei der SID nicht selbst um die Nummerierung kümmern müssen.

Hinweis

Wenn Sie die Unix-Attribute verwenden wollen, müssen Sie dieses bei der Provisionierung angeben, eine nachträgliche Einbindung ist nicht so einfach realisierbar.

4.2 Konfiguration des ersten Domaincontrollers (DC Teil 1)

Im ersten Teil der Einrichtung eines Samba-Domaincontrollers geht es um die Einrichtung mit dem internen DNS-Server. Im zweiten Teil folgt dann die Einrichtung unter Verwendung des Bind9. Immer wenn Sie für die Lastverteilung einen DNS-Server nutzen wollen, müssen Sie auf jeden Fall den Bind9 als Nameserver verwenden da nur der Bind9 die Funktion Round-Robin unterstützt. In Listing 4.2 sehen Sie den Ablauf der Konfiguration des ersten Domaincontrollers:

Listing 4.2 Provisioning mit internem DNS-Server

```
root@sambabuch:~# samba-tool domain provision
Realm [EXAMPLE.NET]:
 Domain [EXAMPLE]:
 Server Role (dc, member, standalone) [dc]:
 DNS backend (SAMBA_INTERNAL, BIND9_FLATFILE, BIND9_DLZ, NONE) \
         [SAMBA_INTERNAL]:
 DNS forwarder IP address (write 'none' to disable forwarding) \
         [8.8.8.8]:
Administrator password:
Retype password:
Looking up IPv4 addresses
More than one IPv4 address found. Using 192.168.56.31
Looking up IPv6 addresses
No IPv6 address will be assigned
Setting up share.ldb
Setting up secrets.ldb
Setting up the registry
Setting up the privileges database
Setting up idmap db
Setting up SAM db
Setting up sam.ldb partitions and settings
Setting up sam.ldb rootDSE
Pre-loading the Samba 4 and AD schema
Unable to determine the DomainSID, can not enforce uniqueness \
        constraint on local domainSIDs

Adding DomainDN: DC=example,DC=net
Adding configuration container
Setting up sam.ldb schema
Setting up sam.ldb configuration data
Setting up display specifiers
Modifying display specifiers and extended rights
Adding users container
Modifying users container
Adding computers container
Modifying computers container
Setting up sam.ldb data
Setting up well known security principals
Setting up sam.ldb users and groups
Setting up self join
Adding DNS accounts
Creating CN=MicrosoftDNS,CN=System,DC=example,DC=net
Creating DomainDnsZones and ForestDnsZones partitions
Populating DomainDnsZones and ForestDnsZones partitions
Setting up sam.ldb rootDSE marking as synchronized
Fixing provision GUIDs
A Kerberos configuration suitable for Samba AD has been \
        generated at /var/lib/samba/private/krb5.conf
Merge the contents of this file with your system krb5.conf \
        or replace it with this one. Do not create a symlink!
Once the above files are installed, your Samba AD server \
```

```
                    will be ready to use
Server Role:        active directory domain controller
Hostname:           sambabuch
NetBIOS Domain:     EXAMPLE
DNS Domain:         example.net
DOMAIN SID:         S-1-5-21-1129951053-411964844-750776748
```

Hinweis

Das Passwort des Administrators hat unter Samba4, im Gegensatz zu Windows, ein Ablaufdatum.

Wie Sie in dem Listing sehen, wird jetzt der interne DNS verwendet. Aus diesem Grund brauchen Sie hier keine Konfiguration des Nameservers vorzunehmen. Die gesamte Konfiguration wird von Samba 4 selbst durchgeführt – genau wie später die Replikation zur Ausfallsicherheit auf einen weiteren Domaincontroller.

Hinweis

Wollen Sie in Zukunft *samba-tool* mit der Authentifizierung über Kerberos verwenden, müssen Sie für alle Debian-basierten Distributionen das Paket heimdal-clients installieren. Bei Suse oder CentOS befinden sich die benötigten Programme in dem Paket krb5-client.

Hinweis

Stellen Sie sicher, dass jetzt in der Datei /etc/resolv.conf die IP-Adresse des Servers selbst eingetragen ist. Sonst wird nicht der eigene DNS für die Auflösung der Hostnamen und Dienste in der AD-Domäne verwendet. Ohne diesen Eintrag sind die Dienste der Domäne nicht erreichbar. Alle Clients in der Domäne müssen später ebenfalls den Domaincontroller als DNS-Server verwenden, um sich in der Domäne authentifizieren zu können.

Sorgen Sie über die entsprechenden Konfigurationsdateien Ihrer Distribution für die dauerhafte Einstellung des DNS-Servers. Achten Sie auch darauf, dass Ihr Domaincontroller einer feste IP-Adresse besitzt. Stellen Sie sicher, dass der Domaincontroller nach dem Systemstart automatisch gestartet wird. Nach dem Provisioning wird automatisch eine /etc/samba/smb.conf erzeugt. Listing 4.3 zeigt Ihnen die Datei:

Listing 4.3 Die neue smb.conf

```
# Global parameters
[global]
        dns forwarder = 8.8.8.8
        netbios name = SAMBABUCH
        realm = EXAMPLE.NET
        server role = active directory domain controller
        workgroup = EXAMPLE
```

```
[netlogon]
        path = /var/lib/samba/sysvol/example.net/scripts
        read only = No

[sysvol]
        path = /var/lib/samba/sysvol
        read only = No
```

Die beiden Freigaben netlogon und sysvol werden auf jedem Domaincontroller benötigt und daher auch beim Provisioning automatisch erzeugt.

4.2.1 Erster Start des Samba4-Servers

Da Samba4 verschiedene Rollen in einem Netzwerk übernehmen kann, müssen auch verschiedene Prozesse beim Start des Servers gestartet werden. Da alle gängigen Distributionen heute über Systemd gestartet werden, müssen Sie jetzt das Systemd-Skript für die Funktion des Domaincontrollers aktivieren und starten. Bei Debian müssen Sie seit der Version 9 die Schritte aus Listing 4.4 durchführen, um einen Domaincontroller starten zu können. Diese Schritte müssen Sie auch durchführen, wenn Sie den Domaincontroller auf einem Ubuntu 18.04 einrichten wollen. Da keine andere Distribution derzeit die Funktion eines Domaincontrollers unterstützt, gehe ich hier nicht weiter auf andere Distributionen ein.

Listing 4.4 System für den Domaincontroller einrichten

```
root@sambabuch:~# systemctl stop smbd nmbd winbind

root@sambabuch:~# systemctl disable smbd nmbd winbind
Synchronizing state of smbd.service with SysV service script \
        with /lib/systemd/systemd-sysv-install.
Executing: /lib/systemd/systemd-sysv-install disable smbd
Synchronizing state of nmbd.service with SysV service script \
        with /lib/systemd/systemd-sysv-install.
Executing: /lib/systemd/systemd-sysv-install disable nmbd
Synchronizing state of winbind.service with SysV service script \
        with /lib/systemd/systemd-sysv-install.
Executing: /lib/systemd/systemd-sysv-install disable winbind

root@sambabuch:~# systemctl unmask samba-ad-dc
Removed /etc/systemd/system/samba-ad-dc.service.

root@sambabuch:~# systemctl start samba-ad-dc

root@sambabuch:~# systemctl enable samba-ad-dc
Synchronizing state of samba-ad-dc.service with SysV service script \
        with /lib/systemd/systemd-sysv-install.
Executing: /lib/systemd/systemd-sysv-install enable samba-ad-dc
```

Jetzt sollten Sie das System einmal neu starten, um sicher zu sein, dass alle Dienste auch nach einem Neustart richtig gestartet werden. Nach dem Neustart können Sie mit den Tests des Domaincontrollers aus Abschnitt 4.4 fortfahren.

■ 4.3 Konfiguration des ersten Domaincontrollers (DC Teil 2)

Im zweiten Teil geht es um die Einrichtung des Domaincontrollers mit dem Bind9 als DNS-Backend. Diesen Teil benötigen Sie nur, wenn Sie den Bind9 als Nameserver verwenden wollen. Den Bind9 sollten Sie immer dann verwenden, wenn Sie später einen Cluster als Fileserver nutzen oder weitere Zonen für andere Dienste auf demselben Nameserver einrichten wollen. Wenn Sie den Bind9 verwenden wollen, müssen Sie vor dem Provisioning auf jeden Fall die drei Pakete bind9, bind9utils und dnsutils installieren.

Hinweis

Auch hier gilt: Wenn bei der Installation der Samba-Pakete eine smb.conf erzeugt wurde, müssen Sie diese auf jeden Fall löschen, bevor Sie das Provisioning durchführen.

Nachdem Sie Samba installiert haben, können Sie jetzt das Provisioning, so wie in Listing 4.5, durchführen. Achten Sie bei den Abfragen darauf, jetzt als *DNS-Backend* den Wert *BIND9_DLZ* anzugeben. Der Wert muss großgeschrieben werden.

Listing 4.5 Provisioning mit bind9

```
root@sambabuch:~# samba-tool domain provision
Realm [EXAMPLE.NET]:
 Domain [EXAMPLE]:
 Server Role (dc, member, standalone) [dc]:
 DNS backend (SAMBA_INTERNAL, BIND9_FLATFILE, BIND9_DLZ, NONE) \
          [SAMBA_INTERNAL]: BIND9_DLZ
Administrator password:
Retype password:
Looking up IPv4 addresses
More than one IPv4 address found. Using 192.168.56.31
Looking up IPv6 addresses
No IPv6 address will be assigned
Setting up share.ldb
Setting up secrets.ldb
Setting up the registry
Setting up the privileges database
Setting up idmap db
Setting up SAM db
Setting up sam.ldb partitions and settings
Setting up sam.ldb rootDSE
```

```
Pre-loading the Samba 4 and AD schema
Unable to determine the DomainSID, can not enforce uniqueness \
        constraint on local domainSIDs

Adding DomainDN: DC=example,DC=net
Adding configuration container
Setting up sam.ldb schema
Setting up sam.ldb configuration data
Setting up display specifiers
Modifying display specifiers and extended rights
Adding users container
Modifying users container
Adding computers container
Modifying computers container
Setting up sam.ldb data
Setting up well known security principals
Setting up sam.ldb users and groups
Setting up self join
Adding DNS accounts
Creating CN=MicrosoftDNS,CN=System,DC=example,DC=net
Creating DomainDnsZones and ForestDnsZones partitions
Populating DomainDnsZones and ForestDnsZones partitions
See /var/lib/samba/bind-dns/named.conf for an example \
        configuration include file for BIND
and /var/lib/samba/bind-dns/named.txt for further \
        documentation required for secure DNS updates
Setting up sam.ldb rootDSE marking as synchronized
Fixing provision GUIDs
A Kerberos configuration suitable for Samba AD has been \
        generated at /var/lib/samba/private/krb5.conf
Merge the contents of this file with your system krb5.conf \
        or replace it with this one. Do not create a symlink!
Once the above files are installed, your Samba AD server \
        will be ready to use
Server Role:           active directory domain controller
Hostname:              sambabuch
NetBIOS Domain:        EXAMPLE
DNS Domain:            example.net
DOMAIN SID:            S-1-5-21-1129951053-411964844-750776748
```

Im Listing sehen Sie die zwei in Listing 4.6 herausgestellten Zeilen:

Listing 4.6 Hinweis auf die DNS-Konfiguration

```
See /var/lib/samba/bind-dns/named.conf for an example \
        configuration include file for BIND
and /var/lib/samba/bind-dns/named.txt for further \
        documentation required for secure DNS updates
```

Diese beiden Zeilen geben Ihnen eine Konfigurationsdatei und eine Datei mit genauen Installationshinweisen. In den nächsten Schritten werde ich Ihnen zeigen, wie Sie jetzt den Bind9 konfigurieren müssen.

Nachdem Sie das Provisioning durchgeführt haben, könne Sie jetzt die Datei /etc/bind/named.conf.options anpassen. In Listing 4.7 sehen Sie die geänderten Zeilen und Bereiche:

Listing 4.7 Einstellungen in der named.conf.options

```
forwarders {
     1.1.1.1;
};
tkey-gssapi-keytab "/var/lib/samba/private/dns.keytab";
```

Anstelle der IP-Adresse *1.1.1.1* können Sie auch den DNS-Server Ihres Providers oder einen anderen DNS-Server in Ihrem Netz als Forwarder eintragen. Da der DNS-Server später Änderungen an der AD-Datenbank durchführen muss, muss er sich über einen Kerberos-Schlüssel authentifizieren. Mit dem Parameter *tkey-gssapi-keytab* definieren Sie die Kerberos-Schlüsseldatei. Diese Datei wurde beim Provisioning erstellt. Jetzt müssen Sie dem Bind9 noch die Zonen-Dateien übergeben. Da Sie hier keine statischen Zonen im üblichen Format einrichten, sondern auf Zonen im Active Directory zugreifen, müssen Sie in der Datei /etc/bind/named.conf.local nur eine Zeile eintragen. In Listing 4.8 sehen Sie die Zeile:

Listing 4.8 Änderungen an der Datei named.conf.local

```
include "/var/lib/samba/bind-dns/named.conf";
```

Diese Zeile verweist auf eine Datei, die beim Provisioning erstellt wurde. Wenn Sie sich diese Datei einmal ansehen, werden Sie feststellen, dass dort nur eine Zeile aktiv ist, alle anderen Zeilen sind auskommentiert. Es ist immer nur die Zeile aktiv, die auf die Version des Bind9 verweist, der bei Ihnen auf dem System installiert ist.

Damit ist die Konfiguration des Bind9 abgeschlossen. Je nach verwendeter Distribution und verwendeter Samba-Installationsart müssen Sie eventuell noch Dateisystemrechte anpassen, sodass der Bind9 auch Änderungen an der Datenbank durchführen kann. In Listing 4.9 sehen Sie die Rechte, die Sie prüfen müssen, und wie sie gesetzt sein müssen:

Listing 4.9 Prüfen der Berechtigungen

```
root@sambabuch:~# ls -ld /var/lib/samba/private/
drwxr-xr-x 5 root root 4096 Jun 17 16:12 \
           /var/lib/samba/private/

root@sambabuch:~# ls -l /var/lib/samba/private/dns.keytab
-rw-r----- 2 root bind 777 Jun 17 16:12 \
           /var/lib/samba/private/dns.keytab

root@sambabuch:~# ls -ld /var/lib/samba/bind-dns/
drwxrwx--- 3 root bind 4096 Jun 17 16:12 /var/lib/samba/bind-dns/

root@sambabuch:~# ls -l /var/lib/samba/bind-dns/
insgesamt 16
drwxrwx--- 3 root bind 4096 Jun 17 16:12 dns
-rw-r----- 2 root bind  777 Jun 17 16:12 dns.keytab
-rw-r--r-- 1 root root  781 Jun 17 16:12 named.conf
-rw-r--r-- 1 root root 2092 Jun 17 16:12 named.txt
```

```
root@sambabuch:~# ls -l /var/lib/samba/bind-dns/dns
insgesamt 2952
-rw-rw---- 1 root bind 3014656 Jun 17 16:12 sam.ldb
drwxrwx--- 2 root bind    4096 Jun 17 16:12 sam.ldb.d

root@sambabuch:~# ls -l /var/lib/samba/bind-dns/dns/sam.ldb.d/
insgesamt 24096
-rw-rw---- 1 root bind 6807552 Jun 17 16:12 \
           CN=CONFIGURATION,DC=EXAMPLE,DC=NET.ldb
-rw-rw---- 1 root bind 7237632 Jun 17 16:12 \
           CN=SCHEMA,CN=CONFIGURATION,DC=EXAMPLE,DC=NET.ldb
-rw-rw---- 2 root bind 4247552 Jun 17 16:12 \
           DC=DOMAINDNSZONES,DC=EXAMPLE,DC=NET.ldb
-rw-rw---- 1 root bind 1286144 Jun 17 16:12 \
           DC=EXAMPLE,DC=NET.ldb
-rw-rw---- 2 root bind 4247552 Jun 17 16:12 \
           DC=FORESTDNSZONES,DC=EXAMPLE,DC=NET.ldb
-rw-rw---- 2 root bind  831488 Jun 17 16:12 metadata.tdb
```

Wichtig sind hier die Berechtigungen für die Gruppe *bind*. Sollte eine oder mehrere der Berechtigungen nicht stimmen, müssen Sie sie anpassen.

Hinweis

Bei den Paketen aus der Distribution befinden sich die DNS-Informationen und Datenbanken im Verzeichnis /var/lib/samba/private/dns.

Wenn Sie Ubuntu 18.04 als Domaincontroller einsetzen, müssen Sie jetzt noch Apparmor für den Bind9 konfigurieren. Dazu erweitern Sie die Datei /etc/apparmor.d/usr.sbin.named um die Zeilen aus Listing 4.10.

Listing 4.10 Änderungen in Apparmor

```
/var/lib/samba/lib/** rm,
/var/lib/samba/private/dns/** rwmk,
/var/lib/samba/private/dns.keytab r,
/var/lib/samba/private/named.conf r,
/var/lib/samba/private/dns/** rwk,
/usr/lib/**/samba/bind9/** rmk,
/usr/lib/**/samba/gensec/* rmk,
/usr/lib/**/samba/ldb/** rmk,
/usr/lib/**/ldb/modules/ldb/** rmk,
/var/lib/samba/ntp_signd/socket rw,
```

Ohne diese Änderungen wird der Bind9 nicht starten, da der Dienst nicht auf die Dateien zugreifen darf.

Jetzt können Sie den Bind9 mit dem Kommando *systemctl restart bind9* neu starten. Prüfen Sie anschließend in der Datei /var/log/syslog, ob Sie die Zeilen aus Listing 4.11 sehen:

Listing 4.11 Erster Test des Bind9

```
root@sambabuch:~# systemctl restart bind9

root@sambabuch:~# tail -n 200 /var/log/syslog
...
Jun 17 16:41:55 sambabuch named[1339]: Loading 'AD DNS Zone' \
                using driver dlopen
Jun 17 16:41:55 sambabuch named[1339]: samba_dlz: started for \
                DN DC=example,DC=net
Jun 17 16:41:55 sambabuch named[1339]: samba_dlz: starting \
                configure
Jun 17 16:41:55 sambabuch named[1339]: samba_dlz: configured \
                writeable zone 'example.net'
Jun 17 16:41:55 sambabuch named[1339]: samba_dlz: configured \
                writeable zone '_msdcs.example.net'
...
```

Erst wenn Sie diese Zeilen sehen, können Sie mit der weiteren Einrichtung des Domaincontrollers fortfahren.

Damit auf einem Debian- oder Ubuntu-System auch die richtige Dienste gestartet werden, müssen Sie noch die Konfiguration des Systemd so wie in Listing 4.12 anpassen:

Listing 4.12 Anpassen des Systemd

```
root@sambabuch:~# systemctl stop smbd nmbd winbind

root@sambabuch:~# systemctl disable smbd nmbd winbind
Synchronizing state of smbd.service with SysV service script \
            with /lib/systemd/systemd-sysv-install.
Executing: /lib/systemd/systemd-sysv-install disable smbd
Synchronizing state of nmbd.service with SysV service script \
            with /lib/systemd/systemd-sysv-install.
Executing: /lib/systemd/systemd-sysv-install disable nkint mbd
Synchronizing state of winbind.service with SysV service script \
            with /lib/systemd/systemd-sysv-install.
Executing: /lib/systemd/systemd-sysv-install disable winbind

root@sambabuch:~# systemctl unmask samba-ad-dc
Removed /etc/systemd/system/samba-ad-dc.service.

root@sambabuch:~# systemctl start samba-ad-dc

root@sambabuch:~# systemctl enable samba-ad-dc
Synchronizing state of samba-ad-dc.service with SysV service script \
            with /lib/systemd/systemd-sysv-install.
Executing: /lib/systemd/systemd-sysv-install enable samba-ad-dc
```

Wichtig

Stellen Sie vor dem folgenden Systemstart sicher, dass die eigene IP-Adresse des Servers als DNS-Server als `Resolver` eingetragen ist.

Um sicherzugehen, dass alle Dienste auch nach Neustart des System ordnungsgemäß starten, sollten Sie jetzt das System einmal neu starten. Im Anschluss können Sie dann mit den Tests beginnen.

4.4 Testen des Domaincontrollers

Jetzt wird es Zeit, die einzelnen Funktionen des Domaincontrollers zu testen, bevor Sie mit den weiteren Schritten fortfahren. Testen Sie alle Funktionen genau, um sicher zu sein, dass Sie alles richtig konfiguriert haben. Wenn Sie jetzt einen Fehler finden, lässt dieser sich einfacher beseitigen, als wenn Sie schon eine komplette Domäne mit weiteren Domaincontrollern, Fileservern und Clients eingerichtet haben.

4.4.1 Testen der Prozesse

Im ersten Test soll sichergestellt werden, dass auch alle Prozesse gestartet wurden. In Listing 4.13 sehen Sie die Tests mit den zu erwartenden Ergebnissen:

Listing 4.13 Testen der Prozesse

```
root@sambabuch:~# ps ax | grep samba
    327 ?        Ss     0:00 avahi-daemon: running [sambabuch.local]
    497 ?        Ss     0:00 samba: root process
    548 ?        S      0:00 samba: task[s3fs_parent]
    549 ?        S      0:00 samba: task[dcesrv]
    550 ?        S      0:00 samba: task[nbtd]
    551 ?        S      0:00 samba: task[wrepl]
    552 ?        S      0:00 samba: task[ldapsrv]
    553 ?        S      0:00 samba: task[cldapd]
    554 ?        S      0:00 samba: task[kdc]
    555 ?        S      0:00 samba: task[dreplsrv]
    556 ?        S      0:00 samba: task[winbindd_parent]
    557 ?        S      0:00 samba: task[ntp_signd]
    558 ?        S      0:00 samba: task[kccsrv]
    559 ?        S      0:00 samba: tfork waiter process
    561 ?        S      0:00 samba: tfork waiter process
    563 ?        S      0:00 samba: task[dnsupdate]

root@sambabuch:~# ps ax | grep named
    494 ?        Ssl    0:00 /usr/sbin/named -f -u bind
```

4.4.2 Testen der Serverports

Testen Sie als Erstes mit dem Kommando *ss*, ob alle Ports für Samba 4 geöffnet wurden und somit die entsprechenden Dienste bereitgestellt werden. In Listing 4.14 sehen Sie den Test:

Listing 4.14 Testen der Ports

```
root@sambabuch:~# ss -tlpn | awk '{print $1" "$2" "$3" "$4}'
State Recv-Q Send-Q Local
LISTEN 0 10 *:464
LISTEN 0 10 192.168.56.31:53
LISTEN 0 10 10.0.2.15:53
LISTEN 0 10 127.0.0.1:53
LISTEN 0 128 *:22
LISTEN 0 5 127.0.0.1:631
LISTEN 0 10 *:88
LISTEN 0 128 127.0.0.1:953
LISTEN 0 10 *:636
LISTEN 0 50 *:445
LISTEN 0 10 *:49152
LISTEN 0 10 *:49153
LISTEN 0 10 *:49154
LISTEN 0 10 *:3268
LISTEN 0 10 *:3269
LISTEN 0 10 *:389
LISTEN 0 10 *:135
LISTEN 0 50 *:139
LISTEN 0 10 :::464
LISTEN 0 10 :::53
LISTEN 0 128 :::22
LISTEN 0 5 ::1:631
LISTEN 0 10 :::88
LISTEN 0 128 ::1:953
LISTEN 0 10 :::636
LISTEN 0 50 :::445
LISTEN 0 10 :::49152
LISTEN 0 10 :::49153
LISTEN 0 10 :::49154
LISTEN 0 10 :::3268
LISTEN 0 10 :::3269
LISTEN 0 10 :::389
LISTEN 0 10 :::135
LISTEN 0 50 :::139
```

Hinweis

Da hier nur die Portnummer interessant sind, habe ich die Ausgabe gekürzt.

In der Liste sehen Sie anhand der geöffneten Ports, dass die Dienste domain für den DNS-Server, ldap/ldaps für den LDAP-Server und kerberos/kpasswd für den Kerberos-Server bereitgestellt werden. Sie sehen auch, dass alle Dienste sowohl über IPv4 als auch über IPv6 erreichbar sind.

4.4.3 Testen des DNS-Servers

Im nächsten Test überprüfen Sie, ob Ihr Domaincontroller die Einstellungen für den Nameserver richtig übernommen hat und ob der Nameserver die Namen richtig auflöst. In Listing 4.15 sehen Sie verschiedene Tests:

Listing 4.15 Die verschiedenen DNS-Tests

```
root@sambabuch:~# host sambabuch
sambabuch.example.net has address 192.168.56.31

root@sambabuch:~# host -t SRV _kerberos._tcp.example.net
_kerberos._tcp.example.net has SRV record 0 100 88 \
        sambabuch.example.net.

root@sambabuch:~# host -t SRV _ldap._tcp.example.net
_ldap._tcp.example.net has SRV record 0 100 389 \
        sambabuch.example.net.

root@sambabuch:~# host -t SRV _gc._tcp.example.net
_gc._tcp.example.net has SRV record 0 100 3268 \
        sambabuch.example.net.
```

Mit dem ersten Test prüfen Sie, ob Ihr Resolver den richtigen DNS-Server verwendet, indem Sie die IP-Adresse des Domaincontrollers auflösen. In den drei anderen Tests prüfen Sie, ob Ihr DNS-Server auch die Dienste LDAP, Kerberos und global catalog auflösen kann. Dieses ist zwingend erforderlich, da später die Clients in der Domäne diese Dienste immer über DNS suchen werden.

4.4.4 Testen des Verbindungsaufbaus

Jetzt können Sie den Verbindungsaufbau zum Samba4-Server testen.

In Listing 4.16 sehen Sie den Test des Verbindungsaufbaus mit dem Kommando *smbclient*:

Listing 4.16 Ein erster Verbindungsaufbau

```
root@sambabuch:~# smbclient -L sambabuch
Enter EXAMPLE\root's password:
Anonymous login successful
```

```
        Sharename       Type        Comment
        ---------       ----        -------
        netlogon        Disk
        sysvol          Disk
        IPC$            IPC         IPC Service (Samba 4.8.3-Debian)
Reconnecting with SMB1 for workgroup listing.
Anonymous login successful

        Server          Comment
        ---------       -------

        Workgroup       Master
        ---------       -------
        WORKGROUP       SAMBABUCH
```

Im Listing sehen Sie, dass bereits zwei Freigaben auf dem Domaincontroller bereitgestellt werden: *sysvol* und *netlogon*. Diese beiden Freigaben werden auf einem Domaincontroller immer benötigt und somit bei der Erstkonfiguration auch immer angelegt. Die Verwendung der beiden Freigaben werde ich im Verlauf des Buches genau erklären.

Weiter sehen Sie in dem Listing, dass keine NetBIOS-Informationen über Server und Workgroup angegeben werden. Das ist auch korrekt so, denn der Domaincontroller kann später in der Netzwerkumgebung der Clients nicht gesehen werden.

Sie sollten auch auf dem Domaincontroller keine weiteren Freigaben einrichten, sondern alle Daten immer auf einem Fileserver speichern. Der Grund dafür ist das unterschiedliche ID-Mapping der UIDs und GIDs der Linux-Benutzer. Auch darauf werde ich im Verlauf des Buches noch genauer eingehen.

4.4.5 Testen des Kerberos-Servers

Jetzt fehlt noch der Test des Kerberos-Servers. Um den Kerberos-Server zu testen, können Sie mit dem Kommando *kinit* ein Ticket für den `administrator` der Domäne vom Kerberos-Server beziehen und anschließend mit *klist* testen.

Während der Installation des Pakets wird eine Datei /etc/krb5.conf erzeugt. Diese Datei können Sie so aber nicht verwenden. Sie müssen die Datei von Samba4 an diese Stelle kopieren. Die Datei wird während des Provisionings erzeugt, dort wird auch angezeigt, wo Sie diese Datei finden.

Im Verzeichnis /var/lib/samba/private/ finden Sie die Datei krb5.conf Ihres Samba4-Servers. Den Inhalt der Datei sehen Sie in Listing 4.17:

Listing 4.17 Inhalt der Datei krb5.conf

```
[libdefaults]
        default_realm = EXAMPLE.NET
        dns_lookup_realm = false
        dns_lookup_kdc = true
```

In Listing 4.18 sehen Sie jetzt das Ergebnis eines Kerberos-Tests:

Listing 4.18 Testen des Kerberos-Servers

```
root@sambabuch:~# kinit administrator
administrator@EXAMPLE.NET's Password:
root@sambabuch:~# klist
Credentials cache: FILE:/tmp/krb5cc_0
        Principal: administrator@EXAMPLE.NET

  Issued                  Expires              Principal
Jun 17 17:16:10 2018  Jun 18 03:16:10 2018  \
        krbtgt/EXAMPLE.NET@EXAMPLE.NET
```

Das Passwort für den administrator haben Sie bei der Konfiguration des DCs festgelegt. Jetzt können Sie das Ticket des Administrators schon für die Authentifizierung verwenden. In Listing 4.19 sehen Sie ein Beispiel für die Authentifizierung mit Kerberos:

Listing 4.19 Verbindung mit Kerberos

```
root@sambabuch:~# smbclient -L sambabuch -k

        Sharename       Type      Comment
        ---------       ----      -------
        netlogon        Disk
        sysvol          Disk
        IPC$            IPC       IPC Service (Samba 4.8.3-Debian)
Reconnecting with SMB1 for workgroup listing.

        Server          Comment
        ---------       -------

        Workgroup       Master
        ---------       -------
        WORKGROUP       SAMBABUCH

root@sambabuch:~# klist
Credentials cache: FILE:/tmp/krb5cc_0
        Principal: administrator@EXAMPLE.NET

  Issued                  Expires              Principal
Jun 17 17:16:10 2018  Jun 18 03:16:10 2018  \
        krbtgt/EXAMPLE.NET@EXAMPLE.NET
Jun 17 17:19:18 2018  Jun 18 03:16:10 2018  \
        cifs/sambabuch@EXAMPLE.NET
```

Anstelle des Benutzernamens wird hier die Option -k verwendet. Diese sorgt dafür, dass jetzt das zuvor erstellte Kerberos-Ticket des Administrators für die Authentifizierung Verwendung findet. Ein weiterer wichtiger Punkt ist der, dass Sie nicht mehr mit localhost arbeiten können, sondern immer den Hostnamen verwenden müssen, da nur dieser im Kerberos als Principal eingetragen ist.

Hinweis

Im Kerberos werden Dienste, Benutzer und Hosts als Principals eingetragen. Nur gegen einen Host, der im Kerberos einen Principal-Eintrag besitzt, kann eine Kerberos-Authentifizierung durchgeführt werden. Da `localhost` aber nie einen Principal-Eintrag im Kerberos erhält, kann eine Kerberos-Authentifizierung auch nicht gegen `localhost` durchgeführt werden.

4.4.6 Testen des LDAP-Servers

Als letzter Test fehlt noch der Test des LDAP-Servers. Diesen Test können Sie mit dem Kommando *ldbsearch* durchführen. Das Kommando *ldbsearch* wird von Samba4 bereitgestellt und greift direkt auf den LDAP-Server von Samba4 zu. Sie können aber auch das Paket ldap-utils installieren und dann das Kommando *ldapsearch* verwenden. In Kapitel 5, «Die Benutzerverwaltung», gehe ich noch genauer auf die beiden Werkzeuge ein. Hier geht es nur darum zu testen, ob der LDAP-Server läuft. In Listing 4.20 sehen Sie einen Test:

Listing 4.20 Testen des LDAP-Servers

```
root@sambabuch:~# ldbsearch -H ldap://sambabuch "cn=administrator" -k yes
# record 1
dn: CN=Administrator,CN=Users,DC=example,DC=net
objectClass: top
objectClass: person
objectClass: organizationalPerson
objectClass: user
cn: Administrator
description: Built-in account for administering the \
             computer/domain
instanceType: 4
whenCreated: 20180617141220.0Z
uSNCreated: 3624
name: Administrator
objectGUID: dd57a402-7e78-4e77-a245-0d106ff63249
userAccountControl: 512
badPwdCount: 0
codePage: 0
countryCode: 0
badPasswordTime: 0
lastLogoff: 0
pwdLastSet: 131737183409644550
primaryGroupID: 513
objectSid: S-1-5-21-113282409-686688155-1353482721-500
adminCount: 1
accountExpires: 9223372036854775807
sAMAccountName: Administrator
sAMAccountType: 805306368
objectCategory: CN=Person,CN=Schema,CN=Configuration,\
                DC=example,DC=net
```

```
isCriticalSystemObject: TRUE
memberOf: CN=Domain Admins,CN=Users,DC=example,DC=net
memberOf: CN=Schema Admins,CN=Users,DC=example,DC=net
memberOf: CN=Enterprise Admins,CN=Users,DC=example,DC=net
memberOf: CN=Group Policy Creator Owners,CN=Users,\
          DC=example,DC=net
memberOf: CN=Administrators,CN=Builtin,DC=example,DC=net
lastLogonTimestamp: 131737221708339410
whenChanged: 20180617151610.0Z
uSNChanged: 3916
lastLogon: 131737221708479740
logonCount: 2
distinguishedName: CN=Administrator,CN=Users,DC=example,DC=net

# Referral
ref: ldap://example.net/CN=Configuration,DC=example,DC=net

# Referral
ref: ldap://example.net/DC=DomainDnsZones,DC=example,DC=net

# Referral
ref: ldap://example.net/DC=ForestDnsZones,DC=example,DC=net

# returned 4 records
# 1 entries
# 3 referrals
```

Hinweis

Sie sehen hier, dass ich wieder Kerberos für die Authentifizierung verwendet habe, diesmal aber mit der Option *-k yes*. Das liegt daran, dass es sich bei *ldbsearch* nicht um ein Binary wie *smbclient* handelt, sondern um ein in Python geschriebenes Programm. Für die in Python geschriebenen Programme müssen Sie für Kerberos-Authentifizierung immer die Option *-k yes* angeben. Das gilt auch für das Kommando *samba-tool*.

Jetzt ist der Domaincontroller so weit konfiguriert, dass er alle Dienste bereitstellen kann, und Sie haben auch alle Dienste überprüft.

4.5 Konfiguration des Zeitservers

Da sämtliche Zugriffe auf den Kerberos-Dienst sehr zeitkritisch sind, sollte in Ihrem Netz auf jeden Fall ein `Zeitserver` laufen. Der Zeitserver wird über den Dienst `NTP` bereitgestellt. Achten Sie darauf, dass der `ntpd` mindestens die Version 4.2.6 hat, da ältere Versionen keine Signierung erlauben. Die Signierung des Zeitservers wird aber vom AD benötigt. Ein Zeitserver ohne Signierung kann nicht mit dem AD zusammenarbeiten. Installieren Sie das ntp-Paket für Ihre Distribution. Anschließend müssen Sie die Datei /etc/ntp.conf wie in Listing 4.21 anpassen:

Listing 4.21 Konfiguration des Zeitservers

```
server  127.127.1.0
fudge   127.127.1.0 stratum 10
server  0.pool.ntp.org   iburst prefer
server  1.pool.ntp.org   iburst prefer
driftfile /var/lib/ntp/ntp.drift
logfile /var/log/ntp
ntpsigndsocket /var/lib/samba/ntp_signd/
restrict default kod nomodify notrap nopeer mssntp
restrict 127.0.0.1
restrict 0.pool.ntp.org mask 255.255.255.255 nomodify \
         notrap nopeer noquery
restrict 1.pool.ntp.org mask 255.255.255.255 nomodify \
         notrap nopeer noquery
```

Vor dem Neustart des Zeitservers müssen Sie dem `NTP` noch das Recht geben, auf den signierten Socket vom Samba4 zuzugreifen. Dazu ändern Sie die besitzende Gruppe am Verzeichnis /var/lib/samba/ntp_signd so, wie in Listing 4.22 zu sehen ist:

Listing 4.22 Rechte für den Zeitserver setzen

```
root@sambabuch:~# chgrp ntp /var/lib/samba/ntp_signd

root@sambabuch:~# chmod g+rx /var/lib/samba/ntp_signd
```

Die Gruppe muss nur die Rechte *r* und *x* besitzen. Nach dem Erstellen der Konfiguration starten Sie den Zeitserver neu. Jetzt können alle Windows-Clients und alle Windows-Server in der Domäne den Zeitserver für die Zeitsynchronisation nutzen.

Jetzt ist Ihr Domaincontroller vollständig installiert und konfiguriert. Im nächsten Kapitel geht es dann um die Verwaltung von Benutzern und Gruppen.

5 Die Benutzerverwaltung

Nach der Installation des ersten Domaincontrollers geht es jetzt um die Verwaltung der Gruppen und Benutzer. Unter Samba4 haben Sie verschiedene Möglichkeiten, die Benutzer und Gruppen zu verwalten. Da wäre zum einen die Verwaltung auf der Kommandozeile: Diese Möglichkeit ist sehr gut geeignet, um viele Benutzer und Gruppen gleichzeitig anzulegen oder zu ändern. Zum anderen können Sie die von Microsoft frei verfügbaren `Remote Server Administration Tools (RSAT)` nutzen. Über die RSAT können Sie eine Samba4-Domäne genauso verwalten wie eine echte Microsoft-Active-Directory-Domäne. Es gibt zusätzlich verschiedene webbasierte Werkzeuge, die Sie nutzen können. Hier im Buch soll der `LDAP Account Manager (LAM)` als Beispiel zum Einsatz kommen.

Nachdem im vorherigen Kapitel die Konfiguration des ersten Domaincontrollers abgeschlossen wurde und Sie jetzt eine Active-Directory-Domäne haben, soll es jetzt um die Verwaltung der Gruppen und Benutzer gehen.

An die Linux-Admins unter Ihnen: Sie müssen hier etwas umlernen, aber einen positiven Punkt möchte ich am Anfang hervorheben. Anders als bei Samba3 müssen Sie bei Samba4 kein Linux-Konto extra erstellen, bevor Sie ein Samba-Konto erstellen können. Hier zeigen sich ganz klar die Unterschiede in dem Konzept von Samba3 und Samba4. Sie legen nur noch ein Samba-Konto an.

Der Samba4-Server sorgt später über das ID-Mapping dafür, dass auch Linux-Benutzer das System zur Authentifizierung nutzen können.

Aber wo Licht ist, ist auch irgendwo Schatten: Da Samba4 für die Verwaltung einer Windows-Umgebung ausgelegt ist, ist die Verwaltung der Linux-Benutzer ganz anderen Regeln unterworfen, als Sie es gewohnt sind. Beim Anlegen der Benutzer werden Sie den ersten Unterschied feststellen, denn das Kommando *useradd* und andere Kommandos zur Benutzerverwaltung werden Sie jetzt nicht mehr benötigen.

Das Hauptaugenmerk liegt hier in erster Linie auf der Verwaltung von Windows-Benutzern und Gruppen. Aber selbstverständlich können sich auch Linux-Benutzer gegen das Active Directory authentifizieren und über Freigaben auf das Dateisystem zugreifen.

Aber die Linux-Benutzer unterliegen jetzt denselben Richtlinien wie die Windows-Benutzer. Das heißt, die Authentifizierung findet über Kerberos statt, alle Benutzer liegen immer im LDAP, und die Freigaben werden über `cifs` verwaltet.

Das größte Augenmerk müssen Sie auf das Mapping der `UID` und `GID` Ihrer Benutzer und Gruppen legen. Die beiden Attribute sind unter Windows keine Standardattribute und werden über das ID-Mapping von Samba4 bereitgestellt.

Im Verlauf des Buches werde ich das Thema ID-Mapping immer wieder aufgreifen, um Ihnen zu zeigen, wie Sie mit ihm umgehen müssen, um ein einheitliches Mapping in Ihrer Domäne auf allen Linux-Systemen zu bekommen.

Für die Benutzerverwaltung unter Samba4 gibt es verschiedene Wege:

- Mit dem Samba4-Werkzeug *samba-tool*:
  Mit dem *samba-tool* können Sie Benutzer und Gruppen über die Kommandozeile verwalten. Damit haben Sie dann auch die Möglichkeit, mehrere Benutzer über Skripte anzulegen, zu ändern oder zu löschen.
- Mit den Windows Remote Administration Tools (RSAT):
  Für Windows können Sie die Windows Remote Server Administration Tools (RSAT) bei Microsoft herunterladen und dann von Windows aus die Benutzer und Gruppen verwalten.

  Voraussetzung ist mindestens Windows 7 Professional.
- Mit dem LDAP-Account-Manager (LAM):
  Dank dem Einsatz von Roland Gruber gibt es jetzt ein Modul für den LAM, mit dem Sie die Benutzer und Gruppen von Samba4 über das webbasierte Werkzeug verwalten können, obwohl bei Samba4 kein openLDAP zum Einsatz kommt, sondern ein eigener LDAP-Server.

5.1 Benutzer- und Gruppenverwaltung über die Kommandozeile

Im ersten Teil geht es um die Verwaltung der Benutzer und Gruppen über die Kommandozeile. Die gesamte Verwaltung der Benutzer und Gruppen erfolgt hier über das Kommando *samba-tool*. Das *samba-tool* ist die Zusammenfassung der unter Samba3 bekannten *net*-Tools und des Kommandos *pdbedit* und ersetzt diese bei der Verwaltung von Gruppen und Benutzern vollständig. In Kapitel 17, «Jetzt alles per Skript», werde ich diese Kommandos wieder aufgreifen und für Shell-Skripte verwenden.

Als Linux-Administrator werden Sie anfangs versuchen, alle Benutzer und Gruppen über die Kommandozeile zu verwalten, was theoretisch auch möglich ist. Aber Sie werden sehr schnell feststellen, dass es an manchen Stellen einfacher ist, Benutzer über die RSAT zu verwalten – besonders, wenn es darum geht, die Vielzahl an Attributen eines Benutzers zu verändern.

Als Windows-Administrator werden Sie auf der anderen Seite auch schnell die Vorzüge der Verwaltung der Benutzer und Gruppen über die Kommandozeile schätzen lernen. Besonders dann, wenn Sie mehrere Benutzer auf einmal anlegen wollen, denn dann können Sie das Kommando *samba-tool* recht einfach in Shell-Skripten einsetzen.

Deshalb folgt jetzt eine ausführliche Erklärung der Benutzerverwaltung über die Kommandozeile mit aussagekräftigen Beispielen.

5.1.1 Verwaltung von Gruppen über die Kommandozeile

Mit dem Kommando *samba-tool group* verwalten Sie die Gruppen. Zu dem Kommando gibt es die verschiedenen Optionen für die Verwaltung.

Wenn Sie auf der Kommandozeile nur das Kommando *samba-tool group* eingeben, dann erhalten Sie eine Hilfe zu dem Kommando. In Listing 5.1 sehen Sie die Hilfe:

Listing 5.1 Hilfe zu samba-tool group

```
root@sambabuch:~# samba-tool group
Usage: samba-tool group <subcommand>

Group management.


Options:
  -h, --help  show this help message and exit


Available subcommands:
  add            - Creates a new AD group.
  addmembers     - Add members to an AD group.
  delete         - Deletes an AD group.
  list           - List all groups.
  listmembers    - List all members of an AD group.
  removemembers  - Remove members from an AD group.

  For more help on a specific subcommand, please type: \
    samba-tool group <subcommand> (-h|--help)
```

In den folgenden Abschnitten werde ich auf alle Subkommandos eingehen, aber nicht in der Reihenfolge, wie sie in der Hilfe aufgelistet sind. So haben Sie die Möglichkeit, alle Beispiele direkt auszuprobieren.

Auflisten der Gruppen mit group list

Eine Übersicht über alle Gruppen im System erhalten Sie, wie in Listing 5.2 zu sehen, mit *samba-tool group list*:

Listing 5.2 Auflistung aller bestehenden Gruppen

```
root@sambabuch:~# samba-tool group list
Domain Guests
Domain Computers
Domain Admins
Remote Desktop Users
Account Operators
Administrators
Server Operators
Cert Publishers
Replicator
Users
```

```
DnsAdmins
Terminal Server License Servers
Domain Controllers
Event Log Readers
Enterprise Admins
Distributed COM Users
Backup Operators
Denied RODC Password Replication Group
IIS_IUSRS
Guests
Allowed RODC Password Replication Group
Windows Authorization Access Group
Pre-Windows 2000 Compatible Access
Certificate Service DCOM Access
Read-only Domain Controllers
Cryptographic Operators
Incoming Forest Trust Builders
RAS and IAS Servers
Print Operators
Performance Log Users
DnsUpdateProxy
Domain Users
Network Configuration Operators
Group Policy Creator Owners
Schema Admins
Performance Monitor Users
Enterprise Read-only Domain Controllers
```

Hier sehen Sie eine Liste aller Gruppen, die nach der Installation des Systems vorhanden sind. Bei diesen Gruppen handelt es sich um Gruppen, die auch für die Verwaltung des AD unter Windows benötigt werden.

Wichtig

Löschen Sie keine der hier aufgelisteten Gruppen aus Ihrem System. Alle diese Gruppen haben eine feste Bedeutung in der Windows-Welt und werden immer mit einem festen `Security Identifier (SID)` verwaltet. Löschen Sie eine der Gruppen, kann das dazu führen, dass Sie Ihre Domäne neu aufsetzen müssen.

Auflflisten der Gruppenmitglieder einer Gruppe mit group listmembers

Wenn Sie wissen wollen, welche Benutzer Mitglied einer Gruppe sind, können Sie, wie in Listing 5.3 zu sehen, dies mit *samba-tool group listmembers <group>* überprüfen:

Listing 5.3 Auflisten der Gruppenmitglieder

```
root@sambabuch:~# samba-tool group listmembers administrators
Administrator
Enterprise Admins
Domain Admins
```

Beim Auflisten der Gruppe *administrators* sehen Sie, dass die Gruppe *Domain Admins* Mitglied der Gruppe ist. Samba4 kann mit den verschachtelten Gruppen umgehen. Auch Sie können später bei der Administration Gruppen verschachteln.

Im Gegensatz zu Samba 3 müssen Sie bei Samba 4 die Möglichkeit der verschachtelten Gruppen nicht mehr in der Datei smb.conf aktivieren.

Anlegen einer neuen Gruppe mit group add

Eine neue Gruppe können Sie mit dem Kommando *samba-tool group add <groupname>* zu Ihrer Gruppenliste hinzufügen. Listing 5.4 zeigt das Anlegen einer neuen Gruppe:

Listing 5.4 Anlegen einer neuen Gruppe

```
root@sambabuch:~# samba-tool group add datengruppe
Added group datengruppe
```

Die gerade angelegte Gruppe ist eine reine Windows-Gruppe. Sie können die Gruppe mit dem Kommando *wbinfo -g* sehen, aber im Moment noch nicht mit *getent group*. In Listing 5.5 sehen Sie die Liste der Gruppen:

Listing 5.5 Liste der Gruppen

```
root@sambabuch:~# wbinfo -g
EXAMPLE\cert publishers
EXAMPLE\ras and ias servers
EXAMPLE\allowed rodc password replication group
EXAMPLE\denied rodc password replication group
EXAMPLE\dnsadmins
EXAMPLE\enterprise read-only domain controllers
EXAMPLE\domain admins
EXAMPLE\domain users
EXAMPLE\domain guests
EXAMPLE\domain computers
EXAMPLE\domain controllers
EXAMPLE\schema admins
EXAMPLE\enterprise admins
EXAMPLE\group policy creator owners
EXAMPLE\read-only domain controllers
EXAMPLE\dnsupdateproxy
EXAMPLE\datengruppe
```

Auch können Sie mit *chgrp <neu-Gruppe> <Eintrag>* keine Berechtigungen setzen. Das Setzen der Rechte wäre im Moment nur über die GID möglich, da die Namen noch nicht aufgelöst werden können.

Für die Verwendung der Gruppe unter Linux müssen Sie das ID-Mapping aktivieren. Hier müssen Sie zwischen dem ID-Mapping auf einem Domaincontroller und dem ID-Mapping auf einem Fileserver oder einem Linux-Client unterscheiden. Auf einem Domaincontroller bis zur Version 4.1.x übernimmt Samba 4 das ID-Mapping über einen integrierten winbind selbst und weist den Windows-Benutzern und -Gruppen eigene IDs zu. Auf einem Domaincontroller mit einer Version ab 4.2.x läuft zwar ein eigenständiger winbindd, aber trotzdem bleibt das ID-Mapping auf einem Domaincontroller immer unterschiedlich zu dem aller anderen Samba-Hosts. Bei einem Fileserver oder einem Linux-Client übernimmt der `winbindd` diese Aufgabe vollständig und lässt sich auch konfigurieren. Mehr zu dieser Problematik erfahren Sie in Kapitel 12, «Verwaltung von Clients in der Domäne», und Kapitel 9, «Zusätzliche Server in der Domäne».

Um die Gruppen auch im Linux-System sehen und nutzen zu können, muss die Datei /etc/nsswitch.conf wie in Listing 5.6 angepasst werden:

Listing 5.6 Anpassen der Datei nsswitch.conf

```
passwd   compat winbind
group    compat winbind
```

Bei CentOS müssen Sie die Datei nsswitch.conf wie in Listing 5.7 anpassen:

Listing 5.7 Anpassungen bei CentOS

```
passwd files winbind
group files winbind
```

Bei Ubuntu ab der Version 18.04 müssen die Einträge so wie in Listing 5.8 aussehen:

Listing 5.8 Anpassung bei Ubuntu

```
passwd files systemd winbind
group files systemd winbind
```

Nach der Anpassung der Datei /etc/nsswitch.conf können Sie jetzt mit dem Kommando *getent group <Gruppenname>* einzelne Gruppen sehen und auch Rechte an die Gruppen über die Kommandozeile vergeben.

Hinweis

Wenn Sie später auf dem Domaincontroller keine Daten speichern wollen oder die Rechte über die Kommandozeile verwalten möchten, brauchen Sie die Datei /etc/nsswitch.conf nicht anzupassen.

In Listing 5.9 sehen Sie, dass die Domänengruppen mit aufgelistet werden:

Listing 5.9 Auflisten einer Gruppe

```
root@sambabuch:~# getent group datengruppe
EXAMPLE\datengruppe:x:3000018:
```

Wollen Sie alle Benutzer und Gruppen aus der Domäne mit dem Kommando *getent* sehen, müssen Sie die Datei smb.conf wie in Listing 5.10 anpassen:

Listing 5.10 Anpassung der Datei smb.conf

```
winbind enum users = yes
winbind enum groups = yes
```

Tipp

Ich rate davon aber ab, da gerade in großen Umgebungen mit sehr vielen Benutzern und Gruppen der Aufwand für das System nicht unerheblich ist, die Liste aller Benutzer und Gruppen mit ihren IDs zu cachen. Für die Vergabe von Rechten ist das auch nicht notwendig. Es wird im Moment auch unter den Entwicklern diskutiert, diese Parameter aus der Konfiguration ganz zu entfernen.

Hinzufügen eines oder mehrerer Benutzer zu einer bestehenden Gruppe mit group addmembers

Über das Kommando *samba-tool group addmembers <groupname> <members>* können Sie mehrere Benutzer gleichzeitig zu einer Gruppe hinzufügen. Listing 5.11 zeigt dieses Vorgehen:

Listing 5.11 Gruppenmitglieder hinzufügen

```
root@sambabuch:~# samba-tool group addmembers datengruppe "Domain Users"
Added members to group datengruppe

root@sambabuch:~# samba-tool group listmembers datengruppe
Domain Users
```

Da Sie Gruppen verschachteln können, können Sie auch eine oder mehrere der Standardgruppen zu Ihrer Gruppe hinzufügen.

Achten Sie darauf, dass einige der Gruppen ein Leerzeichen im Namen haben. Dann müssen Sie den Gruppennamen beim Hinzufügen in Hochkommata setzen.

Hinweis

Sie können mit dem Kommando *samba-tool group addmembers <groupname> <members>* keine lokalen Gruppen des Systems zu den AD-Gruppen hinzufügen, da diese Gruppen nur auf dem System vorhanden sind und nicht im AD.

Wichtig

Verwenden Sie für neue Gruppen keine Namen, die in der lokalen Gruppenverwaltung über die Datei /etc/group Verwendung finden. Die lokalen Gruppen haben immer Priorität vor den Gruppen aus dem AD. Wenn Sie jetzt also eine Gruppe im AD anlegen, die denselben Namen hat wie eine lokale Gruppe, wird das System bei der Rechtevergabe immer die lokale Gruppe verwenden.

Benutzer mit group removemembers aus einer Gruppe entfernen

Wenn Sie einen oder mehrere Benutzer aus einer Gruppe entfernen möchten, geht das mit dem Kommando *samba-tool group removemembers <groupname> <members>*. In Listing 5.12 sehen Sie ein Beispiel:

Listing 5.12 Entfernen von Mitgliedern

```
root@sambabuch:~# samba-tool group removemembers datengruppe "Domain Users"
Removed members from group datengruppe
```

Sie können hier auch mehrere Mitglieder, durch Leerzeichen getrennt angegeben, aus der Gruppe entfernen.

5.1.2 Verwaltung von Benutzern über die Kommandozeile

Für die Verwaltung der Benutzer verwenden Sie das Kommando *samba-tool user*. Genau wie bei der Verwaltung der Gruppen gibt es auch hier wieder Subkommandos für die verschiedenen Aufgaben. Dies sehen Sie in Listing 5.13:

Listing 5.13 Das Samba-tool zur Benutzerverwaltung

```
Usage: samba-tool user <subcommand>

User management.


Options:
  -h, --help  show this help message and exit



Available subcommands:
    add             - Create a new user.
    create          - Create a new user.
    delete          - Delete a user.
    disable         - Disable an user.
    edit            - Modify User AD object.
    enable          - Enable an user.
    getpassword     - Get the password fields of a user/computer \
                      account.
    list            - List all users.
    password        - Change password for a user account \
                      (the one provided in authentication).
    setexpiry       - Set the expiration of a user account.
    setpassword     - Set or reset the password of a user account.
    syncpasswords   - Sync the password of user accounts.
 For more help on a specific subcommand, please type: samba-tool \
                      user <subcommand> (-h|--help)
```

Auch hier werde ich wieder auf alle Subkommandos näher eingehen, sodass Sie die Beispiele gleich testen können.

Auflisten der Benutzer mit user list

Alle Benutzer können Sie sich mit dem Kommando *samba-tool user list* anzeigen lassen. In Listing 5.14 sehen Sie eine Liste alle Benutzer nach der Installation des Systems:

Listing 5.14 Auflisten aller Benutzer

```
root@sambabuch:~# samba-tool user list
Administrator
dns-sambabuch
krbtgt
Guest
```

Wie schon zuvor bei den Gruppen sehen Sie hier alle Benutzer, die während der Installation angelegt werden. Auch hier gilt: Löschen Sie keinen dieser Benutzer.

Anlegen eines Benutzers mit user create

Um einen neuen Benutzer über die Kommandozeile anzulegen, verwenden Sie das Kommando *samba-tool user create <username> <password>*. Achten Sie bei dem Passwort auf die Komplexitätsregeln. In Listing 5.15 sehen Sie ein Beispiel mit einem Passwort, das diesen Regeln nicht entspricht.

Listing 5.15 Passwort das nicht den Komplexitätsregeln entspricht

```
root@sambabuch:~# samba-tool user create Stefan geheim \
         --given-name=Stefan --surname=Kania
ERROR(ldb): Failed to add user 'Stefan':  - 0000052D: Constraint \
         violation - check_password_restrictions: the password \
         is too short. It should be equal or longer than 7 characters!
```

> **Wichtig**
>
> Für die Komplexitätsregeln gilt: Es müssen mindestens Groß- und Kleinbuchstaben und Zahlen verwendet werden oder aber mindestens ein Sonderzeichen. Sie müssen also immer drei verschiedene Zeichengruppen beim Passwort verwenden, und die Mindestlänge eines Passworts ist sieben Zeichen.

Alle Benutzer, die Sie über die Kommandozeile anlegen, werden in der Organisationseinheit *cn=Users,DC=example,DC=net* angelegt. Wenn Sie später eine komplexe AD-Struktur angelegt haben, müssen Sie die neuen Benutzer auf jeden Fall immer verschieben oder beim Anlegen des Benutzers die entsprechende Organisationseinheit über den Parameter *--userou=USEROU* angeben.

In Listing 5.16 sehen Sie das erfolgreiche Anlegen eines neuen Benutzers:

Listing 5.16 Erfolgreiches Anlegen eines Benutzers

```
root@sambabuch:~# samba-tool user create Stefan geheim\!123 \
         --given-name=Stefan --surname=Kania
User 'Stefan' created successfully
```

Wie Sie in dem Beispiel sehen, können Sie beim Anlegen des Benutzers gleich weitere Parameter mit angeben. In diesem Beispiel sind es der Vor- und der Nachname. Alle Werte, die im AD verwendet werden, können hier mit übergeben werden. Da es sich dabei um eine größere Anzahl von Parametern handelt, kann an dieser Stelle nicht darauf eingegangen werden.

Bei der Benutzerverwaltung mit grafischen Werkzeugen werden Sie alle Parameter sehen und anpassen können.

Hinweis

Wenn Sie alle Parameter sehen wollen, die Sie beim Anlegen von Benutzern verwenden können, dann geben Sie das Kommando *samba-tool user create --help* ein. Dann erhalten Sie eine Liste aller verfügbaren Optionen. Welche Optionen Sie beim Anlegen eines Benutzers vergeben können, ist abhängig von der Samba-Version, die Sie auf dem Domaincontroller einsetzen.

In Listing 5.17 legen Sie einen Benutzer ohne weitere Parameter an:

Listing 5.17 Ein weiterer Benutzer

```
root@sambabuch:~# samba-tool user create ktom
New Password:
Retype Password:
User 'ktom' created successfully
```

Da dieses Mal kein Passwort beim Anlegen des Benutzers mitgegeben wurde, wird jetzt nach dem Passwort für den Benutzer gefragt.

Das Heimatverzeichnis des Benutzers wird nicht mit angelegt, das müssen Sie selbst auf dem entsprechenden Server anlegen und mit Rechten versehen. Auch müssen Sie das Heimatverzeichnis noch dem Benutzer zuweisen. Mehr dazu finden Sie in Kapitel 9, «Verwaltung von Freigaben».

Nach dem Anlegen des Benutzers können Sie sich den Benutzer wieder mit *samba-tool user list* auflisten lassen. Auch die Benutzer sehen Sie wieder mit *wbinfo -u*. Wie schon bei den Gruppen werden die neuen Benutzer mit *getent passwd* nur angezeigt, wenn Sie die Datei /etc/nsswitch.conf angepasst haben. In Listing 5.18 sehen Sie das Ergebnis sowohl von *wbinfo -u* als auch von *getent passwd*:

Listing 5.18 Auflisten der Benutzer

```
root@sambabuch:~# wbinfo -u
EXAMPLE\administrator
EXAMPLE\guest
EXAMPLE\krbtgt
EXAMPLE\dns-sambabuch
EXAMPLE\stefan
EXAMPLE\ktom

root@sambabuch:~# getent passwd ktom
EXAMPLE\ktom:*:3000021:100::/home/EXAMPLE/ktom:/bin/false
```

Hinweis

Auch die Optionen *-u* und *-g* zum Kommando *winbind* stehen im Moment zur Diskussion, da auch diese in großen Umgebungen den Domaincontroller über alle Maßen belasten. Wenn Sie sich alle Benutzer der Domäne auflisten lassen wollen, verwenden Sie besser das Kommando *samba-tool user list*.

5.1.2.1 Deaktivieren eines Benutzers mit samba-tool user disable

Wenn Sie einen bestehenden Benutzer nur kurzzeitig aussperren wollen, weil der Benutzer sich zurzeit nicht anmelden darf oder soll, können Sie den Benutzer einfach deaktivieren und müssen ihn nicht gleich löschen. In Listing 5.19 sehen Sie ein Beispiel für das Deaktivieren eines Benutzers:

Listing 5.19 Deaktivieren eines Benutzers
```
root@sambabuch:~# samba-tool user disable stefan
```

Leider erhalten Sie bei *samba-tool user disable stefan* keine Meldung.

5.1.2.2 Eine deaktivierten Benutzer mit samba-tool user enable aktivieren

Um einen zuvor deaktivierten Benutzer wieder zu aktivieren, verwenden Sie das Kommando *samba-tool user enable <username>* so, wie Sie in Listing 5.20 sehen:

Listing 5.20 Aktivieren eines Benutzers
```
root@sambabuch:~# samba-tool user enable stefan
Enabled user 'stefan'
```

Hier bekommen Sie eine Meldung, dass der Benutzer wieder aktiviert wurde.

5.1.2.3 Ändern des Passworts mit samba-tool user setpassword username

Für den Fall, dass ein Benutzer sein Passwort vergessen hat, oder wenn Sie einem Benutzer aus einem anderen Grund ein neues Passwort zuweisen wollen, verwenden Sie das Kommando *samba-tool user setpassword <username>*. In Listing 5.21 sehen Sie ein Beispiel dafür:

Listing 5.21 Setzen des Passworts eines Benutzers
```
root@sambabuch:~# samba-tool user setpassword stefan
New Password:
Retype Password:
Changed password OK
```

Beim Setzen eines neuen Passworts müssen Sie wieder auf die Komplexitätsregeln achten.

Hinweis

Das Ändern der Passwörter wird hier als Benutzer `root` durchgeführt. Damit sind Sie auch in der Lage, das Passwort für den `Administrator` zu setzen.

Denken Sie außerdem daran, dass das Passwort des Administrators ebenfalls ein Ablaufdatum hat.

5.1.2.4 Löschen eines Benutzers mit samba-tool user delete

Wenn Sie einen Benutzer aus dem System entfernen wollen, nutzen Sie dafür das Kommando *user delete <username>* so, wie Sie es in Listing 5.22 sehen:

Listing 5.22 Löschen eines Benutzers

```
root@sambabuch:~# samba-tool user delete Stefan
Deleted user Stefan
```

Denken Sie daran, dass ein eventuelles Heimatverzeichnis des Benutzers nicht automatisch gelöscht wird.

5.1.3 Passwortregeln setzen

Seit der Version 4.2 können Sie Passwortregeln mit *samba-tool* für die Benutzer direkt auf dem Domaincontroller setzen. Listing 5.23 zeigt eine Liste aller möglichen Optionen:

Listing 5.23 Liste aller Passwortregeln

```
root@sambabuch:~# samba-tool domain passwordsettings show
Password informations for domain 'DC=example,DC=net'

Password complexity: on
Store plaintext passwords: off
Password history length: 24
Minimum password length: 7
Minimum password age (days): 1
Maximum password age (days): 42
Account lockout duration (mins): 30
Account lockout threshold (attempts): 0
Reset account lockout after (mins): 30
```

Mit dem Kommando *samba-tool domain passwordsettings show –help* können Sie sich alle Optionen anzeigen lassen. Wie Sie eine Option ändern, sehen Sie in Listing 5.24:

Listing 5.24 Anpassen des maximalen Passwortalters

```
root@sambabuch:~# samba-tool domain passwordsettings set \
                --max-pwd-age=50
Maximum password age changed!
All changes applied successfully!
```

Alle Änderungen sind immer in der gesamten Domäne gültig und müssen nicht auf jedem Domaincontroller eingerichtet werden.

> **Hinweis**
>
> Ab der Samba-Version 4.9 sind Sie in der Lage, die `Password Settings Objects` (`PSOs`) einzurichten. So können Sie die globalen Richtlinien für einzelne Benutzer oder Gruppen ändern. Verwenden Sie dafür das Kommando *samba-tool domain passwordsettings pso*.
>
> Zusätzlich können Sie in der Version 4.9 jetzt auch die Organisationseinheiten (OU) verwalten. Dazu gibt es das neue Kommando *samba-tool ou*.

5.1.4 Ändern und Suchen von Benutzern mit den ldb-tools

Natürlich können Sie auch über die Kommandozeile nach Benutzern und Gruppen suchen und diese mittels Skripten verändern. Dazu gibt es verschiedene Kommandos. Wenn Sie bis jetzt vielleicht schon mit openLDAP gearbeitet haben, wird Ihnen die Syntax bekannt vorkommen.

> **Wichtig**
>
> Seit der Entdeckung des `Badlog-Bugs` kann für die Suche über die ldb-tool nicht mehr das Protokoll *ldaps* genutzt werden, da es damit zu Problemen mit den beim Provisioning erstellten *self-signed-certificates* gibt. Mit diesen Zertifikaten ist es einfach, einen `Man in the middle`-Angriff durchzuführen. Deshalb wird jetzt das Protokoll *ldap* zusammen mit der Verschlüsselung durch Kerberos verwendet.

5.1.4.1 Auflisten von Benutzern mittels ldbsearch

Mit dem Kommando *ldbsearch* können Sie nach Objekten suchen und natürlich über Filter die Ergebnisse eingrenzen. In Listing 5.25 sehen Sie ein Beispiel für die Suche mit *ldbsearch*. Hier sehen Sie dann einen Versuch, mittels des Protokolls *ldaps* zuzugreifen:

Listing 5.25 Ein Test mit ldaps

```
root@sambabuch:~# ldbsearch -H ldaps://sambabuch "cn=Stefan Kania"
TLS failed to missing crlfile  - with 'tls verify peer =
    as_strict_as_possible'
Failed to connect to ldap URL 'ldaps://sambabuch' - LDAP client \
    internal error: NT_STATUS_INVALID_PARAMETER_MIX
Failed to connect to 'ldaps://sambabuch' with backend 'ldaps': LDAP \
    client internal error: NT_STATUS_INVALID_PARAMETER_MIX
Failed to connect to ldaps://sambabuch - LDAP client internal error: \
    NT_STATUS_INVALID_PARAMETER_MIX
```

Jetzt sehen Sie in Listing 5.26 den gleichen Zugrif,f aber mit ldap und Kerberos:

Listing 5.26 Ein Test mit ldap und Kerberos

```
root@sambabuch:~# kinit administrator
administrator@EXAMPLE.NET's Password:

root@sambabuch:~# klist
Credentials cache: FILE:/tmp/krb5cc_0
        Principal: administrator@EXAMPLE.NET

  Issued                  Expires                 Principal
Jun 22 15:07:36 2018 Jun 23 01:07:36 2018 krbtgt/EXAMPLE.NET@EXAMPLE.NET

root@sambabuch:~# ldbsearch -H ldap://sambabuch "cn=ktom" -k yes
# record 1
dn: CN=ktom,CN=Users,DC=example,DC=net
objectClass: top
objectClass: person
objectClass: organizationalPerson
objectClass: user
cn: ktom
instanceType: 4
whenCreated: 20180622123944.0Z
whenChanged: 20180622123944.0Z
uSNCreated: 3923
name: ktom
objectGUID: d9074e04-748f-4fc1-af9f-03848d363222
badPwdCount: 0
codePage: 0
countryCode: 0
badPasswordTime: 0
lastLogoff: 0
lastLogon: 0
primaryGroupID: 513
objectSid: S-1-5-21-113282409-686688155-1353482721-1106
accountExpires: 9223372036854775807
logonCount: 0
sAMAccountName: ktom
sAMAccountType: 805306368
userPrincipalName: ktom@example.net
objectCategory: CN=Person,CN=Schema,CN=Configuration,\
                DC=example,DC=net
pwdLastSet: 131741447849017870
userAccountControl: 512
uSNChanged: 3925
distinguishedName: CN=ktom,CN=Users,DC=example,DC=net

# Referral
ref: ldap://example.net/CN=Configuration,DC=example,DC=net

# Referral
```

```
ref: ldap://example.net/DC=DomainDnsZones,DC=example,DC=net

# Referral
ref: ldap://example.net/DC=ForestDnsZones,DC=example,DC=net

# returned 4 records
# 1 entries
# 3 referrals

root@sambabuch:~# klist
Credentials cache: FILE:/tmp/krb5cc_0
        Principal: administrator@EXAMPLE.NET

  Issued                Expires               Principal
Jun 22 15:07:36 2018  Jun 23 01:07:36 2018  krbtgt/EXAMPLE.NET@EXAMPLE.NET
Jun 22 15:07:49 2018  Jun 23 01:07:36 2018  ldap/sambabuch@EXAMPLE.NET
```

Im ersten Teil dieses Beispiels sehen Sie, was passiert, wenn Sie den Zugriff mit ldaps versuchen. Anschließend wird ein Ticket für den Administrator erstellt. Im Anschluss daran wird dann der Zugriff noch einmal durchgeführt, dieses Mal mit ldap und Kerberos. Wie Sie sehen, klappt der Zugriff jetzt. Zum Schluss sehen Sie noch, dass der Administrator das Service-Ticket für den LDAP-Dienst erhalten hat.

5.1.4.2 Ändern eines Objektes mit ldbedit

Mit dem Kommando *ldbedit* können Sie einzelne Objekte ändern und die Änderung wieder im AD speichern. Für die Änderung wird der bei Ihnen im System eingestellte Standardeditor verwendet. In Listing 5.27 sehen Sie den Aufruf von *ldbedit*:

Listing 5.27 Ein Testlisting

```
root@sambabuch:~# ldbedit -H ldapi:///var/lib/samba/private/ldapi \
                sAMAccountName=ktom -k yes
```

Hier sehen Sie eine andere Möglichkeit, auf die Datenbank des Active Directory zuzugreifen, über den *ldapi*-Socket. Dieser Zugriff funktioniert nur direkt auf dem Domaincontroller. Aber auch wenn Sie über den Socket zugreifen, müssen Sie sich authentifizieren, da Sie schreibend auf die Datenbank zugreifen wollen und dieses nur für authentifizierte Benutzer erlaubt ist.

Wenn Sie beim Editieren einen Fehler machen, wird die Änderung nicht gespeichert, und Sie bekommen eine Fehlermeldung, wie in Listing 5.28 zu sehen ist:

Listing 5.28 Fehler werden abgefangen.

```
root@sambabuch:~# ldbedit -H ldapi:///var/lib/samba/private/ldapi \
                sAMAccountName=ktom -k yes

failed to modify CN=ktom,CN=Users,DC=example,DC=net - LDAP error 16 \
        LDAP_NO_SUCH_ATTRIBUTE -  <acl_modify: attribute \
        'AMAccountName' on entry 'CN=ktom,CN=Users,DC=example,DC=net' \
        was not found in the schema!> <>
```

5.1.4.3 Ändern eines Objekts mit ldbmodify

Sie können einzelne Attribute eines oder mehrerer Objekte auch mithilfe des Kommandos *ldbmodify* und einer .ldif-Datei ändern. Als Erstes erstellen Sie eine .ldif-Datei wie in Listing 5.29:

Listing 5.29 Ändern eines Objekts mit ldapmodify

```
dn: cn=ktom,cn=users,dc=example,dc=net
changetype: modify
replace: sn
sn: Tom
-
add: description
description: Ein Benutzer
```

Anschließend spielen Sie die Änderung, wie in Listing 5.30 gezeigt, ein:

Listing 5.30 Einspielen der Änderung

```
root@sambabuch:~# ldbmodify -H ldap://sambabuch -k yes ktom.ldif
Modified 1 records successfully
```

Hier sehen Sie, dass ich wieder eine andere Methode für das Einspielen der Änderung verwendet habe. Mit dieser Methode haben Sie die Möglichkeit, Änderungen auch über das Netzwerk einzuspielen. Sie können sich die ldb-tools auf Ihrem Arbeitsplatz einrichten und dann die Änderungen direkt auf dem Domaincontroller vornehmen. Hier wird nicht das Protokoll *ldaps*, sondern das Protokoll *ldap* zusammen mit Kerberos verwendet. Der Grund ist der, dass durch die beim Provisioning erstellten Zertifikaten ein Man in the middle-Angriff möglich wird. Dieses hat, sowohl bei den Microsoft-Domaincontroller als auch bei den Samba-Domaincontrollern, dazu geführt, dass Zugriffe über ldaps unterbunden werden und nur noch das Protokoll ldap mit Kerberos verwendet wird. Das Problem wurde als badlock-Bug bekannt. Mehr dazu finden Sie unter *https://en.wikipedia.org/wiki/Badlock*

> **Tipp**
> Wollen Sie ein weiteres Objekt mit derselben .ldif-Datei ändern, können Sie dieses einfach durch eine Leerzeile in die Datei eintragen.

In Listing 5.31 sehen Sie ein Beispiel für eine .ldif-Datei mit mehreren Objekten:

Listing 5.31 Änderungen an mehreren Objekten

```
dn: cn=ktom,cn=users,dc=example,dc=net
changetype: modify
replace: sn
sn: Tom
-
add: description
description: Ein Benutzer
```

```
dn: cn=Stefan Kania,cn=users,dc=example,dc=net
changetype: modify
replace: sn
sn: Stefan
-
add: description
description: Ein weiterer Benutzer
```

Sie sehen hier, dass die Objekte immer durch eine Leerzeile getrennt sind und die einzelnen Attribute durch eine Zeile, in der nur ein Minuszeichen steht.

Wichtig

In der Leerzeile zwischen den Objekten darf wirklich kein Zeichen stehen, auch kein Leerzeichen und kein Tabulator.

Nachdem Sie jetzt gesehen haben, wie Sie Gruppen und Benutzer auf der Kommandozeile verwalten, wird es im nächsten Abschnitt um die Verwendung der Remote Server Administration Tools (RSAT) gehen.

5.2 Die Remote Server Administration Tools (RSAT)

Microsoft hat für die Verwaltung einer AD-Domäne Werkzeuge bereitgestellt, mit denen Sie die Domäne von einer Windows-Workstation aus administrieren können. Sie benötigen mindestens eine Windows-7-Professional-Version. Die Workstation muss Mitglied der Domäne sein, die Sie von dort aus verwalten wollen. In diesem Teil der Benutzerverwaltung geht es jetzt darum, die RSAT zu installieren und dann Gruppen und Benutzer über die RSAT zu verwalten.

Hinweis

Die RSAT gibt es für alle Windows-Versionen ab Windows 7. Hier im Buch verwende ich für alle Aufgaben aber Windows 10.

5.2.1 Einrichtung der Remote Server Administration Tools(RSAT)

Die Installation und Einrichtung der RSAT kann ein paar Minuten dauern, in denen es so aussieht, als würde auf dem System nichts passieren. Hier müssen Sie auf jeden Fall etwas Geduld haben und auf den Abschluss des Vorgangs warten.

Wichtig

Damit Sie den Client überhaupt erfolgreich in die Domäne aufnehmen können, müssen Sie dafür sorgen, dass auf der Workstation in den Einstellungen des Netzwerks der DNS-Server der neuen Domäne eingetragen ist. Ohne diesen Eintrag klappt der Beitritt zur Domäne nicht, da der Client den Domaincontroller über DNS sucht.

Hierbei wird nicht nur der Name des Domaincontrollers über DNS gesucht, sondern auch die Dienste Kerberos und LDAP.

Um Benutzer und Gruppen über die Windows Remote Server Administration Tools (RSAT) verwalten zu können, müssen Sie mindestens einen Client mit Windows 7 Professional in Ihrer Domäne haben. Aus diesem Grund nehmen Sie jetzt erst einen Windows-Rechner in die Domäne auf. Suchen Sie je nach Windows-Version die Einstellungen für die Arbeitsgruppe, und treten Sie der Domäne bei. Für den Beitritt benötigen Sie den Administrator und dessen Passwort. In Bild 5.1 sehen Sie alle Fenster für den Vorgang.

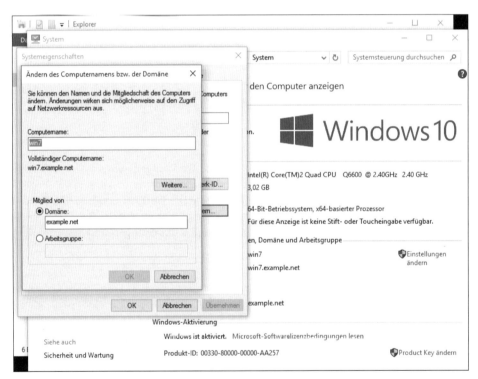

Bild 5.1 Client in die Domäne aufnehmen

Um die Einstellung wirksam werden zu lassen, müssen Sie Windows neu starten. Nach dem Neustart können Sie sich jetzt als *Domänenadministrator* oder mit einem anderen Domänenbenutzer anmelden.

Hinweis
Wenn Sie sich als Administrator anmelden, müssen Sie immer den Domänennamen voranstellen, da sonst eine Anmeldung als lokaler Administrator durchgeführt wird. Wenn Sie sich als Benutzer der Domäne anmelden, reicht der Benutzername.

Nachdem Sie sich als Domänenadministrator angemeldet haben, laden Sie die RSAT von der Microsoft-Website herunter und installieren sie. Bei den RSAT handelt es sich nicht um eine zusätzliche Software, sondern die RSAT werden wie ein Update behandelt und installiert. Die RSAT sind dabei immer abhängig von der verwendeten Windows-Version.

Unter Windows 7 können Sie die RSAT nach der Installation nicht sofort nutzen, sondern müssen sie erst aktivieren. Öffnen Sie hierfür die Systemsteuerung, und klicken Sie dann auf PROGRAMME UND FUNKTIONEN. Dort klicken Sie auf WINDOWS-FUNKTIONEN AKTIVIEREN ODER DEAKTIVIEREN. Es öffnet sich ein neues Fenster, in dem Sie jetzt die RSAT über den Unterpunkt REMOTESERVER-VERWALTUNGSTOOLS aktivieren. Sie müssen alle Unterpunkte öffnen und dann alle gewünschten Funktionen separat aktivieren. Bei Windows 10 sind alle RSAT sofort aktiv. Bild 5.2 zeigt die aktivierten RSAT.

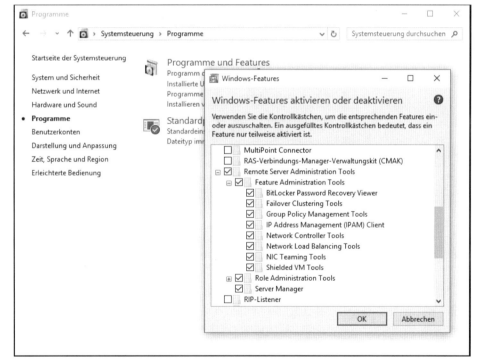

Bild 5.2 Konfiguration der RSAT

Anschließend klicken Sie auf OK. Jetzt werden die RSAT im System aktiviert, und Sie können über START > ALLE PROGRAMME > VERWALTUNG auf die RSAT zugreifen.

5.2.2 Benutzer- und Gruppenverwaltung mit den RSAT

Wenn Sie das Tool `Active Directory-Benutzer und -Computer` starten, können Sie die von Ihnen erstellte Domäne sehen und Benutzer und Gruppen verwalten. Eine Übersicht über alle Gruppen sehen Sie in Bild 5.3. Die vorher über die Kommandozeile erzeugten Benutzer und Gruppen sehen Sie im unteren Teil der Abbildung. Wenn Sie einen neuen Benutzer, eine neue Gruppe oder einen neuen Host anlegen wollen, führen Sie einen Rechtsklick auf die rechte Seite des Fensters aus. Dann öffnet sich ein Kontextmenü. Dort klicken Sie auf Neu, und es öffnet sich ein neues Menü, in dem Sie dann das entsprechende Objekt auswählen können.

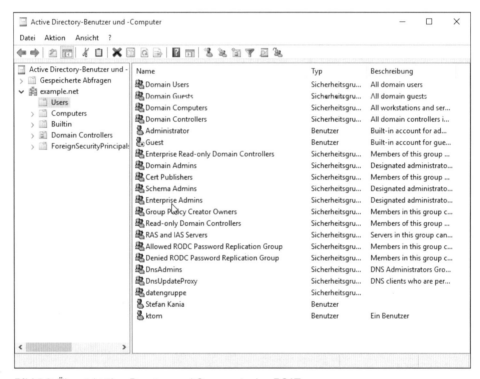

Bild 5.3 Übersicht über Benutzer und Gruppen in den RSAT

Die Schritte, die Sie für das Anlegen einer Gruppe oder eines Benutzers über RSAT durchführen müssen, sind immer die gleichen. In Bild 5.4 sehen Sie als Beispiel das Anlegen eines neuen Benutzers. So können Sie jetzt Schritt für Schritt alle Benutzer und Gruppen über Ihren Windows-Client anlegen und verwalten.

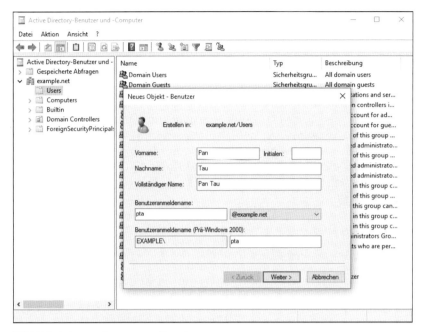

Bild 5.4 Anlegen eines neuen Benutzers

Testen Sie das Anlegen von Benutzern und Gruppen und auch das Löschen und Ändern der von Ihnen erstellten Objekte. Gerade wenn Sie bis jetzt noch keine Berührung mit den RSAT hatten, sollten Sie sich an die Arbeitsweise der RSAT gewöhnen.

5.3 Benutzer- und Gruppenverwaltung mit dem LAM

Der eine oder andere von Ihnen kennt den LDAP Account Manager (LAM) vielleicht schon als Werkzeug für den openLDAP. Seit der Version 4.2 ist der LAM auch in der Lage, Samba 4 zu verwalten. Da mit dem LAM eine Möglichkeit besteht, Samba 4 auch über einen Webzugriff zu verwalten, soll in diesem Abschnitt etwas genauer auf den LAM eingegangen werden.

5.3.1 Installation des LAM

Auch in dieser Auflage des Buches werde ich wieder auf den LAM eingehen, denn mit diesem Werkzeug sind Sie in der Lage, Ihre Benutzer und Gruppen über eine Webanwendung zu verwalten. Das ist oft von Vorteil, da Sie nicht immer einen Arbeitsplatz in der Nähe haben, auf dem die RSAT installiert sind. Auch bietet der LAM ein paar zusätzliche Funktionen, die die RSAT nicht bieten. So können Sie später bei der Wiederherstellung von gelöschten Objekten sehr einfach auf diese Objekte zugreifen.

Als Erstes müssen Sie den LAM installieren. Dazu laden Sie sich die aktuelle Version des LAM von der Webseite *https://www.ldap-account-manager.org/lamcms/releases* herunter.

Falls Sie die Heimatverzeichnisse der Benutzer automatisch auf einem Dateiserver anlegen wollen, wenn Sie einen Benutzer anlegen, dann müssen Sie zusätzlich das Paket lamdaemon mit herunterladen und installieren. Sie sollten den LAM immer auf einem eigenen Webserver installieren, um nicht in Konflikten mit anderen Diensten zu kommen. Ich werde den LAM hier im Buch auf einer eigenen Debian-9-Maschine installieren und konfigurieren, um dann die Domäne zu verwalten. Der Webserver verwendet den Domaincontroller als DNS-Server, sodass später der Name im Zertifikat des Domaincontrollers überprüft werden kann. Installieren Sie die Pakete mit dem Kommando *dpkg*. Bei der Installation kommt es zu nicht aufgelösten Abhängigkeiten. Diese können Sie mit *apt-get -f install* auflösen. In Listing 5.32 sehen Sie die Installation:

Listing 5.32 Installation des LAM

```
root@webserver:~# dpkg -i ldap-account-manager_6.4-1_all.deb
...
dpkg: Abhöngigkeitsprobleme verhindern Konfiguration von ldap-account-manager
     :
...
dpkg: Fehler beim Bearbeiten des Paketes \
      ldap-account-manager (--install):
 Abhöngigkeitsprobleme - verbleibt unkonfiguriert
Fehler traten auf beim Bearbeiten von:
 ldap-account-manager

 root@webserver:~# apt-get -f install
Paketlisten werden gelesen... Fertig
...
The following additional packages will be installed:
...
Nach dieser Operation werden 31,9 MB Plattenplatz zusötzlich benutzt.
Möchten Sie fortfahren? [J/n]
...
ldap-account-manager (6.4-1) wird eingerichtet ...
Enabling conf ldap-account-manager.
```

Nach der Installation können Sie den LAM jetzt über einen Browser erreichen. Geben Sie dafür in Ihrem Browser die URL *http://<ip-webserver>/lam* ein.

Daraufhin erhalten Sie das Fenster aus Bild 5.5.

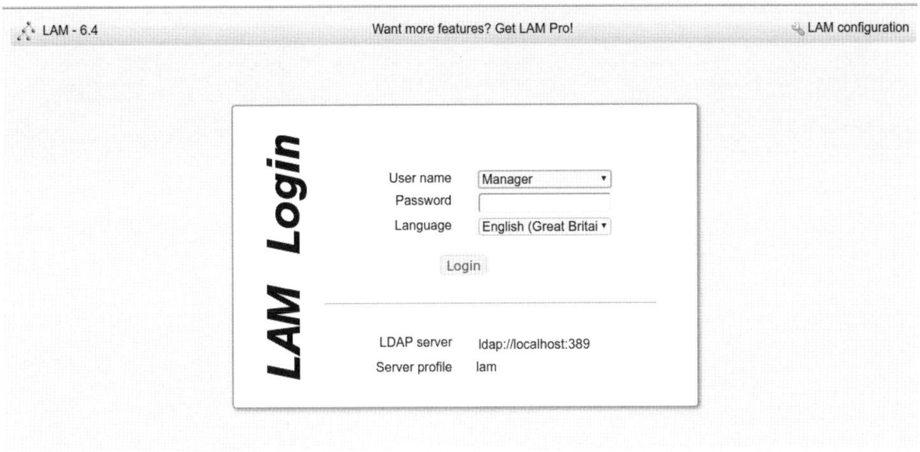

Bild 5.5 Erster Zugriff auf den LAM

5.3.2 Konfiguration des LAM

Bevor Sie mit dem LAM Ihren Samba 4 administrieren können, müssen Sie den LAM erst konfigurieren. Klicken Sie dazu auf LAM CONFIGURATION in der oberen rechten Ecke des Startbildschirms. Sie erhalten daraufhin eine neue Ansicht. Dort wählen Sie den Punkt EDIT GENERAL SETTINGS. Bei der Abfrage nach dem Passwort geben Sie das Standardpasswort *lam* ein und klicken auf OK.

Auf der folgenden Seite können Sie Einstellungen für den LAM vornehmen. Alle Einstellungen zu den Passwörtern betreffen nur die Anmeldung am LAM und haben nichts mit den Einstellungen der Benutzer zu tun.

Für die Verwendung von ldaps anstelle von ldap müssen Sie hier auch das Zertifikat von Ihrem Domaincontroller importieren. Geben Sie den FQDN Ihres Servers an, und klicken Sie anschließend auf IMPORT FROM SERVER. In Bild 5.6 sehen Sie das Laden des Zertifikats direkt von dem ersten Domaincontroller.

Bild 5.6 Einspielen des Zertifikats vom Domaincontroller

Sollte das direkte Importieren nicht funktionieren, können Sie sich die Datei /var/lib/samba/private/tls/cert.pem von Ihrem Domaincontroller auf Ihren lokalen Rechner speichern und von dort aus als Datei einbinden. Beachten Sie, dass Sie, nachdem Sie das Zertifikat eingespielt haben, den Webserver auf jeden Fall neu starten müssen. Ändern Sie vor dem Neustart noch das Masterpasswort; dann speichern Sie die Änderungen.

Anschließend landen Sie wieder auf der Anmeldeseite des LAM. Klicken Sie hier wieder auf LAM CONFIGURATION. Jetzt geht es darum, ein Profil für Ihren Samba 4-Server zu erstellen. Sie können später über diesen Punkt weitere Profile erstellen, um andere LDAP- oder AD-Server zu verwalten.

Klicken Sie auf EDIT SERVER PROFILES. Um ein neues Profil für Ihren Samba4-Dienst zu erstellen, klicken Sie auf MANAGE SERVER PROFILES. Daraufhin erhalten Sie ein neues Fenster (siehe Bild 5.7). Tragen Sie dort den Namen für Ihr Profil ein, und vergeben Sie ein Passwort, um später das Profil verwalten zu können. Wichtig ist hier, dass Sie als Template *windows_samba4* auswählen.

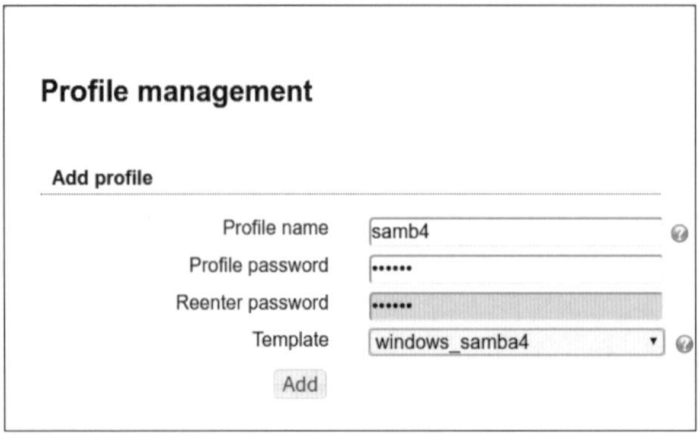

Bild 5.7 Erstellen eines Profils

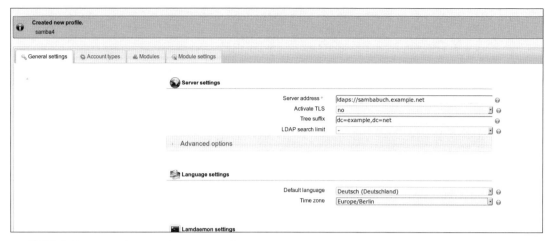

Bild 5.8 Zusammenfassung der Serversettings

Durch Anklicken der Schaltfläche ADD fügen Sie ein neues Profil zum LAM hinzu. Um das Profil auch anlegen zu können, werden Sie noch nach dem Masterpasswort gefragt. Danach gelangen Sie automatisch in das neu erstellte Profil. In dem Feld SERVER SETTINGS tragen Sie die Werte für Ihren Samba-Server ein. Die folgenden Werte müssen Sie hier eingeben:

- SERVER ADDRESS
  Geben Sie hier den FQDN Ihres Domaincontrollers ein und wählen Sie als Protokoll *ldaps*. Dazu muss der Server, auf dem der LAM läuft, aber den Namen des Domaincontrollers über DNS auflösen können.
- ACTIVATE TLS
  Setzen Sie diesen Parameter unbedingt auf NO, da es sonst zu Konflikten mit *ldaps* käme, wenn Sie hier YES auswählen würden.
- TREE SUFFIX
  An dieser Stelle müssen Sie die oberste Ebene Ihres ADs angeben. Der Name ist identisch mit den DNS-Domänennamen. Im Buch ist es *dc=example,dc=net*.
- LDAP SEARCH LIMIT
  Diesen Wert müssen Sie nur ändern, wenn durch zu viele Suchergebnisse die Netzwerklast zu stark ansteigt. Ein Aussage über das «wann und wie viel» ist hier somit nicht möglich, das müssen Sie immer in Ihrer Umgebung testen. Ein Wert ist hier immer sehr stark abhängig von Ihrer Umgebung und der Anzahl der Objekte sowie von der Menge der Zugriffe auf den AD durch den LAM. In Bild 5.8 sehen Sie eine Zusammenfassung der SERVERSETTINGS.

Bei den LANGUAGE SETTINGS können Sie die spätere Anzeigesprache für den LAM auswählen. Den Abschnitt LAMDAEMON SETTINGS können Sie im Moment überspringen; diese Parameter werden erst relevant, wenn Sie später den lamdaemon installieren und konfigurieren wollen.

Wichtig für die momentane Konfiguration ist nur noch der Abschnitt SECURITY SETTINGS. An dieser Stelle legen Sie fest, wer sich am LAM anmelden kann und wie die Liste der gültigen Benutzer erstellt und verwaltet wird.

Für die Verwaltung stehen Ihnen zwei Methoden zur Verfügung: zum einen über eine FIXED LIST und zum anderen LDAP-SEARCH. Bei FIXED LIST geben Sie jeden Benutzer aus dem AD einzeln an, der auf den LAM zugreifen darf.

Im Gegensatz dazu können alle Benutzer, die über eine LDAP-Suche ab einem bestimmten Punkt im AD gefunden werden, sich am LAM anmelden und administrativ tätig werden. Natürlich erhalten die Benutzer über den LAM keine zusätzlichen Rechte im AD, sodass die Benutzer nur diejenigen Objekte administrieren dürfen, auf die sie auch Rechte haben.

In Bild 5.9 sehen Sie die Einträge für eine FIXED LIST.

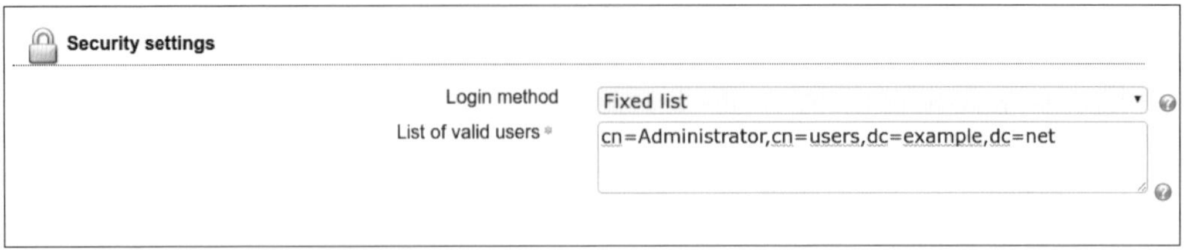

Bild 5.9 Login-Methode «Fixed list»

Anfangs kann nur der `Domainadministrator` zugreifen, der bei der Konfiguration des AD eingerichtet wurde. Sie müssen also auf jeden Fall sicherstellen, dass dieser sich auch anmelden kann.

Nachdem Sie den Bereich SECURITY SETTINGS ausgefüllt haben, klicken Sie oben auf den Karteireiter ACCOUNT TYPES. Da Sie beim Anlegen des Profils bereits festgelegt haben, dass Sie eine Windows-Domäne verwalten wollen, sind an dieser Stelle schon die richtigen Account-Typen ausgewählt.

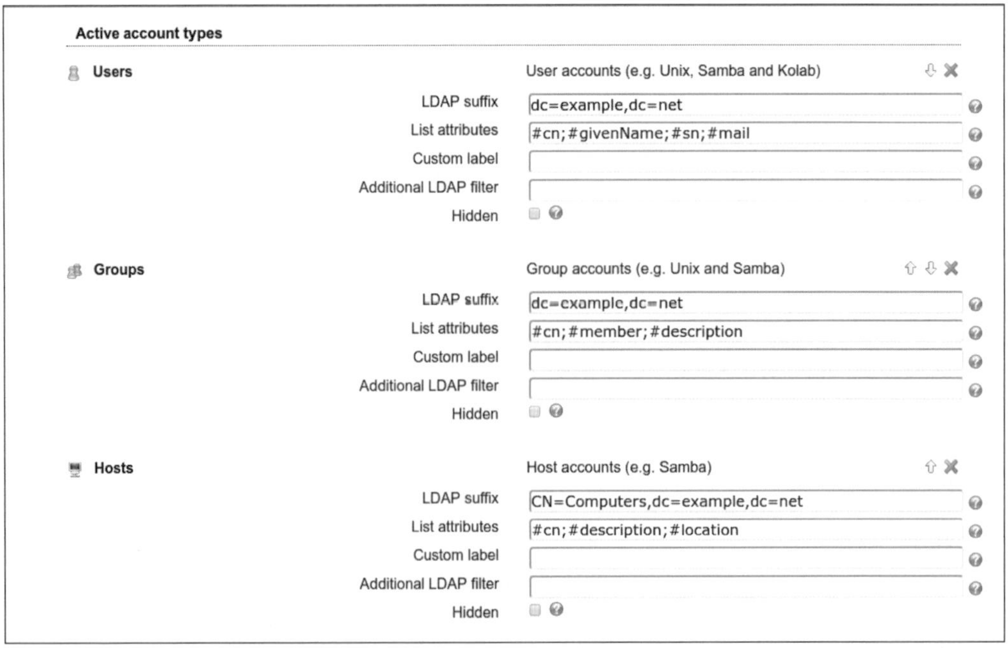

Bild 5.10 Auswahl der «Accounttypen»

Sie müssen hier nur noch die Werte für Ihre Domäne angeben. Bild 5.10 zeigt die Einstellungen.

Anschließend klicken Sie oben auf den Karteireiter MODULES. Hier müssen Sie nichts mehr ändern, wenn Sie bei der Erstellung des Profiles das Template *windows_samba4* ausgewählt haben.

Sowohl bei den Benutzern als auch bei den Gruppen und den Hosts darf hier nur das entsprechende Windows-Modul ausgewählt werden.

Klicken Sie jetzt auf den Karteireiter MODULE SETTINGS und tragen Sie im Feld DOMAINS Ihre Domäne ein, so wie es Bild 5.11 zeigt.

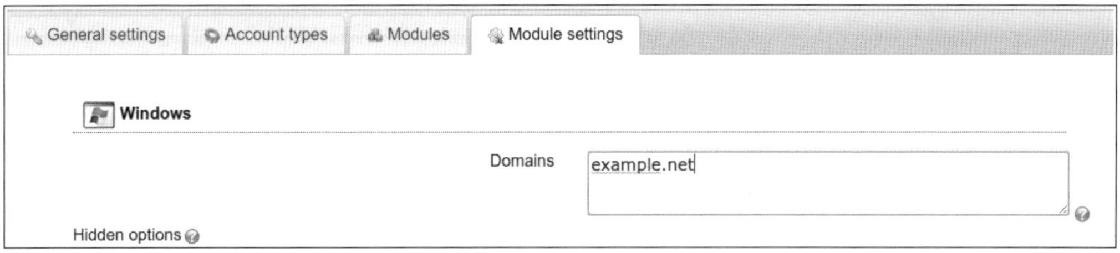

Bild 5.11 Module settings

Jetzt können Sie am unteren Ende der Eingabemaske auf SPEICHERN klicken, um das Profil zu speichern. Sie gelangen dann automatisch wieder auf die Anmeldemaske des Profils. Am oberen Rand der Maske sehen Sie die Meldung YOUR SETTINGS WERE SUCCESSFULLY SAVED.

Damit ist der erste Schritt der Konfiguration des LAM abgeschlossen. Jetzt müssen Sie noch die Datei /etc/ldap/ldap.conf anpassen, damit der LAM auch den LDAP Ihres ADs erreichen kann. Da Sie während der Installation die Sprache festlegen können, werden Sie nach der Konfiguration den LAM in Deutsch sehen, wenn Sie Deutsch als Sprache gewählt haben.

5.3.3 Arbeiten mit dem LAM

Nachdem Sie diese Einträge vorgenommen haben, können Sie sich jetzt das erste Mal am LAM mit Ihrem Domainadministrator anmelden. Jetzt haben Sie den LAM so weit, dass Sie die ersten Benutzer und Gruppen anlegen können. Über die Karteireiter BENUTZER, GRUPPEN und HOSTS können Sie jetzt bestehende Objekte verwalten oder neue anlegen.

Wenn Sie auf BAUMANSICHT klicken, sehen Sie eine Übersicht über alle Objekte in Ihrem Active Directory. Bild 5.12 zeigt die Baumansicht.

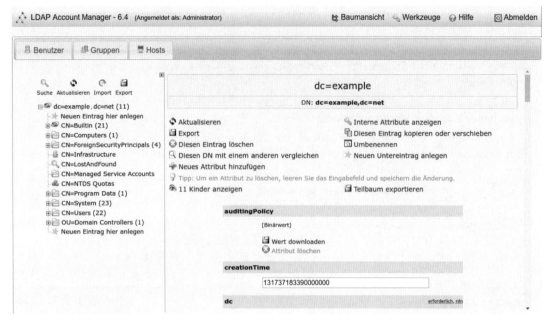

Bild 5.12 Die Baumansicht

Der große Vorteil der Baumansicht ist, dass Sie hier auch Attribute ergänzen können, die Sie in der Verwaltung auf der Übersichtsseite nicht sehen.

> **Hinweis**
>
> Denken Sie daran, dass der LAM noch nicht in der Lage ist, die Heimatverzeichnisse der neuen Benutzer anzulegen. Um die Heimatverzeichnisse auch gleich mit anzulegen, muss unbedingt der `lamdaemon` installiert und konfiguriert werden. Die Installation und Konfiguration ist aber nicht Bestandteil dieses Buches.

Mit dem LDAP Account Manager haben Sie ein Werkzeug, mit dem Sie, im Gegensatz zu den RSAT, Ihre Domäne auch browserbasiert verwalten können. Eine sehr gute Anleitung zur Einrichtung des LDAP Account Managers finden Sie auch unter *https://www.ldap-account-manager.org/static/doc/manual/ch03s02.html*.

Jetzt können Sie die Benutzer und Gruppen in Ihrer Domäne auf unterschiedliche Art und Weise verwalten. Wählen Sie den Weg, der für Sie am einfachsten ist. In den meisten Fällen werden Sie Benutzer und Gruppen sowohl über die Kommandozeile als auch über ein grafisches Werkzeug verwalten.

6 Gruppenrichtlinien

Hier geht es um ein Thema, das den Lesern unter Ihnen, die bis jetzt reine Linux-Administratoren waren, sehr fremd sein wird – auch wenn Sie schon Samba3 verwendet haben. Wenn Sie aus dem Bereich der Windows-AD-Administration kommen, kennen Sie dieses Thema bestimmt schon. Für die Linux-Administratoren ist dieses Kapitel besonders wichtig, um überhaupt erst einmal einen Einstieg in die komplexe Welt der Gruppenrichtlinien zu finden. Aber auch der geübte Windows-Admin unter Ihnen sollte einen Blick auf dieses Kapitel werfen. Ich werde hier natürlich die Verwaltung der Gruppenrichtlinien über die RSAT beschreiben, aber auch zeigen, wie Sie über die Kommandozeile auf die Gruppenrichtlinien zugreifen können.

6.1 Gruppenrichtlinien – Grundlagen

In einer Windows-Domäne können Sie über Gruppenrichtlinien (GPOs) Berechtigungen für Ressourcen vergeben oder Voreinstellungen für die Benutzer und Hosts vornehmen. Mit Samba4 können Sie diese GPOs auch verwalten und erstellen. Mit dem Konsolenwerkzeug *samba-tool* sind Sie in der Lage, die Gruppenrichtlinien auch über die Kommandozeile zu verwalten.

In Listing 6.1 sehen Sie, wie Sie sich die GPOs auflisten lassen können:

Listing 6.1 Auflistung der Standardgruppenrichtlinien

```
root@sambabuch:~# samba-tool gpo listall
GPO          : {31B2F340-016D-11D2-945F-00C04FB984F9}
display name : Default Domain Policy
path         : \\example.net\sysvol\example.net\Policies\
               \{31B2F340-016D-11D2-945F-00C04FB984F9}
dn           : CN={31B2F340-016D-11D2-945F-00C04FB984F9},\
               CN=Policies,CN=System,DC=example,DC=net
version      : 0
flags        : NONE

GPO          : {6AC1786C-016F-11D2-945F-00C04FB984F9}
display name : Default Domain Controllers Policy
path         : \\example.net\sysvol\example.net\Policies\
```

```
                \{6AC1786C-016F-11D2-945F-00C04FB984F9}
    dn          : CN={6AC1786C-016F-11D2-945F-00C04FB984F9},\
                  CN=Policies,CN=System,DC=example,DC=net
    version     : 0
    flags       : NONE
```

Hier sehen Sie die beiden Standardgruppenrichtlinien, die immer in einer Domäne vorhanden sind. Es empfiehlt sich, diese Gruppenrichtlinien so zu belassen, wie sie sind, und für Richtlinien, die Ihre gesamte Domäne betreffen, immer eigene Gruppenrichtlinien zu erstellen. Natürlich haben Sie noch weitere Möglichkeiten, die GPOs über die Kommandozeile zu verwalten, aber besser ist es, die GPOs über die RSAT zu bearbeiten. Verwenden Sie für die Verwaltung der GPOs das Windows-Werkzeug `Gruppenrichtlinienverwaltung`. Am Ende das Kapitels werde ich Ihnen noch zeigen, wie Sie das Kommando *samba-tool* noch nutzen können, um über die Kommandozeile auf die Gruppenrichtlinien zuzugreifen. Sie werden dabei schnell feststellen, dass es bei manchen Arbeiten besser ist, die RSAT zu verwenden.

Wenn es aber darum geht, schnell einmal Informationen zu einer Gruppenrichtlinie zu erhalten, sind Sie über die Kommandozeile erheblich schneller, besonders wenn Sie lediglich kontrollieren wollen, welche Gruppenrichtlinien für einen bestimmten Benutzer wirksam sind.

■ 6.2 Verwaltung der GPOs mit den RSAT

Für die Verwaltung der Gruppenrichtlinien stellen Ihnen die RSAT zwei Werkzeuge zur Verfügung: das Programm `Gruppenrichtlinienverwaltung`, mit dem Sie Gruppenrichtlinien erstellen, verwalten und Containern zuweisen können, und der `Gruppenrichtlinieneditor`, mit dem Sie die Gruppenrichtlinie anpassen.

Mithilfe dieser Werkzeuge können Sie alle Arbeiten mit einer grafischen Benutzeroberfläche durchführen.

Machen Sie sich auf jeden Fall mit den verschiedenen Werkzeugen vertraut, um alle Aufgaben rund um die Gruppenrichtlinien erledigen zu können.

6.2.1 Erste Schritte mit dem Gruppenrichtlinieneditor

Die GRUPPENRICHTLINIENVERWALTUNG finden Sie im Windows-Menü unter ALLE APPS im Unterpunkt WINDOWS VERWALTUNGSPROGRAMME.

In Bild 6.1 sehen Sie die `Gruppenrichtlinienverwaltung` für die Verwaltung der Gruppenrichtlinien. Hier ist bereits der Ordner für die Gruppenrichtlinien Gruppenrichtlinienobjekte geöffnet, und Sie sehen die beiden Standardgruppenrichtlinien.

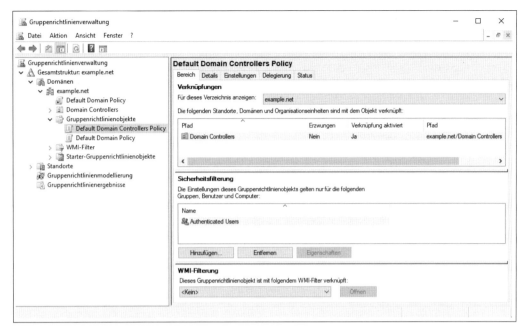

Bild 6.1 Der Gruppenrichtlinieneditor

Wollen Sie jetzt eine neue Gruppenrichtlinie erstellen, können Sie diese direkt in dem Container *Gruppenrichtlinienobjekte* erstellen und später mit den gewünschten Organisational Units (OU) verlinken.

Da GPOs nur ab der OU wirksam sind, mit der sie verknüpft sind, müssen Sie mindestens eine OU anlegen, in die Sie anschließend alle Objekte verschieben, für die diese GPO wirksam sein soll.

Hinweis

Mit der Organisationseinheit CN=Users, in der über die Kommandozeile alle neuen Benutzer angelegt werden, können keine Gruppenrichtlinien verknüpft werden. Deshalb müssen Sie immer eine neue Struktur für Ihr Unternehmen erstellen und die Benutzer auf die dort erstellten OUs verteilen, wenn Sie Gruppenrichtlinien anwenden wollen.

Gerade wenn Sie sehr viele Gruppenrichtlinien erstellen möchten, ist es aber sinnvoll, die Gruppenrichtlinien auch mit Untercontainern zu verknüpfen, um an verschiedenen Stellen mit unterschiedlichen Rechten oder Einschränkungen arbeiten zu können, da nur dadurch unterschiedliche GPOs für verschiedene Benutzer und Gruppen wirksam sind.

Aus diesem Grund sollten Sie die Struktur Ihrer Domäne genau planen, damit Sie nicht später alles komplett überarbeiten müssen.

6.2.2 Erstellen einer Gruppenrichtlinie

Wenn Sie jetzt eine neue GPO erstellen wollen, starten Sie als Domainadministrator in den RSAT die GRUPPENRICHTLINIENVERWALTUNG. Öffnen Sie die Ansicht auf der linken Seite, bis Sie Ihre Domäne und darunter den Ordner GRUPPENRICHTLINIENOBJEKTE sehen. Klicken Sie mit der rechten Maustaste auf GRUPPENRICHTLINIENOBJEKTE und dann auf NEU. Es erscheint ein neues Fenster, das Sie in Bild 6.2 sehen.

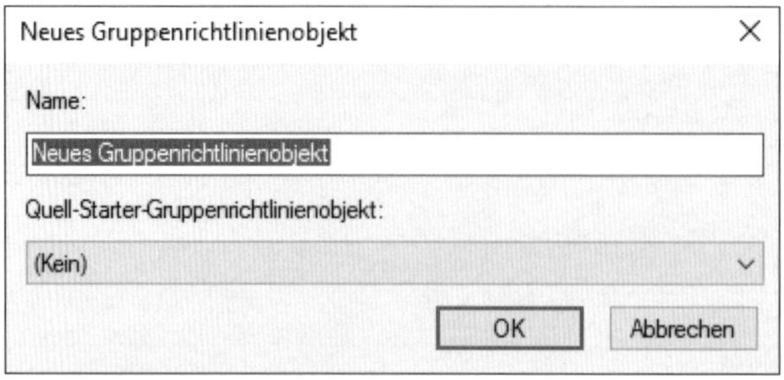

Bild 6.2 Vergabe des Namens für die neue GPO

Vergeben Sie einen Namen für die neue GPO. In diesem Fall soll mit der GPO die Verwendung der Systemsteuerung unterbunden werden.

Bestätigen Sie die Eingabe mit einem Klick auf OK. Anschließend sehen Sie im Container GRUPPENRICHTLINIENOBJEKTE die neue GPO. Damit haben Sie eine leere GPO erstellt, in der Sie jetzt die entsprechenden Einstellungen vornehmen müssen. Dazu klicken Sie mit der rechten Maustaste auf die gerade erstellte GPO und dann auf BEARBEITEN... Daraufhin öffnet sich der GRUPPENRICHTLINIENVERWALTUNGS-EDITOR. Dort sehen Sie auf der linken Seite zwei Bereiche: die COMPUTERKONFIGURATION und die BENUTZERKONFIGURATION.

Bei der Einschränkung, die hier eingerichtet werden soll, handelt es sich um eine Benutzer-GPO, da die Systemsteuerung unabhängig von der Workstation sein soll, an der sich ein Benutzer anmeldet.

Bild 6.3 Anpassen der GPO

Öffnen Sie unterhalb der BENUTZERKONFIGURATION den Punkt RICHTLINIEN > ADMINISTRATIVE VORLAGEN, darunter sehen Sie den Ordner SYSTEMSTEUERUNG. Klicken Sie dann auf der linken Seite auf SYSTEMSTEUERUNG. Jetzt sehen Sie wie in Bild 6.3 auf der rechten Seite die Möglichkeiten, die Sie hier haben, um die GPO anzupassen.

Die Richtlinie, die für die GPO benötigt wird, heißt ZUGRIFF AUF DIE SYSTEMSTEUERUNG UND PC-EINSTELLUNGEN NICHT ZULASSEN. Ein Doppelklick auf die Einstellung öffnet ein neues Fenster. In diesem Fenster müssen Sie die Einschränkung jetzt aktivieren, so wie Sie das in Bild 6.4 sehen.

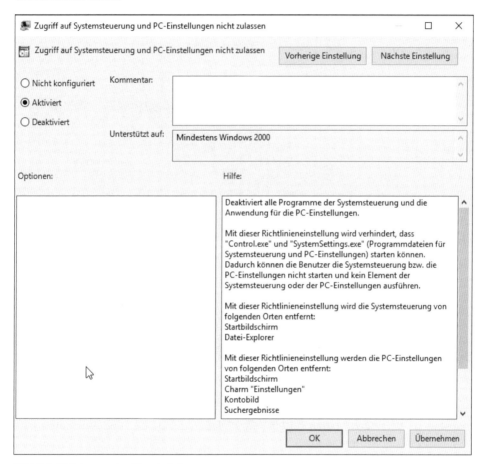

Bild 6.4 Aktivierung der Einschränkung

Bestätigen Sie die Einstellung mit einem Klick auf OK. Im Anschluss daran können Sie den Gruppenrichtlinienverwaltungs-Editor schließen. Sie gelangen dann wieder in die Gruppenrichtlinienverwaltung. Führen Sie hier einen Doppelklick auf die neue GPO aus, und klicken Sie dann auf den Karteireiter EINSTELLUNGEN und danach auf ALLE EINBLENDEN. Jetzt sehen Sie, so wie in Bild 6.5, alle Einstellungen der GPO.

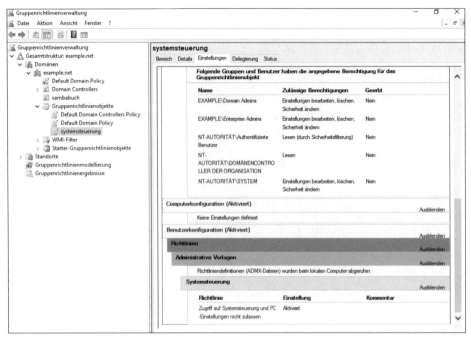

Bild 6.5 Einstellungen der neuen GPO

6.2.3 Verknüpfung der Gruppenrichtlinie mit einer OU

Bis zu diesem Zeitpunkt haben Sie zwar eine GPO angelegt, diese aber noch keinem Benutzer oder keiner Gruppe zugewiesen. Gruppenrichtlinien werden in bestimmten, für diesen Zweck entworfenen OUs verwaltet und sind dann für Objekte ab dieser OU gültig. Sie müssen also im nächsten Schritt eine Struktur für Ihre GPOs anlegen. Hier ist eine sehr gute Planung vonnöten.

Je mehr GPOs Sie in Ihrem Netzwerk einsetzen wollen, desto genauer sollte Ihre Planung sein, da sich Benutzer- und Gruppenobjekte nur in einer OU befinden können. Ein guter Ansatz zur Planung Ihrer Active-Directory-Struktur ist immer ein Organigramm Ihres Unternehmens. Wichtige Kriterien zur Planung sind immer Standorte und Abteilungen und eventuell Projektorganisationen.

Hinweis

Einschränkungen, die Sie über Gruppenrichtlinien erstellen, vererben sich immer auf alle Objekte in der entsprechenden Organisationseinheit und in alle untergeordneten Organisationseinheiten. Es gibt aber auch hier Möglichkeiten, die Vererbung der Gruppenrichtlinien aufzuheben. Dieses Thema sprengt jedoch den Rahmen des Buches.

Hier soll jetzt eine kleine Struktur angelegt werden, um zu zeigen, wie die GPOs funktionieren. Klicken Sie hierfür mit der rechten Maustaste auf Ihr Domänenobjekt, und wählen

Sie den Punkt NEUE ORGANISATIONSEINHEIT aus. Es öffnet sich ein neues Fenster, in dem Sie nur den Namen für die neue OU angeben müssen.

Vergeben Sie hier einen Namen, und klicken Sie anschließend auf OK. Unterhalb Ihrer Domäne erscheint jetzt die neue OU mit dem Symbol der Gruppenrichtlinie im Ordner. Wie Sie hier sehen, ist mit dieser OU noch keine GPO verknüpft worden. Im nächsten Schritt soll diese Verknüpfung erstellt werden. Klicken Sie hierfür mit der rechten Maustaste auf die gerade erstellte OU und anschließend auf VORHANDENES GRUPPENRICHTLINIENOBJEKT VERKNÜPFEN… Es erscheint eine Liste aller vorhandenen GPOs.

Doppelklicken Sie hier auf die von Ihnen erstellte GPO. Jetzt sehen Sie, so wie in Bild 6.6, die Verknüpfung der GPO mit der OU. Sie können eine Gruppenrichtlinie mit mehreren OUs verknüpfen und mehrere Verknüpfungen mit unterschiedlichen Gruppenrichtlinien in einer OU haben.

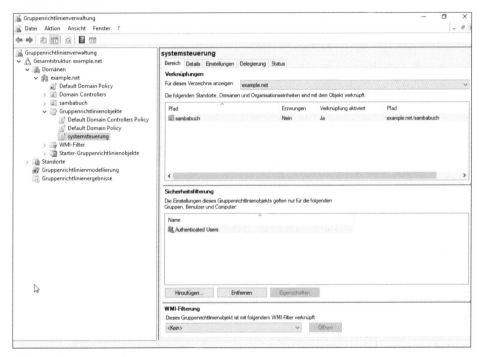

Bild 6.6 Eine neue Verknüpfung

Verknüpfen Sie eine OU mit mehreren Gruppenrichtlinien, können Sie hier auch die Reihenfolge der Abarbeitung ändern.

Tipp
Wenn in zwei Gruppenrichtlinien dieselben Parameter verändert werden, gilt immer die letzte Einstellung.

Wechseln Sie jetzt auf den Karteireiter BEREICH. Im rechten unteren Teil sehen Sie den Punkt SICHERHEITSFILTERUNG. An dieser Stelle ist grundsätzlich immer erst der Eintrag

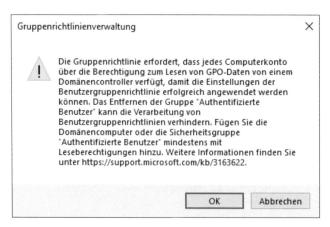

Bild 6.7 Warnung für die Berechtigungen

AUTHENTICATED USERS vorhanden, sodass diese GPO für alle Benutzer und Gruppen in der OU gültig ist. Hier können Sie jetzt die derzeitigen Einträge löschen und die Gruppe eintragen, für die diese GPO gelten soll. Soll die Gruppenrichtlinie für alle Benutzer gelten, können Sie den Eintrag so lassen, wie er ist. Um Gruppenrichtlinien besser kontrollieren und dokumentieren zu können, ist es aber immer sinnvoll, einer bestimmten Gruppe die Gruppenrichtlinie zuzuordnen und nicht über den Eintrag AUTHENTICATED USERS zu gehen. Wenn Sie den Eintrag *Authenticated User* entfernen, sehen Sie die Meldung wie in Bild 6.7.

Diese Warnung zeigt auf eine Änderung, die Microsoft vor einigen Jahren eingeführt hat. Seit der Zeit müssen Sie der Gruppe der *Domain Computers* das Leserecht an der GPO geben. Ohne diese Berechtigung wird die GPO nicht ausgeführt. Denn das Ausführen der GPOs führt immer die Arbeitsstation des Benutzers durch, wenn er sich anmeldet. Hat die Arbeitsstation aber nicht die Rechte, wird die GPO übergangen, ohne eine Fehlermeldung oder Warnung anzuzeigen.

Nach allen Anpassungen sollte Ihr Objekt so aussehen wie in Bild 6.8.

Damit Sie sehen, wie jetzt die Rechte an der GPO aussehen, sehen Sie hier Bild 6.9 mit den richtigen Einstellungen.

6.2 Verwaltung der GPOs mit den RSAT

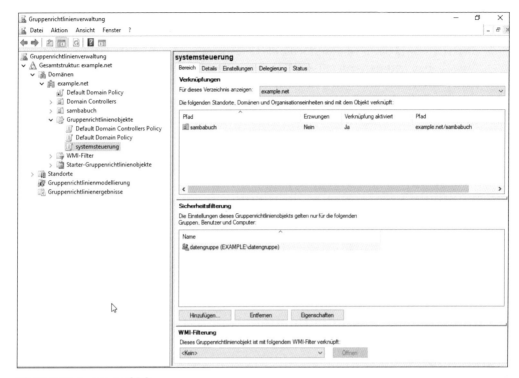

Bild 6.8 Die komplette GPO

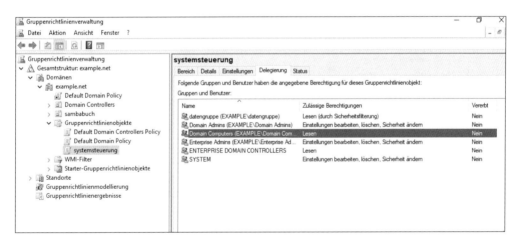

Bild 6.9 Berechtigungen der GPO

6.2.4 Verschieben der Benutzer und Gruppen

Jetzt müssen noch die Objekte, für die die GPO wirksam sein soll, in die entsprechende OU verschoben werden. Dazu müssen Sie jetzt die Gruppe und alle Mitglieder der Gruppe in die OU verschieben. Nur so wird die GPO für alle Mitglieder der Gruppe wirksam.

Dies ist einer der Gründe, warum eine genaue Planung Ihrer Active-Directory-Struktur so wichtig ist. Da ein Gruppen- oder Benutzerobjekt immer nur in einer OU liegen kann, werden Sie es sehr schwer haben, die Gruppenrichtlinien zu planen, wenn Sie sich nicht rechtzeitig Gedanken um die Struktur machen.

Das Verschieben der Gruppe und der Benutzer können Sie mit dem RSAT ACTIVE DIRECTORY-BENUTZER UND -COMPUTER durchführen. Wenn Sie auf das entsprechende Objekt mit der rechten Maustaste klicken, sehen Sie einen Unterpunkt VERSCHIEBEN. Durch einen Klick auf den Punkt können Sie das Objekt verschieben.

Tipp

Benutzer und Gruppen lassen sich auch per Drag and Drop verschieben.

Nachdem Sie alle Objekte verschoben haben, sieht der Inhalt der OU so aus wie in Bild 6.10.

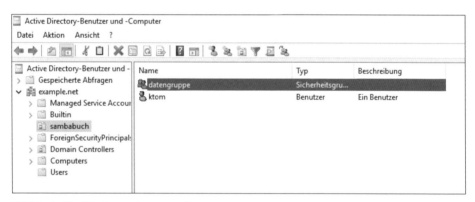

Bild 6.10 Alle Objekte in der neuen OU

Hinweis

Die Möglichkeit, eine Gruppe an dieser Stelle einzutragen, besteht erst seit Windows Server 2008. Samba4 unterstützt auch diese Möglichkeit.

Wenn sich jetzt ein Benutzer aus der Gruppe an einem Client in der Domäne anmeldet, wird er im Startmenü die SYSTEMSTEUERUNG nicht mehr sehen. Ein Rechtsklick auf COMPUTER zeigt nur noch das Fenster aus Bild 6.11.

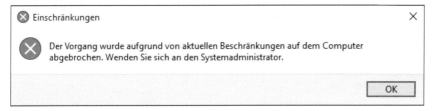

Bild 6.11 Warnung auf dem Client

Jetzt ist die von Ihnen eingerichtete Gruppenrichtlinie für alle Mitglieder der Gruppe gültig. Das gilt aber nur dann, wenn sich das Gruppenobjekt und die Mitglieder unterhalb der mit der Gruppenrichtlinie verknüpften OU befinden. Verschieben Sie eines der Mitglieder der Gruppe in eine andere, nicht untergeordnete OU, wird für dieses Gruppenmitglied die Richtlinie nicht mehr wirksam sein. Natürlich ist das nur ein Einstieg in das Thema GPOs, aber die Vielzahl der Möglichkeiten würde den Rahmen dieses Buches sprengen. An verschiedenen Stellen im Buch werde ich Ihnen immer wieder zeigen, wie Sie bestimmte Aufgaben über Gruppenrichtlinien steuern können.

■ 6.3 GPOs über die Kommandozeile

Am Anfang des Kapitels habe ich schon erwähnt, dass Sie die GPOs auch über die Kommandozeile verwalten können. Hier soll jetzt noch einmal ein kurzer Blick auf die Möglichkeiten geworfen werden, die Sie auf der Kommandozeile haben.

Als Erstes lassen Sie sich noch mal alle GPOs anzeigen. Das ist nur ein Überblick über einige der Möglichkeiten, die Sie mit dem Kommando *samba-tool gpo* haben. Wenn Sie mehr über die Verwaltung der Gruppenrichtlinien über die Kommandozeile wissen möchten, empfehle ich Ihnen die Hilfe von *samba-tool*. Sie werden aber sehr schnell feststellen, dass die Verwaltung über die grafische Oberfläche schneller, einfacher und übersichtlicher ist.

In Listing 6.2 sehen Sie die Übersicht über alle GPOs, die momentan in der Domäne existieren:

Listing 6.2 Übersicht über alle GPOs

```
root@sambabuch:~# samba-tool gpo listall
GPO            : {31B2F340-016D-11D2-945F-00C04FB984F9}
display name   : Default Domain Policy
path           : \\example.net\sysvol\example.net\Policies\
                 {31B2F340-016D-11D2-945F-00C04FB984F9}
dn             : CN={31B2F340-016D-11D2-945F-00C04FB984F9},\
                 CN=Policies,CN=System,DC=example,DC=net
version        : 0
flags          : NONE

GPO            : {6AC1786C-016F-11D2-945F-00C04FB984F9}
display name   : Default Domain Controllers Policy
```

```
path            : \\example.net\sysvol\example.net\Policies\
                  {6AC1786C-016F-11D2-945F-00C04FB984F9}
dn              : CN={6AC1786C-016F-11D2-945F-00C04FB984F9},\
                  CN=Policies,CN=System,DC=example,DC=net
version         : 0
flags           : NONE

GPO             : {0350993A-F31E-44FA-8846-04EC0CC4BB3C}
display name    : systemsteuerung
path            : \\example.net\SysVol\example.net\Policies\
                  {0350993A-F31E-44FA-8846-04EC0CC4BB3C}
dn              : CN={0350993A-F31E-44FA-8846-04EC0CC4BB3C},\
                  CN=Policies,CN=System,DC=example,DC=net
version         : 65536
flags           : NONE
```

Hier sehen Sie, dass jetzt neben den beiden Standard-GPOs auch die vorhin angelegte GPO sichtbar ist.

GPOs werden als Verzeichnisse im Dateisystem abgelegt. Die Verzeichnisse für die Gruppenrichtlinien finden Sie unter /var/lib/samba/sysvol/example.net/Policies. Bei dem Verzeichnis sysvol handelt es sich um die gleichnamige Freigabe, die in Kapitel 7, «Verwaltung von Domaincontroller», mittels rsync auf alle Domaincontroller repliziert wird. Alle Gruppenrichtlinien müssen immer auf allen Domaincontrollern liegen, da sich die Benutzer auch an allen Domaincontrollern anmelden können. Sie dürfen die Gruppenrichtlinien aber nur auf dem Domaincontroller bearbeiten, der auch gleichzeitig der rsync-Server ist, denn von dort holen sich alle anderen Domaincontroller in regelmäßigen Abständen alle Änderungen.

Mit dem *samba-tool gpo* haben Sie die Möglichkeit, sich anzeigen zu lassen, welche Gruppenrichtlinien für einen bestimmten Benutzer wirksam sind. Das sehen Sie in Listing 6.3:

Listing 6.3 Auflisten der GPOs für einen bestimmten Benutzer

```
root@sambabuch:~# samba-tool gpo list ktom
GPOs for user ktom
    systemsteuerung {0350993A-F31E-44FA-8846-04EC0CC4BB3C}
    Default Domain Policy {31B2F340-016D-11D2-945F-00C04FB984F9}
```

Die GPO *Systemsteuerung* wurde ja im letzten Abschnitt der Gruppe *datengruppe* zugewiesen. Der Benutzer ktom ist Mitglied dieser Gruppe, und sein Benutzerobjekt und das Gruppenobjekt liegen in der Organisationseinheit, mit der die Gruppenrichtlinie verknüpft wurde. Somit ist die GPO für ihn auch relevant.

Selbstverständlich können Sie sich auf der Kommandozeile auch anzeigen lassen, mit welchen OUs eine GPO verlinkt wurde. Dazu verwenden Sie aber nicht den Namen der Gruppenrichtlinie, sondern die ID, die beim Auflisten aller Gruppenrichtlinien angezeigt wird. Listing 6.4 zeigt ein entsprechendes Beispiel:

Listing 6.4 Auflistung aller Verknüpfungen einer GPO

```
root@sambabuch:~# samba-tool gpo listcontainers \
            {0350993A-F31E-44FA-8846-04EC0CC4BB3C}
Container(s) using GPO {0350993A-F31E-44FA-8846-04EC0CC4BB3C}
    DN: OU=sambabuch,DC=example,DC=net
```

An dieser Stelle soll die Verwaltung der GPOs über die Kommandozeile nicht weiter ausgeführt werden. Sie haben aber auch die Möglichkeit, GPOs zu erstellen und zu löschen und zu verändern. Diese Aufgaben sind jedoch viel einfacher über die RSAT zu realisieren.

6.3.1 Prüfen der Gruppenrichtlinienreplikation

Nachdem Sie eine Gruppenrichtlinie erstellt haben, prüfen Sie, ob diese durch Ihre Replikation auch auf dem zweiten Domaincontroller verfügbar ist. Sofern Sie schon einen zweiten Domaincontroller eingerichtet haben.

Als ersten Test können Sie sich wieder mit dem Kommando *samba-tool gpo listall* alle GPOs auflisten lassen. Listing 6.5 zeigt das Ergebnis des Kommandos:

Listing 6.5 Übersicht über alle GPOs auf dem zweiten Domaincontroller

```
root@sambabuch:~# samba-tool gpo listall
GPO              : {31B2F340-016D-11D2-945F-00C04FB984F9}
display name : Default Domain Policy
path             : \\example.net\sysvol\example.net\Policies\
                   {31B2F340-016D-11D2-945F-00C04FB984F9}
dn               : CN={31B2F340-016D-11D2-945F-00C04FB984F9},\
                   CN=Policies,CN=System,DC=example,DC=net
version          : 0
flags            : NONE

GPO              : {6AC1786C-016F-11D2-945F-00C04FB984F9}
display name : Default Domain Controllers Policy
path             : \\example.net\sysvol\example.net\Policies\
                   {6AC1786C-016F-11D2-945F-00C04FB984F9}
dn               : CN={6AC1786C-016F-11D2-945F-00C04FB984F9},\
                   CN=Policies,CN=System,DC=example,DC=net
version          : 0
flags            : NONE

GPO              : {0350993A-F31E-44FA-8846-04EC0CC4BB3C}
display name : systemsteuerung
path             : \\example.net\SysVol\example.net\Policies\
                   {0350993A-F31E-44FA-8846-04EC0CC4BB3C}
dn               : CN={0350993A-F31E-44FA-8846-04EC0CC4BB3C},\
                   CN=Policies,CN=System,DC=example,DC=net
version          : 65536
flags            : NONE
```

Wenn die GPO beim Auflisten angezeigt wird, heißt das noch nicht, dass die GPO auch auf dem Domaincontroller gespeichert wurde. Es bedeutet nur, dass die GPO hier auch gelistet werden kann und dass das Objekt auf den zweiten Domaincontroller repliziert wurde.

Sie müssen immer im Dateisystem prüfen, ob die Dateien für die GPO auch repliziert wurden. GPOs werden als Objekt in der AD-Datenbank verwaltet. Hier werden nur die Objekte aufgelistet, nicht die Inhalte des entsprechenden Verzeichnisses.

Lassen Sie sich jetzt auf dem zweiten Domaincontroller den Inhalt der Freigabe sysvol anzeigen. Listing 6.6 zeigt den Inhalt der Freigabe:

Listing 6.6 Inhalt der Freigabe sysvol

```
root@sambabuch-02:~# ls -ln /var/lib/samba/sysvol/example.net/Policies/
insgesamt 24
drwxrwx---+ 4 3000004 3000004 4096 Jul 14 20:17 \
            {0350993A-F31E-44FA-8846-04EC0CC4BB3C}
drwxrwx---+ 4 3000004 3000004 4096 Jun 17 16:12 \
            {31B2F340-016D-11D2-945F-00C04FB984F9}
drwxrwx---+ 4 3000004 3000004 4096 Jun 17 16:12 \
            {6AC1786C-016F-11D2-945F-00C04FB984F9}
```

Hinweis

Wie Sie sehen, habe ich bei dem Kommando *ls* die Option *-n* verwendet, um nicht die Namen der Gruppen und Besitzer anzuzeigen, sondern die entsprechenden UIDs und GIDs. Das hat den Grund, dass auf den Domaincontrollern immer ein eigenständiges ID-Mapping stattfindet. Die Namen können somit auf den Domaincontrollern unterschiedlich sein. Die IDs hingegen sind immer gleich.

Auch wenn Sie die ACLs mit dem Kommando *getfacl* vergleichen wollen, sollten Sie immer die Option *-n* verwenden.

Wie Sie hier sehen, werden neben den Dateisystemrechten auch ACLs für die Gruppenrichtlinien verwaltet. Wenn Sie sich die ACLs ansehen, sollten diese auf allen Domaincontrollern identisch sein.

6.3.2 Reparieren der ACLs von Gruppenrichtlinien

Sollten Ihre Gruppenrichtlinien irgendwann nicht funktionieren, sollten Sie als Erstes die ACLs der Gruppenrichtlinien prüfen und eventuell reparieren.

In Listing 6.7 sehen Sie, wie Sie die ACLs auf den einzelnen Domaincontrollern testen können:

Listing 6.7 Prüfung der ACLs aller GPOs

```
root@sambabuch:~# samba-tool gpo aclcheck -k yes
```

Keine Meldung ist hier eine gute Meldung. Wie Sie im Beispiel sehen, müssen Sie sich beim Prüfen der ACLs auf jeden Fall authentifizieren.

Mit dem Kommando aus dem vorherigen Beispiel können Sie aber nur die ACLs der GPOs testen. Wenn Sie die gesamte Struktur der Freigabe sysvol testen wollen, können Sie das so wie in Listing 6.8 durchführen:

Listing 6.8 Testen der gesamten sysvol-Struktur

```
root@sambabuch:~# samba-tool ntacl sysvolcheck -k yes
```

Sollte es auf einem der Domaincontroller zu einem Fehler kommen, können Sie die ACLs einfach mit dem Kommando *samba-tool* wie in Listing 6.9 reparieren:

Listing 6.9 Reparieren der ACLs

```
root@sambabuch:~# samba-tool ntacl sysvolreset
```

Dieser Vorgang kann bei vielen ACLs sehr lange dauern, haben Sie also an dieser Stelle bitte Geduld. Nach der Reparatur sollte der Test wieder fehlerfrei durchlaufen.

Hinweis

In der Samba-Version 4.9 wurde dieser Vorgang erheblich verbessert. Das werden Sie besonders merken, wenn Sie viele GPOs eingerichtet haben. Der Vorgang der Reparatur wird erheblich schneller gehen.

Jetzt sind Sie in der Lage, Gruppenrichtlinien zu erstellen, zu editieren und OUs zuzuweisen. Wenn Sie sich einen Überblick über die verschiedenen Möglichkeiten verschaffen, werden Sie bestimmt schnell viele Ideen für den Einsatz von Gruppenrichtlinien in Ihrer Domäne finden. Im Verlauf des Buches werde ich Ihnen immer wieder Anwendungsmöglichkeiten aufzeigen.

7 Verwaltung von Domaincontrollern

Jetzt wird es Zeit, über die Ausfallsicherheit Ihres Anmeldedienstes nachzudenken. Im Moment gibt es nur einen Domaincontroller. Fällt dieser aus, steht Ihren Benutzern kein Anmeldedienst mehr zur Verfügung. Deshalb sollten Sie immer einen zweiten Domaincontroller in Ihrer Domain einrichten, um eine Ausfallsicherheit des Anmeldedienstes zu gewährleisten. Es kommt bestimmt irgendwann der Punkt, an dem Sie einen Ihrer Domaincontroller aus der Domäne entfernen wollen; auch diesen Vorgang werde ich in diesem Kapitel erklären. Um Ihren Benutzern die Anmeldung an der Domäne immer zu ermöglichen, sollten Sie mindestens zwei Domaincontroller in der Domäne installieren. Selbst wenn einer der beiden Domaincontroller ausfallen sollte, können sich Ihre Benutzer immer noch in der Domäne anmelden.

Ein zweiter Domaincontroller ermöglicht es Ihnen auch, die Wartung der Systeme zu normalen Arbeitszeiten durchzuführen und nicht nachts oder am Wochenende.

Im ersten Teil dieses Kapitels geht es um die Installation eines zweiten Domaincontrollers in Ihrer Domäne, um die Ausfallsicherheit zu erhöhen. Auch ist eine Wartung der Systeme mit mindestens zwei Domaincontrollern in der Domäne einfacher, da Sie die Domaincontroller einzeln herunterfahren können und der Anmeldedienst trotzdem noch zur Verfügung steht.

Im zweiten Abschnitt werde ich Ihnen dann erklären, wie Sie einen Domaincontroller aus der Domäne entfernen können. Ich werde dabei auf zwei verschiedene Szenarien eingehen: einmal auf den Fall, dass Sie einen Domaincontroller geplant aus der Domäne entfernen wollen, und anschließend auf den Fall, dass der Domaincontroller unwiderruflich ausgefallen ist.

7.1 Installation des neuen DCs

Als Erstes installieren Sie ein Linux-System Ihrer Wahl und installieren die benötigten Pakete für die Funktion eines Domaincontrollers. Führen Sie nach der Installation auf gar keinen Fall ein Provisioning durch. Dadurch würden Sie eine neue Domäne einrichten und keinen zweiten Domaincontroller in die bestehende Domäne einbinden.

7.1.1 Konfiguration des DNS-Servers

Damit die Kommunikation zwischen den DCs über die Namen möglich ist, sollten Sie an dieser Stelle erst den DNS um den neuen Server erweitern.

Sollte bis zu diesem Zeitpunkt auch noch keine Reverse-Zone in Ihrem DNS eingerichtet worden sein, können Sie diesen Schritt jetzt auch noch vornehmen.

Sie haben die Möglichkeit, die gesamte Verwaltung des DNS-Servers entweder über die grafischen Windows-Werkzeuge für das DNS-Management durchzuführen oder alles über die Kommandozeile direkt auf dem Samba4-Server zu realisieren. Ich möchte Ihnen in diesem Abschnitt beide Möglichkeiten vorstellen.

7.1.1.1 Einrichten des DNS-Servers über die Windows-Werkzeuge

Starten Sie unter Windows den DNS-Manager. Beim ersten Aufruf müssen Sie die IP-Adresse des Servers angeben, mit dem Sie sich verbinden wollen. Anschließend startet der DNS-Manager, und Sie sehen Ihren Server.

Ein Doppelklick auf den Server öffnet die untergeordnete Struktur. Dort sehen Sie die beiden Einträge FORWARD-LOOKUPZONEN und REVERSE-LOOKUPZONEN. Wenn Sie die Ordner öffnen, sehen Sie, dass bis zu diesem Zeitpunkt nur eine Forward-Lookupzone verwaltet wird. Sehen Sie sich dazu auch Bild 7.1 an.

Bild 7.1 Zonenverwaltung über Windows

Mit einem Rechtsklick auf den Ordner REVERSE-LOOKUPZONEN öffnet sich ein Kontextmenü. Dort klicken Sie auf NEUE ZONE… Dadurch starten Sie einen Assistenten für die Erstellung einer neuen Zone. Klicken Sie hier auf WEITER.

Es öffnet sich ein neues Fenster. Dort wählen Sie den Punkt PRIMÄRE ZONE aus und klicken anschließend auf WEITER. Anschließend legen Sie fest, wie die Zonen repliziert werden sollen.

Wählen Sie hier den Punkt AUF ALLE DNS-SERVER, DIE AUF DOMÄNENCONTROLLERN DIESER DOMÄNE AUSGEFÜHRT WERDEN aus, und klicken Sie anschließend auf WEITER.

Im nächsten Fenster legen Sie fest, ob Sie eine IPv4- oder eine IPv6-Zone anlegen wollen. Treffen Sie die für Ihr Netz passende Auswahl, und klicken Sie auf WEITER.

 Hinweis
Wollen Sie sowohl eine IPv4- als auch eine IPv6-Zone anlegen, müssen Sie den Vorgang anschließend wiederholen.

Im nächsten Fenster geben Sie die Netzadresse Ihres Netzwerkes als NETZWERK-ID an. Daraus wird die neue Zone erstellt. In Bild 7.2 sehen Sie die entsprechenden Einstellungen.

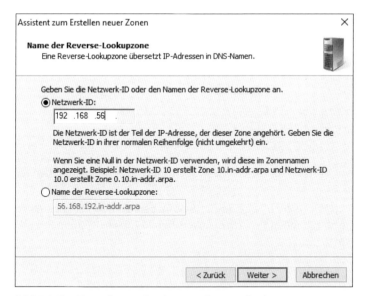

Bild 7.2 Die Einstellungen für die neue Reverse-Lookupzone

Klicken Sie anschließend auf WEITER. Wählen Sie im nächsten Schritt den Punkt NUR SICHERE DYNAMISCHE UPDATES ZULASSEN aus, und klicken Sie auf WEITER. Im Anschluss bekommen Sie eine Zusammenfassung der neuen Zone angezeigt.

In Bild 7.3 sehen Sie die Zusammenfassung.

Bild 7.3 Zusammenfassung für die neue Reverse-Lookupzone

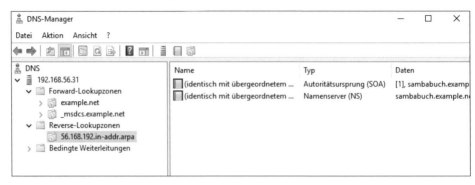

Bild 7.4 Die neue Reverse-Lookupzone

Jetzt klicken Sie auf FERTIG STELLEN, und die Zone wird angelegt. Anschließend sehen Sie die neue Zone wie in Bild 7.4.

Durch einen Rechtsklick in der rechten Seite des DNS-Managers können Sie jetzt einen neuen PTR-Record für alle bestehenden Systeme erstellen. In Bild 7.5 sehen Sie ein Beispiel für einen neuen PTR-Record.

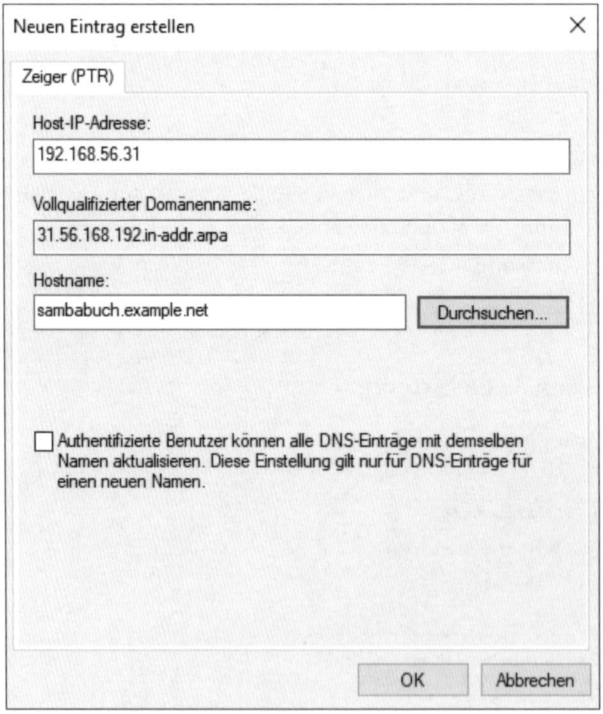

Bild 7.5 Ein neuer PTR-Record

Wichtig
Wenn Sie als DNS-Server den internen DNS-Server von Samba verwenden, kann die Zone nur beim Starten des Dienstes eingelesen werden. Deshalb müssen Sie nach dem Erstellen einer neuen Zone immer den Samba-Dienst neu starten, sonst können die Einträge nicht aufgelöst werden. Es spielt dabei keine Rolle, ob Sie die Zone unter Windows oder über die Kommandozeile auf dem Domaincontroller erstellt haben. Wenn Sie den Bind9 als DNS-Server verwenden, müssen Sie keinen Dienst neu starten, wenn Sie eine neue Zone anlegen.

Erzeugen Sie jetzt in der Forward-Lookupzone einen neuen Eintrag für den zweiten DC. Prüfen Sie anschließend, ob der Name auch richtig aufgelöst wird. Am einfachsten geht das auf dem ersten DC über die Kommandozeile mit dem Kommando *host*.

7.1.1.2 Einrichten des DNS über die Kommandozeile

Sie können den gesamten DNS-Server auch über die Kommandozeile realisieren – vom Einrichten einer neuen Zone bis zum Eintragen der Hosts in die Zonen. Im ersten Schritt müssen Sie eine neue Reverse-Lookupzone anlegen. In Listing 7.1 sehen Sie, wie die Zone erstellt wird:

Listing 7.1 Anlegen einer neuen Reverse-Lookupzone

```
root@sambabuch:~# kinit administrator
administrator@EXAMPLE.NET's Password:

root@sambabuch:~# samba-tool dns zonecreate sambabuch \
            56.168.192.in-addr.arpa -k yes
Zone 56.168.192.in-addr.arpa created successfully

root@sambabuch:~# samba-tool dns add sambabuch 56.168.192.in-addr.arpa \
            31 PTR sambabuch.example.net -k yes
Record added successfully
```

Jetzt können Sie als Erstes Ihren ersten DC in der Reverse-Lookupzone anlegen, so wie Sie es in Listing 7.2 sehen:

Listing 7.2 Einrichten des PTR-Eintrags für den ersten DC

```
root@sambabuch:~# samba-tool dns add sambabuch 56.168.192.in-addr.arpa \
            31 PTR sambabuch.example.net -k yes
Record added successfully
```

In Listing 7.3 sehen Sie, wie Sie den Forward-Eintrag für den zweiten DNS-Server anlegen können:

Listing 7.3 Anlegen des Forward-Eintrags für den zweiten DC

```
root@sambabuch:~# samba-tool dns add sambabuch example.net \
            sambabuch-02 A 192.168.56.32 -k yes
Record added successfully
```

Jetzt fehlt nur noch der Reverse-Eintrag für den zweiten DC. In Listing 7.4 sehen Sie, wie Sie diesen Eintrag erstellen können:

Listing 7.4 Der Reverse-Eintrag für den zweiten DC

```
root@sambabuch:~# samba-tool dns add sambabuch 56.168.192.in-addr.arpa \
            32 PTR sambabuch-02.example.net -k yes
Record added successfully
```

> **Hinweis**
> Wenn Sie vergessen, die Einträge von Hand zu erstellen, werden die Einträge für den zweiten Domaincontroller automatisch in die `forward-zone` eingetragen, die `reverse-zone` wird aber nicht angelegt.

Jetzt können Sie die Namensauflösung mit dem Kommando *host* so wie in Listing 7.5 testen:

Listing 7.5 Testen der Namensauflösung

```
root@sambabuch:~# host sambabuch
sambabuch.example.net has address 192.168.56.31

root@sambabuch:~# host sambabuch-02
sambabuch-02.example.net has address 192.168.56.32

root@sambabuch:~# host 192.168.56.31
31.56.168.192.in-addr.arpa domain name pointer sambabuch.example.net.

root@sambabuch:~# host 192.168.56.32
32.56.168.192.in-addr.arpa domain name pointer sambabuch-02.example.net.
```

Damit ist die Konfiguration des DNS-Servers abgeschlossen, und Sie können mit der Konfiguration des zweiten DCs beginnen.

7.2 Konfiguration des zweiten DCs

Auch für den zweiten DC ist Kerberos zur Authentifizierung der Benutzer notwendig. Darum müssen Sie als Erstes die Datei /etc/krb5.conf vom ersten DC auf den neuen DC kopieren. Der Inhalt der Datei /etc/krb5.conf muss wie in Listing 7.6 aussehen:

Listing 7.6 Die Datei krb5.conf

```
[libdefaults]
  dns_lookup_realm = true
  dns_lookup_kdc = true
  default_realm = EXAMPLE.NET
```

Installieren Sie, falls es noch nicht vorhanden ist, das Paket `heimdal-clients` auf dem neuen DC, um die Kerberos-Authentifizierung testen zu können. Jetzt können Sie so, wie Sie es in Listing 7.7 sehen, die Kerberos-Authentifizierung testen:

Listing 7.7 Testen von Kerberos

```
root@sambabuch-02:~# kinit administrator
administrator@EXAMPLE.NET's Password:

root@sambabuch-02:~# klist
Credentials cache: FILE:/tmp/krb5cc_0
        Principal: administrator@EXAMPLE.NET

   Issued                Expires               Principal
Jul 16 20:55:40 2018  Jul 17 06:55:40 2018  krbtgt/EXAMPLE.NET@\
        EXAMPLE.NET
```

Fahren Sie mit der Konfiguration des neuen DCs erst fort, wenn die Authentifizierung funktioniert. Damit stellen Sie auch sicher, dass alle benötigten Dienste über DNS aufgelöst werden können.

Tipp

Sollte die Authentifizierung nicht funktionieren, dann prüfen Sie als Erstes, ob Sie auf dem neuen Domaincontroller auch wirklich den ersten Domaincontroller als DNS-Server eingetragen haben. Denn nur dann kann der Kerberos-Client den KDC der Domäne finden und die Authentifizierung durchführen.

Als Nächstes müssen Sie sich für das DNS-Backend entscheiden. Wollen Sie den internen DNS-Server von Samba4 verwenden, können Sie die Aufnahme in die Domäne so wie in Listing 7.8 durchführen:

Listing 7.8 Zweiter Domaincontroller mit internem DNS

```
root@sambabuch-dc2:~# samba-tool domain join example.net DC \
                 --realm=example.net -Uadministrator

Finding a writeable DC for domain 'example.net'
Found DC sambabuch.example.net
Password for [WORKGROUP\administrator]:
workgroup is EXAMPLE
realm is example.net
checking sAMAccountName
Adding CN=SAMBABUCH-02,OU=Domain Controllers,DC=example,DC=net
Adding CN=SAMBABUCH-02,CN=Servers,CN=Default-First-Site-Name,CN=Sites,\
        CN=Configuration,DC=example,DC=net
Adding CN=NTDS Settings,CN=SAMBABUCH-02,CN=Servers,\
        CN=Default-First-Site-Name,CN=Sites,CN=Configuration,\
        DC=example,DC=net
Adding SPNs to CN=SAMBABUCH-02,OU=Domain Controllers,DC=example,DC=net
Setting account password for SAMBABUCH-02$
```

```
Enabling account
Calling bare provision
Looking up IPv4 addresses
More than one IPv4 address found. Using 192.168.56.32
Looking up IPv6 addresses
No IPv6 address will be assigned
Setting up share.ldb
Setting up secrets.ldb
Setting up the registry
Setting up the privileges database
Setting up idmap db
Setting up SAM db
Setting up sam.ldb partitions and settings
Setting up sam.ldb rootDSE
Pre-loading the Samba 4 and AD schema
A Kerberos configuration suitable for Samba 4 has been generated \
          at /var/lib/samba/private/krb5.conf
Provision OK for domain DN DC=example,DC=net

Starting replication
Schema-DN[CN=Schema,CN=Configuration,DC=example,DC=net]\
        objects[402/1550] linked_values[0/0]
Schema-DN[CN=Schema,CN=Configuration,DC=example,DC=net]\
        objects[804/1550] linked_values[0/0]
Schema-DN[CN=Schema,CN=Configuration,DC=example,DC=net]\
        objects[1206/1550] linked_values[0/0]
Schema-DN[CN=Schema,CN=Configuration,DC=example,DC=net]\
        objects[1550/1550] linked_values[0/0]
Analyze and apply schema objects
Partition[CN=Configuration,DC=example,DC=net]\
        objects[402/1614] linked_values[0/0]
Partition[CN=Configuration,DC=example,DC=net]\
        objects[804/1614] linked_values[0/0]
Partition[CN=Configuration,DC=example,DC=net]\
        objects[1206/1614] linked_values[0/0]
Partition[CN=Configuration,DC=example,DC=net]\
        objects[1608/1614] linked_values[0/0]
Partition[CN=Configuration,DC=example,DC=net]\
        objects[1614/1614] linked_values[28/0]
Replicating critical objects from the base DN of\
        the domain
Partition[DC=example,DC=net] objects[97/97]\
        linked_values[23/0]
Partition[DC=example,DC=net] objects[311/214]\
        linked_values[24/0]
Done with always replicated NC (base, config, schema)
Replicating DC=DomainDnsZones,DC=example,DC=net
Partition[DC=DomainDnsZones,DC=example,DC=net]\
        objects[45/45] linked_values[0/0]
Replicating DC=ForestDnsZones,DC=example,DC=net
Partition[DC=ForestDnsZones,DC=example,DC=net]\
        objects[18/18] linked_values[0/0]
```

```
Committing SAM database
Sending DsReplicaUpdateRefs for all the replicated partitions
Setting isSynchronized and dsServiceName
Setting up secrets database

Joined domain EXAMPLE (S-1-5-21-1569836684-4055056527-3156887646) \
      as a DC
```

Wichtig

Während dieses Vorgangs wird eine Datei /etc/samba/smb.conf generiert, aber leider wird der *dns forwarder* nicht vom ersten Domaincontroller übernommen. Diesen Eintrag müssen Sie von Hand zur Konfiguration hinzufügen.

Wollen Sie den Bind9 als DNS-Backend nutzen, dann müssen Sie die Aufnahme in die Domäne wie in Listing 7.9 vornehmen:

Listing 7.9 Zweiter Domaincontroller mit internem DN

```
root@sambabuch-02:~# samba-tool domain join --dns-backend=BIND9_DLZ \
                    example.net DC --realm=example.net -Uadministrator
Finding a writeable DC for domain 'example.net'
Found DC sambabuch.example.net
Password for [WORKGROUP\administrator]:
workgroup is EXAMPLE
realm is example.net
Adding CN=SAMBABUCH-02,OU=Domain Controllers,DC=example,DC=net
Adding CN=SAMBABUCH-02,CN=Servers,CN=Default-First-Site-Name,\
       CN=Sites,CN=Configuration,DC=example,DC=net
Adding CN=NTDS Settings,CN=SAMBABUCH-02,CN=Servers,\
       CN=Default-First-Site-Name,CN=Sites,CN=Configuration,\
       DC=example,DC=net
Adding SPNs to CN=SAMBABUCH-02,OU=Domain Controllers,DC=example,DC=net
Setting account password for SAMBABUCH-02$
Enabling account
Adding DNS account CN=dns-SAMBABUCH-02,CN=Users,DC=example,DC=net \
       with dns/ SPN
Setting account password for dns-SAMBABUCH-02
Calling bare provision
Looking up IPv4 addresses
More than one IPv4 address found. Using 192.168.56.32
Looking up IPv6 addresses
No IPv6 address will be assigned
Setting up share.ldb
Setting up secrets.ldb
Setting up the registry
Setting up the privileges database
Setting up idmap db
Setting up SAM db
Setting up sam.ldb partitions and settings
```

```
Setting up sam.ldb rootDSE
Pre-loading the Samba 4 and AD schema
Unable to determine the DomainSID, can not enforce \
      uniqueness constraint on local domainSIDs

A Kerberos configuration suitable for Samba AD has been \
      generated at /var/lib/samba/private/krb5.conf
Merge the contents of this file with your system krb5.conf \
      or replace it with this one. Do not create a symlink!
Provision OK for domain DN DC=example,DC=net
Starting replication
Schema-DN[CN=Schema,CN=Configuration,DC=example,DC=net] \
        objects[402/1550] linked_values[0/0]
Schema-DN[CN=Schema,CN=Configuration,DC=example,DC=net] \
        objects[804/1550] linked_values[0/0]
Schema-DN[CN=Schema,CN=Configuration,DC=example,DC=net] \
        objects[1206/1550] linked_values[0/0]
Schema-DN[CN=Schema,CN=Configuration,DC=example,DC=net] \
        objects[1550/1550] linked_values[0/0]
Analyze and apply schema objects
Partition[CN=Configuration,DC=example,DC=net] \
        objects[402/1618] linked_values[0/1]
Partition[CN=Configuration,DC=example,DC=net] objects[804/1618] \
        linked_values[0/1]
Partition[CN=Configuration,DC=example,DC=net] objects[1206/1618] \
        linked_values[0/1]
Partition[CN=Configuration,DC=example,DC=net] objects[1608/1618] \
        linked_values[0/1]
Partition[CN=Configuration,DC=example,DC=net] objects[1618/1618] \
        linked_values[32/32]
Failed to commit objects: DOS code 0x000021bf
Missing target object - retrying with DRS_GET_TGT
Partition[CN=Configuration,DC=example,DC=net] objects[2020/1618] \
        linked_values[1/1]
Partition[CN=Configuration,DC=example,DC=net] objects[2422/1618] \
        linked_values[0/1]
Partition[CN=Configuration,DC=example,DC=net] objects[2824/1618] \
        linked_values[0/1]
Partition[CN=Configuration,DC=example,DC=net] objects[3226/1618] \
        linked_values[0/1]
Partition[CN=Configuration,DC=example,DC=net] objects[3236/1618] \
        linked_values[31/32]
Replicating critical objects from the base DN of the domain
Partition[DC=example,DC=net] objects[98/98] linked_values[23/23]
Partition[DC=example,DC=net] objects[324/226] linked_values[24/24]
Done with always replicated NC (base, config, schema)
Replicating DC=DomainDnsZones,DC=example,DC=net
Partition[DC=DomainDnsZones,DC=example,DC=net] objects[47/47] \
        linked_values[0/0]
Replicating DC=ForestDnsZones,DC=example,DC=net
Partition[DC=ForestDnsZones,DC=example,DC=net] objects[18/18] \
        linked_values[0/0]
```

```
Exop on[CN=RID Manager$,CN=System,DC=example,DC=net] objects[3] \
        linked_values[0]
Committing SAM database
Adding 2 remote DNS records for SAMBABUCH-02.example.net
Adding DNS A record SAMBABUCH-02.example.net for IPv4 IP: \
        192.168.56.32
Adding DNS CNAME record 47484465-a005-45ba-a6a4-9b456c3635f1._msdcs.\
        example.net for SAMBABUCH-02.example.net
All other DNS records (like _ldap SRV records) will be created \
        samba_dnsupdate on first startup
Replicating new DNS records in DC=DomainDnsZones,DC=example,DC=net
Partition[DC=DomainDnsZones,DC=example,DC=net] objects[3/3] \
        linked_values[0/0]
Replicating new DNS records in DC=ForestDnsZones,DC=example,DC=net
Partition[DC=ForestDnsZones,DC=example,DC=net] objects[2/2] \
        linked_values[0/0]
Sending DsReplicaUpdateRefs for all the replicated partitions
Setting isSynchronized and dsServiceName
Setting up secrets database
See /var/lib/samba/bind-dns/named.conf for an example configuration \
    include file for BIND
and /var/lib/samba/bind-dns/named.txt for further documentation required \
    for secure DNS updates
Joined domain EXAMPLE (SID S-1-5-21-1129951053-411964844-750776748) as a DC
```

Bevor Sie den Dienst starten können, müssen Sie jetzt noch den Bind9 auf dem zweiten Domaincontroller konfigurieren und die Berechtigungen an den Dateien der Active-Directory-Datenbank überprüfen und eventuell anpassen.

Für die Anpassung des Bind9 müssen Sie die beiden Dateien /etc/bind/named.conf.options und /etc/bind/named.conf.local so anpassen wie Sie es schon beim ersten Domaincontroller gemacht haben. In Listing 7.10 sehen Sie die Änderungen an der Datei /etc/bind/named.conf.options.

Listing 7.10 Änderungen der Datei named.conf.options

```
        forwarders {
                1.1.1.1;
        };
        tkey-gssapi-keytab "/var/lib/samba/private/dns.keytab";
```

In Listing 7.11 sehen Sie die Änderungen an der Datei /etc/bind/named.conf.local:

Listing 7.11 Änderungen an der Datei named.conf.local

```
//include "/etc/bind/zones.rfc1918";
include "/var/lib/samba/bind-dns/named.conf";
```

Jetzt müssen Sie noch die Rechte an den Dateien der Active-Directory-Datenbank prüfen und eventuell anpassen. In Listing 7.12 sehen Sie alle Tests:

Listing 7.12 Testen der Berechtigungen

```
root@sambabuch-02:~# ls -ld /var/lib/samba/private/
drwxr-xr-x 5 root root 4096 Jul 16 21:26 /var/lib/samba/private/

root@sambabuch-02:~# ls -l /var/lib/samba/private/dns.keytab
-rw-r----- 1 root bind 807 Jul 16 21:26 /var/lib/samba/private/dns.keytab

root@sambabuch-02:~# ls -ld /var/lib/samba/bind-dns/
drwxr-x--- 3 root bind 4096 Jul 16 21:26 /var/lib/samba/bind-dns/

root@sambabuch-02:~# ls -l /var/lib/samba/bind-dns/
insgesamt 12
drwxrwx--- 3 root bind 4096 Jul 16 21:26 dns
-rw-r--r-- 1 root root  781 Jul 16 21:26 named.conf
-rw-r--r-- 1 root root 2092 Jul 16 21:26 named.txt
root@sambabuch-02:~# ls -l /var/lib/samba/bind-dns/dns
insgesamt 2952
-rw-rw---- 1 root bind 3014656 Jul 16 21:26 sam.ldb
drwxrwx--- 2 root bind    4096 Jul 16 21:26 sam.ldb.d
root@sambabuch-02:~# ls -l /var/lib/samba/bind-dns/dns/sam.ldb.d/
insgesamt 23800
-rw-rw---- 1 root bind 5939200 Jul 16 21:26 CN=CONFIGURATION,DC=EXAMPLE,DC=
    NET.ldb
-rw-rw---- 1 root bind 7802880 Jul 16 21:26 CN=SCHEMA,CN=CONFIGURATION,DC=
    EXAMPLE,DC=NET.ldb
-rw-rw---- 2 root bind 4247552 Jul 16 21:26 DC=DOMAINDNSZONES,DC=EXAMPLE,DC=
    NET.ldb
-rw-rw---- 1 root bind 1286144 Jul 16 21:26 DC=EXAMPLE,DC=NET.ldb
-rw-rw---- 2 root bind 4247552 Jul 16 21:26 DC=FORESTDNSZONES,DC=EXAMPLE,DC=
    NET.ldb
-rw-rw---- 2 root bind  831488 Jul 16 21:26 metadata.tdb
```

Hinweis

Auch wenn bei der Installation des ersten Domaincontrollers die Berechtigungen gestimmt haben, sollten Sie hier die Rechte auf jeden Fall immer kontrollieren, da es beim Einrichten eines weiteren Domaincontrollers nicht immer gegeben ist, dass die Berechtigungen stimmen.

Wenn Sie Ubuntu 18.04 als Domaincontroller einsetzen, müssen Sie jetzt noch Apparmor für den Bind9 konfigurieren. Dazu erweitern Sie die Datei /etc/apparmor.d/usr.sbin.named um die Zeilen aus Listing 7.13:

Listing 7.13 Änderungen in Apparmor

```
/var/lib/samba/lib/** rm,
/var/lib/samba/private/dns/** rwmk,
```

```
/var/lib/samba/private/dns.keytab r,
/var/lib/samba/private/named.conf r,
/var/lib/samba/private/dns/** rwk,
/usr/lib/**/samba/bind9/** rmk,
/usr/lib/**/samba/gensec/* rmk,
/usr/lib/**/samba/ldb/** rmk,
/usr/lib/**/ldb/modules/ldb/** rmk,
/var/lib/samba/ntp_signd/socket rw,
```

Ohne diese Änderungen wird der Bind9 nicht starten, da der Dienst nicht auf die Dateien zugreifen darf.

Führen Sie jetzt den Neustart des Nameservers durch und prüfen Sie anschließend das Log-File, ob die Zonen für das Active Directory auch geladen werden. In Listing 7.14 sehen Sie den gesamten Vorgang:

Listing 7.14 Neustart des Nameservers

```
root@sambabuch-02:~# systemctl restart bind9

root@sambabuch-02:~# tail -n 200 /var/log/syslog
Jul 16 21:47:58 sambabuch-02 named[24252]: Loading 'AD DNS Zone' \
              using driver dlopen
Jul 16 21:47:58 sambabuch-02 named[24252]: samba_dlz: started for DN \
              DC=example,DC=net
Jul 16 21:47:58 sambabuch-02 named[24252]: samba_dlz: starting configure
Jul 16 21:47:58 sambabuch-02 named[24252]: samba_dlz: configured writeable \
              zone 'example.net'
Jul 16 21:47:58 sambabuch-02 named[24252]: samba_dlz: configured writeable \
              zone '56.168.192.in-addr.arpa'
Jul 16 21:47:58 sambabuch-02 named[24252]: samba_dlz: configured writeable \
              zone '_msdcs.example.net'
```

Sowohl bei Debian als auch bei Ubuntu müssen Sie über den systemd immer noch dafür sorgen, dass der Domaincontroller auch gestartet wird. Denn als Standardeinstellung ist dort immer der Standalone-Server eingerichtet. In Listing 7.15 sehen Sie die entsprechenden Kommandos:

Listing 7.15 Einstellung des Systemd

```
root@sambabuch-02:~# systemctl stop smbd nmbd winbind

root@sambabuch-02:~# systemctl disable smbd nmbd winbind
Synchronizing state of smbd.service with SysV service script \
          with /lib/systemd/systemd-sysv-install.
Executing: /lib/systemd/systemd-sysv-install disable smbd
Synchronizing state of nmbd.service with SysV service script \
          with /lib/systemd/systemd-sysv-install.
Executing: /lib/systemd/systemd-sysv-install disable nmbd
Synchronizing state of winbind.service with SysV service script \
          with /lib/systemd/systemd-sysv-install.
Executing: /lib/systemd/systemd-sysv-install disable winbind
```

```
root@sambabuch-02:~# systemctl unmask samba-ad-dc
Removed /etc/systemd/system/samba-ad-dc.service.

root@sambabuch-02:~# systemctl start samba-ad-dc

root@sambabuch-02:~# systemctl enable samba-ad-dc
Synchronizing state of samba-ad-dc.service with SysV service script \
          with /lib/systemd/systemd-sysv-install.
Executing: /lib/systemd/systemd-sysv-install enable samba-ad-dc
```

Damit der zweite Domaincontroller seine eigenen DNS-Anfragen auch selber beantwortet, sorgen Sie dafür, dass der Resolver über die Datei /etc/resolv.conf auf die eigene IP-Adresse zeigt.

Hinweis

Wenn Sie Ubuntu 18.04 verwenden, müssen Sie Ihre Netzwerkkonfiguration über `netplan` prüfen und anpassen.

Jetzt können Sie den neuen Domaincontroller neu starten, um zu testen, dass alle Dienste richtig starten.

7.2.1 Testen des neuen Domaincontrollers

Um die Funktion des neuen DCs zu testen, fragen Sie als Erstes die Domäneninformationen so wie in Listing 7.16 ab:

Listing 7.16 Anzeige der Domäneninformationen

```
root@sambabuch:~# samba-tool domain info 192.168.56.32
Forest           : example.net
Domain           : example.net
Netbios domain   : EXAMPLE
DC name          : sambabuch-02.example.net
DC netbios name  : SAMBABUCH-02
Server site      : Default-First-Site-Name
Client site      : Default-First-Site-Name
```

Hier sehen Sie jetzt alle Informationen zur Domäne.

Tipp

Als IP-Adresse geben Sie hier die IP-Adresse des neuen Domaincontrollers an. Sie können hier immer alle Domaincontroller von jedem beliebigen Domaincontroller der Domäne abfragen. Die Abfrage muss nicht auf dem Domaincontroller gestartet werden, den Sie prüfen wollen.

Jetzt kommt der Test, ob die Datenbanken des Active Directory auch zwischen den beiden Domaincontrollern repliziert werden. Führen Sie den folgenden Test immer auf beiden Domaincontrollern aus, denn nur dann können Sie sicher sein, dass die Replikation auch in beide Richtungen funktioniert. Listing 7.17 zeigt den Test auf dem ersten Domaincontroller:

Listing 7.17 Testen der Replikation auf dem ersten Domaincontroller

```
root@sambabuch:~# samba-tool drs showrepl
Default-First-Site-Name\SAMBABUCH
DSA Options: 0x00000001
DSA object GUID: c2424f33-9ec3-425a-acbe-4a10a9e1757f
DSA invocationId: 580c94ef-ad82-4f00-a0a0-b6ed20af3ab2

==== INBOUND NEIGHBORS ====

CN=Configuration,DC=example,DC=net
        Default-First-Site-Name\SAMBABUCH-02 via RPC
                DSA object GUID: 47484465-a005-45ba-a6a4-9b456c3635f1
                Last attempt @ Wed Jul 18 18:25:03 2018 CEST was successful
                0 consecutive failure(s).
                Last success @ Wed Jul 18 18:25:03 2018 CEST

DC=example,DC=net
        Default-First-Site-Name\SAMBABUCH-02 via RPC
                DSA object GUID: 47484465-a005-45ba-a6a4-9b456c3635f1
                Last attempt @ Wed Jul 18 18:25:03 2018 CEST was successful
                0 consecutive failure(s).
                Last success @ Wed Jul 18 18:25:03 2018 CEST

DC=ForestDnsZones,DC=example,DC=net
        Default-First-Site-Name\SAMBABUCH-02 via RPC
                DSA object GUID: 47484465-a005-45ba-a6a4-9b456c3635f1
                Last attempt @ Wed Jul 18 18:25:03 2018 CEST was successful
                0 consecutive failure(s).
                Last success @ Wed Jul 18 18:25:03 2018 CEST

DC=DomainDnsZones,DC=example,DC=net
        Default-First-Site-Name\SAMBABUCH-02 via RPC
                DSA object GUID: 47484465-a005-45ba-a6a4-9b456c3635f1
                Last attempt @ Wed Jul 18 18:25:03 2018 CEST was successful
                0 consecutive failure(s).
                Last success @ Wed Jul 18 18:25:03 2018 CEST

CN=Schema,CN=Configuration,DC=example,DC=net
        Default-First-Site-Name\SAMBABUCH-02 via RPC
                DSA object GUID: 47484465-a005-45ba-a6a4-9b456c3635f1
                Last attempt @ Wed Jul 18 18:25:03 2018 CEST was successful
                0 consecutive failure(s).
                Last success @ Wed Jul 18 18:25:03 2018 CEST

==== OUTBOUND NEIGHBORS ====
```

```
CN=Configuration,DC=example,DC=net
        Default-First-Site-Name\SAMBABUCH-02 via RPC
                DSA object GUID: 47484465-a005-45ba-a6a4-9b456c3635f1
                Last attempt @ NTTIME(0) was successful
                0 consecutive failure(s).
                Last success @ NTTIME(0)

DC=example,DC=net
        Default-First-Site-Name\SAMBABUCH-02 via RPC
                DSA object GUID: 47484465-a005-45ba-a6a4-9b456c3635f1
                Last attempt @ NTTIME(0) was successful
                0 consecutive failure(s).
                Last success @ NTTIME(0)

DC=ForestDnsZones,DC=example,DC=net
        Default-First-Site-Name\SAMBABUCH-02 via RPC
                DSA object GUID: 47484465-a005-45ba-a6a4-9b456c3635f1
                Last attempt @ NTTIME(0) was successful
                0 consecutive failure(s).
                Last success @ NTTIME(0)

DC=DomainDnsZones,DC=example,DC=net
        Default-First-Site-Name\SAMBABUCH-02 via RPC
                DSA object GUID: 47484465-a005-45ba-a6a4-9b456c3635f1
                Last attempt @ NTTIME(0) was successful
                0 consecutive failure(s).
                Last success @ NTTIME(0)

CN=Schema,CN=Configuration,DC=example,DC=net
        Default-First-Site-Name\SAMBABUCH-02 via RPC
                DSA object GUID: 47484465-a005-45ba-a6a4-9b456c3635f1
                Last attempt @ NTTIME(0) was successful
                0 consecutive failure(s).
                Last success @ NTTIME(0)

==== KCC CONNECTION OBJECTS ====

Connection --
        Connection name: 5c9d196a-5638-4c25-a2b6-ea84f394b5c9
        Enabled         : TRUE
        Server DNS name : sambabuch-02.example.net
        Server DN name  : CN=NTDS Settings,CN=SAMBABUCH-02,CN=Servers,\
                          CN=Default-First-Site-Name,CN=Sites,\
                          CN=Configuration,DC=example,DC=net
                TransportType: RPC
                options: 0x00000001
Warning: No NC replicated for Connection!
```

Sie sehen hier sowohl eine *INBOUND*- als auch eine *OUTBOUND*-Replikation. Da hier bei beiden Replikationen Einträge vorhanden sind, wurden Daten in beide Richtungen repliziert. Gerade wenn Sie diesen Test durchführen, direkt nach dem Sie den neuen Domaincontroller zur Domäne hinzugefügt haben, kann es sein, dass Sie nur eine *INBOUND*- oder eine *OUTBOUND*-Replikation sehen – je nachdem auf welchem Domaincontroller Sie den Test durchführen. Das ist aber normal. Spätestens wenn Sie je einen Benutzer auf jedem der beiden Domaincontroller angelegt haben, werden Sie beide Replikationsarten auf beiden Domaincontrollern sehen.

Sehen Sie anstelle eines *was successful* eine Fehlermeldung, prüfen Sie die folgenden Dinge:

- Die Namensauflösung der beiden Domaincontroller
- Die Netzwerkverbindung zwischen den Domaincontrollern
- Die IP-Adressen der Domaincontroller
- Die Uhrzeiten der beiden Domaincontroller

Prüfen Sie jetzt, ob die Datenbanken beider Server konsistent sind. Dazu verwenden Sie das Kommando *samba-tool drs kcc -k yes* so wie in Listing 7.18. Sie können den Test auf einem Domaincontroller für beide Domaincontroller durchführen, Sie müssen sich dazu nicht direkt auf dem zu testenden Domaincontroller befinden:

Listing 7.18 Testen der Konsistenz

```
root@sambabuch-02:~# kinit administrator
administrator@EXAMPLE.NET's Password:
root@sambabuch-02:~# samba-tool drs kcc sambabuch -k yes
Consistency check on sambabuch successful.
root@sambabuch-02:~# samba-tool drs kcc sambabuch-02 -k yes
Consistency check on sambabuch-02 successful.
```

Da beide Domaincontroller für alle Client gleichwertig zur Authentifizierung genutzt werden können, müssen natürlich beide Domaincontroller über DNS die benötigten Dienste anbieten können. Dazu testen Sie jetzt, ob auch beide Domaincontroller bei der DNS-Anfrage der Service-Records angezeigt werden. In Listing 7.19 sehen Sie alle Tests:

Listing 7.19 Testen der Service-Records

```
root@sambabuch-02:~# host -t srv _ldap._tcp.example.net
_ldap._tcp.example.net has SRV record 0 100 389 sambabuch.example.net.
_ldap._tcp.example.net has SRV record 0 100 389 sambabuch-02.example.net.
root@sambabuch-02:~# host -t srv _kerberos._tcp.example.net
_kerberos._tcp.example.net has SRV record 0 100 88 sambabuch-02.example.net.
_kerberos._tcp.example.net has SRV record 0 100 88 sambabuch.example.net.
root@sambabuch-02:~# host -t srv _gc._tcp.example.net
_gc._tcp.example.net has SRV record 0 100 3268 sambabuch.example.net.
_gc._tcp.example.net has SRV record 0 100 3268 sambabuch-02.example.net.
```

Führen Sie diese Tests immer auf beiden Domaincontrollern durch, denn es kann passieren, dass nicht alle Service-Records auf allen Domaincontrollern angezeigt werden.

Tipp

Wenn Sie Bind9 als DNS-Server verwenden, werden Sie feststellen, dass bei mehrmaligem Abfragen der Dienste die Einträge immer in anderer Reihenfolge angezeigt werden. Das hat den Vorteil, dass Anfragen von Clients gleichmäßig zwischen den Domaincontrollern verteilt werden. Der interne DNS-Server von Samba4 kann das nicht.

Sollten die Einträge nicht auf beiden Systemen vorhanden sein, prüfen Sie als Erstes, ob das Paket dnsutils installiert ist, denn ohne dieses Paket können die Einträge nicht repliziert werden. Ist das Paket installiert und Sie haben den Test sofort nach dem Neustart des zweiten Domaincontrollers durchgeführt, warten Sie ein paar Minuten, denn es kann sein, dass es etwas dauert, bis die Einträge repliziert sind. Sollten die Einträge nach ein paar Minuten immer noch nicht vorhanden sein, prüfen Sie, ob die objectGUID des neuen DCs auch auflösbar ist. Wie das geht, sehen Sie in Listing 7.20:

Listing 7.20 Testen der objectGUID

```
root@sambabuch-02:~# ldbsearch -H /var/lib/samba/private/sam.ldb \
                    '(invocationid=*)' --cross-ncs objectguid
# record 1
dn: CN=NTDS Settings,CN=SAMBABUCH,CN=Servers,CN=Default-First-Site\
                    -Name,CN=Sites,CN=Configuration,DC=example,DC=net
objectGUID: c2424f33-9ec3-425a-acbe-4a10a9e1757f

# record 2
dn: CN=NTDS Settings,CN=SAMBABUCH-02,CN=Servers,CN=Default-First-Site\
                    -Name,CN=Sites,CN=Configuration,DC=example,DC=net
objectGUID: 47484465-a005-45ba-a6a4-9b456c3635f1

# returned 2 records
# 2 entries
# 0 referrals
```

Hier sehen Sie die objectGUIDs der beiden DCs Ihrer Domäne. Diese objectGUIDs benötigen Sie für den folgenden Test. Denn im nächsten Test prüfen Sie, ob die Funktion des DCs auch über den DNS erreichbar ist. In Listing 7.21 sehen Sie, wie Sie die Prüfung durchführen:

Listing 7.21 Testen der Namensauflösung

```
root@sambabuch-02:~# host -t CNAME 47484465-a005-45ba-a6a4-9b456c3635f1\
                    ._msdcs.example.net
47484465-a005-45ba-a6a4-9b456c3635f1._msdcs.example.net is an alias for \
                    SAMBABUCH-02.example.net.

root@sambabuch-02:~# host -t CNAME c2424f33-9ec3-425a-acbe-4a10a9e1757f\
                    ._msdcs.example.net
c2424f33-9ec3-425a-acbe-4a10a9e1757f._msdcs.example.net is an alias for \
                    sambabuch.example.net
```

Sollte auf einem der Domaincontroller der Eintrag fehlen, legen Sie den CNAME-Record so wie in Listing 7.22 an:

Listing 7.22 Erstellen des CNAME-Records

```
samba-tool dns add addc1 _msdcs.example.net <objectGUID-des-fehlenden-DCs> \
          CNAME <hostnam>.example.net -k yes
Record added successfully
```

Nach einem Neustart der Domaincontroller sollten Sie dann alle Einträge sehen.

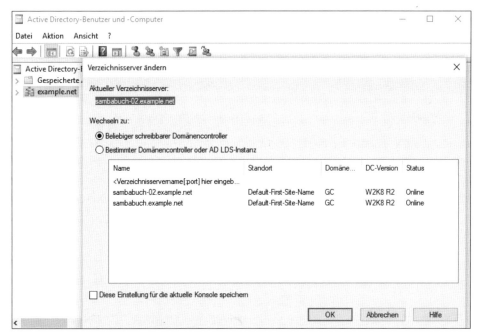

Bild 7.6 Auswahl eines Domaincontrollers

Jetzt können Sie – am einfachsten über die RSAT – eine Änderung an einem Objekt vornehmen und dann in den RSAT auf den zweiten DC umschalten und prüfen, ob die Veränderung auch an dem zweiten DC angekommen ist. Führen Sie diesen Test an beiden DCs aus, und testen Sie jeweils das Ergebnis.

Um in den RSAT auf den jeweils anderen DC umschalten zu können, öffnen Sie das RSAT Active Directory-Benutzer und -Computer, klicken mit der rechten Maustaste auf die oberste Ebene und wählen dann den Punkt DOMÄNENCONTROLLER ÄNDERN... Es erscheint dann ein Fenster, so wie in Bild 7.6, in dem Sie den jeweiligen DC auswählen können. Damit Ihre Clients bei der Anmeldung am zweiten Domaincontroller auch die Uhrzeit setzen können, müssen Sie jetzt noch – wie schon beim ersten Domaincontroller – einen Zeitserver einrichten.

Nach der Installation des *ntp* erstellen Sie wieder die Konfigurationsdatei /etc/ntp.conf wie in Listing 7.23:

Listing 7.23 Einrichten des Zeitservers

```
server  127.127.1.0
fudge   127.127.1.0 stratum 10
server  0.pool.ntp.org   iburst prefer
server  1.pool.ntp.org   iburst prefer
driftfile /var/lib/ntp/ntp.drift
logfile /var/log/ntp
ntpsigndsocket /var/lib/samba/ntp_signd/
restrict default kod nomodify notrap nopeer mssntp
restrict 127.0.0.1
restrict 0.pool.ntp.org mask 255.255.255.255 nomodify notrap nopeer noquery
restrict 1.pool.ntp.org mask 255.255.255.255 nomodify notrap nopeer noquery
```

Jetzt müssen Sie auch wieder dafür sorgen, dass der ntp auch auf den Socket von Samba zugreifen kann. Dazu müssen Sie die Rechte wie in Listing 7.24 setzen:

Listing 7.24 Rechte für den Socket setzen

```
root@sambabuch-02:~# chgrp ntp /var/lib/samba/ntp_signd/

root@sambabuch-02:~# chmod g+rx /var/lib/samba/ntp_signd/
```

Damit ist die Konfiguration des zusätzlichen DCs für die Benutzerdatenbank abgeschlossen. Jetzt haben Sie zwei DCs und zwei DNS-Server in Ihrer Domäne, denn der DNS-Server wird gleich mit repliziert.

So können Sie jederzeit weitere DCs in Ihre Domäne einbinden. Nach dem Anlegen eines DCs können Sie diesen auch an einen anderen Standort verschieben.

■ 7.3 Replikation der Freigabe sysvol

Bei mehreren DCs können sich alle Benutzer an jedem beliebigen DC anmelden. Damit dann auch die Gruppenrichtlinien wirksam werden, müssen diese bei allen DCs in der Freigabe sysvol vorhanden sein.

Da Samba4 im Moment noch keine Dateisystemreplikation durchführen kann, müssen Sie einen anderen Weg finden, um die Replikation durchführen zu können. Am einfachsten ist die Verwendung von rsync. In diesem Abschnitt sehen Sie, wie Sie die Replikation einrichten und prüfen.

Das Problem bei rsync ist, dass Sie nur in eine Richtung replizieren können. Würden Änderungen an beiden Seiten vorgenommen, so würden Änderungen überschrieben. Daher müssen Sie die Replikation genau planen. Sie benötigen immer einen DC, auf dem Sie die Änderungen durchführen, und alle anderen DCs erhalten dann die Replikation.

Wählen Sie den DC als Master für Ihre Replikation, auf dem die FSMO-Rolle PDC-Master läuft. Bei der Verwaltung der Gruppenrichtlinien und der Logon-Skripte dürfen Sie Änderungen nur noch dort vornehmen. Mit den RSAT zur Verwaltung der Gruppenrichtlinien können Sie aber den Server voreinstellen, auf dem die Gruppenrichtlinien bearbeitet werden sollen. Dadurch erstellen und ändern Sie Gruppenrichtlinien automatisch auf dem richtigen Server.

In den folgenden Schritten wird erst die Replikation eingerichtet und getestet, und anschließend werden die RSAT eingestellt.

7.3.1 Testen der FSMO-Rolle

Im ersten Schritt müssen Sie den PDC-Master ermitteln. Ihn können Sie am einfachsten über die Kommandozeile an einem der DCs ermitteln. In Listing 7.25 sehen Sie, wie Sie vorgehen müssen, um den PDC-Master herauszufinden:

Listing 7.25 Ermittlung des PDC-Masters

```
root@sambabuch:~# samba-tool fsmo show
 SchemaMasterRole owner: CN=NTDS Settings,CN=SAMBABUCH,CN=Servers,\
                         CN=Default-First-Site-Name,CN=Sites,\
                         CN=Configuration,DC=example,DC=net
 InfrastructureMasterRole owner: CN=NTDS Settings,CN=SAMBABUCH,\
                                 CN=Servers,CN=Default-First-Site-Name,\
                                 CN=Sites,CN=Configuration,\
                                 DC=example,DC=net
 RidAllocationMasterRole owner: CN=NTDS Settings,CN=SAMBABUCH,\
                                CN=Servers,CN=Default-First-Site-Name,\
                                CN=Sites,CN=Configuration,\
                                DC=example,DC=net
 PdcEmulationMasterRole owner: CN=NTDS Settings,CN=SAMBABUCH,CN=Servers,\
                               CN=Default-First-Site-Name,CN=Sites,\
                               CN=Configuration,DC=example,DC=net
 DomainNamingMasterRole owner: CN=NTDS Settings,CN=SAMBABUCH,CN=Servers,\
                               CN=Default-First-Site-Name,CN=Sites,\
                               CN=Configuration,DC=example,DC=net
 DomainDnsZonesMasterRole owner: CN=NTDS Settings,CN=SAMBABUCH,CN=Servers,\
                                 CN=Default-First-Site-Name,CN=Sites,\
                                 CN=Configuration,DC=example,DC=net
 ForestDnsZonesMasterRole owner: CN=NTDS Settings,CN=SAMBABUCH,CN=Servers,\
                                 CN=Default-First-Site-Name,CN=Sites,\
                                 CN=Configuration,DC=example,DC=net
```

Wie Sie sehen können, werden hier alle Rollen aufgeführt. Im Beispiel sehen Sie auch, dass der DC *sambabuch* der `PDC-Master` ist. Nur auf diesem DC dürfen Sie Gruppenrichtlinien und Logon-Skripte ändern und erstellen. Alle anderen DCs erhalten später die Informationen über rsync.

7.3.2 Einrichten von rsync auf dem PDC-Master

Auf dem PDC-Master brauchen Sie neben dem Programm rsync auch noch den `xinetd`, um den `rsync-Server` starten zu können. Installieren Sie die Pakete rsync und xinetd auf dem entsprechenden DC.

Anschließend müssen Sie für den `xinetd` eine Konfigurationsdatei rsync im Verzeichnis /etc/xinetd.d erstellen.

In Listing 7.26 sehen Sie den Inhalt dieser Datei:

Listing 7.26 Konfiguration für rsync

```
service rsync
{
   disable      = no
   only_from    = 192.168.56.32
   socket_type  = stream
   wait         = no
   user         = root
```

```
    server          = /usr/bin/rsync
    server_args     = --daemon
    log_on_failure += USERID
}
```

Hinweis

Durch die Zeile *only_from = 192.168.56.32* legen Sie fest, dass nur der zusätzliche Domaincontroller die Daten replizieren kann. Weitere Domaincontroller können Sie, durch Leerzeichen getrennt, in der Zeile eintragen.

Im nächsten Schritt müssen Sie den rsync-Server konfigurieren. Diese Konfiguration führen Sie über die Datei /etc/rsyncd.conf durch. Wenn diese Datei nicht vorhanden ist, erstellen Sie sie. Die Datei muss den Inhalt aus Listing 7.27 haben:

Listing 7.27 Inhalt der Konfigurationsdatei des rsyncd.conf

```
[sysvol]
path = /var/lib/samba/sysvol/
comment = Samba sysvol
uid = root
gid = root
read only = yes
auth users = sysvol-repl
secrets file = /etc/samba/rsync.secret
```

In die Datei /etc/samba/rsync.secret tragen Sie den Benutzer ein, den Sie in dieser Datei als *auth user* eingetragen haben, und das Passwort, das dieser Benutzer verwenden soll. Ein Beispiel dafür sehen Sie in Listing 7.28:

Listing 7.28 Daten für die Authentifizierung

```
sysvol-repl:geheim
```

Der Benutzername und das Passwort werden durch einen Doppelpunkt getrennt. Die Datei muss die Rechte *600* gesetzt haben, sonst funktioniert der Dienst nicht.

Starten Sie anschließend den xinetd neu. In der Datei /var/log/syslog finden Sie die Meldungen wie in Listing 7.29:

Listing 7.29 Neustart des xinetd

```
root@sambabuch:~# systemctl restart xinetd.service

root@sambabuch:~# journalctl -u xinetd
...
Jul 19 11:42:52 sambabuch xinetd[1509]: Reading included \
                configuration file: /etc/xinetd.d/rsync \
                [file=/etc/xinetd.d/rsync] [line=26]
...
Jul 19 11:43:45 sambabuch xinetd[1532]: Started working: \
                1 available service
...
```

Hier sehen Sie, dass die Datei zur Konfiguration des `rsyncd` abgearbeitet wurde. Mit dem Kommando `ss` können Sie dann noch testen, ob der Port auch erreichbar ist. In Listing 7.30 sehen Sie diesen Test:

Listing 7.30 Prüfen des Ports für rsyncd

```
root@sambabuch:/etc/xinetd.d# ss -tlp | grep xinetd
LISTEN    0 64 *:rsync *:* users:(("xinetd",pid=1532,fd=5))
```

Das zeigt, dass der rsync über den `xinetd` erreichbar ist.

7.3.3 Konfiguration aller anderen DCs

Auf allen weiteren DCs müssen Sie ebenfalls rsync installieren. Den `xinetd` benötigen Sie dort nicht, da es sich hierbei immer nur um einen rsync-Client handelt. Nach der Installation von `rsync` erstellen Sie eine Datei, in der nur das Passwort für den Zugriff auf den rsync-Server abgelegt wird. Hier im Beispiel soll es die Datei /etc/samba/rsync.pass sein. Achten Sie auch hier wieder darauf, dass die Dateirechte auf *600* gesetzt sind.

Jetzt können Sie die Replikation testen. Verwenden Sie beim Testen auf jeden Fall den Parameter *--dry-run*. Damit verhindern Sie, dass die Replikation wirklich durchgeführt wird. Erst wenn das Ergebnis des Tests stimmt, sollten Sie die Replikation starten. In Listing 7.31 sehen Sie den Test der Replikation:

Listing 7.31 Testen der Replikation

```
root@sambabuch-02:/etc# rsync --dry-run -XAavz --delete-after \
                       --password-file=/etc/samba/rsync.pass \
                       rsync://sysvol-repl@sambabuch/sysvol/ \
                       /var/lib/samba/sysvol/
receiving file list ... done
./
example.net/
example.net/Policies/
example.net/Policies/{0350993A-F31E-44FA-8846-04EC0CC4BB3C}/
example.net/Policies/{0350993A-F31E-44FA-8846-04EC0CC4BB3C}/GPT.INI
example.net/Policies/{0350993A-F31E-44FA-8846-04EC0CC4BB3C}/Machine/
example.net/Policies/{0350993A-F31E-44FA-8846-04EC0CC4BB3C}/User/
example.net/Policies/{0350993A-F31E-44FA-8846-04EC0CC4BB3C}/User/Registry.pol
example.net/Policies/{0350993A-F31E-44FA-8846-04EC0CC4BB3C}/User/comment.cmtx
example.net/Policies/{31B2F340-016D-11D2-945F-00C04FB984F9}/
example.net/Policies/{31B2F340-016D-11D2-945F-00C04FB984F9}/GPT.INI
example.net/Policies/{31B2F340-016D-11D2-945F-00C04FB984F9}/MACHINE/
example.net/Policies/{31B2F340-016D-11D2-945F-00C04FB984F9}/USER/
example.net/Policies/{6AC1786C-016F-11D2-945F-00C04FB984F9}/
example.net/Policies/{6AC1786C-016F-11D2-945F-00C04FB984F9}/GPT.INI
example.net/Policies/{6AC1786C-016F-11D2-945F-00C04FB984F9}/MACHINE/
example.net/Policies/{6AC1786C-016F-11D2-945F-00C04FB984F9}/USER/
example.net/Policies/{B30A27B8-8221-42B7-BA9F-BC6D2E9D7227}/
example.net/Policies/{B30A27B8-8221-42B7-BA9F-BC6D2E9D7227}/GPT.INI
example.net/Policies/{B30A27B8-8221-42B7-BA9F-BC6D2E9D7227}/Machine/
```

```
example.net/Policies/{B30A27B8-8221-42B7-BA9F-BC6D2E9D7227}/User/
example.net/Policies/{B30A27B8-8221-42B7-BA9F-BC6D2E9D7227}/User/Registry.pol
example.net/Policies/{B30A27B8-8221-42B7-BA9F-BC6D2E9D7227}/User/comment.cmtx
example.net/scripts/

sent 95 bytes  received 2,824 bytes  5,838.00 bytes/sec
total size is 1,646  speedup is 0.56 (DRY RUN)
```

Hier sehen Sie, dass alle Gruppenrichtlinien und das Logon-Skript erfolgreich übertragen wurden.

Hinweis

Achten Sie darauf, dass die Pfade alle korrekt sind. Bei der Replikation werden später alle alten Einträge gelöscht und die neuen geschrieben. Stimmen hier die Pfade nicht, können Sie Ihr System unbrauchbar machen.

Jetzt können Sie den Parameter *--dry-run* aus der Befehlszeile entfernen und die erste Replikation durchführen. In Listing 7.32 sehen Sie die erfolgreiche Replikation:

Listing 7.32 Erfolgreiche Replikation

```
root@sambabuch-02:/etc# rsync -XAavz --delete-after --password-file=/etc/
    samba/rsync.pass rsync://sysvol-repl@sambabuch/sysvol/ /var/lib/samba/
    sysvol/
receiving file list ... done
./
example.net/
example.net/Policies/
example.net/Policies/{0350993A-F31E-44FA-8846-04EC0CC4BB3C}/
example.net/Policies/{0350993A-F31E-44FA-8846-04EC0CC4BB3C}/GPT.INI
example.net/Policies/{0350993A-F31E-44FA-8846-04EC0CC4BB3C}/Machine/
example.net/Policies/{0350993A-F31E-44FA-8846-04EC0CC4BB3C}/User/
example.net/Policies/{0350993A-F31E-44FA-8846-04EC0CC4BB3C}/User/Registry.pol
example.net/Policies/{0350993A-F31E-44FA-8846-04EC0CC4BB3C}/User/comment.cmtx
example.net/Policies/{31B2F340-016D-11D2-945F-00C04FB984F9}/
example.net/Policies/{31B2F340-016D-11D2-945F-00C04FB984F9}/GPT.INI
example.net/Policies/{31B2F340-016D-11D2-945F-00C04FB984F9}/MACHINE/
example.net/Policies/{31B2F340-016D-11D2-945F-00C04FB984F9}/USER/
example.net/Policies/{6AC1786C-016F-11D2-945F-00C04FB984F9}/
example.net/Policies/{6AC1786C-016F-11D2-945F-00C04FB984F9}/GPT.INI
example.net/Policies/{6AC1786C-016F-11D2-945F-00C04FB984F9}/MACHINE/
example.net/Policies/{6AC1786C-016F-11D2-945F-00C04FB984F9}/USER/
example.net/Policies/{B30A27B8-8221-42B7-BA9F-BC6D2E9D7227}/
example.net/Policies/{B30A27B8-8221-42B7-BA9F-BC6D2E9D7227}/GPT.INI
example.net/Policies/{B30A27B8-8221-42B7-BA9F-BC6D2E9D7227}/Machine/
example.net/Policies/{B30A27B8-8221-42B7-BA9F-BC6D2E9D7227}/User/
example.net/Policies/{B30A27B8-8221-42B7-BA9F-BC6D2E9D7227}/User/Registry.pol
example.net/Policies/{B30A27B8-8221-42B7-BA9F-BC6D2E9D7227}/User/comment.cmtx
example.net/scripts/
```

```
sent 283 bytes   received 14,334 bytes   29,234.00 bytes/sec
total size is 1,646   speedup is 0.11
```

Prüfen Sie, ob alle Verzeichnisse und Dateien übertragen wurden. Wenn alle Dateien übertragen wurden, können Sie mit dem nächsten Schritt fortfahren.

7.3.4 Einrichtung eines Cron-Jobs

Damit Sie die Replikation nicht immer von Hand durchführen müssen, sollten Sie an dieser Stelle einen Cron-Job als Benutzer root einrichten, der regelmäßig die Replikation durchführt.

Im Beispiel soll die Replikation alle fünf Minuten durchgeführt werden. In Listing 7.33 sehen Sie die Zeile für den Cron:

Listing 7.33 Eintrag in den Cron

```
*/5 * * * * rsync  -XAavz --delete-after\\
        --password-file=/etc/samba/rsync.pass\\
        rsync://sysvol-repl@samba4-1/sysvol/ /var/lib/samba/sysvol/
```

Tipp

Sie können das Kommando auch erst in ein Shellskript schreiben und dann das Shellskript über den Cron starten. Das hat den Vorteil, dass Sie das Skript einfach auf weitere Domaincontroller kopieren und einbinden können. Vergessen Sie nicht, das Skript ausführbar zu machen.

Die Zeit für die Replikation ist immer davon abhängig, wie viele Änderungen Sie an den Gruppenrichtlinien vornehmen. Damit ist die Replikation des zweiten DCs abgeschlossen. Wenn Sie noch weitere DCs in Ihrer Domäne haben, müssen Sie diesen Schritt auf allen weiteren DCs durchführen.

7.3.5 Anpassen der smb.conf auf den Client-DCs

Auf den Client-DCs der Replikation sollten Sie die Freigabe sysvol auf *read-only* setzen, damit hier niemand über das Netzwerk Änderungen vornehmen kann. Passen Sie hierfür die Datei /etc/samba/smb.conf, so wie in Listing 7.34 zu sehen, an:

Listing 7.34 Anpassen der Freigaben auf dem zweiten DC

```
[netlogon]
        path = /var/lib/samba/sysvol/example.net/scripts
        read only = yes

[sysvol]
        path = /var/lib/samba/sysvol
        read only = yes
```

7.3.5.1 Einstellung für die Gruppenrichtlinien

Jetzt müssen Sie noch dafür sorgen, dass das RSAT für die Verwaltung der Gruppenrichtlinien nur noch auf dem entsprechenden Server mit der FSMO-Rolle `PDC-Master` ausgeführt wird.

Starten Sie hierfür das RSAT GRUPPENRICHTLINIENVERWALTUNG. Suchen Sie auf der linken Seite Ihre Domäne, klicken Sie mit der rechten Maustaste auf die Domäne, und wählen Sie dann den Punkt DOMÄNENCONTROLLER ÄNDERN… aus. Es öffnet sich ein neues Fenster. In diesem Fenster markieren Sie den Punkt DOMÄNENCONTROLLER MIT DEM BETRIEBSMASTERTOKEN FÜR DIE PDC-EMULATION. Der entsprechende DC aus der Liste wird daraufhin im unteren Teil des Fensters markiert. In Bild 7.7 sehen Sie die Einstellung. Bestätigen Sie die Einstellung mit einem Klick auf OK. Ab sofort werden alle Änderungen an den Gruppenrichtlinien nur noch auf dem entsprechenden DC durchgeführt.

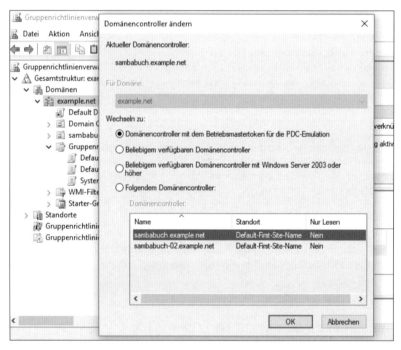

Bild 7.7 Auswahl des PDC-Masters

Hinweis

Die Auswahl des PDC-Masters für die Änderung der Gruppenrichtlinien ist bei Windows die Standardeinstellung. Auch in einer Windows-Domäne sollten Sie die Gruppenrichtlinien immer nur auf dem PDC-Master ändern.

Weitere Domaincontroller können Sie auf demselben Weg zu Ihrer Domäne hinzufügen, wie es hier beschrieben wurde.

7.4 Die FSMO-Rollen

Seit der Einführung von Active Directory mit Windows Server 2000 werden auf den Domaincontrollern verschiedene `Flexible Single Master Operations-Rollen (FSMO)` verwendet, um bestimmte Aufgaben in der Domäne zu steuern. Jede dieser Rollen muss genau einmal in der Domäne durch einen der Domaincontroller bereitgestellt werden, wobei es von der Funktion her keine Rolle spielt, ob Sie alle Rollen auf einem Domaincontroller halten oder die Rollen auf alle Domaincontroller Ihrer Domäne verteilen. Wichtig ist nur, dass Sie genau dokumentieren, wo die einzelnen Rollen liegen, denn im Falle eines Ausfalls eines Domaincontrollers ist es wichtig, dass Sie die Rollen, die dieser Domaincontroller innehatte, auf einen anderen Domaincontroller verschieben. In der folgenden Aufzählung sehen Sie alle FSMO-Rollen und ihre Funktion. Auch gehe ich darauf ein, welche der Rollen unbedingt auf demselben Domaincontroller eingerichtet werden sollten.

- **Schemamaster**
  Die Rolle des Schemamasters existiert nur einmal in der Gesamtstruktur und sollte immer zusammen mit dem `Domainnamemaster` auf demselben Domaincontroller liegen. Dieser Domaincontroller sollte auch immer einen `Global Catalog` besitzen. Der Schemamaster ist verantwortlich für den Aufbau des LDAP-Schemas innerhalb des Active Directory. Änderungen am Schema können Sie nur auf dem Domaincontroller mit dieser Rolle durchführen. Eine Änderung am Schema wird dann automatisch an die anderen Domaincontroller übertragen.

- **Domainnamemaster**
  Die Rolle des Domainnamemasters existiert auch nur einmal in der Gesamtstruktur und sollte immer mit dem Schemamaster zusammen auf demselben Domaincontroller eingerichtet sein. Der Domainnamemaster ist verantwortlich für die Vergabe von Namen für neue Domänen. Steht der Domainnamemaster nicht zur Verfügung, können Sie keine weiteren Domänen in der Gesamtstruktur erstellen.

- **RID-Master**
  Auch der `RID-Master` darf nur einmal pro Domäne existieren. Er sollte immer zusammen mit dem `PDC-Emulator` auf demselben Domaincontroller bereitgestellt werden. Der RID-Master stellt für jeden Ihrer Domaincontroller immer wieder neue Pools von IDs bereit, damit Sie auch auf verschiedenen Domaincontrollern Objekte anlegen können.

  Die IDs werden beim Anlegen eines neuen Objekts zur RID des Objekts. Dadurch ist das Objekt eindeutig in der Domäne. Die ID eines Objekts besteht immer aus der Domain-SID und dem RID.

  Der RID ist der hintere Teil der Objekt-SID, darüber lässt sich ein Objekt eindeutig in einer Domäne identifizieren. Die Objekt-SID setzt sich aus der Domain-SID, der die Domäne eindeutig identifiziert, und dem RID zusammen, der das Objekt in der Domäne eindeutig identifiziert.

  Durch dieses Verfahren lässt sich ein Objekt auch in Vertrauensstellungen eindeutig einer Domäne zuordnen.

- **PDC-Emulator**
  Der `PDC-Emulator` existiert auch nur einmal pro Domäne. Diese Rolle sollte immer zusammen mit dem `RID-Master` auf demselben Domaincontroller liegen. Seine Aufgabe

ist es, Passwortänderungen der Benutzer möglichst schnell bekannt zu machen. Die Replikation einer Änderung im Active Directory kann bis zu 20 Minuten dauern.

Ändert jetzt ein Benutzer sein Kennwort auf einem anderen Domaincontroller, der nicht gleichzeitig auch PDC-Emulator ist, wird die Änderung des Passworts aber direkt an den PDC-Emulator weitergeleitet. Wenn sich der Benutzer jetzt ab- und wieder anmeldet, kann es passieren, dass er sich an einem Domaincontroller authentifiziert, der die Änderung des Passworts noch nicht mitbekommen hat, da die Replikation noch nicht abgeschlossen ist.

Natürlich verwendet der Benutzer sein neues Passwort, das der Domaincontroller nicht kennt. Jetzt leitet der Domaincontroller die Authentifizierung an den PDC-Emulator weiter. Dieser kennt das neue Passwort bereits, und die Anmeldung des Benutzers wird durch den PDC-Emulator durchgeführt.

- **Infrastrukturmaster**
  Auch der Infrastrukturmaster existiert nur einmal pro Domäne. Der Infrastrukturmaster sorgt für die referentielle Integrität zwischen Active-Directory-Objekten, die untereinander verlinkt sind. Verlinkte Objekte stehen in einer Verbindung zueinander. Ein Beispiel wäre die Verwaltung von Gruppenmitgliedschaften von Benutzern. In der Gruppe finden Sie ein Attribut *Members*, in dem alle Mitglieder der Gruppe aufgelistet sind. Bei den Benutzern finden Sie eine Liste mit allen Gruppenmitgliedschaften. Die Gruppenmitgliedschaften werden dabei in dem Attribut *MembersOf* verwaltet.

  Die Aufgabe des Infrastrukturmasters ist es sicherzustellen, dass bei einer Änderung eines Objekts auch das andere Objekt geändert wird, und zwar in allen Domänen des Baums oder Forests. Wenn nicht alle Domaincontroller mit einem Global Catalog ausgestattet sein sollen, ist es wichtig, dass der Infrastrukturmaster auf gar keinen Fall einen Global Catalog hält. Der Dienst würde dann deaktiviert, und es würde zu schweren Replikationsfehlern kommen. Bei Samba4 werden alle Domaincontroller automatisch auch Global Catalog. Achten Sie also darauf, dass, wenn Ihr Infrastrukturmaster ein Global Catalog hält, auch alle anderen Domaincontroller Ihrer Domäne Global-Catalog-Server sind.

  Der Replikationsfehler, der in diesem Fall auftritt, hat die Event-ID 1419. Mehr dazu finden Sie unter *https://support.microsoft.com/en-us/kb/251095*.

- **Infrastrukturmasterrolle Forest**
  Die Rolle `ForestDNSZones` wurde erst mit Windows Server 2003 eingeführt und ist verantwortlich für die DNS-Struktur in der gesamten Forest-Struktur. Diese Rolle darf es in der gesamten Struktur, die aus mehreren Domänen bestehen kann, nur einmal geben. Jede neue Domäne in der Struktur wird hier verwaltet.

- **Infrastrukturmasterrolle Domain**
  Die Rolle der `DomainDNSZones` existiert in jeder Domäne der Struktur genau einmal. Diese Rolle verwaltet die DNS-Struktur der Domäne.

> **Hinweis**
> Im `Global Catalog` werden alle Objekte einer Active-Directory-Gesamtstruktur gespeichert. Ein Global-Catalog-Server ist ein Domaincontroller, auf dem eine komplette Kopie aller Objekte des Verzeichnisdienstes für die eigene Domäne liegt. Zusätzlich

> liegt dort eine schreibgeschützte Teilkopie aller Objekte für alle anderen Domänen der Gesamtstruktur. Alle Suchen nach Objekten werden vom Global Catalog beantwortet. Jeder Domaincontroller wird bei Samba4 als Global Catalog eingerichtet.
>
> Mehr zum Thema Global Catalog finden Sie hier: https://technet.microsoft.com/-de-de/library/cc730749.aspx.

7.4.1 Verwaltung der FSMO-Rollen mit samba-tool

Die FSMO-Rollen lassen sich sowohl über die RSAT als auch über das Kommando *samba-tool* verwalten. Bei der Verwaltung über die RSAT haben Sie das Problem, dass die Rollen über verschiedene Tools verteilt sind. Es gibt also keine zentrale Stelle für die Verwaltung der Rollen.

Anders beim Kommando *samba-tool*: Dort finden Sie ein Tool zur Durchführung aller Änderungen der FSMO-Rollen. Aus diesem Grund werde ich hier im Buch nur die Verwaltung über das Kommando *samba-tool* beschreiben.

7.4.2 Auflisten aller Rollen

Wie Sie schon bei der Einrichtung der *sysvol*-Replikation gesehen haben, ist es oftmals sehr wichtig zu wissen, auf welchem der Domaincontroller sich welche der FSMO-Rollen befindet. Dafür steht Ihnen das Kommando *samba-tool fsmo show* zur Verfügung. In Listing 7.35 sehen Sie ein Beispiel:

Listing 7.35 Auflisten aller Rollen

```
root@sambabuch:~# samba-tool fsmo show
SchemaMasterRole owner: CN=NTDS Settings,CN=SAMBABUCH,\
                CN=Servers,CN=Default-First-Site-Name,\
                CN=Sites,CN=Configuration,DC=example,DC=net
InfrastructureMasterRole owner: CN=NTDS Settings,CN=SAMBABUCH,\
                CN=Servers,CN=Default-First-Site-Name,\
                CN=Sites,CN=Configuration,DC=example,DC=net
RidAllocationMasterRole owner: CN=NTDS Settings,CN=SAMBABUCH,\
                CN=Servers,CN=Default-First-Site-Name,CN=Sites,\
                CN=Configuration,DC=example,DC=net
PdcEmulationMasterRole owner: CN=NTDS Settings,CN=SAMBABUCH,\
                CN=Servers,CN=Default-First-Site-Name,CN=Sites,\
                CN=Configuration,DC=example,DC=net
DomainNamingMasterRole owner: CN=NTDS Settings,CN=SAMBABUCH,\
                CN=Servers,CN=Default-First-Site-Name,CN=Sites,\
                CN=Configuration,DC=example,DC=net
DomainDnsZonesMasterRole owner: CN=NTDS Settings,CN=SAMBABUCH,\
                CN=Servers,CN=Default-First-Site-Name,CN=Sites,\
                CN=Configuration,DC=example,DC=net
ForestDnsZonesMasterRole owner: CN=NTDS Settings,CN=SAMBABUCH,\
                CN=Servers,CN=Default-First-Site-Name,CN=Sites,\
                CN=Configuration,DC=example,DC=net
```

Hier sehen Sie, dass sich alle FSMO-Rollen momentan auf dem ersten Domaincontroller befinden. Es spielt dabei keine Rolle, auf welchem Ihrer Domaincontroller Sie diese Anfrage stellen, die Antwort ist immer dieselbe.

7.4.3 Transferieren der FSMO-Rollen

Wollen Sie eine oder alle FSMO-Rollen auf einen anderen Domaincontroller verschieben, können Sie diese Aufgabe wieder mit dem Kommando *samba-tool* realisieren. Eine Rolle wird immer auf einen anderen Domaincontroller gezogen und nie verschoben. Sie müssen daher das Kommando immer auf dem Ziel-Domaincontroller ausführen. Sie können einzelne Rollen transferieren oder aber gleich alle Rollen auf einmal transferieren.

Um die richtige Syntax für die Namen der einzelnen Rollen herauszufinden, können Sie über das Kommando *samba-tool fsmo transfer –help* die Hilfe nutzen.

In Listing 7.36 sehen Sie, wie eine Rolle auf den zweiten Domaincontroller transferiert wird:

Listing 7.36 Transferieren einer Rolle

```
root@sambabuch-02:~# samba-tool fsmo transfer --role=naming
FSMO transfer of 'naming' role successful

root@sambabuch-dc2:~# samba-tool fsmo show
SchemaMasterRole owner: CN=NTDS Settings,CN=SAMBABUCH,\
                CN=Servers,CN=Default-First-Site-Name,\
                CN=Sites,CN=Configuration,DC=example,DC=net
InfrastructureMasterRole owner: CN=NTDS Settings,CN=SAMBABUCH,\
                CN=Servers,CN=Default-First-Site-Name,\
                CN=Sites,CN=Configuration,DC=example,DC=net
RidAllocationMasterRole owner: CN=NTDS Settings,CN=SAMBABUCH,\
                CN=Servers,CN=Default-First-Site-Name,\
                CN=Sites,CN=Configuration,DC=example,DC=net
PdcEmulationMasterRole owner: CN=NTDS Settings,CN=SAMBABUCH,\
                CN=Servers,CN=Default-First-Site-Name,\
                CN=Sites,CN=Configuration,DC=example,DC=net
DomainNamingMasterRole owner: CN=NTDS Settings,CN=SAMBABUCH-02,\
                CN=Servers,CN=Default-First-Site-Name,\
                CN=Sites,CN=Configuration,DC=example,DC=net
DomainDnsZonesMasterRole owner: CN=NTDS Settings,CN=SAMBABUCH,\
                CN=Servers,CN=Default-First-Site-Name,\
                CN=Sites,CN=Configuration,DC=example,DC=net
ForestDnsZonesMasterRole owner: CN=NTDS Settings,CN=SAMBABUCH,\
                CN=Servers,CN=Default-First-Site-Name,\
                CN=Sites,CN=Configuration,DC=example,DC=net
```

Nach dem Transferieren der Rolle sehen Sie, dass die Rolle des `Domainnamemasters` jetzt auf den zweiten Domaincontroller verschoben wurde.

Jetzt sollen alle anderen Rollen ebenfalls auf den zweiten Domaincontroller transferiert werden. Listing 7.37 zeigt diesen Vorgang:

Listing 7.37 Transferieren aller Rollen

```
root@sambabuch-02:~# samba-tool fsmo transfer --role=all
This DC already has the 'rid' FSMO role
This DC already has the 'pdc' FSMO role
This DC already has the 'naming' FSMO role
This DC already has the 'infrastructure' FSMO role
This DC already has the 'schema' FSMO role
ERROR: Failed to delete role 'domaindns': LDAP error 50\
       LDAP_INSUFFICIENT_ACCESS_RIGHTS -  <00002098: Object\
       CN=Infrastructure,DC=DomainDnsZones,DC=example,DC=net\
       has no write property access


root@sambabuch-02:~# samba-tool fsmo transfer --role=all -k yes
FSMO transfer of 'rid' role successful
FSMO transfer of 'pdc' role successful
This DC already has the 'naming' FSMO role
FSMO transfer of 'infrastructure' role successful
FSMO transfer of 'schema' role successful
FSMO transfer of 'domaindns' role successful
FSMO transfer of 'forestdns' role successful
```

Im ersten Beispiel sehen Sie, dass die Rolle des `Domainnamemasters` bereits transferiert wurde. Dann sehen Sie eine Fehlermeldung, die auf fehlende Zugriffsrechte hinweist. Diese Fehlermeldung bezieht sich auf die beiden Infrastrukturmasterrollen. Diese können nur transferiert werden, wenn beim Transferieren eine Authentifizierung durchgeführt wird. Im zweiten Beispiel klappt es dann mit dem Transfer der beiden Rollen. Die Authentifizierung wird hier wieder über Kerberos durchgeführt. Jetzt sind alle Rollen erfolgreich auf den zweiten Domaincontroller transferiert, wie Listing 7.38 zeigt:

Listing 7.38 Auflisten der Rollen nach dem Transfer

```
root@sambabuch-dc2:~# samba-tool fsmo show
SchemaMasterRole owner: CN=NTDS Settings,CN=SAMBABUCH-02,\
                CN=Servers,CN=Default-First-Site-Name,\
                CN=Sites,CN=Configuration,DC=example,DC=net
InfrastructureMasterRole owner: CN=NTDS Settings,CN=SAMBABUCH-02,\
                CN=Servers,CN=Default-First-Site-Name,\
                CN=Sites,CN=Configuration,DC=example,DC=net
RidAllocationMasterRole owner: CN=NTDS Settings,CN=SAMBABUCH-02,\
                CN=Servers,CN=Default-First-Site-Name,\
                CN=Sites,CN=Configuration,DC=example,DC=net
PdcEmulationMasterRole owner: CN=NTDS Settings,CN=SAMBABUCH-02,\
                CN=Servers,CN=Default-First-Site-Name,\
                CN=Sites,CN=Configuration,DC=example,DC=net
DomainNamingMasterRole owner: CN=NTDS Settings,CN=SAMBABUCH-02,\
                CN=Servers,CN=Default-First-Site-Name,\
                CN=Sites,CN=Configuration,DC=example,DC=net
```

```
DomainDnsZonesMasterRole owner: CN=NTDS Settings,CN=SAMBABUCH-02,\
                CN=Servers,CN=Default-First-Site-Name,\
                CN=Sites,CN=Configuration,DC=example,DC=net
ForestDnsZonesMasterRole owner: CN=NTDS Settings,CN=SAMBABUCH-02,\
                CN=Servers,CN=Default-First-Site-Name,\
                CN=Sites,CN=Configuration,DC=example,DC=net
```

Jetzt sind Sie in der Lage, alle FSMO-Rollen von einem laufenden Domaincontroller auf einen anderen zu übertragen. Was aber, wenn der Domaincontroller, auf dem die FSMO-Rollen eingetragen sind, nicht mehr zur Verfügung steht? Dann haben Sie noch die Möglichkeit, die Rollen neu zu generieren. Dazu gibt es zu dem Kommando *samba-tool fsmo* das Subkommando *seize*. Das Wort `seize` kann man in diesem Zusammenhang mit dem Begriff `konfisziert` übersetzen. Dabei werden alle Rollen neu generiert.

Wichtig

Wenn Sie die Rollen mittels *seize* auf einen anderen Domaincontroller übertragen, müssen Sie unbedingt dafür sorgen, dass der alte Domaincontroller mit den Rollen nicht mehr hochgefahren wird. Dieser Domaincontroller muss aus der Domäne entfernt werden. Wenn Sie das nicht berücksichtigen, kann es zu Konflikten und zu Fehlern in der Replikation kommen. In Abschnitt 7.6, «Entfernen eines ausgefallenen Domaincontrollers», gehe ich noch näher auf diesen Fall ein.

■ 7.5 Entfernen eines aktiven Domaincontrollers

Irgendwann kommt der Zeitpunkt, an dem Sie einen bestehenden Domaincontroller aus der Domäne entfernen wollen. In diesem Abschnitt soll nun einer der Domaincontroller aus der Domäne genommen werden. Um Ihnen das an einem praktischen Beispiel zeigen zu können, habe ich einen dritten Domaincontroller in die Domäne aufgenommen. Dieser soll jetzt wieder aus der Domäne entfernt werden.

Als Erstes müssen Sie kontrollieren, ob der Domaincontroller, den Sie aus der Domäne entfernen wollen, eine oder mehrere FSMO-Rollen besitzt. Wenn das der Fall ist, müssen Sie diese Rollen zuerst auf einen der anderen Domaincontroller transferieren, bevor Sie ihn aus der Domäne entfernen.

Wichtig

Es ist ganz wichtig, dass Sie sich beim Entfernen des Domaincontrollers aus der Domäne authentifizieren, denn sonst schlägt das Entfernen fehl, und der Domaincontroller wird nicht sauber aus der Domäne genommen.

Erst jetzt können Sie den Domaincontroller aus der Domäne entfernen. Der Samba-Dienst muss dafür laufen, da sich der Server sonst nicht aus der Domäne abmelden kann. In Listing 7.39 sehen Sie den Vorgang, wie der Domaincontroller aus der Domäne genommen wird:

Listing 7.39 Entfernen des Domaincontrollers

```
root@sambabuch-03:~# samba-tool domain demote -Uadministrator
Using sambabuch-02.example.net as partner server for the demotion
Password for [EXAMPLE\\administrator]:
Deactivating inbound replication
Asking partner server sambabuch-02.example.net to synchronize from us
Changing userControl and container
Demote successful
```

Jetzt ist der Domaincontroller aus der Domäne entfernt. Die Replikation der Datenbank wurde entfernt, genau wie alle Einträge aus dem Active Directory, die das Konto des Domaincontrollers betreffen. Nur die DNS-Einträge für die SRV-Records bleiben erhalten. Sie müssen die DNS-Einträge von Hand mit dem DNS-Manager aus den RSAT entfernen.

Hinweis

In der Samba-Version 4.9 wird ein Patch dafür sorgen, dass auch die DNS-Einträge aller SRV-Records entfernt werden.

Sollte der Domaincontroller derjenige sein, der als erster Domaincontroller installiert wurde, stoppen Sie jetzt alle Samba-Dienste auf dem Server. Sorgen Sie unbedingt dafür, dass der Domaincontroller nicht einfach wieder in die Domäne aufgenommen werden kann. Entfernen Sie alle Samba-Pakete und alle Verzeichnisse, in denen Samba-Daten gespeichert werden.

7.6 Entfernen eines ausgefallenen Domaincontrollers

Solange ein Domaincontroller, der aus der Domäne entfernt werden soll, noch läuft, ist das Entfernen eines Domaincontrollers einfach und schnell zu realisieren. Was aber, wenn der Domaincontroller zum Beispiel wegen eines Hardwarefehlers ausgefallen ist? Noch schlimmer, wenn der Domaincontroller auch noch FSMO-Rollen besitzt. Was dann? Auch das ist kein großes Hexenwerk. Um diesen Vorgang zu zeigen, habe ich wieder einen dritten Domaincontroller in die Domäne aufgenommen und alle FSMO-Rollen auf diesen Domaincontroller übertragen. Listing 7.40 zeigt die Liste mit allen FSMO-Rollen:

Listing 7.40 Liste aller FSMO-Rollen

```
root@sambabuch-03:~# samba-tool fsmo show
SchemaMasterRole owner: CN=NTDS Settings,CN=SAMBABUCH-03,CN=Servers,\
                        CN=Default-First-Site-Name,CN=Sites,\
                        CN=Configuration,DC=example,DC=net
```

```
InfrastructureMasterRole owner: CN=NTDS Settings,CN=SAMBABUCH-03,\
                        CN=Servers,CN=Default-First-Site-Name,CN=Sites,\
                        CN=Configuration,DC=example,DC=net
RidAllocationMasterRole owner: CN=NTDS Settings,CN=SAMBABUCH-03,\
                        CN=Servers,CN=Default-First-Site-Name,CN=Sites,\
                        CN=Configuration,DC=example,DC=net
PdcEmulationMasterRole owner: CN=NTDS Settings,CN=SAMBABUCH-03,\
                        CN=Servers,CN=Default-First-Site-Name,CN=Sites,\
                        CN=Configuration,DC=example,DC=net
DomainNamingMasterRole owner: CN=NTDS Settings,CN=SAMBABUCH-03,\
                        CN=Servers,CN=Default-First-Site-Name,CN=Sites,\
                        CN=Configuration,DC=example,DC=net
DomainDnsZonesMasterRole owner: CN=NTDS Settings,CN=SAMBABUCH-03,\
                        CN=Servers,CN=Default-First-Site-Name,CN=Sites,\
                        CN=Configuration,DC=example,DC=net
ForestDnsZonesMasterRole owner: CN=NTDS Settings,CN=SAMBABUCH-03,\
                        CN=Servers,CN=Default-First-Site-Name,CN=Sites,\
                        CN=Configuration,DC=example,DC=net
```

Wie Sie sehen, sind alle FSMO-Rollen jetzt auf dem dritten Domaincontroller eingetragen. Die Replikation zwischen allen drei Domaincontrollern funktioniert einwandfrei. Jetzt wird der Domaincontroller *sambabuch-dc3* einfach ausgeschaltet. Dabei soll der Fehler eines Totalausfalls simuliert werden. Deshalb wird der Server nicht heruntergefahren, sondern direkt ausgeschaltet.

Nach dem Ausfall sollen jetzt die FSMO-Rollen auf den ersten Domaincontroller transferiert werden. Listing 7.41 zeigt diesen Versuch:

Listing 7.41 Versuch die Rollen zu transferieren

```
root@sambabuch:~# samba-tool fsmo transfer --role=all -k yes
ERROR: Transfer of 'rid' role failed: Failed FSMO transfer:\
       WERR_HOST_UNREACHABLE
```

Wie Sie sehen, wird der Vorgang bereits nach der ersten Rolle mit der Fehlermeldung abgebrochen, dass der Domaincontroller, der die Rolle hält, nicht erreichbar ist. Ein Transferieren der Rollen ist so nicht mehr möglich. Jetzt müssen Sie die Rollen mittels *seize* übernehmen. Listing 7.42 zeigt diesen Vorgang:

Listing 7.42 Übernehmen aller Rollen

```
root@sambabuch:~# samba-tool fsmo seize --role=all -k yes
Attempting transfer...
ERROR: Transfer of 'rid' role failed: Failed FSMO transfer:\
       WERR_HOST_UNREACHABLE

root@sambabuch:~# samba-tool fsmo seize --role=all --force -k yes
Seizing rid FSMO role...
FSMO seize of 'rid' role successful
Seizing pdc FSMO role...
FSMO seize of 'pdc' role successful
Seizing naming FSMO role...
```

```
FSMO seize of 'naming' role successful
Seizing infrastructure FSMO role...
FSMO seize of 'infrastructure' role successful
Seizing schema FSMO role...
FSMO seize of 'schema' role successful
Seizing domaindns FSMO role...
FSMO seize of 'domaindns' role successful
Seizing forestdns FSMO role...
FSMO seize of 'forestdns' role successful
```

Zunächst schlägt der Versuch fehl, die Rollen zu übernehmen, denn es wird immer versucht, die Rollen zu transferieren. Erst im zweiten Versuch mit dem Parameter *force* funktioniert der Vorgang. Ein anschließendes Auflisten der Rollen zeigt die geglückte Übernahme der Rollen, so wie in Listing 7.43:

Listing 7.43 Anzeigen der Rollen nach Übernahme

```
root@sambabuch:~# samba-tool fsmo show
SchemaMasterRole owner: CN=NTDS Settings,CN=SAMBABUCH,CN=Servers,\
                CN=Default-First-Site-Name,CN=Sites,\
                CN=Configuration,DC=example,DC=net
InfrastructureMasterRole owner: CN=NTDS Settings,CN=SAMBABUCH,\
                CN=Servers,CN=Default-First-Site-Name,\
                CN=Sites,CN=Configuration,DC=example,DC=net
RidAllocationMasterRole owner: CN=NTDS Settings,CN=SAMBABUCH,CN=Servers,\
                CN=Default-First-Site-Name,CN=Sites,\
                CN=Configuration,DC=example,DC=net
PdcEmulationMasterRole owner: CN=NTDS Settings,CN=SAMBABUCH,CN=Servers,\
                CN=Default-First-Site-Name,CN=Sites,\
                CN=Configuration,DC=example,DC=net
DomainNamingMasterRole owner: CN=NTDS Settings,CN=SAMBABUCH,CN=Servers,\
                CN=Default-First-Site-Name,CN=Sites,\
                CN=Configuration,DC=example,DC=net
DomainDnsZonesMasterRole owner: CN=NTDS Settings,CN=SAMBABUCH,\
                CN=Servers,CN=Default-First-Site-Name,\
                CN=Sites,CN=Configuration,DC=example,DC=net
ForestDnsZonesMasterRole owner: CN=NTDS Settings,CN=SAMBABUCH,\
                CN=Servers,CN=Default-First-Site-Name,\
                CN=Sites,CN=Configuration,DC=example,DC=net
```

Nachdem die FSMO-Rollen jetzt wieder alle in der Domäne vorhanden sind, geht es noch ans Aufräumen. Seit Samba 4.6 ist es möglich, einen toten Domaincontroller mit dem Kommando *samba-tool* zu entfernen. In Listing 7.44 sehen Sie den Vorgang:

Listing 7.44 Toten Domaincontroller entfernen

```
root@sambabuch:~# samba-tool domain demote --remove-other-dead-server=
     sambabuch-03
Removing nTDSConnection: CN=1fcfb777-80d2-4a26-8756-f7da90e53be5,\
        CN=NTDS Settings,CN=SAMBABUCH,CN=Servers,\
        CN=Default-First-Site-Name,CN=Sites,CN=Configuration,\
        DC=example,DC=net
```

```
Removing nTDSConnection: CN=5cb2ae31-6acb-46fd-9659-9ff56e1e5855,\
        CN=NTDS Settings,CN=SAMBABUCH-02,CN=Servers,CN=Default-\
        First-Site-Name,CN=Sites,CN=Configuration,DC=example,DC=net
Removing nTDSDSA: CN=NTDS Settings,CN=SAMBABUCH-03,CN=Servers,\
        CN=Default-First-Site-Name,CN=Sites,CN=Configuration,\
        DC=example,DC=net (and any children)
Removing RID Set: CN=RID Set,CN=SAMBABUCH-03,OU=Domain Controllers,\
        DC=example,DC=net
Removing computer account: CN=SAMBABUCH-03,OU=Domain Controllers,\
        DC=example,DC=net (and any child objects)
updating example.net keeping 5 values, removing 1 values
updating DomainDnsZones.example.net keeping 2 values, removing \
        1 values
updating ForestDnsZones.example.net keeping 2 values, removing \
        1 values
updating DC=1b6d1278-4957-4222-b82f-03aa09b3fc41,DC=_msdcs.example.net\
        ,CN=MicrosoftDNS,DC=ForestDnsZones,DC=example,DC=net \
        keeping 0 values, removing 1 values
Removing Sysvol reference: CN=SAMBABUCH-03,CN=Enterprise,\
        CN=Microsoft System Volumes,CN=System,CN=Configuration,\
        DC=example,DC=net
Removing Sysvol reference: CN=SAMBABUCH-03,CN=example.net,\
        CN=Microsoft System Volumes,CN=System,CN=Configuration,\
        DC=example,DC=net
Removing Sysvol reference: CN=SAMBABUCH-03,CN=Domain System Volumes \
        (SYSVOL share),CN=File Replication Service,CN=System,\
        DC=example,DC=net
Removing Sysvol reference: CN=SAMBABUCH-03,CN=Topology,CN=Domain \
        System Volume,CN=DFSR-GlobalSettings,CN=System,DC=example,\
        DC=net
```

Damit ist dann der tote Domaincontroller komplett aus der Domäne entfernt. Auch alle DNS-Einträge sind entfernt worden, sodass die Domäne jetzt komplett vom Domaincontroller befreit ist.

Tipp

Selbstverständlich können Sie einen aktiven Domaincontroller auf demselben Weg entfernen und damit auch alle DNS-Einträge entfernen.

Unter keinen Umständen dürfen Sie den alten, gerade entfernten Domaincontroller wieder einschalten. Da der Domaincontroller immer noch die FSMO-Rollen eingetragen hat und auch eine Active-Directory-Datenbank besitzt, kann es zu fehlerhaften Replikationen bis hin zum Totalausfall der Domäne führen. Da Sie so alle Daten des Domaincontrollers entfernt haben, können Sie jetzt einen neuen Domaincontroller mit derselben IP und demselben Namen wie beim alten Domaincontroller wieder neu in die Domäne aufnehmen, um den alten Zustand der Domäne wiederherzustellen.

7.7 Standorte und Subnetze

Wenn Sie Ihre Domäne auf mehrere Standorte mit unterschiedlichen Subnetzen verteilen wollen, ist es sinnvoll, die Active-Directory-Domäne so einzurichten, dass die Anmeldung auch am selben Standort stattfindet. Dazu gibt es im Active Directory die Standorte. Ein Standort wird immer mit einem IP-Subnetz verbunden. Zu jedem Standort gehört immer mindestens ein Domaincontroller, der die Anmeldungen der Clients entgegennimmt. Als Erstes müssen Sie einen neuen Standort anlegen. Öffnen Sie dazu unter Windows das Programm *Standorte und Dienste* aus den RSAT. In Bild 7.8 sehen Sie das geöffnete Programm mit allen relevanten geöffneten Unterpunkten.

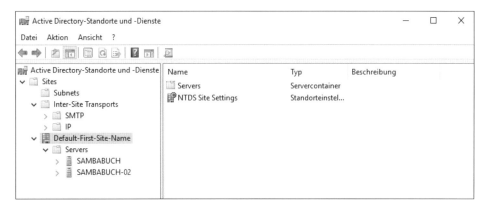

Bild 7.8 Das Programm Standorte und Dienste

Hier sehen Sie, dass es momentan keine eingerichteten Subnetze gibt und nur einen Standort mit dem Namen *Default-First-Site-Name*. In diesem Standort befindet sich im Unterordner *Servers*. In diesem Unterordner befinden sich alle momentan eingerichteten Domaincontroller. Jeder neue Domaincontroller wird auch in diesem Standort eingerichtet, es sei denn, Sie geben beim Join eines Domaincontrollers mit dem Parameter --site=<Standort> einen anderen, bereits eingerichteten Standort an. Wenn Sie mit Standorten arbeiten, ist es besser, für jedes Subnetz einen neuen Standort anzulegen und den ersten Standort mit seinem Namen zu behalten. Benennen Sie den ersten Standort nicht um. So können Sie alle neuen Domaincontroller immer erst in diesem Standort anlegen und anschließend verschieben.

Jetzt soll ein neuer Standort *offsite* angelegt werden, in dem im nächsten Abschnitt dann ein zusätzlicher Domaincontroller vom Typ Readonly-Domaincontroller (RODC) angelegt werden soll. Um den neuen Standort anzulegen, klicken Sie mit der rechten Maustaste auf SITE und dann auf NEUER STANDORT. Es öffnet sich ein neues Fenster, in dem Sie den Namen des neuen Standorts eingeben. In Bild 7.9 sehen Sie das Fenster. Markieren Sie den Verknüpfungsnamen *DEFAULTIPSITELINK*. Anschließend klicken Sie auf OK.

Nachdem Sie den Standort angelegt haben, sehen Sie den Standort auf der linken Seite des Programmfensters. In dem Standort befindet sich schon der Unterordner *Servers*, der aber im Moment noch leer ist.

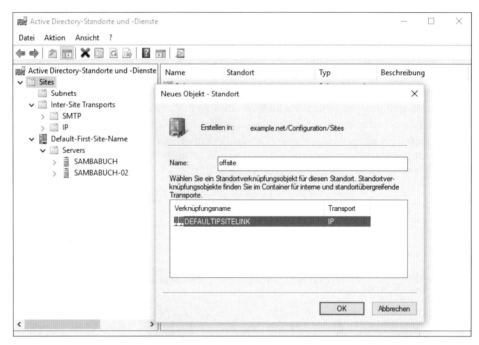

Bild 7.9 Anlegen eines neuen Standorts

Jetzt müssen Sie für den Standort noch ein Subnetz anlegen. Klicken Sie dazu mit der rechten Maustaste auf den Ordner SUBNETS und anschließend in dem Menü auf NEUES SUBNETZ. Tragen Sie die IP-Adresse des Subnetz in die Zeile *Präfix:* ein und markieren Sie den Standort, mit dem das Subnetz verknüpft werden soll. In Bild 7.10 sehen Sie das ausgefüllte Fenster. Jetzt legen Sie noch ein zweites Subnetz an, das auf das erste Netz mit den ersten Domaincontrollern zeigt, sodass Sie anschließend zwei Subnetze haben, denen die Domaincontroller eindeutig zugeordnet werden können.

Wenn ein Anwender sich jetzt an einem Client anmelden will, wird der Client immer einen Domaincontroller aus dem eigenen Subnetz für die Anmeldung nutzen. Nur wenn kein Domaincontroller im eigenen Subnetz antwortet, wird die Anmeldung an einen Domaincontroller in einem anderen Subnetz weitergeleitet. So haben Sie jetzt Ihre Anmeldung standortbezogen eingerichtet.

Im nächsten Schritt soll an dem neuen Standort ein RODC eingerichtet werden.

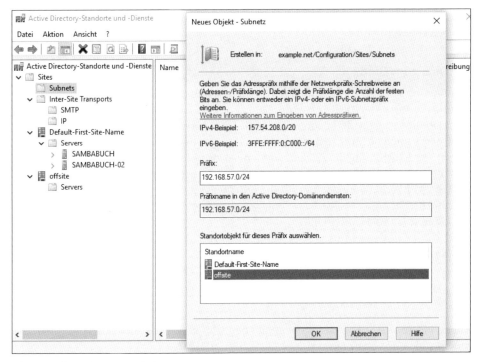

Bild 7.10 Einrichten eines Subnetz

7.8 Der read-only Domaincontroller

Die Einrichtung eines `readonly-Domaincontroller (RODC)` wurde schon sehr lange in den RSAT angezeigt, aber erst mit der Samba-Version 4.6 wurde der Status auf *experimental* gesetzt, und der RODC konnte überhaupt lauffähig eingerichtet werden. Richtig nutzbar ist der RODC aber erst ab der Samba-Version 4.7. Jetzt mit der Version 4.8 ist der RODC auch produktiv nutzbar. Aber was macht ein RODC? Und wie können Sie ihn sinnvoll nutzen? Fangen wir mit der Frage an: Was macht ein RODC? Ein RODC kann an Standorten eingesetzt werden, an denen keine sicherheitsrelevanten Daten wie Passwörter abgelegt werden sollen. Auch können, wie es der Name schon sagt, keine Änderungen an der Datenbank vorgenommen werden. Der DNS-Server auf einem RODC ist ebenfalls read-only. So können Sie einen Domaincontroller einrichten, der nur minimalen administrativen Aufwand benötigt. Jetzt zu der Frage: Wie können Sie einen RODC sinnvoll einsetzen? Auf abgelegenen Standorten, die Sie nicht so einfach erreichen können, oder an Standorten, die eine geringe Sicherheitsstufe besitzen.

Wenn Sie aus der `openLDAP`-Welt kommen, kennen Sie dieses Konzept schon lange, denn es ist nichts anderes als das Master-Slave-Verfahren des X.500 Standards. Bei Microsoft gibt es diese Funktion seit dem Windows-Server 2008.

In diesem Abschnitt werde ich Ihnen zeigen, wie Sie einen RODC in Ihre Umgebung einbringen können.

Hinweis zum Bind9

Wenn sich der RODC in einem anderen Subnetz befindet als Ihre anderen Domaincontroller und der RODC die DNS-Server der bereits bestehenden Domaincontroller verwenden soll, dann müssen Sie dafür sorgen, dass die DNS-Server auf den bestehenden Domaincontrollern auch die Anfragen aus einem anderen Subnetz entgegennehmen und weiterleiten. Wenn Sie das nicht machen, können Sie zwar die Namen aus der eigenen Domäne auflösen, aber keine Servernamen aus dem Internet. Denn der Bind9 ist so konfiguriert, dass er Weiterleitungen nur für die Anfragen aus dem eigenen Subnetz durchführt. Um nun die Anfragen des RODC weiterleiten zu können, passen Sie die Datei /etc/bind/named.conf.options wie in Listing 7.45 an:

Listing 7.45 Anpassung des Bind9

```
allow-recursion { any; };
allow-query { any; };
allow-query-cache { any; };
```

Wenn Sie anschließend den Bind9 einmal neu starten, können Sie auch vom RODC aus einem anderen Subnetz die Namen im Internet auflösen.

7.8.1 Installation des RODC

Als Erstes installieren Sie die gleichen Pakete wie auch für einen schreibbaren Domaincontroller. Auch die Pakete für den Bind9 DNS-Server können Sie gleich mit installieren, wenn Sie auch auf dem RODC den Bind9 einrichten wollen.

Tipp

Wenn Sie später an dem Standort mit einem RODC einen CTDB-Cluster einrichten wollen, sollten Sie auf jeden Fall den Bind9 als DNS-Server nutzen, da der interne DNS-Server vom Samba kein Round-Robin unterstützt.

Wenn Sie die benötigten Pakete installiert haben, kopieren Sie die Datei /etc/krb5.conf auf den neuen RODC und stellen Sie sicher, dass die Einstellungen in der Datei /etc/hosts korrekt sind. Testen Sie die Namensauflösung der SRV-Records und ob Sie ein Kerberos-Ticket von einem der bestehenden Domaincontroller ziehen können. Sorgen Sie dafür, dass der neue RODC auch über DNS aufgelöst werden kann. Tragen Sie dafür den neuen RODC sowohl in die Forward-Zone als auch in die Reverse-Zone ein. Wenn Sie den RODC in ein anderes Subnetz stellen wollen, müssen Sie eventuell erst eine neue Reverse-Zone anlegen. Erst wenn das alles klappt, können Sie den neuen RODC zur Domäne hinzufügen. In Listing 7.46 sehen Sie den Vorgang, wie der RODC in die Domain aufgenommen wird:

Listing 7.46 Join des RODC

```
root@rodc-01:~# samba-tool domain join example.net RODC --realm=example.net \
            --dns-backend=BIND9_DLZ -U administrator
Finding a writeable DC for domain 'example.net'
Found DC sambabuch.example.net
Password for [WORKGROUP\administrator]:
workgroup is EXAMPLE
realm is example.net
Adding CN=RODC-01,OU=Domain Controllers,DC=example,DC=net
Adding CN=krbtgt_RODC-01,CN=Users,DC=example,DC=net
Got krbtgt_name=krbtgt_19101
Renaming CN=krbtgt_RODC-01,CN=Users,DC=example,DC=net to CN=krbtgt_19101,\
        CN=Users,DC=example,DC=net
Adding CN=RODC-01,CN=Servers,CN=offsite,CN=Sites,CN=Configuration,\
        DC=example,DC=net
Adding CN=NTDS Settings,CN=RODC-01,CN=Servers,CN=offsite,CN=Sites,\
        CN=Configuration,DC=example,DC=net
Adding CN=RODC Connection (FRS),CN=NTDS Settings,CN=RODC-01,CN=Servers,\
        CN=offsite,CN=Sites,CN=Configuration,DC=example,DC=net
Adding SPNs to CN=RODC-01,OU=Domain Controllers,DC=example,DC=net
Setting account password for RODC-01$
Enabling account
Adding DNS account CN=dns-RODC-01,CN=Users,DC=example,DC=net \
        with dns/ SPN
Setting account password for dns-RODC-01
Calling bare provision
Looking up IPv4 addresses
More than one IPv4 address found. Using 192.168.57.31
Looking up IPv6 addresses
No IPv6 address will be assigned
Setting up share.ldb
Setting up secrets.ldb
Setting up the registry
Setting up the privileges database
Setting up idmap db
Setting up SAM db
Setting up sam.ldb partitions and settings
Setting up sam.ldb rootDSE
Pre-loading the Samba 4 and AD schema
Unable to determine the DomainSID, can not enforce uniqueness constraint on \
local domainSIDs

A Kerberos configuration suitable for Samba AD has been generated at \
/var/lib/samba/private/krb5.conf
Merge the contents of this file with your system krb5.conf or replace it with
        \
this one. Do not create a symlink!
Provision OK for domain DN DC=example,DC=net
Starting replication
Schema-DN[CN=Schema,CN=Configuration,DC=example,DC=net] \
        objects[402/1550] linked_values[0/0]
Schema-DN[CN=Schema,CN=Configuration,DC=example,DC=net] \
```

```
            objects[804/1550] linked_values[0/0]
Schema-DN[CN=Schema,CN=Configuration,DC=example,DC=net] \
            objects[1206/1550] linked_values[0/0]
Schema-DN[CN=Schema,CN=Configuration,DC=example,DC=net] \
            objects[1550/1550] linked_values[0/0]
Analyze and apply schema objects
Partition[CN=Configuration,DC=example,DC=net] objects[402/1638] \
            linked_values[0/0]
Partition[CN=Configuration,DC=example,DC=net] objects[804/1638] \
            linked_values[0/0]
Partition[CN=Configuration,DC=example,DC=net] objects[1206/1638] \
            linked_values[0/0]
Partition[CN=Configuration,DC=example,DC=net] objects[1608/1638] \
            linked_values[0/0]
Partition[CN=Configuration,DC=example,DC=net] objects[1638/1638] \
            linked_values[47/47]
Failed to commit objects: DOS code 0x000021bf
Missing target object - retrying with DRS_GET_TGT
Partition[CN=Configuration,DC=example,DC=net] objects[2040/1638] \
            linked_values[0/0]
Partition[CN=Configuration,DC=example,DC=net] objects[2442/1638] \
            linked_values[0/0]
Partition[CN=Configuration,DC=example,DC=net] objects[2844/1638] \
            linked_values[0/0]
Partition[CN=Configuration,DC=example,DC=net] objects[3246/1638] \
            linked_values[0/0]
Partition[CN=Configuration,DC=example,DC=net] objects[3276/1638] \
            linked_values[47/47]
Replicating critical objects from the base DN of the domain
Partition[DC=example,DC=net] objects[99/99] linked_values[31/31]
Partition[DC=example,DC=net] objects[332/233] linked_values[32/32]
Done with always replicated NC (base, config, schema)
Replicating DC=DomainDnsZones,DC=example,DC=net
Partition[DC=DomainDnsZones,DC=example,DC=net] objects[50/50] \
            linked_values[0/0]
Replicating DC=ForestDnsZones,DC=example,DC=net
Partition[DC=ForestDnsZones,DC=example,DC=net] objects[20/20] \
            linked_values[0/0]
Exop on[CN=RODC-01,OU=Domain Controllers,DC=example,DC=net] objects[1] \
            linked_values[8]
Exop on[CN=krbtgt_19101,CN=Users,DC=example,DC=net] objects[1] \
            linked_values[0]
Committing SAM database
Adding 2 remote DNS records for RODC-01.example.net
Adding DNS A record RODC-01.example.net for IPv4 IP: 192.168.57.31
Adding DNS CNAME record ab4da5a2-2755-45b4-9d83-1dec1f869477.\
            _msdcs.example.net \
        for RODC-01.example.net
All other DNS records (like _ldap SRV records) will be created \
            samba_dnsupdate on first startup
Replicating new DNS records in DC=DomainDnsZones,DC=example,DC=net
Partition[DC=DomainDnsZones,DC=example,DC=net] objects[2/2] \
```

```
            linked_values[0/0]
 Replicating new DNS records in DC=ForestDnsZones,DC=example,DC=net
 Partition[DC=ForestDnsZones,DC=example,DC=net] objects[2/2] \
            linked_values[0/0]
 Sending DsReplicaUpdateRefs for all the replicated partitions
 Setting RODC invocationId
 Setting isSynchronized and dsServiceName
 Setting up secrets database
 See /var/lib/samba/bind-dns/named.conf for an example configuration \
         include file for BIND
 and /var/lib/samba/bind-dns/named.txt for further documentation \
         required for secure DNS updates
 Joined domain EXAMPLE (SID S-1-5-21-1129951053-411964844-750776748)\
         as an RODC
```

Am Ende des Listings sehen Sie, dass Sie jetzt einen RODC zur Domäne hinzugefügt haben. Kopieren Sie die beiden Konfigurationsdateien /etc/bind/named.conf.options und named.conf.local von einem der anderen Domaincontroller auf den RODC.

Auch jetzt müssen Sie die Zugriffsrechte für den Bind9 prüfen, nur dass der Bind9 in diesem Fall kein Schreibrecht auf die Datenbanken haben soll, da ein RODC auch auf die DNS-Daten nur lesend zugreifen darf. In Listing 7.47 sehen Sie die Rechte:

Listing 7.47 Prüfen der Rechte für den Bind9

```
 root@rodc-01:~# ls -ld /var/lib/samba/private/
 drwxr-xr-x 5 root root 4096 Aug  7 13:10 /var/lib/samba/private/

 root@rodc-01:/etc/bind# ls -l /var/lib/samba/private/dns.keytab
 -rw-r----- 1 root bind 757 Aug  7 13:10 /var/lib/samba/private/dns.keytab

 root@rodc-01:~# ls -ld /var/lib/samba/bind-dns/
 drwxr-x--- 3 root bind 4096 Aug  7 13:10 /var/lib/samba/bind-dns/
 root@rodc-01:~# ls -l /var/lib/samba/bind-dns/
 insgesamt 12
 drwxr-x--- 3 root bind 4096 Aug  7 13:10 dns
 -rw-r--r-- 1 root root  781 Aug  7 13:10 named.conf
 -rw-r--r-- 1 root root 2092 Aug  7 13:10 named.txt

 root@rodc-01:~# ls -l /var/lib/samba/bind-dns/dns/
 insgesamt 2952
 -rw-rw---- 1 root bind 3014656 Aug  7 13:10 sam.ldb
 drwxrwx--- 2 root bind    4096 Aug  7 13:10 sam.ldb.d

 root@rodc-01:~# ls -l /var/lib/samba/bind-dns/dns/sam.ldb.d/
 insgesamt 24640
 -rw-rw---- 1 root bind 6799360 Aug  7 13:10 CN=CONFIGURATION,\
                                              DC=EXAMPLE,DC=NET.ldb
 -rw-rw---- 1 root bind 7802880 Aug  7 13:10 CN=SCHEMA,CN=CONFIGURATION,\
                                              DC=EXAMPLE,DC=NET.ldb
 -rw-rw---- 2 root bind 4247552 Aug  7 13:10 DC=DOMAINDNSZONES,\
                                              DC=EXAMPLE,DC=NET.ldb
 -rw-rw---- 1 root bind 1286144 Aug  7 13:10 DC=EXAMPLE,DC=NET.ldb
```

```
-rw-rw----  2 root bind  4247552 Aug   7 13:10 DC=FORESTDNSZONES,\
                                                DC=EXAMPLE,DC=NET.ldb
-rw-rw----  2 root bind   831488 Aug   7 13:10 metadata.tdb
```

Jetzt müssen Sie auch hier die Samba-Dienste *smbd*, *nmbd* und *winbind* deaktivieren und den den Dienst *samba-ad-dc* aktivieren. In Listing 7.48 sehen Sie die Kommandos:

Listing 7.48 Aktivieren des Domaincontrollers

```
root@rodc-01:~# systemctl disable smbd nmbd winbind
Synchronizing state of smbd.service with SysV service \
    script with /lib/systemd/systemd-sysv-install.
Executing: /lib/systemd/systemd-sysv-install disable smbd
Synchronizing state of nmbd.service with SysV service script \
    with /lib/systemd/systemd-sysv-install.
Executing: /lib/systemd/systemd-sysv-install disable nmbd
Synchronizing state of winbind.service with SysV service script \
    with /lib/systemd/systemd-sysv-install.
Executing: /lib/systemd/systemd-sysv-install disable winbind
root@rodc-01:~# systemctl unmask samba-ad-dc
Removed /etc/systemd/system/samba-ad-dc.service.
root@rodc-01:~# systemctl start samba-ad-dc
root@rodc-01:~# systemctl enable samba-ad-dc
Synchronizing state of samba-ad-dc.service with SysV service \
    script with /lib/systemd/systemd-sysv-install.
Executing: /lib/systemd/systemd-sysv-install enable samba-ad-dc
```

Obwohl im Gegensatz zu den anderen Domaincontrollern der RODC nur lesend auf die DNS-Daten der Domäne zugreifen soll, müssen Sie die Schreibrechte an die Gruppe *bind* vergeben, da sonst der Bind9 nicht startet. Starten Sie jetzt den RODC neu, um zu testen, ob alle Dienste ohne Fehler gestartet werden.

Wichtig

Wenn Sie die Replikation auf dem neuen RODC mit *samba-tool drs showrepl* prüfen wollen, müssen Sie sich auf jeden Fall mit einem Mitglied der Gruppe *domain admins* über den Parameter *-U* authentifizieren.

Hinweis

Wenn Sie die srv-Records der Domaincontroller abfragen, werden Sie dort nie einen RODC aufgelistet bekommen. In der Liste werden nur writeable Domaincontroller angezeigt. Trotzdem finden die Clients an dem Standort den RODC für die Anmeldung. Die Domaincontroller werden auch immer über die Datei /var/lib/samba/private/dns_update_list gefunden.

Jetzt haben Sie den RODC komplett eingerichtet.

7.8.2 Verwalten der Benutzer auf einem RODC

Da auf einem RODC die Passwörter der Benutzer nicht abgelegt werden sollen und sich auch nicht unbedingt jeder Benutzer an einem RODC anmelden können soll, müssen Sie jetzt noch die Benutzer festlegen, die sich überhaupt an einem RODC anmelden dürfen, und dann noch, an welchem der RODCs in Ihrem Netzwerk der Benutzer sich anmelden kann. Sie können genau festlegen, welcher Benutzer oder welche Gruppe sich überhaupt an einem RODC anmelden kann.

Wenn sich jetzt ein Benutzer, dem Sie die Anmeldung erlaubt haben, an einem RODC anmelden will, kann der RODC das Passwort des Benutzer nicht prüfen und muss immer einen writeable Domaincontroller fragen, ob das Passwort korrekt ist. Wenn der Benutzer sich einmal angemeldet hat, wird der RODC das Passwort im Cache halten, und bei der nächsten Anmeldung des Benutzers muss nicht erst ein writeable Domaincontroller gefragt werden. Was aber, wenn Sie nicht immer eine Verbindung zu einem writeable Domaincontroller sicherstellen können und sich ein Benutzer anmeldet, dessen Passwort noch nicht im Cache abgelegt ist? Ganz einfach: Sie können Benutzer schon im Voraus in den Cache laden. Dann ist das Passwort schon vorhanden, wenn der Benutzer sich anmeldet.

Jetzt aber alles Schritt für Schritt. Als Erstes müssen Sie die Benutzer festlegen, die sich überhaupt an einem RODC anmelden dürfen sollen. Dazu starten Sie den Benutzermanager aus den RSAT, öffnen die Eigenschaften der Gruppe *Allowed RODC Password Replication Group* und fügen alle Benutzer oder Gruppen als Mitglied zur Gruppe hinzu.

Tipp
Sie können die Benutzer und Gruppen auch auf einem Domaincontroller über die Kommandozeile mit dem Kommando *samba-tool group addmembers «Allowed RODC Password Replication Group»* <user> zur Gruppe hinzufügen.

In diese Gruppe tragen Sie alle Benutzer ein, die sich an einem Ihrer RODCs anmelden können sollen. Im nächsten Schritt müssen Sie jetzt noch den RODC festlegen, an dem sich die Benutzer anmelden können sollen. Dazu suchen Sie sich im RSAT `Active Directory-Benutzer und -Computer` Ihren RODC im Container *Domain Controllers* und lassen sich die Eigenschaften anzeigen. Klicken Sie jetzt auf KENNWORTREPLIKATIONSRICHTLINIEN und tragen dann die Benutzer dort ein, die sich gegen diesen RODC authentifizieren dürfen. Klicken Sie hierfür auf HINZUFÜGEN, dann erscheint das Fenster aus Bild 7.11.

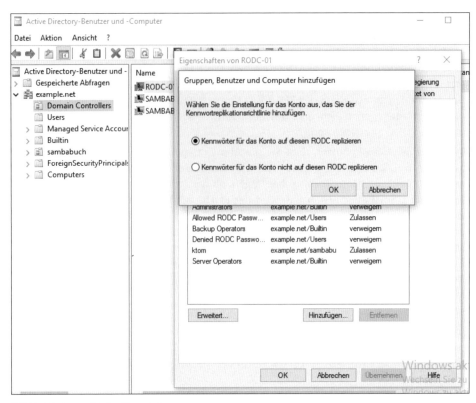

Bild 7.11 Auswahl der Berechtigung

Da an dieser Stelle Benutzer eingetragen werden sollen, die den Zugriff bekommen sollen und deren Passwort repliziert werden soll, wählen Sie den Punkt KENNWÖRTER FÜR DAS KONTO AUF DIESEN RODC REPLIZIEREN aus. Anschließend können Sie die gewünschten Benutzer oder Gruppen wie gewohnt auswählen.

In Bild 7.12 sehen Sie das Fenster mit allen von mir eingetragenen Benutzern. Wenn Sie einen neuen Benutzer oder eine Gruppe hinzufügen, sehen Sie immer diese Darstellung.

Jetzt haben Sie eine Liste von Benutzern oder Gruppen, die sich an diesem RODC anmelden dürfen. Jetzt können Sie noch das Passwort der Benutzer auf dem entsprechenden RODC in den Cache laden. Dazu öffnen Sie auf Ihrem RODC eine Konsole und geben das Kommando aus Listing 7.49 ein:

Listing 7.49 Preload eines Passworts

```
root@rodc-01:~# samba-tool rodc preload skania --server=sambabuch
Replicating DN CN=skania,CN=Users,DC=example,DC=net
Exop on[CN=skania,CN=Users,DC=example,DC=net] objects[1] linked_values[0]
```

Wenn jetzt ein Benutzer aus Ihrer Liste sich an einem Windows-Client im Subnetz mit dem RODC anmeldet, wird der RODC die Authentifizierung des Benutzers durchführen, ohne dazu einen der writeable Domaincontroller fragen zu müssen. Damit ist die Einrichtung des RODCs angeschlossen. Denken Sie daran, die Funktion des RODC funktioniert erst fehlerfrei ab der Samba-Version 4.7.

7.8 Der read-only Domaincontroller

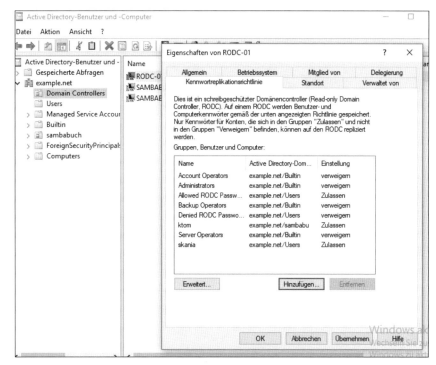

Bild 7.12 Hinzufügen von Benutzern zu einem RODC

Mithilfe dieses Kapitels sind Sie jetzt in der Lage, auf alle Eventualitäten hinsichtlich der Domaincontroller zu reagieren. Die Domaincontroller sind das Rückgrat Ihres Systems, also prüfen Sie regelmäßig ihre Funktion. Ein besonderes Augenmerk sollten Sie auf die Replikation der Datenbank legen.

8 Ausfallsicherer DHCP-Server

In den meisten Netzen ist es sinnvoll, die IP-Adressen nicht statisch, sondern dynamisch zu vergeben. Oft wird auch eine Kombination von beidem eingesetzt, das heißt: Der MAC-Adresse eines Clients wird immer eine bestimmte IP-Adresse zugeordnet. Fällt der DHCP-Server aus, können die Clients eventuell nicht auf das Netzwerk zugreifen. Aus diesem Grund ist es gut, wenn der DHCP-Server fehlertolerant aufgebaut wird. Genau darum soll es jetzt gehen.

Ein DHCP-Server kann nicht nur die IP-Adressen und alle benötigten IP-Informationen des Netzwerks an die Clients vergeben, er kann auch dynamisch die DNS-Einträge im DNS-Server anlegen. Dieses Verfahren wird dann DDNS (dynamischer DNS) genannt. Da Sie mit Ihren Domaincontrollern schon zwei fehlertolerante DNS-Server in Ihrem Netz haben, soll jetzt noch jeweils ein DHCP-Server auf den Domaincontrollern installiert werden. Dadurch, dass die DHCP-Server auf den Domaincontrollern installiert werden, ist es möglich, die DNS-Einträge sofort im DNS des Active Directory zu ändern. Da ich Ihnen hier zeige, wie Sie den DHCP-Server auf beiden Domaincontrollern einrichten und betreiben können, haben Sie anschließend eine fehlertolerante DHCP-Konfiguration. Zusätzlich kommt noch die Möglichkeit des Load Balancings der DHCP-Server dazu, sodass die beiden DHCP-Server auch möglichst gleichmäßig ausgelastet sind.

■ 8.1 Der erste DHCP-Server

Bevor Sie mit der Installation des DHCP-Servers beginnen, sollten Sie sicherstellen, dass Sie mindestens zwei Domaincontroller in Ihrem Netz haben und die beiden Server sich gegenseitig richtig replizieren. Beginnen Sie nicht mit der Installation der DHCP-Server, wenn Sie noch Probleme auf den Domaincontrollern haben.

8.1.1 Vorbereitungen für den ersten DHCP-Server

Ich beginne auf dem ersten Domaincontroller *sambabuch*. Dort muss als Erstes das Paket isc-dhcp-server installiert werden. Alle anderen benötigten Pakete sind bereits installiert.

Hinweis

Während der Installation des Paketes kommt es zu Fehlermeldungen, dass der Dienst nicht gestartet werden kann. Das ist an dieser Stelle auch normal, da der DHCP-Server auch noch nicht konfiguriert ist.

Jetzt müssen Sie einen Systembenutzer anlegen, der später die DHCP-Informationen an den DNS-Server weitergibt. Der Benutzer muss ein Konto im Active Directory haben und Mitglied der Gruppe *DnsAdmins* sein, da er sonst kein Recht hat, die Einträge im DNS anzupassen. Da es sich hier um einen Systembenutzer handelt, wird ihm einfach ein zufälliges Passwort vergeben, denn der Benutzer soll später auf gar keinen Fall die Möglichkeit haben, sich lokal am System anmelden zu können. In Listing 8.1 sehen Sie alle Schritte, die Sie durchführen müssen, um den Benutzer anzulegen und der Gruppe zuzuweisen:

Listing 8.1 Anlegen des Systembenutzers

```
root@addc-01:~# samba-tool user create dhcpduser \
            --description="Unprivileged \
            user for TSIG-GSSAPI DNS updates via ISC DHCP server" \
            --random-password
User 'dhcpduser' created successfully

root@addc-01:~# samba-tool group addmembers DnsAdmins dhcpduser
Added members to group DnsAdmins

root@addc-01:~# samba-tool user setexpiry dhcpduser --noexpiry
Expiry for user 'dhcpduser' disabled.
```

Wichtig

Vergessen Sie auf gar keinen Fall, das Passwort so einzustellen, dass es nie abläuft. Denn wenn das Passwort ablaufen sollte, funktioniert Ihr DHCP-Dienst nicht mehr.

Der DHCP-User muss sich aber auf jeden Fall am System anmelden, da er an Änderungen am DNS des Active Directory beteiligt ist. An dieser Stelle tritt dann Kerberos wieder auf den Plan. Sie erstellen für den *dhcpuser* eine Keytab-Datei, in der ein Schlüssel abgelegt wird. Diese Keytab-Datei verwendet der *dhcpuser* dann für Authentifizierung. In Listing 8.2 sehen Sie das Erstellen der Keytab-Datei:

Listing 8.2 Erstellen der Keytab-Datei für den dhcpuser

```
root@sambabuch:~# samba-tool domain exportkeytab \
            --principal=dhcpduser@EXAMPLE.NET \
            /etc/dhcpduser.keytab
Export one principal to /etc/dhcpduser.keytab
root@sambabuch:~# chown root:root  /etc/dhcpduser.keytab
root@sambabuch:~# chmod 400  /etc/dhcpduser.keytab
```

Jetzt benötigen Sie ein Skript, das die Einträge im DNS vornimmt. Sie sehen in Listing 8.3 den kompletten Inhalt des Skripts. Ich habe das Skript aus dem Samba-Wiki *https://wiki.samba.org/index.php/Configure_DHCP_to_update_DNS_records_with_BIND9* genommen. Sie können das Skript direkt so übernehmen und brauchen keine Änderungen an dem Skript vornehmen. Ich empfehle auch, das Skript von der Webseite zu nehmen, dann sind Sie mit dem Skript immer auf dem aktuellen Stand. Erstellen Sie das Verzeichnis /etc/dhcp/bin, kopieren das Skript in das Verzeichnis mit dem Namen dhcp-dyndns.sh und sorgen dafür, dass das Skript ausführbar ist.

Listing 8.3 Das Skript für die DNS-Einträge

```bash
#!/bin/bash

# /etc/bin/dhcp-dyndns.sh

# This script is for secure DDNS updates on Samba 4
# Version: 0.8.7

# DNS domain
domain=$(hostname -d)
if [ -z ${domain} ]; then
    echo "Cannot obtain domain name, is DNS set up correctly?"
    echo "Cannot continue... Exiting."
    logger "Cannot obtain domain name, is DNS set up correctly?"
    logger "Cannot continue... Exiting."
    exit 1
fi

# Samba 4 realm
REALM=$(echo ${domain^^})

# Additional nsupdate flags (-g already applied), e.g. "-d" for debug
NSUPDFLAGS="-d"

# krbcc ticket cache
export KRB5CCNAME="/tmp/dhcp-dyndns.cc"

# Kerberos principal
SETPRINCIPAL="dhcpduser@${REALM}"
# Kerberos keytab
# /etc/dhcpduser.keytab
# krbcc ticket cache
# /tmp/dhcp-dyndns.cc

TESTUSER=$(wbinfo -u | grep dhcpduser)
if [ -z "${TESTUSER}" ]; then
    echo "No AD dhcp user exists, need to create it first.. exiting."
    echo "you can do this by typing the following commands"
    echo "kinit Administrator@${REALM}"
    echo "samba-tool user create dhcpduser --random-password --description=\
        "Unprivileged user for DNS updates via ISC DHCP server\""
    echo "samba-tool user setexpiry dhcpduser --noexpiry"
```

```
        echo "samba-tool group addmembers DnsAdmins dhcpduser"
        exit 1
fi

# Check for Kerberos keytab
if [ ! -f /etc/dhcp/dhcpduser.keytab ]; then
    echo "Required keytab /etc/dhcpduser.keytab not found, \
        it needs to be created."
    echo "Use the following commands as root"
    echo "samba-tool domain exportkeytab --principal=${SETPRINCIPAL} \
        /etc/dhcpduser.keytab"
    echo "chown dhcpd:dhcpd /etc/dhcpduser.keytab"
    echo "chmod 400 /etc/dhcpduser.keytab"
    exit 1
fi

# Variables supplied by dhcpd.conf
action=$1
ip=$2
DHCID=$3
name=${4%%.*}

usage()
{
echo "USAGE:"
echo "  'basename $0' add ip-address dhcid|mac-address hostname"
echo "  'basename $0' delete ip-address dhcid|mac-address"
}

_KERBEROS () {
# get current time as a number
test=$(date +%d'-'%m'-'%y' '%H':'%M':'%S)
# Note: there have been problems with this
# check that 'date' returns something like
# 04-09-15 09:38:14

# Check for valid kerberos ticket
#logger "${test} [dyndns] : Running check for valid kerberos ticket"
klist -c /tmp/dhcp-dyndns.cc -s
if [ "$?" != "0" ]; thenroot@client-01:~# net ads testjoin
Join is OK

    logger "${test} [dyndns] : Getting new ticket, old one has expired"
    kinit -F -k -t /etc/dhcp/dhcpduser.keytab -c /tmp/dhcp-dyndns.cc \
            "${SETPRINCIPAL}"
    if [ "$?" != "0" ]; then
        logger "${test} [dyndns] : dhcpd kinit for dynamic DNS failed"
        exit 1;
    fi
fi

}
```

```
# Exit if no ip address or mac-address
if [ -z "${ip}" ] || [ -z "${DHCID}" ]; then
    usage
    exit 1
fi

# Exit if no computer name supplied, unless the action is 'delete'
if [ "${name}" = "" ]; then
    if [ "${action}" = "delete" ]; then
        name=$(host -t PTR "${ip}" | awk '{print $NF}' | \
        awk -F '.' '{print $1}')
    else
        usage
        exit 1;
    fi
fi

# Set PTR address
ptr=$(echo ${ip} | awk -F '.' '{print $4"."$3"."$2"."$1".\
                                n-addr.arpa"}')

## nsupdate ##

case "${action}" in
add)
     _KERBEROS

nsupdate -g ${NSUPDFLAGS} << UPDATE
server 127.0.0.1
realm ${REALM}
update delete ${name}.${domain} 3600 A
update add ${name}.${domain} 3600 A ${ip}
send
UPDATE
result1=$?

nsupdate -g ${NSUPDFLAGS} << UPDATE
server 127.0.0.1
realm ${REALM}
update delete ${ptr} 3600 PTR
update add ${ptr} 3600 PTR ${name}.${domain}
send
UPDATE
result2=$?
;;
delete)
     _KERBEROS

nsupdate -g ${NSUPDFLAGS} << UPDATE
server 127.0.0.1
realm ${REALM}
```

```
            update delete ${name}.${domain} 3600 A
            send
            UPDATE
            result1=$?
            nsupdate -g ${NSUPDFLAGS} << UPDATE
            server 127.0.0.1
            realm ${REALM}
            update delete ${ptr} 3600 PTR
            send
            UPDATE
            result2=$?
            ;;
        *)
            echo "Invalid action specified"
            exit 103
            ;;
        esac

        result="${result1}${result2}"

        if [ "${result}" != "00" ]; then
            logger "DHCP-DNS Update failed: ${result}"
        else
            logger "DHCP-DNS Update succeeded"
        fi

        exit ${result}
```

8.1.2 Konfiguration des ersten DHCP-Servers

Nachdem Sie alle Vorbereitungen abgeschlossen haben, können Sie jetzt den DHCP-Server konfigurieren. Während der Installation wird bereits eine Konfigurationsdatei für den DHCP-Server eingerichtet. Diese Konfiguration ist aber für unseren Fall nicht brauchbar. Verschieben Sie die Datei an einen sicheren Platz, sodass Sie eventuell noch Zugriff auf die Datei haben. Löschen können Sie die Datei später immer noch.

Sie finden die Konfiguration in der Datei */etc/dhcp/dhcpd.conf*. Jetzt erstellen Sie eine neue Konfigurationsdatei mit dem Inhalt aus Listing 8.4:

Listing 8.4 Konfiguration für den DHCP-Server

```
        authoritative;
        ddns-update-style none;

        subnet 192.168.56.0 netmask 255.255.255.0 {
          option subnet-mask 255.255.255.0;
          option broadcast-address 192.168.56.255;
          option time-offset 0;
        # option routers 192.168.0.1;
          option domain-name "example.net";
```

```
    option domain-name-servers 192.168.56.31, 192.168.56.32;
    option netbios-name-servers 192.168.56.11;
    option ntp-servers 192.168.0.31, 192.168.56.32;
    pool {
      max-lease-time 1800; # 30 minutes
      range 192.168.56.220 192.168.56.239;
    }
  }

  on commit {
  set noname = concat("dhcp-", binary-to-ascii\
              (10, 8, "-", leased-address));
  set ClientIP = binary-to-ascii(10, 8, ".", leased-address);
  set ClientDHCID = binary-to-ascii(16, 8, ":", hardware);
  set ClientName = pick-first-value(option host-name, \
              config-option-host-name, client-name, noname);
  log(concat("Commit: IP: ", ClientIP, " DHCID: ", ClientDHCID, \
              " Name: ", ClientName));
  execute("/etc/dhcp/bin/dhcp-dyndns.sh", "add", ClientIP, \
              ClientDHCID, ClientName);
  }

  on release {
  set ClientIP = binary-to-ascii(10, 8, ".", leased-address);
  set ClientDHCID = binary-to-ascii(16, 8, ":", hardware);
  log(concat("Release: IP: ", ClientIP));
  execute("/etc/dhcp/bin/dhcp-dyndns.sh", "delete", ClientIP, ClientDHCID);
  }

  on expiry {
  set ClientIP = binary-to-ascii(10, 8, ".", leased-address);
  # cannot get a ClientMac here, apparently this only works when actually
       receiving a packet
  log(concat("Expired: IP: ", ClientIP));
  # cannot get a ClientName here, for some reason that always fails
  execute("/etc/dhcp/bin/dhcp-dyndns.sh", "delete", ClientIP, "", "0");
  }
```

Hier sehen Sie auch, dass es wichtig ist, dass Sie den Namen für das Skript aus Listing 8.3 genauso wählen, wie ich es geschrieben habe, denn aus der Konfiguration wird das Skript aufgerufen, wenn ein Eintrag erstellt, geändert oder gelöscht wird.

Jetzt müssen Sie dem DHCP-Server noch eine Netzwerkkarte zuordnen, denn ohne diese Zuordnung wird der Dienst nicht starten. Sie müssen diese Zuordnung auch dann durchführen, wenn Sie nur eine Netzwerkkarte in Ihrem System haben. Die Netzwerkkarte wird in der Datei /etc/default/isc-dhcp-server vorgenommen. In Listing 8.5 sehen Sie den geänderten Eintrag:

Listing 8.5 Aktivierung der Netzwerkkarte

```
# On what interfaces should the DHCP server (dhcpd) serve DHCP requests?
# Separate multiple interfaces with spaces, e.g. "eth0 eth1".
INTERFACESv4="enp0s8"
INTERFACESv6=""
```

Da wir hier kein IPv6 verwenden, müssen Sie an der Stelle auch keine Netzwerkkarte eintragen.

Jetzt können Sie den ersten DHCP-Server starten und über Abfrage des Status feststellen, dass alles fehlerfrei läuft. In Listing 8.6 sehen Sie den Startvorgang und den anschließenden Test:

Listing 8.6 Starten und Testen des DHCP-Servers

```
root@sambabuch:~# systemctl restart isc-dhcp-server.service
root@sambabuch:~# systemctl status isc-dhcp-server.service
 isc-dhcp-server.service - LSB: DHCP server
   Loaded: loaded (/etc/init.d/isc-dhcp-server; generated; \
           vendor preset: enabled)
   Active: active (running) since Mon 2018-08-13 21:33:45 \
           CEST; 8s ago
     Docs: man:systemd-sysv-generator(8)
  Process: 2192 ExecStart=/etc/init.d/isc-dhcp-server \
           start (code=exited, status=0/SUCCESS)
    Tasks: 1 (limit: 4915)
   CGroup: /system.slice/isc-dhcp-server.service
           2204 /usr/sbin/dhcpd -4 -q -cf \
           /etc/dhcp/dhcpd.conf enp0s8

Aug 13 21:33:43 sambabuch systemd[1]: Starting LSB: DHCP server...
Aug 13 21:33:43 sambabuch isc-dhcp-server[2192]: Launching \
           IPv4 server only.
Aug 13 21:33:43 sambabuch dhcpd[2203]: Wrote 0 leases to \
           leases file.
Aug 13 21:33:43 sambabuch dhcpd[2204]: Server starting service.
Aug 13 21:33:45 sambabuch isc-dhcp-server[2192]: Starting ISC \
           DHCPv4 server: dhcpd.
Aug 13 21:33:45 sambabuch systemd[1]: Started LSB: DHCP server.
```

An dieser Stelle haben Sie jetzt einen DHCP-Server, der dynamisch die Änderungen am DNS vornimmt, aber die Ausfallsicherheit fehlt noch. Wenn Ihnen das reicht, können Sie zum Schritt 8.1.4, «Testen der DHCP-Server», springen. Denn im nächsten Schritt geht es darum, den zweiten Domaincontroller auch als DHCP-Server einzurichten.

8.1.3 Konfiguration des zweiten DHCP-Servers

Als Erstes müssen Sie wieder das Paket isc-dhcp-server auf dem zweiten Domaincontroller installieren, bevor Sie mit der Konfiguration beginnen können.

Einige der Schritte die Sie bei der Einrichtung des ersten Domaincontrollers gemacht haben, benötigen Sie hier nicht. Denn der DHCP-Benutzer liegt im Active Directory und muss nicht erneut angelegt werden. Auch können Sie das Skript /etc/dhcp/bin/dhcp-dyndns.sh vom ersten Domaincontroller übernehmen. Da der Benutzer für den DHCP-Server identisch ist, müssen Sie auch keine neue Keytab-Datei erzeugen. In Listing 8.7 sehen Sie alle Kommandos für die Dateien, die Sie vom ersten auf den zweiten DHCP-Server kopieren müssen:

Listing 8.7 Kopieren der Daten auf den zweiten DHCP-Server

```
root@sambabuch-02:~# scp sambabuch:/etc/dhcpduser.keytab /etc/

root@sambabuch-02:~# chmod 400  /etc/dhcpduser.keytab

root@sambabuch-02:~# mv /etc/dhcp/dhcpd.conf /root/dhcpd.conf.orig

root@sambabuch-02:~# scp sambabuch:/etc/dhcp/dhcpd.conf /etc/dhcp/
dhcpd.conf

root@sambabuch-02:~# mkdir -p /etc/dhcp/bin

root@sambabuch-02:~# scp sambabuch:/etc/dhcp/bin/dhcp-dyndns.sh \
                /etc/dhcp/bin/dhcp-dyndns.sh
```

Passen Sie die Datei /etc/default/isc-dhcp-server wieder so an, dass die entsprechende Netzwerkkarte Ihres Server für den DHCP-Server verwendet wird. In Listing 8.8 sehen Sie noch einmal die Anpassung:

Listing 8.8 Einstellung der Netzwerkkarte für den DHCP-Server

```
# On what interfaces should the DHCP server \
    (dhcpd) serve DHCP requests?
#       Separate multiple interfaces with spaces, e.g. "eth0 eth1".
INTERFACESv4="enp0s8"
INTERFACESv6=""
```

Wichtig

Starten Sie den DHCP-Server an dieser Stelle noch nicht neu. Zuerst muss noch das Failover eingerichtet werden.

Für die Failover-Konfiguration müssen Sie sowohl die Datei /etc/dhcp/dhcpd.conf auf dem ersten DHCP-Server als auch die auf dem zweiten DHCP-Server editieren. Bei der Einrichtung des Failovers wird einer der beiden DHCP-Server der Master- und der andere der Slave-DHCP-Server. Hier im Buch werde ich den ersten Domaincontroller zum Master-DHCP-Server machen. Der zweite Domaincontroller wird der Slave.

Öffnen Sie die Datei /etc/dhcp/dhcpd.conf mit einem Editor und ergänzen Sie die Datei um die Zeilen aus Listing 8.9. Achten Sie darauf, dass die neuen Zeilen am Anfang der Datei stehen, sonst wird der DHCP-Server anschließend nicht mehr starten:

Listing 8.9 Einrichtung des Failovers auf dem Master

```
authoritative;
ddns-update-style none;


#Start failover configuration
failover peer "dhcp-failover" {
```

```
    primary;
    address sambabuch.example.net;
    peer address sambabuch-02.example.net;
    max-response-delay 60;
    max-unacked-updates 10;
    mclt 3600;
    split 128;
    load balance max seconds 3;
}
# End failover configuration


subnet 192.168.56.0 netmask 255.255.255.0 {
  option subnet-mask 255.255.255.0;
  option broadcast-address 192.168.56.255;
  option time-offset 0;
# option routers 192.168.0.1;
  option domain-name "example.net";
  option domain-name-servers 192.168.56.31, 192.168.56.32;
  option netbios-name-servers 192.168.56.11;
  option ntp-servers 192.168.56.31, 192.168.56.32;
  pool {
    failover peer "dhcp-failover"; # Add for failover
    max-lease-time 1800; # 30 minutes
    range 192.168.56.220 192.168.56.239;
  }
}
```

Wichtig

Bei der Definition des *Pool* müssen Sie auf jeden Fall noch die Zeile *failover peer "dhcp-failover";* eintragen. Denn ohne diese Zeile weiß der DHCP-Server nicht, dass für diesen Pool ein Failover konfiguriert wurde. Ohne diesen Eintrag wird der DHCP-Server später nicht starten.

Die einzelnen Zeilen haben dabei die folgende Bedeutung:

- *primary;*
  Damit bestimmen Sie den Master.
- *address sambabuch.example.net;*
  Der eigene FQDN des Masters.
- *peer address sambabuch-02.example.net;*
  Der Slave, mit dem der Abgleich stattfindet.
- *max-response-delay 60;*
  Dieser Wert gibt an, nach wie vielen Sekunden ohne eine Antwort vom DHCP-Partner der Partner für «tot» erklärt wird.
- *max-unacked-updates 10;*
  Wenn der DHCP-Server eine Änderung an den DNS-Server schickt, muss dieser die Änderung bestätigen. Der hier gesetzte Wert gibt an, wie viele Änderungen an den DNS-

Server gesendet werden dürfen, ohne dass der DNS-Server die Änderungen bestätigt. Ist der Wert überschritten, wird die Übertragung der Änderungen eingestellt.

- *mclt 3600;*
  Dieser Parameter darf nur auf dem Master gesetzt werden! Er gibt an, wie lange der DHCP-Partner einen Lease verlängern darf, wenn dieser Server ausfällt.
- *split 128;*
  Mit diesem Wert legen Sie fest, wie das Load Balancing zwischen Master und Slave sein soll. Hier kann ein Wert vom 0 biss 256 stehen. Bei dem Wert von 128 wird die Auslastung der beiden Server gleich verteilt. Je höher der Wert ist, um so mehr Anfragen wird der Master beantworten.
- *load balance max seconds 3;*
  Dieser Wert gibt an, wie lange der andere DHCP-Server wartet, wenn der vom Client angefragte DHCP-Server nach einem *DHCP-offer* nicht antworten. Nach dem Ablauf der Zeit wird der andere DHCP-Server die Anfrage vom Client übernehmen und abarbeiten.

Im nächsten Schritt kann jetzt die Konfiguration des Slave-DHCP-Servers in der Datei /etc/dhcp/dhcpd.conf angepasst werden. In Listing 8.10 sehen Sie die entsprechenden Änderungen:

Listing 8.10 Anpassen der Konfiguration des Slave-Servers

```
root@sambabuch-02:~# cat /etc/dhcp/dhcpd.conf
authoritative;
ddns-update-style none;

# Start failover Konfiguration
failover peer "dhcp-failover" {
  secondary;
  address sambabuch-02.example.net;
  peer address sambabuch.example.net;
  max-response-delay 60;
  max-unacked-updates 10;
  load balance max seconds 3;
}
# End failover configuration

subnet 192.168.56.0 netmask 255.255.255.0 {
  option subnet-mask 255.255.255.0;
  option broadcast-address 192.168.56.255;
  option time-offset 0;
#  option routers 192.168.0.1;
  option domain-name "example.net";
  option domain-name-servers 192.168.56.31, 192.168.56.32;
  option netbios-name-servers 192.168.56.11;
  option ntp-servers 192.168.0.31, 192.168.56.32;
  pool {
    failover peer "dhcp-failover"; # Add for failover
    max-lease-time 1800; # 30 minutes
    range 192.168.56.220 192.168.56.239;
  }
}
```

Sie sehen in dem Listing, dass dort jetzt der Wert *secondary* steht und die FQDN der Server getauscht wurden. Auch fehlen die Parameter *mclt 3600;* und der Parameter *split 128;*, denn diese beiden Parameter dürfen nur auf dem Master gesetzt werden.

Einrichtung der Verschlüsselung

Die Kommunikation zwischen den beiden DHCP-Servern kann verschlüsselt werden, dazu wird das `Object Management Application Programming Interface(OMAPI)` verwendet. Dabei wird ein Schlüssel erzeugt, der dann die Kommunikation zwischen den beiden DHCP-Servern verschlüsselt und gegen Veränderung der übertragenen Informationen schützt. Im ersten Schritt muss ein `dnssec-key` erstellt werden. In Listing 8.11 sehen Sie den Vorgang:

Listing 8.11 Erstellung des dnssec-keys

```
root@sambabuch-02:~# dnssec-keygen -a HMAC-MD5 -b 512 -n USER DHCP_OMAPI
Kdhcp_omapi.+157+54075

root@sambabuch-02:~# ls
Kdhcp_omapi.+157+54075.key   Kdhcp_omapi.+157+54075.private
```

Es spielt keine Rolle, auf welchem der beiden Servern Sie den dnssec-key erstellen, denn im nächsten Schritt wird nur der eigentliche Schlüssel aus der gerade erstellten Datei benötigt und in die Konfiguration der beiden DHCP-Server eingetragen. Aus diesem Grund müssen Sie jetzt den Schlüssel aus der gerade erstellten Datei extrahieren, so wie Sie es in Listing 8.12 sehen:

Listing 8.12 Extrahieren des Schlüssels

```
root@sambabuch-02:~# cat Kdhcp_omapi.+*.private \
                     |grep ^Key|cut -d ' ' -f2-
fYgBBx6i1KJZGUZBb5/hprxWUtquYc6eMMA9ucff5//4bnWJ==
```

Mit diesem Schlüssel erstellen Sie einen Bereich für die OMAPI-Kommunikation auf beiden Servern. Sie können die Einträge am Ende der Datei eintragen. Listing 8.13 zeigt Ihnen die Einträge:

Listing 8.13 Einträge für die OMAPI-Kommunikation

```
omapi-port 7911;
omapi-key omapi_key;

key omapi_key {
     algorithm hmac-md5;
          secret fYgBBx6i1KJZGUZBb5/hprxWUtquYc6eMMA9ucff5//4bnWJ==;
     }
```

Starten Sie jetzt den Master neu. Öffnen Sie gleichzeitig eine neue Konsole und starten die Ausgabe des Journals dauerhaft mit *journalctl -f*. In Listing 8.14 sehen Sie die Einträge im Log.

Listing 8.14 Einträge in der Log-Datei

```
Aug 16 19:46:32 sambabuch systemd[1]: Starting LSB: DHCP server...
Aug 16 19:46:32 sambabuch isc-dhcp-server[943]: Launching IPv4 \
            server only.
Aug 16 19:46:32 sambabuch dhcpd[954]: Wrote 12 leases to leases file.
Aug 16 19:46:32 sambabuch dhcpd[954]: failover peer dhcp-failover: \
            I move from normal to startup
Aug 16 19:46:32 sambabuch dhcpd[955]: Server starting service.
Aug 16 19:46:34 sambabuch isc-dhcp-server[943]: Starting ISC \
            DHCPv4 server: dhcpd.
Aug 16 19:46:34 sambabuch systemd[1]: Started LSB: DHCP server.
Aug 16 19:46:47 sambabuch dhcpd[955]: failover peer dhcp-failover: \
            I move from startup to communications-interrupted
```

Die letzte Zeile zeigt Ihnen, dass der zweite DHCP-Server noch nicht läuft. Starten Sie jetzt den zweiten DHCP-Server und beobachten auch dort das Log mit *journalctl -f*. Die Ausgabe sollte der aus Listing 8.15 ähneln:

Listing 8.15 Starten des zweiten DHCP-Servers

```
Aug 16 19:51:52 sambabuch-02 systemd[1]: Starting LSB: DHCP server...
Aug 16 19:51:52 sambabuch-02 isc-dhcp-server[916]: Launching IPv4 \
            server only.
Aug 16 19:51:52 sambabuch-02 dhcpd[927]: Wrote 12 leases to \
            leases file.
Aug 16 19:51:52 sambabuch-02 dhcpd[927]: failover peer dhcp-failover: \
            I move from communications-interrupted to startup
Aug 16 19:51:52 sambabuch-02 dhcpd[928]: Server starting service.
Aug 16 19:51:52 sambabuch-02 dhcpd[928]: failover peer dhcp-failover: \
            peer moves from normal to communications-interrupted
Aug 16 19:51:52 sambabuch-02 dhcpd[928]: failover peer dhcp-failover: \
            I move from startup to normal
Aug 16 19:51:52 sambabuch-02 dhcpd[928]: balancing pool 565386090f20 \
            192.168.56.0/24  total 20  free 10  backup 9  lts 0  \
            max-own (+/-)2
Aug 16 19:51:52 sambabuch-02 dhcpd[928]: balanced pool 565386090f20 \
             192.168.56.0/24  total 20  free 10  backup 9  lts 0  \
            max-misbal 3
Aug 16 19:51:52 sambabuch-02 dhcpd[928]: failover peer dhcp-failover: \
            peer moves from communications-interrupted to normal
Aug 16 19:51:52 sambabuch-02 dhcpd[928]: failover peer dhcp-failover: \
            Both servers normal
```

Auf dem ersten Server sehen Sie die Ausgabe im Log aus Listing 8.16:

Listing 8.16 Start des zweiten DHCP-Server aus Sicht des Masters

```
Aug 16 19:51:52 sambabuch dhcpd[955]: failover peer dhcp-failover: \
            peer moves from normal to communications-interrupted
Aug 16 19:51:52 sambabuch dhcpd[955]: failover peer dhcp-failover: \
            I move from communications-interrupted to normal
Aug 16 19:51:52 sambabuch dhcpd[955]: balancing pool 55e5bf457fe0 \
            192.168.56.0/24  total 20  free 10  backup 9  \
```

```
                       lts 0   max-own (+/-)2
Aug 16 19:51:52 sambabuch dhcpd[955]: balanced pool 55e5bf457fe0 \
                       192.168.56.0/24  total 20   free 10   backup 9  \
                       lts 0   max-misbal 3
Aug 16 19:51:52 sambabuch dhcpd[955]: failover peer dhcp-failover: \
                       peer moves from communications-interrupted to normal
Aug 16 19:51:52 sambabuch dhcpd[955]: failover peer dhcp-failover: \
                       Both servers normal
```

Damit ist die Konfiguration der Failover DHCP-Server abgeschlossen. Im nächsten Abschnitt soll dann mithilfe eines Clients die Konfiguration getestet werden.

8.1.4 Testen der DHCP-Server

Um die Funktionalität der DHCP-Server zu testen, soll jetzt ein Client auf die dynamische Vergabe der IP-Adresse umgestellt werden. Vor dem Start des Clients öffnen Sie dann die Log-Files der DHCP-Server. Auch wenn Sie nur einen DHCP-Server eingerichtet haben ohne die Failover-Funktion, können Sie diesen Test durchführen, denn der Test zeigt auch die Kommunikation mit dem DNS-Server. Öffnen Sie das Log-File am besten mit dem Kommando *journalctl -f*. In Listing 8.17 sehen Sie die Ausgabe des ersten DHCP-Servers:

Listing 8.17 Log-Einträge auf dem ersten DHCP-Server

```
Sep 17 19:50:02 sambabuch dhcpd[574]: Commit: IP: 192.168.56.221 \
                       DHCID: 1:8:0:27:7b:f1:f2 Name: linux-client
Sep 17 19:50:02 sambabuch dhcpd[574]: execute_statement argv[0] \
                       = /etc/dhcp/bin/dhcp-dyndns.sh
Sep 17 19:50:02 sambabuch dhcpd[574]: execute_statement argv[1] \
                       = add
Sep 17 19:50:02 sambabuch dhcpd[574]: execute_statement argv[2] \
                       = 192.168.56.221
Sep 17 19:50:02 sambabuch dhcpd[574]: execute_statement argv[3] \
                       = 1:8:0:27:7b:f1:f2
Sep 17 19:50:02 sambabuch dhcpd[574]: execute_statement argv[4] \
                       = linux-client
Sep 17 19:50:02 sambabuch named[1028]: samba_dlz: starting \
                       transaction on zone example.net
Sep 17 19:50:02 sambabuch named[1028]: samba_dlz: allowing update \
                       of signer=dhcpduser\@EXAMPLE.NET \
                       name=linux-client.example.net tcpaddr=127.0.0.1 \
                       type=A key=751772218.sig-sambabuch.example.net/160/0
Sep 17 19:50:02 sambabuch named[1028]: samba_dlz: allowing update \
                       of signer=dhcpduser\@EXAMPLE.NET \
                       name=linux-client.example.net tcpaddr=127.0.0.1 \
                       type=A key=751772218.sig-sambabuch.example.net/160/0
Sep 17 19:50:02 sambabuch named[1028]: client 127.0.0.1#45443/key \
                       dhcpduser\@EXAMPLE.NET: updating zone \
                       'example.net/NONE':deleting rrset at \
                       'linux-client.example.net' A
```

```
Sep 17 19:50:02 sambabuch named[1028]: samba_dlz: subtracted \
                rdataset linux-client.example.net \
                'linux-client.example.net.\
                3600       IN      A       192.168.56.221'
Sep 17 19:50:02 sambabuch named[1028]: client 127.0.0.1#45443/key \
                dhcpduser\@EXAMPLE.NET: updating zone \
                'example.net/NONE':\
                adding an RR at 'linux-client.example.net' A \
                192.168.56.221
Sep 17 19:50:02 sambabuch named[1028]: samba_dlz: added rdataset \
                linux-client.example.net \
                'linux-client.example.net.\
                3600       IN      A       192.168.56.221'
Sep 17 19:50:02 sambabuch named[1028]: samba_dlz: committed \
                transaction on zone example.net
Sep 17 19:50:02 sambabuch named[1028]: samba_dlz: starting \
                transaction on \
                zone 56.168.192.in-addr.arpa
Sep 17 19:50:02 sambabuch named[1028]: samba_dlz: \
                allowing update of \
                signer=dhcpduser\@EXAMPLE.NET \
                name=221.56.168.192.in-addr.arpa tcpaddr=127.0.0.1 \
                type=PTR key=34494128.sig-sambabuch.example.net/160/0
Sep 17 19:50:02 sambabuch named[1028]: samba_dlz: allowing update of \
                signer=dhcpduser\@EXAMPLE.NET \
                name=221.56.168.192.in-addr.arpa tcpaddr=127.0.0.1 \
                type=PTR key=34494128.sig-sambabuch.example.net/160/0
Sep 17 19:50:02 sambabuch named[1028]: client 127.0.0.1#53065/key \
                dhcpduser\@EXAMPLE.NET: updating zone \
                '56.168.192.in-addr.arpa/NONE': deleting rrset \
                at '221.56.168.192.in-addr.arpa' PTR
Sep 17 19:50:02 sambabuch named[1028]: samba_dlz: subtracted \
                rdataset 221.56.168.192.in-addr.arpa \
                '221.56.168.192.in-addr.arpa.\3600 IN PTR \
                linux-client.example.net.'
Sep 17 19:50:02 sambabuch named[1028]: client 127.0.0.1#53065/key \
                dhcpduser\@EXAMPLE.NET: updating zone \
                '56.168.192.in-addr.arpa/NONE': adding an RR at \
                '221.56.168.192.in-addr.arpa' PTR \
                linux-client.example.net.
Sep 17 19:50:02 sambabuch named[1028]: samba_dlz: added rdataset \
                221.56.168.192.in-addr.arpa \
                '221.56.168.192.in-addr.arpa.\
                3600 IN PTR linux-client.example.net.'
Sep 17 19:50:02 sambabuch named[1028]: samba_dlz: committed \
                transaction on zone 56.168.192.in-addr.arpa
Sep 17 19:50:02 sambabuch root[1080]: DHCP-DNS Update succeeded
Sep 17 19:50:02 sambabuch dhcpd[574]: DHCPREQUEST for \
                192.168.56.221 from 08:00:27:7b:f1:f2 \
                (linux-client) via enp0s8
Sep 17 19:50:02 sambabuch dhcpd[574]: DHCPACK on 192.168.56.221 \
                to 08:00:27:7b:f1:f2 (linux-client) via enp0s8
```

In Listing 8.18 sehen Sie die Einträge im Log-File des zweiten DHCP-Servers:

Listing 8.18 Log-Einträge auf dem zweiten DHCP-Server

```
Sep 17 19:50:02 sambabuch-02 dhcpd[792]: Commit: IP: 192.168.56.221 \
                DHCID: 1:8:0:27:7b:f1:f2 Name: linux-client
Sep 17 19:50:02 sambabuch-02 dhcpd[792]: execute_statement argv[0] \
                = /etc/dhcp/bin/dhcp-dyndns.sh
Sep 17 19:50:02 sambabuch-02 dhcpd[792]: execute_statement argv[1] \
                = add
Sep 17 19:50:02 sambabuch-02 dhcpd[792]: execute_statement argv[2] \
                = 192.168.56.221
Sep 17 19:50:02 sambabuch-02 dhcpd[792]: execute_statement argv[3] \
                = 1:8:0:27:7b:f1:f2
Sep 17 19:50:02 sambabuch-02 dhcpd[792]: execute_statement argv[4] \
                = linux-client
Sep 17 19:50:02 sambabuch-02 named[1060]: samba_dlz: starting \
                transaction on zone example.net
Sep 17 19:50:02 sambabuch-02 named[1060]: samba_dlz: allowing \
                update of signer=dhcpduser\@EXAMPLE.NET \
                name=linux-client.example.net tcpaddr=127.0.0.1 \
                type=A key=4231656343.sig-sambabuch-02.example.net\
                /160/0
Sep 17 19:50:02 sambabuch-02 named[1060]: samba_dlz: allowing \
                update of signer=dhcpduser\@EXAMPLE.NET \
                name=linux-client.example.net tcpaddr=127.0.0.1 \
                type=A key=4231656343.sig-sambabuch-02.example.net\
                /160/0
Sep 17 19:50:02 sambabuch-02 named[1060]: client 127.0.0.1#39249/key \
                dhcpduser\@EXAMPLE.NET: updating zone \
                'example.net/NONE': deleting rrset at \
                'linux-client.example.net' A
Sep 17 19:50:02 sambabuch-02 named[1060]: samba_dlz: subtracted \
                rdataset linux-client.example.net \
                'linux-client.example.net. 3600 \
                IN      A        192.168.56.221'
Sep 17 19:50:02 sambabuch-02 named[1060]: client 127.0.0.1\
                #39249/key dhcpduser\@EXAMPLE.NET: updating zone \
                'example.net/NONE': adding an RR at \
                'linux-client.example.net' A 192.168.56.221
Sep 17 19:50:02 sambabuch-02 named[1060]: samba_dlz: added \
                rdataset linux-client.example.net \
                'linux-client.example.net. 3600 \
                IN      A        192.168.56.221'
Sep 17 19:50:02 sambabuch-02 named[1060]: samba_dlz: committed \
                transaction on zone example.net
Sep 17 19:50:02 sambabuch-02 named[1060]: samba_dlz: starting \
                transaction on zone 56.168.192.in-addr.arpa
Sep 17 19:50:02 sambabuch-02 named[1060]: samba_dlz: allowing \
                update of signer=dhcpduser\@EXAMPLE.NET \
                name=221.56.168.192.in-addr.arpa tcpaddr=127.0.0.1 \
```

```
                       type=PTR key=1069722609.sig-sambabuch-02.\
                       example.net/160/0
Sep 17 19:50:02 sambabuch-02 named[1060]: samba_dlz: allowing \
                       update of signer=dhcpduser\@EXAMPLE.NET \
                       name=221.56.168.192.in-addr.arpa tcpaddr=127.0.0.1 \
                       type=PTR key=1069722609.sig-sambabuch-02.\
                       example.net/160/0
Sep 17 19:50:02 sambabuch-02 named[1060]: client 127.0.0.1\
                       #54399/key dhcpduser\@EXAMPLE.NET: updating \
                       zone '56.168.192.in-addr.arpa/NONE': deleting \
                       rrset at '221.56.168.192.in-addr.arpa' PTR
Sep 17 19:50:02 sambabuch-02 named[1060]: samba_dlz: subtracted \
                       rdataset 221.56.168.192.in-addr.arpa \
                       '221.56.168.192.in-addr.arpa.\
                       3600 IN PTR linux-client.example.net.'
Sep 17 19:50:02 sambabuch-02 named[1060]: client 127.0.0.1ö
                       #54399/key dhcpduser\@EXAMPLE.NET: updating \
                       zone '56.168.192.in-addr.arpa/NONE': \
                       adding an RR at '221.56.168.192.in-addr.arpa'\
                       PTR linux-client.example.net.
Sep 17 19:50:02 sambabuch-02 named[1060]: samba_dlz: added \
                       rdataset 221.56.168.192.in-addr.arpa \
                       '221.56.168.192.in-addr.arpa.\
                       3600 IN PTR linux-client.example.net.'
Sep 17 19:50:02 sambabuch-02 named[1060]: samba_dlz: committed \
                       transaction on zone 56.168.192.in-addr.arpa
Sep 17 19:50:02 sambabuch-02 root[1092]: DHCP-DNS Update succeeded
Sep 17 19:50:02 sambabuch-02 dhcpd[792]: DHCPREQUEST for \
                       192.168.56.221 from 08:00:27:7b:f1:f2 \
                       (linux-client) via enp0s8
Sep 17 19:50:02 sambabuch-02 dhcpd[792]: DHCPACK on \
                       192.168.56.221 to 08:00:27:7b:f1:f2 \
                       (linux-client) via enp0s8
Sep 17 19:50:02 sambabuch-02 dhcpd[792]: bind update on \
                       192.168.56.221 from dhcp-failover rejected: \
                       incoming update is less critical than outgoing update
```

Da die beiden Server miteinander kommunizieren, werden Sie auf dem zweiten Server nahezu identische Meldungen sehen. Nur wenn beide DHCP-Server die Änderung im Log anzeigen, ist Ihre Konfiguration erfolgreich gewesen. Sollte einer der beiden Server diese Nachrichten nicht zeigen, prüfen Sie als Erstes die OMAPI-Konfiguration, denn ohne diese Konfiguration kann keine Kommunikation zwischen den beiden Servern stattfinden.

Jetzt haben Sie zwei DHCP-Server, die sowohl die Forward- als auch die Reverse-Zone Ihres DNS-Servers aktualisieren, eine Failover-Konfiguration bereitstellen und noch ein Load Balancing durchführen. Damit haben Sie jetzt alle relevanten Dienste für die Anmeldung ausfallsicher realisiert.

9 Zusätzliche Server in der Domäne

Jetzt wird es Zeit, sich mit den Fileservern zu beschäftigen. Im Moment gibt es nur die Domaincontroller in der Domäne. Auf den Domaincontrollern sollten Sie aber keine Daten speichern. Die Speicherung von Daten sollte immer auf einem eigenen Fileserver stattfinden, besonders dann, wenn Sie auch Linux-Clients in Ihrem Netzwerk betreiben und diese sich auch in der Domäne authentifizieren können sollen, denn dann benötigen Sie ein einheitliches ID-Mapping. Das kann Ihnen nur ein Fileserver gewährleisten. In diesem Kapitel geht es außerdem darum, die Konfiguration des Fileservers in die Registry auszulagern.

9.1 Einrichten eines Linux-Fileservers

In diesem Abschnitt geht es um die Einrichtung eines Linux-Fileservers mit Samba4. Alle Daten in Ihrer Domäne sollten immer auf eigenen Fileservern liegen und nicht auf Domaincontrollern. Zum einen trennen Sie die Dienste dadurch in Anmelde- und Dateidienste, und zum anderen haben Sie dann auf allen Maschinen, die auf Dateien zugreifen, eindeutige und einheitliche UIDs und GIDs.

Hinweis

Denken Sie daran, dass ein Domaincontroller immer ein eigenes ID-Mapping hat. Dazu kommt, dass das ID-Mapping auf jedem Domaincontroller unterschiedlich sein kann. Dadurch kann es passieren, dass alle Benutzer auf den Domaincontrollern unterschiedliche UIDs haben.

9.2 ID-Mapping

Da Linux und Windows unterschiedliche Arten der ID-Zuweisung für die Benutzer und Gruppen verwenden, müssen die im Active Directory gespeicherten SIDs der Gruppen und Benutzer auf irgendeine Art und Weise auf GIDs und UIDs umgesetzt werden. Bei Samba ist der Dienst Winbind für das ID-Mapping zuständig. Der Winbind unterstützt verschiedene

Arten von ID-Mapping, die alle über Parameter in der Datei smb.conf festgelegt werden. Die einzelnen Möglichkeiten sehen Sie in der folgenden Auflistung:

- **tdb**

  Beim Einsatz von tdb-Datenbanken für das ID-Mapping werden die IDs der Gruppen und Benutzer lokal auf jedem Server verwaltet und sind somit auf allen Systemen immer unterschiedlich.

  Diese Art des ID-Mapping wird nur für die Built-in-Accounts verwendet. Dabei handelt es sich um lokale Benutzer unter Windows wie zum Beispiel den lokalen Administrator.

  Für das Mapping der globalen Benutzer ist diese Art des Mapping daher nicht zu empfehlen.

- **ad**

  Diese Methode des ID-Mapping können Sie nur dann anwenden, wenn Sie beim Provisioning der Domäne den Parameter *–use-rfc2307* verwendet haben, denn dann werden für Gruppen und Benutzer die im Active Directory gespeicherten GIDs und UIDs verwendet. Aber nur wenn Sie die Gruppen und Benutzer ausschließlich über RSAT erstellen, werden diese Attribute automatisch gesetzt. Wenn Sie Benutzer auf anderen Wegen anlegen, dann müssen Sie selbst für die Vergabe der IDs sorgen. Dann sind Sie auch verantwortlich für die Eindeutigkeit der IDs.

  Bei diesem Verfahren ist es also sehr wichtig, genau zu dokumentieren, welche Gruppe und welcher Benutzer welche ID erhalten hat.

  Wenn Sie aber von einer alten Samba3 mit openLDAP-Administration kommen und die Benutzer- und Gruppen-ID übernehmen müssen, dann ist das Backend *ad* die beste Wahl. Gerade in Bestandssystemen ist es oft der Fall, dass die Berechtigungen auf den Fileserver nicht geändert werden können und die Gruppen und Benutzer aus dem Grund unbedingt ihre IDs behalten müssen.

- **rid**

  Bei dieser Methode wird der RID einer Gruppe oder eines Benutzers aus dem Active Directory für das ID-Mapping verwendet. Da der RID immer automatisch beim Anlegen einer Gruppe oder eines Benutzers vergeben wird, ist er auch immer eindeutig. Bei dieser Methode müssen Sie nur darauf achten, dass der Bereich für das ID-Mapping auf allen Mitgliedern der Domäne einheitlich verwendet wird.

  Diese Methode macht es Ihnen am einfachsten, ein auf allen Linux-Mitgliedern Ihrer Domäne einheitliches Mapping herzustellen. Diese Methode werde ich auch hier im Buch verwenden.

■ 9.3 Einrichten des Fileservers

Bei den Fileservern sind Sie relativ frei, was die Auswahl der Installationsart angeht. Hier können Sie die Samba4-Pakete aus allen Distributionen verwenden, Samba selber bauen oder die SerNet-Pakete einsetzten. Die Funktion des Fileservers ist nicht abhängig vom Heimdal-Kerberos-Server. Wenn Sie Debian oder Ubuntu einsetzen, können Sie auch hier wieder die Pakete von Louis van Belle einsetzen. Dann haben Sie auf jeden Fall immer die aktuellsten Pakete.

Installieren Sie sich jetzt einen neuen Server, um diesen als Fileserver in die Domäne aufnehmen zu können.

9.3.1 Grundkonfiguration des Fileservers

In diesem Abschnitt geht es darum, den von Ihnen installierten Fileserver für den Beitritt zur Domäne vorzubereiten.

Nach der Installation von Samba müssen Sie auf jeden Fall dafür sorgen, dass Sie die Kerberos-PAM-Pakete und die Kerberos-Client-Pakete installiert haben. Bei den Distributionen Suse und CentOS handelt es sich dabei um die Pakete pam-krb5 und krb5-user.

Bei den Distributionen Ubuntu und Debian benötigen Sie das Paket libpam-heimdal. Das Paket heimdal-clients benötigen Sie nur dann, wenn Sie auf dem Server die Kerberos-Tickets verwalten wollen.

Nachdem Sie diese Pakete installiert haben, kopieren Sie die Datei /etc/krb5.conf von einem Ihrer Domaincontroller auf den Fileserver. Diese Datei ist bei allen Mitgliedern der Domäne immer identisch.

Im Anschluss daran folgt die Grundkonfiguration des Fileservers. Dazu müssen Sie die Datei /etc/samba/smb.conf erstellen, und zwar mit den Inhalten aus Listing 9.1:

Listing 9.1 Einträge in der Datei smb.conf

```
[global]
      workgroup = example
      realm = EXAMPLE.NET
      security = ADS
      winbind use default domain = yes
      winbind refresh tickets = Yes
      template shell = /bin/bash
      idmap config * : range = 10000 - 19999
      idmap config EXAMPLE : backend = rid
      idmap config EXAMPLE : range =  1000000 - 1999999
      inherit acls = Yes
      store dos attributes = Yes
      vfs objects = acl_xattr
```

Das sind die Grundeinstellungen für alle Fileserver, die Sie noch in Ihrer Domäne einbinden wollen.

Die Parameter haben die folgenden Bedeutungen:

- **workgroup = example**
  Hier wird der NetBIOS-Name der Domäne angegeben. Auch als Mitglied im AD heißt der Parameter *workgroup*.
- **realm = EXAMPLE.NET**
  Bei dem *realm* handelt es sich um die Information für die Kerberos-Domäne. Für diesen Realm wird sich der Samba-Server einen KDC suchen. Beim Key Distribution

Center (KDC) handelt es sich um die Zentralvergabestelle der Kerberos-Tickets für Authentifizierung.

- **security = ADS**
  Damit legen Sie fest, dass Ihr Server ein Mitglied in einer AD-Domäne ist.
- **winbind use default domain = yes**
  Haben Sie nur eine Domäne, können Sie mit diesem Parameter dafür sorgen, dass nur die Benutzernamen von winbind übergeben werden, ohne die Domäne vor den Namen zu stellen. Wenn Sie aber Vertrauensstellungen zu anderen Domänen herstellen wollen, dürfen Sie diesen Parameter auf gar keinen Fall setzen.
- **winbind refresh tickets = yes**
  Mit diesem Parameter werden Kerberos-Tickets automatisch erneuert, wenn der Benutzer angemeldet ist und das Ticket abläuft.
- **template shell = /bin/bash**
  Diesen Parameter dürfen Sie auf gar keinen Fall vergessen wenn sich Benutzer aus dem Active Directory auf dem Server per ssh anmelden können sollen. Ohne den Parameter kann sich ein Benutzer aus dem Active Directory zwar über ssh anmelden, aber er wird sofort wieder abgemeldet, da der Benutzer im Active Directory keine Shell zugewiesen bekommt, diese aber für eine erfolgreiche Anmeldung benötigt wird. Nur wenn Sie das rfc-2307-Schema verwenden und eine Shell bei den Benutzern eingetragen haben, können Sie diesen Parameter ignorieren. Setzen Sie diesen Parameter nicht, ist die Standardshell /bin/false; damit können Sie verhindern, dass sich ein Benutzer auf dem Server über ssh oder die lokale Konsole anmeldet.
- **idmap config * : range = 10000 - 19999**
  Neben den Gruppen und Benutzern, die Sie als Administrator anlegen, gibt es noch die Built-in-Groups. Diese Gruppen haben eine eigene verkürzte SID. Für diese Gruppen müssen Sie auch das ID-Mapping konfigurieren.

  Die Konfiguration der Built-in-Groups erfolgt über den Stern in *idmap config * : range = 10000 - 19999*. Eigentlich müssten Sie auch noch den Parameter *idmap config * : backend = tdb* konfigurieren, aber dieser Parameter wird von Samba4 automatisch gesetzt. Testen können Sie das mit dem Kommando *testparm*.
- **idmap config EXAMPLE : backend = rid**
  Die IDs der Benutzer werden aus dem RID der AD-Benutzer generiert.
- **idmap config EXAMPLE : = 1000000 - 1999999**
  Hier legen Sie den Bereich fest, in dem sich die UIDs der Benutzer befinden sollen.

Wichtig

Die beiden Bereiche für die build-in-user und die Active-Directory-Benutzer dürfen sich nicht überschneiden.

Wenn Sie diese Voreinstellungen eingerichtet haben, können Sie den Server als Mitglied zur Domäne hinzufügen. Der Samba-Dienst ist zu diesem Zeitpunkt noch nicht gestartet. Listing 9.2 zeigt den Vorgang:

9.3 Einrichten des Fileservers

Listing 9.2 Beitritt zur Domäne

```
root@sambabuch-fs1:~# net ads join -Uadministrator
Enter administrator's password:
Using short domain name -- EXAMPLE
Joined 'SAMBABUCH-FS1' to dns domain 'example.net'

root@sambabuch-fs1:~# net ads testjoin
Join is OK
```

Wenn Sie jetzt den winbind starten, können Sie anschließend prüfen, ob alle Benutzer und Gruppen aus dem Active Directory übernommen werden.

Testen Sie, ob die Benutzer und Gruppen übernommen werden, indem Sie die Kommandos *wbinfo -u* und *wbinfo -g* aufrufen. Dort werden alle Ihre Benutzer und Gruppen aus dem Active Directory angezeigt.

Listing 9.3 zeigt das Ergebnis:

Listing 9.3 Testen des Winbind

```
root@sambabuch-fs1:~# wbinfo -u
guest
administrator
dns-sambabuch
ktom
krbtgt
dns-sambabuch-02


root@sambabuch-fs1:~# wbinfo -g
ras and ias servers
dnsupdateproxy
group policy creator owners
domain computers
schema admins
cert publishers
domain guests
allowed rodc password replication group
dnsadmins
read-only domain controllers
datengruppe
domain controllers
domain users
domain admins
denied rodc password replication group
enterprise read-only domain controllers
enterprise admins
```

Damit Sie aber auch Rechte an die Benutzer im Dateisystem vergeben können, müssen Sie noch die Datei /etc/nsswitch.conf wie in Listing 9.4 anpassen:

Listing 9.4 Einstellungen in der nsswitch.conf

```
passwd:         compat winbind
group:          compat winbind
```

Bei Ubuntu 18.04 ist zusätzlich noch der *systemd* bei den beiden Parametern eingetragen. Sie dürfen den Wert auf gar keinen Fall entfernen. Anschließend können Sie sich mit dem Kommando *getent passwd* auch noch die gemappten Linux-Benutzer anzeigen lassen. In Listing 9.5 sehen Sie ein Beispiel:

Listing 9.5 Anzeigen eines Benutzers

```
root@sambabuch-fs1:~# getent passwd ktom
ktom:*:1001106:1000513::/home/EXAMPLE/ktom:/bin/bash

root@sambabuch-fs1:~# getent group datengruppe
datengruppe:x:1001105:

root@sambabuch-fs1:~# id ktom
uid=1001106(ktom) gid=1000513(domain users) Gruppen=1000513\
        (domain users),1001106(ktom),1001105(datengruppe),\
        10001(BUILTIN\users)
```

Wenn Sie jetzt die UIDs der Benutzer auf allen Ihren Fileservern und auf den Linux-Client vergleichen, werden Sie feststellen, dass die Benutzer auf allen Systemen dieselbe UID haben.

Damit ist die Grundkonfiguration des Fileservers abgeschlossen. Diese Schritte müssen Sie für alle Fileserver, die Sie installieren wollen, immer vornehmen.

■ 9.4 Konfiguration über die Registry

In der ersten Auflage hatte ich für das Thema Registry noch ein eigenes Kapitel. Dieses Mal habe ich das Kapitel aufgeteilt, und der erste Teil für die Konfiguration der globalen Einstellungen kommt hier in diesem Abschnitt. Den zweiten Teil finden Sie dann in Kapitel 10, «Verwaltung von Freigaben». Der Grund ist, dass für die spätere Einrichtung eines Clusters die Konfiguration des Fileservers auf jeden Fall in die Registry ausgelagert werden muss. Indem ich hier die Umstellung auf die Registry beschreibe, ist es dann einfacher, die Einrichtung über die Registry nachzuvollziehen.

Warum sollten Sie einen Fileserver immer über die Registry verwalten und nicht mehr über die smb.conf? Dafür gibt es die verschiedensten Gründe:

- Jeder Client, der sich mit einem Fileserver verbindet, startet immer einen eigenen smbd-Prozess und ließ die Konfiguration des Servers aus. Jedes Mal, wenn Sie eine Änderung an der Konfiguration des Fileservers vornehmen, wird jeder Clientprozess die gesamte smb.conf über das Netz neu laden, egal, welche Änderung Sie vorgenommen haben. Je mehr Clients Sie haben und je größer Ihre Konfiguration ist, umso mehr Daten müssen in dem Moment über das Netz übertragen werden.

Aus diesem Grund sollten Sie auch keine oder möglichst wenig Kommentare in die Datei smb.conf schreiben. Wenn Sie die Konfiguration in der Registry verwalten, werden nur die Änderungen übertragen.

- Da es sich bei der smb.conf um eine ASCII-Textdatei handelt, kann immer nur ein Administrator die Datei bearbeiten. Eine gemeinsame und gleichzeitige Konfiguration durch zwei Administratoren ist nicht möglich. Bei der Registry handelt es sich um eine Datenbank, und eine solche kann von mehreren Administratoren gleichzeitig bearbeitet werden.
- Sie müssen, um eine Änderung an der Konfiguration durchführen zu können, immer eine ssh-Verbindung zum Server herstellen und dort die Datei mit einem Editor bearbeiten. Konfigurieren Sie Ihre Fileserver über die Registry, können Sie von Windows über den Regedit die Konfiguration bearbeiten und später sogar neue Freigaben direkt über die Registry erstellen und verwalten.

Das alles sind Punkte, die auf jeden Fall für die Registry sprechen.

9.4.0.1 Arten der Registry

Da beim Start des Samba-Servers immer als Erstes die Datei smb.conf ausgelesen wird, legen Sie die Art der Konfiguration auch in dieser Datei fest. Für die Verwaltung der Parameter in der *[global]*-Section gibt es drei verschiedene Möglichkeiten:

- **Nur die Freigaben werden in der Registry verwaltet:**
  Wollen Sie lediglich alle Freigaben in der Registry ablegen, die gesamte Konfiguration des Servers über die *[global]*-Section aber in der smb.conf lassen, benötigen Sie nur eine zusätzliche Zeile in der smb.conf. In Listing 9.6 sehen Sie die Zeile für die *[global]*-Section:

  Listing 9.6 Eintrag in die smb.conf für Freigaben
  ```
  registry shares = yes
  ```

  Das ist auch die einzige Möglichkeit, die Sie auf einem Domaincontroller haben, die Registry zu verwenden.

- **Gemischte Konfiguration aus smb.conf und Registry:**
  Wenn Sie die Konfiguration der *[global]*-Section und die Freigaben aus einer gemischten Konfiguration aus smb.conf und Registry erstellen wollen, müssen Sie die in Listing 9.7 aufgeführte Zeile in die *[global]*-Section der smb.conf schreiben:

  Listing 9.7 Konfiguration aus Registry und smb.conf
  ```
  include = registry
  ```

  Mit diesem Parameter wird die Registry zusätzlich zur smb.conf ausgelesen. Da erst die Datei smb.conf ausgewertet wird und dann die Registry, werden konkurrierende Werte, die Sie sowohl in der smb.conf als auch in der Registry abgelegt haben, immer von den Werten der Registry überschrieben, da diese nach der smb.conf ausgewertet wird. Im ersten Moment ergibt diese Art der Konfiguration wenig Sinn, aber für die spätere Einrichtung eines Clusters wird genau diese Art benötigt.

- **Eine reine Konfiguration über die Registry:**
  Wenn Sie alles komplett über die Registry konfigurieren wollen, steht in der smb.conf nur noch eine Zeile in der *[global]*-Section.

In Listing 9.8 sehen Sie diese Zeile:

Listing 9.8 Konfiguration ausschließlich über die Registry
```
config backend = registry
```

Wenn Sie diese Zeile in die smb.conf eintragen, werden alle anderen Einträge ignoriert, die eventuell noch in der Datei stehen.

■ 9.5 Die Registry-Datenbank

Samba nutzt die interne Registry-Datenbank, um die benötigten Informationen abzulegen. Die Datenbank wird auf jeden Fall zur Kommunikation mit den Clients benötigt, da Windows-Clients beim Zugriff auf einen Server bestimmte Parameter immer zuerst in der Registry suchen.

Die Datenbank ist in einer Baumstruktur abgelegt. Der Baum gliedert sich in einzelne Schlüssel und Unterschlüssel. Jeder einzelne von ihnen kann mit einem oder mehreren Werten belegt sein. Die Werte können dabei als verschiedene Datentypen wie *string*, *binaries* und *integer* vorliegen.

Hinweis
Die beiden Stringtypen *REG_SZ* und *REG_MULTI_SZ* sind für die Konfiguration von Samba von Interesse.

Die Registry ist in verschiedene Bereiche unterteilt: die Hives. Der für Samba wichtige Hive ist HKEY_LOCAL_MACHINE (HKLM). In Listing 9.9 sehen Sie einen Zugriff auf die Registry:

Listing 9.9 Der erste Zugriff auf die Registry
```
root@sambabuch-fs1:~# net registry enumerate HKLM
Keyname   = SOFTWARE
Modtime   = Do, 01 Jan 1970 01:00:00 CET

Keyname   = SYSTEM
Modtime   = Do, 01 Jan 1970 01:00:00 CET

root@sambabuch-fs1:~# net registry enumerate HKLM\\software\\
Keyname   = Microsoft
Modtime   = Do, 01 Jan 1970 01:00:00 CET

Keyname   = Samba
Modtime   = Do, 01 Jan 1970 01:00:00 CET

Keyname   = Policies
Modtime   = Do, 01 Jan 1970 01:00:00 CET
```

```
root@sambabuch-fs1:~# net registry enumerate HKLM\\software\\samba
Keyname    = smbconf
Modtime    = Do, 01 Jan 1970 01:00:00 CET

Keyname    = Group Policy
Modtime    = Do, 01 Jan 1970 01:00:00 CET
```

Hinweis

Das Datum und die Uhrzeit, die hier angezeigt werden, lassen sich nicht einstellen. Diese Werte werden immer auf diesem Datum stehen. Das ist kein Fehler.

Hier sehen Sie drei Zugriffe auf die Registry. Als Erstes erfolgt ein Zugriff direkt auf den Hive *HKLM*. Darin sehen Sie den Schlüssel *SOFTWARE*. Der zweite Zugriff erfolgt dann auf den Schlüssel *SOFTWARE*, in dem die Informationen für Samba abgelegt werden.

Lassen Sie sich anschließend den Schlüssel *Samba* anzeigen. Dort sehen Sie dann den Unterschlüssel *smbconf*. Unterhalb dieses Schlüssels wird später die gesamte Konfiguration des Fileservers abgelegt. Sie werden hier sowohl die Konfiguration der globalen Einstellungen als auch die Einstellungen aller später erstellten Freigaben finden.

Hinweis

Die Registry-Datenbank wird als Datei /var/lib/samba/registry.tdb abgelegt. Sie gehört dem Benutzer root, und nur er hat Zugriff auf die Datei und kann sich ihre Inhalte anzeigen lassen.

Das Schöne an der Datenbank ist aber, dass Sie sie auch über das Netzwerk über RPC-Aufrufe abfragen können. In Listing 9.10 sehen Sie den Zugriff über das Netzwerk als Domänenadministrator:

Listing 9.10 Zugriff auf die Registry als Domänenadministrator

```
root@sambabuch:~# net rpc registry enumerate 'HKLM\Software\Samba' \
                 -Uadministrator -I 192.168.56.41
Enter administrator's password:
Keyname    = smbconf
Modtime    = Do, 01 Jan 1970 01:00:00 CET

Keyname    = Group Policy
Modtime    = Do, 01 Jan 1970 01:00:00 CET

root@sambabuch:~# net rpc registry enumerate 'HKLM\Software\Samba' \
                 -k -S sambabuch-fs1.example.net
Keyname    = smbconf
Modtime    = Do, 01 Jan 1970 01:00:00 CET

Keyname    = Group Policy
Modtime    = Do, 01 Jan 1970 01:00:00 CET
```

Die Option *-I* gibt die IP-Adresse des abzufragenden Systems an. Sie können, wie im zweiten Beispiel zu sehen, auch die Option *-S* mit dem FQDN des Servers zusammen mit der Kerberos-Authentifizierung *-k* verwenden.

Selbstverständlich können Sie auch über einen Windows-Client auf die Registry Ihres Samba-Servers zugreifen. Melden Sie sich dafür an Ihrem Windows-Client als Domänenadministrator an, starten Sie den Registrierungs-Editor (regedit).

Anschließend verbinden Sie sich mit Ihrem Dateiserver und erhalten den Zugriff auf die Registry Ihres Servers. In Bild 9.1 sehen Sie den Zugriff auf die Registry.

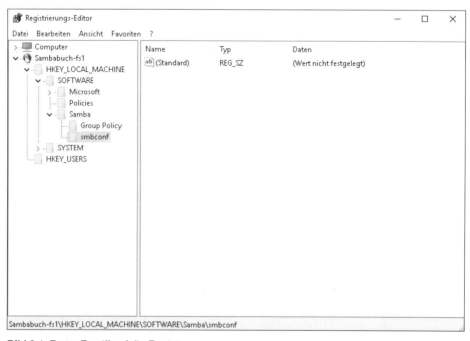

Bild 9.1 Erster Zugriff auf die Registry

Auch hier können Sie die Baumstruktur der Registry erkennen und sehen, dass der Schlüssel *smbconf* noch leer ist.

Eine weitere Möglichkeit, die Registry zu bearbeiten, haben Sie mit dem Kommando *samba-regedit*, einem auf ncurses basierenden Editor. Mithilfe dieses Editors können Sie durch die gesamte Registry gehen und Einträge hinzufügen, ändern und löschen.

In diesem Kapitel geht es darum, die *[global]*-Section aus der smb.conf in die Registry zu verschieben. Den zweiten Schritt, die Verwaltung der Freigaben in der Registry, finden Sie in Kapitel 10, „Verwaltung von Freigaben". Wenn Sie die Konfiguration der *[global]*-Section in der smb.conf belassen wollen, können Sie den nachfolgenden Abschnitt überspringen und später nur die Freigaben in die Registry eintragen.

9.6 Das Kommando net conf

Für die Bearbeitung der Registry über die Kommandozeile steht Ihnen das Kommando *net conf* mit verschiedenen Parametern zur Verfügung. In der folgenden Liste sehen Sie die möglichen Anwendungen:

- Kommandos, die die ganze Konfiguration betreffen:
  - *net conf list*: Zeigt die gesamte Konfiguration im Format der smb.conf.
  - *net conf listshares*: Zeigt alle Freigaben aus der Registry.
  - *net conf drop*: Löscht die gesamte Konfiguration aus der Registry.
  - *net conf import*: So importieren Sie eine Konfiguration in dem Format der smb.conf in die Registry.
- Kommandos, die Freigaben betreffen:
  - *net conf addshare*: Fügt eine Freigabe zur Registry hinzu.
  - *net conf showshare*: Listet alle Parameter einer Freigabe auf.
  - *net conf delshare*: Löscht eine Freigabe aus der Registry.
  - *net conf setparm*: Setzt einen Parameter einer Freigabe.
  - *net conf getparm*: Liest einen Parameter einer Freigabe aus der Registry aus.
  - *net conf delparm*: Löscht einen Parameter der Freigabe.

Jetzt gibt es zwei verschiedene Wege, die Konfiguration in die Registry zu übernehmen. Der erste Weg ist, alle Parameter über das Kommando *net conf* einzeln in die Registry zu übernehmen. Das ist der Weg, den Sie immer dann gehen, wenn Sie noch keine smb.conf für den Fileserver erstellt haben oder den Server komplett neu konfigurieren wollen.

Listing 9.11 zeigt Ihnen alle Kommandos, mit denen Sie die Konfiguration aus Abschnitt 9.1 gleich in die Registry schreiben:

Listing 9.11 Anlegen der Parameter in der Registry

```
root@sambabuch-fs1:~# net conf setparm global "workgroup" "EXAMPLE"
root@sambabuch-fs1:~# net conf setparm global "realm" "EXAMPLE.NET"
root@sambabuch-fs1:~# net conf setparm global "security" "ADS"
root@sambabuch-fs1:~# net conf setparm global "winbind refresh tickets" \
                                              "yes"
root@sambabuch-fs1:~# net conf setparm global "template shell" \
                                              "/bin/bash"
root@sambabuch-fs1:~# net conf setparm global "idmap config * : range "\
                                              "10000 - 19999"
root@sambabuch-fs1:~# net conf setparm global "idmap config EXAMPLE : \
                       backend " "rid"
root@sambabuch-fs1:~# net conf setparm global "idmap config EXAMPLE : \
                                     range " "1000000 - 1999999"
root@sambabuch-fs1:~# net conf setparm global "inherit acls" "yes"
root@sambabuch-fs1:~# net conf setparm global "store dos attributes" \
                       "yes"
root@sambabuch-fs1:~# net conf setparm global "vfs objects"  "acl_xattr"
```

Wenn Sie bereits eine smb.conf erstellt haben, können Sie diese einfach wie in Listing 9.12 importieren und auflisten:

Listing 9.12 Importieren der Registry

```
root@sambabuch-fs1:~# net conf import /etc/samba/smb.conf

root@sambabuch-fs1:~# net conf list
[global]
        workgroup = example
        realm = EXAMPLE.NET
        security = ADS
        winbind use default domain = yes
        winbind refresh tickets = Yes
        template shell = /bin/bash
        idmap config * : range = 10000 - 19999
        idmap config EXAMPLE : backend = rid
        idmap config EXAMPLE : range = 1000000 - 1999999
        inherit acls = Yes
        store dos attributes = Yes
        vfs objects = acl_xattr
```

Wie Sie hier sehen, wird beim *net conf list* die Registry im smb.conf-Format ausgegeben. So können Sie die aktuelle Konfiguration auslesen und für Ihre Dokumentation abspeichern. Wenn Sie die Konfiguration abspeichern, anschließend verändern und dann mit *net conf import* wieder importieren, werden alle Einstellungen der Registry überschrieben.

Wichtig

Beim Importieren der Einstellungen werden Einträge, die Sie geändert haben, geändert und Einträge, die Sie gelöscht haben, gelöscht. Sie müssen immer die gesamte Konfiguration importieren und nicht nur Teile, da beim Import alles überschrieben wird.

Um die Einträge zu prüfen, können Sie sich (wie in Listing 9.13 zu sehen ist) die Einträge auflisten lassen:

Listing 9.13 Auflisten der Einträge

```
root@sambabuch-fs1:~# net registry enumerate HKLM\\software\\Samba\\smbconf\\
    global
Valuename  = workgroup
Type       = REG_SZ
Value      = "example"

Valuename  = realm
Type       = REG_SZ
Value      = "EXAMPLE.NET"

Valuename  = security
Type       = REG_SZ
Value      = "ADS"
```

```
Valuename   = winbind use default domain
Type        = REG_SZ
Value       = "yes"

Valuename   = winbind refresh tickets
Type        = REG_SZ
Value       = "Yes"

Valuename   = template shell
Type        = REG_SZ
Value       = "/bin/bash"

Valuename   = idmap config * : range
Type        = REG_SZ
Value       = "10000 - 19999"

Valuename   = idmap config EXAMPLE : backend
Type        = REG_SZ
Value       = "rid"

Valuename   = idmap config EXAMPLE : range
Type        = REG_SZ
Value       = "1000000 - 1999999"

Valuename   = inherit acls
Type        = REG_SZ
Value       = "Yes"

Valuename   = store dos attributes
Type        = REG_SZ
Value       = "Yes"

Valuename   = vfs objects
Type        = REG_SZ
Value       = "acl_xattr"

Valuename   = interfaces
Type        = REG_SZ
Value       = "192.168.56.41"

Valuename   = bind interfaces only
Type        = REG_SZ
Value       = "yes"
```

Auch unter Windows im Regedit können Sie jetzt die Werte sehen und auch verändern. Auch sind Sie in der Lage, neue Parameter einzutragen. Wählen Sie hierfür immer das Format ZEICHENFOLGE. In Bild 9.2 sehen Sie, wie die Einträge im Regedit unter Windows aussehen. Jetzt haben Sie schon die Konfiguration in die Registry geladen, aber noch verwendet Ihr Samba-Server die Einstellungen aus der smb.conf. Im nächsten Schritt müssen Sie die Einträge aus der smb.conf entfernen und dafür den Eintrag *config backend = registry* hinzufügen. In Listing 9.14 sehen Sie die neue smb.conf:

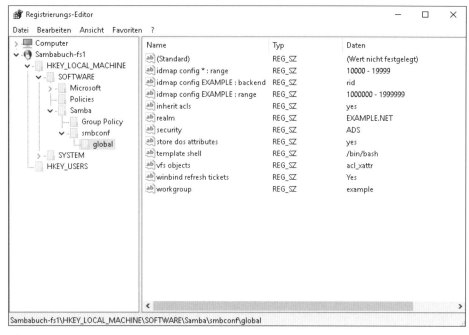

Bild 9.2 Einträge der global-Section

Listing 9.14 Die geänderte smb.conf

```
[global]
        config backend = registry
```

Tipp

Sichern Sie sich auf jeden Fall Ihre alte smb.conf. Diese können Sie später für Änderungen verwenden. Auch zur Dokumentation ist diese Datei hilfreich.

Anschließend können Sie die Konfiguration mit dem Kommando *testparm* wie in Listing 9.15 prüfen:

Listing 9.15 Prüfen der Konfiguration mit testparm

```
root@sambabuch-fs1:~# testparm
Load smb config files from /etc/samba/smb.conf
lp_load_ex: changing to config backend registry
Loaded services file OK.
Server role: ROLE_DOMAIN_MEMBER

Press enter to see a dump of your service definitions
```

```
# Global parameters
[global]
        bind interfaces only = Yes
        interfaces = 192.168.56.41
        realm = EXAMPLE.NET
        registry shares = Yes
        security = ADS
        template shell = /bin/bash
        winbind refresh tickets = Yes
        winbind use default domain = Yes
        workgroup = EXAMPLE
        idmap config example : range = 1000000 - 1999999
        idmap config example : backend = rid
        idmap config * : range = 10000 - 19999
        idmap config * : backend = tdb
        inherit acls = Yes
        store dos attributes = Yes
        vfs objects = acl_xattr
```

An der Zeile *lp_load_ex: changing to config backend registry* sehen Sie, dass jetzt die Konfiguration aus der Registry gelesen wird. Jetzt greifen alle `smbd`-Prozesse aller Clients nur noch auf die Registry zu.

So können Sie jetzt alle Dateiserver auf die Konfiguration über die Registry umstellen. Bis zu diesem Zeitpunkt gibt es noch keine Freigabe auf dem Server. Die Einrichtung der Freigaben folgt im nächsten Kapitel.

10 Verwaltung von Freigaben

Jetzt, da Sie in Ihrem System Benutzer, Gruppen und Fileserver angelegt haben, soll es in diesem Kapitel darum gehen, wie Sie Ihren Benutzern Freigaben auf Servern bereitstellen können. Die Verwaltung der Freigaben wird hier sowohl über die Datei smb.conf als auch über die Registry beschrieben. Auch werde ich Ihnen zeigen, wie Sie die Freigaben über Gruppenrichtlinien für Ihre Benutzer bereitstellen können.

Freigaben sorgen für die Bereitstellung von Daten für Ihre Benutzer. Für die Benutzer sind die Freigaben die Verbindung zu Ihrer Serverumgebung. Mithilfe von Gruppenrichtlinien weisen Sie die Freigaben Ihren Benutzern direkt bei der Anmeldung mittels bestimmten Laufwerksbuchstaben zu.

Bei der Einrichtung der Freigaben haben Sie verschiedene Möglichkeiten der Konfiguration. In diesem Kapitel werde ich Ihnen verschiedene Möglichkeiten zeigen, wie Sie die Freigaben in Ihrem Netzwerk verwalten können. Neben der klassischen Verwaltung von Freigaben über die Datei smb.conf können Sie Freigaben auch in der Registry erstellen.

Wenn Sie Samba4 mit sehr vielen Clients in Ihrem Netzwerk einsetzen, sollten Sie die Freigaben nicht mehr in der Datei smb.conf verwalten, sondern in der Registry von Samba4. Die Verwaltung der Freigaben in der Registry hat den Vorteil, dass nicht mehr jeder smbd-Prozess im System die Datei smb.conf neu lesen muss, wenn Sie eine neue Freigabe erstellt haben, denn bei jeder Änderung der smb.conf muss jeder smbd-Prozess die Datei erneut lesen. Da für jeden angemeldeten Benutzer in der Domäne je ein smbd-Prozess gestartet wird, kann die Auslastung des Systems dann sehr hoch werden. Für beide Möglichkeiten der Verwaltung von Freigaben über die Registry stehen Ihnen dieselben Parameter zur Verfügung wie bei der Konfiguration über die smb.conf. Hier sollen beide Wege der Erstellung von Freigaben aufgezeigt werden.

10.1 Freigabenverwaltung über die Datei smb.conf

Wenn Sie bereits Erfahrung mit Samba3 haben, wird Ihnen in diesem Abschnitt vieles schon bekannt vorkommen. Die Datei /etc/samba/smb.conf wird in verschiedene Bereiche eingeteilt. Der erste Bereich ist immer der Bereich *[global]*. In diesem Bereich wird der

Samba-Server selbst verwaltet. In Kapitel 9, «Zusätzliche Server in der Domäne», bin ich schon näher auf diesen Bereich eingegangen.

Bei allen weiteren Bereichen handelt es sich um die Freigaben, die auf diesem Server verwaltet werden. In Listing 10.1 sehen Sie ein Beispiel für eine erste Freigabe:

Listing 10.1 Eine erste Freigabe

```
[gemeinsam]
    comment = gemeinsame Daten
    path = /daten/gemeinsam
    browsable = yes
    read only = no
    hosts allow = 192.168.123.0/255.255.255.0
```

Die einzelnen Parameter haben dabei die folgenden Bedeutungen:

- *comment = gemeinsame Daten*
  Das ist der Kommentar, der neben der Freigabe in der Netzwerkumgebung der Clients auftaucht.

- *path = /daten/gemeinsam*
  Hier wird der absolute Pfad auf der Linux-Maschine angegeben.

- *browsable = yes*
  Mit diesem Parameter wird die Freigabe in der Netzwerkumgebung unterhalb des Servers sichtbar sein. Wird dieser Parameter auf *no* gesetzt, handelt es sich bei der Freigabe um eine versteckte Freigabe.

- *read only = no*
  Dieser Parameter legt fest, ob überhaupt Daten auf die Freigabe geschrieben werden können oder nicht. Setzen Sie diesen Wert auf *no*, ist ein schreibender Zugriff möglich.

> **Hinweis**
>
> Der Standardwert für *read only* ist *yes*. Wenn Sie diesen Parameter vergessen, kann später kein Benutzer über das Netzwerk schreibend auf die Freigabe zugreifen, auch wenn der Benutzer die benötigten Rechte im Dateisystem hat. Die Freigabeberechtigung *read only = yes* würde vor dem Zugriff auf das Dateisystem schon alle Schreibzugriffe unterbinden.

- *hosts allow = 192.168.123.0/255.255.255.0*
  Auf diese Freigabe dürfen nur Benutzer zugreifen, die von einer IP-Adresse aus zugreifen, die in diesem Subnetz liegt.

Im nächsten Beispiel werden neue Parameter in der Freigabe verwendet. Hier kommt – gerade für den Umsteiger von Windows auf Samba4 unter Ihnen – etwas Neues: der Parameter *hide unreadable = yes*. In Listing 10.2 sehen Sie das Beispiel, und anschließend folgt die Erklärung.

Listing 10.2 Freigabe mit hide unreadable

```
[Abteilungen]
    comment = Daten für alle Abteilungen
```

```
path = /daten/Abteilungen
force create mode = 0770
force directory mode = 0770
hide unreadable = yes
```

- *force create mode = 0770* Mit diesem Parameter können Sie festlegen, dass alle neuen Dateien in der Freigabe immer maximal die Rechte *rwxrwx—*besitzen. Besser ist es aber, diese Rechte über die Dateisystem-ACLs zu setzen. Mehr zum Thema Dateisystem-ACLs finden Sie in Abschnitt 11.1,«Dateisystemberechtigungen».

- *force directory mode = 0770*
  Hier gilt das Gleiche wie schon für den Parameter *force create mode*, nur für Verzeichnisse.

- *hide unreadable = yes*
  Dieser Parameter kann Ihnen dabei helfen, die Anzahl der Freigaben auf einem Server zu reduzieren. Sie geben nur noch eine übergeordnete Ebene der Verzeichnisse frei, die Sie Ihren Benutzern zur Verfügung stellen wollen. Wenn Sie jetzt die Zugriffsrechte so setzen, dass nur noch bestimmte Gruppen Rechte an den Verzeichnissen haben, dann sehen Ihre Benutzer beim Zugriff auf die Freigabe nur noch die Verzeichnisse, an denen sie Leserechte besitzen. Alle anderen Verzeichnisse sind für sie unsichtbar. So ist es einfach, einem Benutzer durch den Wechsel in eine andere Gruppe andere Verzeichnisse der Freigabe bereitzustellen. Bei der Verwendung von *hide unreadable = yes* kann es zu längeren Wartezeiten für die Benutzer kommen, wenn die Verzeichnistiefe sehr groß ist und viele Dateien sich in vielen Unterverzeichnissen befinden. Das System muss dann erst bei allen Dateien und Verzeichnissen die Rechte prüfen. Deshalb sollten Sie, wenn Sie diesen Parameter verwenden wollen, immer erst testen, ob die Performance des Systems noch ausreichend ist. An den Laufwerkzuordnungen der Benutzer ändert sich nichts. In Abschnitt 11.1, «Dateisystemberechtigungen», werde ich diese Freigabe noch mal ansprechen und Beispiele zur Verwendung bringen.

Hinweis

Die beiden Parameter *security mask* und *directory security mask*, über die Sie bei Samba3 festlegen konnten, welche Rechte ein Benutzer an einer Datei oder einem Verzeichnis vergeben kann, gibt es in Samba4 nicht mehr. Berechtigungen sollten jetzt immer über Dateisystem-ACLs vergeben und eingeschränkt werden.

10.2 Verwaltung der Freigaben über die Registry

Wie schon in der Einleitung dieses Kapitels beschrieben, haben Sie die Möglichkeit, Freigaben über die Registry des Samba4-Servers einzurichten. Die Freigaben, die Sie über die Registry verwalten, werden in einer `tdb`-Datenbank abgelegt und verwaltet.

Da ein Client beim Zugriff auf einen Server auch immer auf dessen Registry zugreift, werden auch immer die Freigaben gelesen. Der Zugriff auf eine Datenbank ist schneller als auf die Datei smb.conf. Auch können Sie so Freigaben über eine Netzwerkverbindung einrichten, ohne die Datei smb.conf zu editieren.

Für die Verwaltung aller Ihrer Freigaben in der Registry verwenden Sie das Kommando *samba-tool net <rpc> registry*. Ohne den Parameter *rpc* greifen Sie lokal auf die Registry zu. Mit dem Parameter *rpc* können Sie Freigaben über das Netzwerk verwalten. Dabei müssen Sie sich aber beim Server über den Parameter *-U administrator* authentifizieren.

Als Erstes soll ein Blick auf die Registry geworfen werden. Dafür wird das Werkzeug *tdbtool* verwendet. In Listing 10.3 sehen Sie einen Auszug aus der Registry:

Listing 10.3 Ausschnitt aus der Registry

```
root@sambabuch-fs1:~# tdbtool   /var/lib/samba/registry.tdb keys
key 50 bytes: HKLM\\SOFTWARE\\MICROSOFT\\WINDOWS NT\\CURRENTVERSION
key 67 bytes: SAMBA_REGVAL\\HKLM\\SYSTEM\\CURRENTCONTROLSET\\SERVICES\\
              REMOTEREGISTRY
key 76 bytes: SAMBA_REGVAL\\HKLM\\SYSTEM\\CURRENTCONTROLSET\\SERVICES\\
              REMOTEREGISTRY\\SECURITY
key 47 bytes: HKCU\\SOFTWARE\\MICROSOFT\\WINDOWS\\CURRENTVERSION
.
key 60 bytes: SAMBA_REGVAL\\HKLM\\SYSTEM\\CURRENTCONTROLSET\\SERVICES\\
         SPOOLER
key 69 bytes: SAMBA_REGVAL\\HKLM\\SOFTWARE\\MICROSOFT\\WINDOWS NT\\
              CURRENTVERSION\\PORTS
```

In dem Beispiel wurden über den Parameter *keys* alle Registry-Schlüssel der Datenbank angezeigt. Wenn Sie an der Stelle den Parameter *dump* verwenden, wird Ihnen auch der Inhalt der einzelnen Schlüssel angezeigt. Mit dem Kommando *tdbtool* können Sie die gesamte Registry auslesen, verwalten, prüfen und löschen. Weitere Informationen finden Sie in der Manpage zum Kommando *tdbtool*. Die Registry verwalten Sie über die Kommandozeile mit dem Kommando *net registry*. In Listing 10.4 sehen Sie alle Optionen des Kommandos:

Listing 10.4 Möglichkeiten mit net registry

```
root@sambabuch-fs1:~# net registry
Usage:
net registry enumerate         Enumerate registry keys and values
net registry enumerate_recursive Enumerate registry keys and values
net registry createkey         Create a new registry key
net registry deletekey         Delete a registry key
net registry deletekey_recursive Delete a registry key with subkeys
net registry getvalue          Print a registry value
net registry getvalueraw       Print a registry value (raw format)
net registry getvaluesraw      Print all values of a key in raw format
net registry setvalue          Set a new registry value
net registry increment         Increment a DWORD registry value under a lock
net registry deletevalue       Delete a registry value
net registry getsd             Get security descriptor
net registry getsd_sddl        Get security descriptor in sddl format
```

```
net registry setsd_sddl    Set security descriptor from sddl format string
net registry import        Import .reg file
net registry export        Export .reg file
net registry convert       Convert .reg file
net registry check         Check a registry database
```

Für die Verwaltung der Freigaben ist aber nur ein ganz bestimmter Bereich der Registry wichtig. In Listing 10.5 sehen Sie einen lokalen Zugriff auf diesen Bereich:

Listing 10.5 Lokaler Zugriff auf die Freigaben in der Registry

```
root@sambabuch-fs1:~# net registry enumerate HKLM\\software\\samba
Keyname   = smbconf
Modtime   = Do, 01 Jan 1970 01:00:00 CET

Keyname   = Group Policy
Modtime   = Do, 01 Jan 1970 01:00:00 CET
```

Hier wird der Bereich *HKEY_LOCAL_MACHINE (HKLM)* abgefragt, da sich dort die Freigaben befinden. Wie Sie sehen, werden unter Samba4 dort zwei Bereiche verwaltet: zum einen alles, was mit der Konfiguration von Samba4 zu tun hat, und zum anderen die Gruppenrichtlinien.

10.2.1 Erstellen einer Freigabe in der Registry

Jetzt soll die erste Freigabe erstellt werden. Wenn Sie eine Freigabe in der Registry anlegen, haben Sie erst einmal nur die Möglichkeit, die Optionen *writable*, *guest_ok* und einen Kommentar zur Freigabe hinzuzufügen. Alle weiteren Parameter lassen sich erst nachträglich eintragen. In Listing 10.6 sehen Sie ein Beispiel für das Eintragen einer Freigabe:

Listing 10.6 Eintragen einer Freigabe in die Registry

```
root@sambabuch-fs1:~# mkdir -p /daten/reg-freigabe

root@sambabuch-fs1:~# net conf addshare reg-freigabe /daten/reg-freigabe \\
              writeable=y guest_ok=n "Eine Freigabe in der Registry"
```

Mit *net conf* verwalten Sie die Konfigurationseinträge der Registry. In diesem Fall soll zur Konfiguration eine Freigabe *addshare* hinzugefügt werden. Danach folgt der Name der Freigabe, der Pfad zur Freigabe, Angaben dazu, ob auf die Freigabe geschrieben werden darf und ob ein Gastzugriff erlaubt ist, und ein Kommentar.

Hinweis

Wenn Sie einen Kommentar hinzufügen wollen, müssen Sie alle vorherigen Parameter setzen, auch wenn Sie zum Beispiel für *guest_ok* den Standardwert setzen wollen.

Jetzt können Sie sich die Freigabe, wie in Listing 10.7 zu sehen, anzeigen lassen:

Listing 10.7 Auslesen der Freigabe

```
root@sambabuch-fs1:~# net registry export hklm\\\\software\\\\samba /dev/
    stdout
Windows Registry Editor Version 5.00
[hklm\\software\\samba]
[hklm\\software\\samba\\smbconf]

[hklm\\software\\samba\\smbconf\\reg-freigabe]
"path"="/daten/reg-freigabe"
"comment"="Eine Freigabe in der Registry"
"guest ok"="no"
"read only"="no"

[hklm\\software\\samba\\Group Policy]
;Local Variables:
;coding: UTF-8
;End:
```

Selbstverständlich können Sie sich die einzelnen Schlüssel und ihre Werte auch von einem anderen Server aus über das Netzwerk auflisten lassen. In Listing 10.8 sehen Sie auch hierfür ein Beispiel:

Listing 10.8 Auflistung der Schlüssel aus der Registry

```
root@sambabuch:~# net rpc registry enumerate \
                'HKLM\software\samba\smbconf\reg-freigabe' \
                -k -S sambabuch-fs1.example.net
Valuename  = path
Type       = REG_SZ
Value      = "/daten/reg-freigabe"

Valuename  = comment
Type       = REG_SZ
Value      = "Eine Freigabe in der Registry"

Valuename  = guest ok
Type       = REG_SZ
Value      = "no"

Valuename  = read only
Type       = REG_SZ
Value      = "no"
```

10.2.2 Zugriff auf eine Freigabe aus der Registry

Wenn Sie jetzt mit dem Kommando *smbclient -L localhost* einen anonymen Zugriff auf den Server durchführen, wird Ihnen die gerade erstellte Freigabe aufgelistet wie in Listing 10.9:

Listing 10.9 Zugriff auf die Freigabe mit smbclient

```
root@sambabuch-fs1:~# smbclient -L sambabuch-fs1
lp_load_ex: changing to config backend registry
Enter EXAMPLE\root's password:
Anonymous login successful

        Sharename       Type      Comment
        ---------       ----      -------
        IPC$            IPC       IPC Service (Samba 4.8.3-Debian)
        reg-freigabe    Disk      Eine Freigabe in der Registry
Reconnecting with SMB1 for workgroup listing.
Anonymous login successful

        Server          Comment
        ---------       -------
        SAMBABUCH-FS1   Samba 4.8.3-Debian

        Workgroup       Master
        ---------       -------
        EXAMPLE         SAMBABUCH-FS1
```

Auch hier können Sie eine Abfrage über Kerberos authentifizieren, so wie Sie es in Listing 10.10 sehen:

Listing 10.10 Auflistung der Freigaben mit Authentifizierung

```
root@sambabuch:~# kinit administrator
administrator@EXAMPLE.NET's Password:
root@sambabuch:~# smbclient -L sambabuch-fs1 -k
lp_load_ex: changing to config backend registry

        Sharename       Type      Comment
        ---------       ----      -------
        IPC$            IPC       IPC Service (Samba 4.8.3-Debian)
        reg-freigabe    Disk      Eine Freigabe in der Registry
Reconnecting with SMB1 for workgroup listing.

        Server          Comment
        ---------       -------

        Workgroup       Master
        ---------       -------
        EXAMPLE         SAMBABUCH-FS1
```

Wie Sie hier sehen, wurde diese Abfrage auch vom Domaincontroller aus gestellt. Sie können alle Server Ihrer Domäne auch immer über das Netz abfragen.

Hinweis
Freigaben, bei denen Sie den Parameter *browsable* = *no* gesetzt haben, werden hier nie angezeigt. Auch nicht dann, wenn Sie sich als Administrator authentifizieren.

In Bild 10.1 sehen Sie, wie Sie sich mit der Freigabe verbinden können.

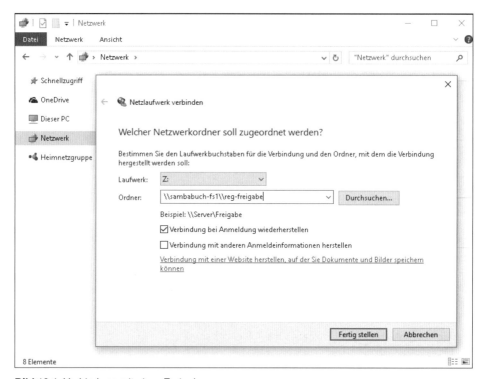
Bild 10.1 Verbindung mit einer Freigabe

Hinweis
Wenn Sie den Haken bei VERBINDUNG BEI ANMELDUNG WIEDERHERSTELLEN gesetzt lassen, kann es später zu Problemen kommen, wenn Sie die Freigabe auf einen anderen Server verschieben. Deshalb ist es besser, Freigaben später über eine Gruppenrichtlinie direkt den Benutzern zuzuweisen.

In der Ansicht COMPUTER des Explorers sehen Sie dann wie in Bild 10.2 die Freigabe als Netzwerklaufwerk. So können Sie Verbindungen zu all Ihren Freigaben herstellen.

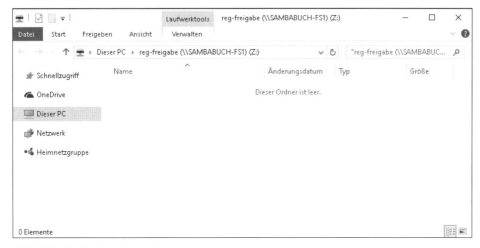

Bild 10.2 Die Freigabe im Explorer

10.2.3 Erweitern einer Freigabe in der Registry

Nachdem Sie eine Freigabe in der Registry erzeugt haben, soll es jetzt darum gehen, die Freigabe um weitere Parameter zu erweitern. Die zusätzlichen Parameter setzen Sie mit dem Kommando *net config setparm*. In Listing 10.11 soll dazu die zuvor erstellte Freigabe um den Parameter *browsable = no* und *hide unreadable = yes* ergänzt werden:

Listing 10.11 Erweitern der Registry-Freigabe

```
root@sambabuch-fs1:~# net conf setparm reg-freigabe "hide unreadable" "yes"
root@sambabuch-fs1:~# net conf setparm reg-freigabe "browsable" "no"

root@sambabuch-fs1:~# net registry export hklm\\\\software\\\\samba /dev/
    stdout
.
.
Windows Registry Editor Version 5.00

[hklm\\software\\samba]

[hklm\\software\\samba\\smbconf]

[hklm\\software\\samba\\smbconf\\reg-freigabe]
"path"="/daten/reg-freigabe"
"comment"="Eine Freigabe in der Registry"
"guest ok"="no"
"browsable"="no"
"hide unreadable"="yes"

[hklm\\software\\samba\\Group Policy]
;Local Variables:
;coding: UTF-8
;End:
```

Parameter aus der Registry-Freigabe können Sie mit dem Kommando *net conf delparm reg-freigabe <Parameter>* auch wieder löschen. Wollen Sie sich den gesetzten Wert eines Parameters einer in der Registry gespeicherten Freigabe auflisten lassen, geht das mit dem Kommando *net conf getparm reg-freigabe "hide unreadable"*.

10.2.4 Sichern der Freigabeeinstellungen aus der Registry

Damit Sie für den Fall, dass der Server einmal ausfällt oder umziehen muss, gerüstet sind, sollten Sie die Liste der Freigaben regelmäßig sichern. Nur dann können Sie später die Freigaben schnell wiederherstellen.

In Listing 10.12 sehen Sie die Sicherung des Teils der Registry, in dem die Freigaben verwaltet werden:

Listing 10.12 Sichern der Freigaben aus der Registry

```
root@sambabuch-fs1:~# net registry export hklm\\software\\samba freigaben.reg

root@sambabuch-fs1:~# cat freigaben.reg
Windows Registry Editor Version 5.00
[hklm\\software\\samba]

[hklm\\software\\samba\\smbconf]
.
[hklm\\software\\samba\\smbconf\\reg-freigabe]
"path"="/daten/reg-freigabe"
"comment"="Eine Freigabe in der Registry"
"guest ok"="no"
"read only"="no"
"browsable"="no"
"hide unreadable"="yes"

[hklm\\software\\samba\\Group Policy]
;Local Variables:
;coding: UTF-8
;End:
```

Wie Sie sehen, werden alle Informationen aus der Registry als ASCII-Textdatei gespeichert. Sie können alle Freigaben und die globale Einstellung auch in einzelnen Dateien speichern, indem Sie den Schlüssel um den Namen des Bereichs, den Sie sichern wollen, erweitern.

10.2.5 Löschen einer Freigabe aus der Registry

Wenn Sie eine Freigabe aus der Registry löschen wollen, verwenden Sie das Kommando *net conf delshare reg-freigabe*. Es wird nicht nachgefragt, ob Sie sicher sind, dass Sie die Freigabe löschen wollen, sondern die Freigabe wird ohne Hinweis aus der Registry entfernt.

10.2.6 Wiederherstellen von Freigaben in der Registry

Wenn Sie einmal aus Versehen eine Freigabe gelöscht haben oder die Freigaben auf einen anderen Server umziehen wollen, können Sie, sofern Sie einen Export der Registry gemacht haben, die Freigaben einfach aus dem Export wieder einspielen.

Sie können, wenn Sie die gesamte Registry gesichert haben, den Teil mit der gelöschten Freigabe in eine neue Datei kopieren und die Freigabe dann einzeln wiederherstellen. In den letzten beiden Abschnitten wurde zuerst die Freigabe exportiert und dann gelöscht. Dadurch lässt sich jetzt die Freigabe wieder aus der Sicherung mit dem Kommando *net registry import freigaben.reg* zurücksichern. Sie sollten immer ein aktuelles Backup der Registry bereithalten.

10.3 Die Freigabe der Heimatverzeichnisse

Damit Sie die Heimatverzeichnisse Ihrer Benutzer auf einem Fileserver ablegen können, soll jetzt eine entsprechende Freigabe angelegt werden. Für diese Freigabe müssen Sie spezielle Rechte setzen, um später über die RSAT beim Zuweisen der Heimatverzeichnisse diese auch auf dem entsprechenden Server anlegen zu können.

Wenn Sie auch die Heimatverzeichnisse beim Anlegen der Benutzer auf dem entsprechenden Server durch die RSAT erzeugen wollen, benötigen Sie dafür eine Freigabe. Samba4 verwendet als Standard immer das Verzeichnis /home/<Domainname> für die Heimatverzeichnisse. Besonders wichtig ist das für die Linux-Clients.

Hinweis
Über die Variable *template homedir = /home/%D/%U* können Sie den Pfad verändern.

In Listing 10.13 sehen Sie, wie Sie das Verzeichnis anlegen, mit den richtigen Rechten belegen und die Freigabe einrichten:

Listing 10.13 Anlegen der Freigabe für die Heimatverzeichnisse

```
root@sambabuch-fs1:~# mkdir /home/EXAMPLE

root@sambabuch-fs1:~# chmod 775 /home/EXAMPLE/

root@sambabuch-fs1:~# chgrp 'EXAMPLE\\Domain Admins' /home/EXAMPLE/

root@sambabuch-fs1:~# net conf addshare users /home/EXAMPLE\\
                      writeable=y guest_ok=n "Home-Dirs"

root@sambabuch-fs1:~# net conf setparm users "browsable" "no"

root@sambabuch-fs1:~# net conf setparm users "create mask" "700"

root@sambabuch-fs1:~# net conf setparm users "directory mask" "700"
```

Alternativ können Sie auch die gesamte Konfiguration der Registry mit dem Kommando *net conf list > smb-back.txt* in eine Datei sichern. Dann die Datei entsprechend anpassen und mit dem Kommando *net conf import smb-back.txt* wieder zurückspielen.

Die Freigabe können Sie sich wieder, wie in Listing 10.14 zu sehen, auflisten lassen:

Listing 10.14 Auflistung der Freigabe für die Heimatverzeichnisse

```
root@sambabuch-fs1:~# net rpc registry enumerate HKLM\\software\\samba\\
            smbconf\\users\\ -Uadministrator \
            -S sambabuch-fs1.example.net
Enter administrator's password:
Valuename  = path
Type       = REG_SZ
Value      = "/home/EXAMPLE"

Valuename  = comment
Type       = REG_SZ
Value      = "Home-Dirs"

Valuename  = guest ok
Type       = REG_SZ
Value      = "no"

Valuename  = read only
Type       = REG_SZ
Value      = "no"

Valuename  = browseable
Type       = REG_SZ
Value      = "no"

Valuename  = create mask
Type       = REG_SZ
Value      = "700"

Valuename  = directory mask
Type       = REG_SZ
Value      = "700"
```

Jetzt können Sie mit den RSAT für einen bestehenden Benutzer ein Heimatverzeichnis anlegen (siehe Bild 10.3). Meldet sich ein Benutzer an einem Client in der Domäne an, wird ihm automatisch ein Laufwerksbuchstabe mit seinem Heimatverzeichnis bereitgestellt. Sie müssen die Verzeichnisse nicht mehr extra über eine Gruppenrichtlinie zuweisen.

In Listing 10.15 sehen Sie, wie die Rechte nach dem Anlegen des Verzeichnisses gesetzt sein müssen:

Listing 10.15 Rechte am Verzeichnis der Heimatverzeichnisse

```
root@sambabuch-fs1:~# ls -ld /home/EXAMPLE/stefan/
drwxrwx---+ 2 EXAMPLE\\administrator EXAMPLE\\domain users\\
            4096 Dez 27 11:41 /home/EXAMPLE/stefan/
```

Mit dem Kommando *getfacl* können Sie sich die ACLs des Heimatverzeichnisses anzeigen lassen. In Listing 10.16 sehen Sie, wie die ACLs gesetzt sind:

10.3 Die Freigabe der Heimatverzeichnisse   201

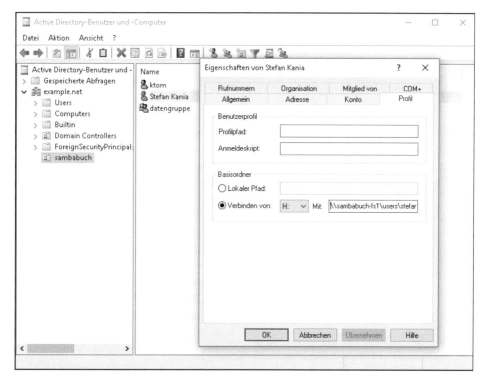

Bild 10.3 Profil-Einstellung

Listing 10.16 ACLs des Heimatverzeichnisses

```
root@sambabuch-fs1:~# getfacl /home/EXAMPLE/stefan/
getfacl: Entferne föhrende '/' von absoluten Pfadnamen
# file: home/EXAMPLE/stefan/
# owner: EXAMPLE\\134administrator
# group: EXAMPLE\\134domain\\040users
user::rwx
user:EXAMPLE\\134domain\\040users:---
user:EXAMPLE\\134stefan:rwx
group::---
group:BUILTIN\\134administrators:rwx
group:EXAMPLE\\134administrator:rwx
group:EXAMPLE\\134domain\\040users:---
group:EXAMPLE\\134stefan:rwx
mask::rwx
other::---
default:user::rwx
default:user:EXAMPLE\\134administrator:rwx
default:user:EXAMPLE\\134stefan:rwx
default:group::---
default:group:BUILTIN\\134administrators:rwx
default:group:EXAMPLE\\134domain\\040users:---
default:group:EXAMPLE\\134stefan:rwx
default:mask::rwx
default:other::---
```

Hier sehen Sie, dass die ACLs auf den Heimatverzeichnissen der Benutzer recht komplex von den RSAT angelegt werden. Aus diesem Grund ist es keine gute Idee, die Verzeichnisse auf der Konsole von Hand zu erstellen.

Sie sollten die Verzeichnisse immer durch die RSAT anlegen lassen oder aber die Rechte von einem bestehenden Heimatverzeichnis auf eine neues kopieren.

Wenn Sie aber unter Windows die Eigenschaften des Ordners aufrufen (siehe Bild 10.4), sehen Sie unter dem Punkt SICHERHEIT, dass die Zuordnung unter Windows richtig ist.

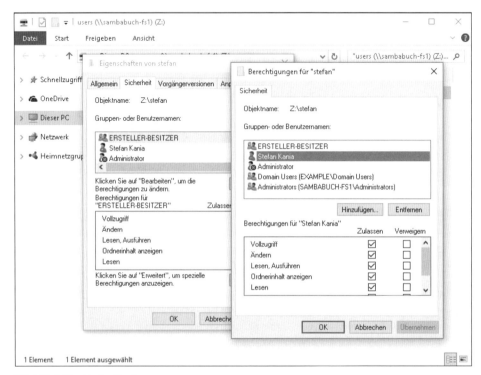

Bild 10.4 Rechte im Explorer

Wenn der Benutzer sich jetzt anmeldet, bekommt er automatisch ein Netzwerklaufwerk für sein Heimatverzeichnis eingebunden. Wie Sie den Zugriff für Benutzer, die von einem Linux-Client aus auf die Heimatverzeichnisse zugreifen wollen, einrichten, erfahren Sie in Kapitel 12, «Verwaltung von Clients in der Domäne».

10.3.1 Einrichtung der Freigabe für servergespeicherte Profile

Natürlich können Sie auch die Profile der Benutzer auf dem Server speichern. In diesem Abschnitt geht es um die Verwaltung der servergespeicherten Profile. Für die Profile haben Sie zwei Möglichkeiten. Sie können die Profile im jeweiligen Heimatverzeichnis des Benutzers ablegen oder aber eine eigene Freigabe erstellen, in der dann alle Profilverzeichnisse der Benutzer abgelegt werden.

Der Vorteil des zweiten Weges ist der, dass Sie die Profile auch auf einem anderen Server ablegen können als die Heimatverzeichnisse der Benutzer und dass die Benutzer die Profile nicht direkt bearbeiten können.

Hier soll nur die Lösung mit der eigenen Freigabe angesprochen werden.

Hinweis

Wie schon bei den Heimatverzeichnissen ist es auch bei den Profilen besser, diese auf einem Fileserver abzulegen und nicht auf dem Domaincontroller, auch wenn Sie hier nicht auf die Probleme mit dem ID-Mapping stoßen können, da Linux-Benutzer die Profile nicht nutzen.

So haben Sie aber die Funktionen der Server genau getrennt. Die Domaincontroller steuern nur die Authentifizierung, und die Dateiserver stellen die benötigten Freigaben bereit.

Im ersten Schritt müssen Sie wieder das Verzeichnis anlegen und eine Freigabe für die Profile erzeugen. In Listing 10.17 sehen Sie, wie Sie vorgehen müssen:

Listing 10.17 Einrichten der Freigabe für die Profile

```
root@sambabuch-fs1:~# mkdir /profile

root@sambabuch-fs1:~# chmod 1770 /profile/

root@sambabuch-fs1:~# chgrp 'EXAMPLE\\Domain Users' /profile/

root@sambabuch-fs1:~# net conf addshare profile /profile \\
                writeable=y guest_ok=n "User Profile"

root@sambabuch-fs1:~# net conf setparm profile "browsable" "no"
```

Bei den Rechten wird an dem Verzeichnis profile das `sticky bit` gesetzt. Dadurch kann nur noch der Besitzer, oder der Benutzer `root`, dieses Verzeichnis löschen. Das ist wichtig, da die Gruppe der Domainuser alle Rechte an dem Verzeichnis haben muss.

Wichtig

Der Parameter *profile acl = yes* darf nicht mehr gesetzt werden. Zum einen ist er nicht mehr notwendig, da das System die Steuerung der ACLs selbständig übernimmt, zum anderen wird der Parameter seit der Version 4.7 nicht mehr unterstützt.

In Listing 10.18 sehen Sie, wie die Freigabe in der Registry abgelegt wurde:

Listing 10.18 Auflistung der Freigabe für die Profile

```
root@sambabuch-fs1:~# net rpc registry enumerate HKLM\\software\\samba\\
                smbconf\\profile\\ -Uadministrator\\
                -S sambabuch-fs1.example.net
Enter administrator's password:
```

```
Valuename   = path
Type        = REG_SZ
Value       = "/profile"

Valuename   = comment
Type        = REG_SZ
Value       = "User Profile"

Valuename   = guest ok
Type        = REG_SZ
Value       = "no"

Valuename   = read only
Type        =.REG_SZ
Value       = "no"

Valuename   = browseable
Type        = REG_SZ
Value       = "no
```

Nachdem Sie die neue Freigabe erstellt haben, können Sie mit den RSAT unter Windows das Profil des Benutzers so wie in Bild 10.5 anpassen. Wenn der Benutzer sich das erste Mal anmeldet, wird in der Freigabe ein Unterverzeichnis erzeugt.

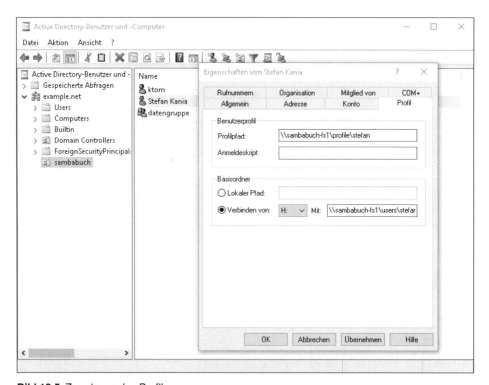

Bild 10.5 Zuweisung des Profils

Bei Windows 7 bekommt das Verzeichnis den Namen /profile/<username>.V2 und bei Windows 10 /profile/<username>.V5. So kann ein Benutzer an verschiedenen Systemen arbeiten, und die Profile funktionieren immer und werden nicht gemischt.

Erst wenn der Benutzer sich abmeldet, wird das Profil geschrieben, und es werden die Unterverzeichnisse im Profilverzeichnis erstellt.

10.4 Allgemeine Freigaben

Sie werden immer mehr als nur die Freigaben für das Heimatverzeichnis und das Profilverzeichnis der Benutzer als Freigabe bereitstellen wollen. Deshalb möchte ich Ihnen an dieser Stelle ein paar Tipps geben, wie Sie die Freigaben und die benötigten Rechte am einfachsten verwalten können.

Ziel dieses Abschnittes ist es, nachdem Sie eine administrative Freigabe erzeugt haben, die gesamte Konfiguration der Freigaben für Ihre Benutzer komplett über Windows zu steuern.

Natürlich können Sie Ihre Freigaben auch weiterhin direkt auf Ihrem Samba-Server erstellen und verwalten, aber denken Sie beim Anlegen von Verzeichnissen daran, dass Windows eine etwas komplexere Rechtevergabe, bestehend aus ACLs und erweiterten Dateisystemattributen, verwendet.

Wenn Sie wollen, dass Ihre Benutzer ihre Rechte in ihren Verzeichnissen selbst verwalten können, dann sollten Sie Berechtigungen für Freigaben immer unter Windows setzen.

10.4.1 Administrative Freigaben

Um später die Freigaben auch von Windows über den Registryeditor einrichten zu können, soll jetzt als Erstes eine administrative Freigabe angelegt werden. Das Verzeichnis für diese Freigabe müssen Sie auf jeden Fall noch unter Linux anlegen.

Bei der Freigabe können Sie sowohl den Weg über Linux als auch über Windows gehen. In Listing 10.19 sehen Sie, wie Sie die administrative Freigabe einrichten und mit Rechten versehen:

Listing 10.19 Einrichten einer administrativen Freigabe

```
root@sambabuch-fs1:~# mkdir -m 775 /admin-share

root@sambabuch-fs1:~# chgrp 'EXAMPLE\\Domain Admins' /admin-share/

root@sambabuch-fs1:~# net conf addshare admin-share\\
              /admin-share writeable=y guest_ok=n "Admin-share"

root@sambabuch-fs1:~# net conf setparm admin-share "browsable" "no"

root@sambabuch-fs1:~# net conf setparm admin-share "administrative share" "
    yes"
```

Durch die Verwendung des Parameters *administrative share = yes* sorgen Sie dafür, dass diese Freigabe nur für Mitglieder der Gruppe der *domain admins* nutzbar ist. Das Verhalten ist hier mit den Laufwerksfreigaben *D$, E$* usw. vergleichbar.

10.4.2 Erstellen einer Freigabe unter Windows

Jetzt soll eine Freigabe unter Windows angelegt werden. Die Daten in dieser Freigabe sollen später für alle Mitarbeiter komplett zur Verfügung stehen. Melden Sie sich dafür an einem Windows-Client als `Administrator` an, und verbinden Sie sich mit der vorher erstellten administrativen Freigabe. Da Sie für diese Aufgabe nur Standardwerkzeuge eines Windows-Clients benötigen, müssen auf dem Client, von dem aus Sie die Freigabe einrichten, die RSAT nicht installiert sein. Der Client muss nur Mitglied der Domäne sein.

Erstellen Sie in der Freigabe einen neuen Ordner, der anschließend als Freigabe für die Anwender genutzt werden soll, so wie in Bild 10.6.

Um die Rechte an dem Ordner anpassen zu können, öffnen Sie anschließend die Eigenschaften des Ordners und klicken auf SICHERHEIT.

Jetzt sollen komplett neue Rechte für diesen Ordner unter Windows gesetzt werden. Dafür klicken Sie auf ERWEITERT.

Es erscheint ein neues Fenster mit allen momentan gesetzten Rechten, so wie Sie es in Bild 10.7 sehen.

Klicken Sie jetzt auf VERERBUNG DEAKTIVIEREN. Es erscheint ein Fenster, in dem Sie die Wahl haben, die vererbten Rechte zu übernehmen oder diese zu entfernen. Da hier eine komplett neue Rechtestruktur entstehen soll, entfernen Sie alle Rechte. Anschließend sehen Sie, dass die ACL leer ist. Klicken Sie jetzt auf HINZUFÜGEN, um einen neuen Eintrag in der ACL zu erstellen. In dem neuen Fenster klicken Sie auf PRINZIPAL AUSWÄHLEN. Entweder können Sie jetzt direkt eine Gruppe eintragen oder über die Schaltfläche ERWEITERT Ihr Active Directory nach einer Gruppe durchsuchen.

Da auf diese Freigabe später alle Mitglieder der Domäne Zugriff haben sollen, wird hier am einfachsten die Gruppe der `domain users` hinzugefügt. Geben Sie der Gruppe das Recht ÄNDERN. Dieses Recht reicht aus, damit dort alle Benutzer Dateien und Verzeichnisse erstellen, löschen, kopieren und umbenennen können.

Hinweis

Das Recht VOLLZUGRIFF sollten Sie nie an alle vergeben, da dieses Recht es auch allen Mitgliedern der Gruppe erlaubt, die Berechtigungen an diesem Ordner zu verändern.

Wenn Sie hier der Gruppe der `domain admins` keine Rechte zuweisen, können ihre Mitglieder nicht auf die Freigabe zugreifen.

Da der `Administrator` nur in der Gruppe `domain admins` ist und nicht Mitglied der Gruppe `domain users`, gilt das auch für ihn. Im Gegensatz zu Linux hat der `Administrator` nicht immer automatisch vollen Zugriff auf alle Daten.

10.4 Allgemeine Freigaben

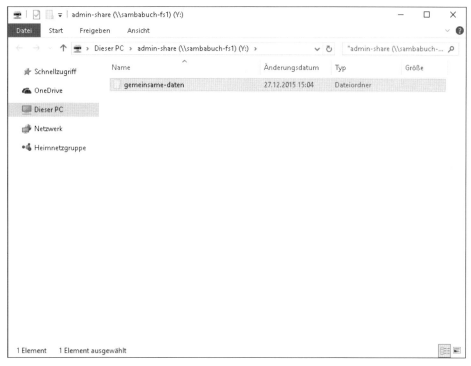

Bild 10.6 Ordner für neue Freigabe erstellen

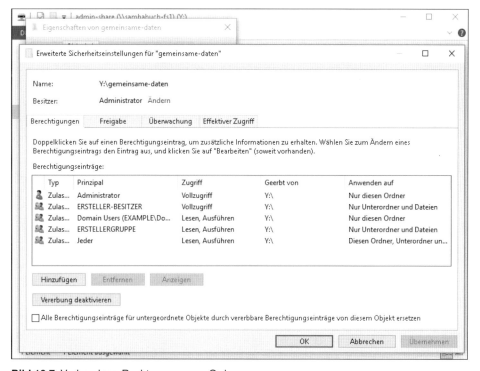

Bild 10.7 Vorhandene Rechte am neuen Ordner

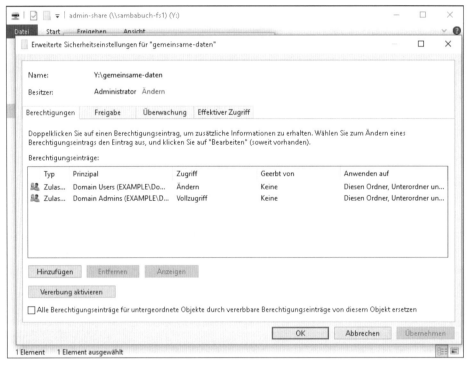

Bild 10.8 Ordner mit neuen Rechten

Speichern Sie Ihre Änderung der Rechte, und schließen Sie alle Fenster, die zu den Eigenschaften des Ordners gehören. Anschließend öffnen Sie die Eigenschaften erneut, klicken wieder auf SICHERHEIT und schauen sich die neuen Rechte an.

In Bild 10.8 sehen Sie das Ergebnis.

In Listing 10.20 sehen Sie die gesetzten ACLs direkt auf dem Samba-Server:

Listing 10.20 Alle Rechte unter Linux

```
root@sambabuch-fs1:~# getfacl /admin-share/gemeinsame-daten/
getfacl: Entferne föhrende '/' von absoluten Pfadnamen
# file: admin-share/gemeinsame-daten/
# owner: EXAMPLE\\134administrator
# group: EXAMPLE\\134domain\\040users

user::rwx
user:EXAMPLE\\134administrator:rwx
user:EXAMPLE\\134domain\\040admins:rwx
user:EXAMPLE\\134domain\\040users:rwx
group::rwx
group:EXAMPLE\\134domain\\040admins:rwx
group:EXAMPLE\\134domain\\040users:rwx
mask::rwx
other::---
```

```
default:user::rwx
default:user:EXAMPLE\\134administrator:rwx
default:user:EXAMPLE\\134domain\\040admins:rwx
default:user:EXAMPLE\\134domain\\040users:rwx

default:group::---
default:group:EXAMPLE\\134domain\\040admins:rwx
default:group:EXAMPLE\\134domain\\040users:rwx
default:mask::rwx
default:other::---
```

Auch hier sehen Sie, dass nur die Gruppe der `domain users` und die Gruppe der `domain admins` Rechte an dem Ordner besitzen.

Das war der erste Schritt auf dem Weg hin zu einer ersten Freigabe. Jetzt soll der Ordner gemeinsame-daten noch von Windows aus über den Registryeditor `Regedit` als Freigabe alle eingerichtet werden.

Das Einrichten der Freigabe ist nur für ein Mitglied der Gruppe der `domain admins` möglich. Stellen Sie sicher, dass der Benutzer, mit dem Sie momentan angemeldet sind, Mitglied dieser Gruppe ist.

Starten Sie hierfür den Regedit, und verbinden Sie sich mit Ihrem Fileserver. Öffnen Sie den Baum so, wie Sie es in Bild 10.9 sehen.

Klicken Sie mit der rechten Maustaste auf der linken Seite auf SMBCONF, und erstellen Sie einen neuen Schlüssel.

Der Schlüssel soll den Namen der zukünftigen Freigabe erhalten.

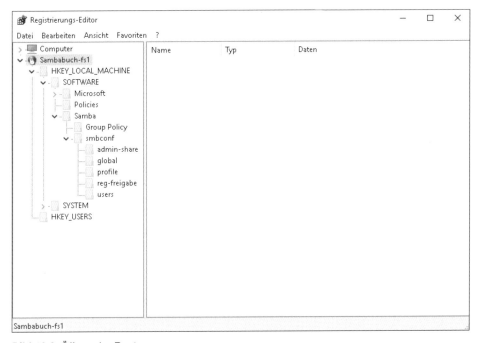

Bild 10.9 Öffnen der Registry

Hinweis

Beim Umbenennen des Schlüssels erhalten Sie eine Fehlermeldung, dass der Schlüssel nicht umbenannt werden kann, so wie Sie es in Bild 10.10 sehen. Diese Meldung können Sie ignorieren. Klicken Sie hier einfach auf OK, und anschließend drücken Sie *(F5)*, um die Anzeige zu aktualisieren.

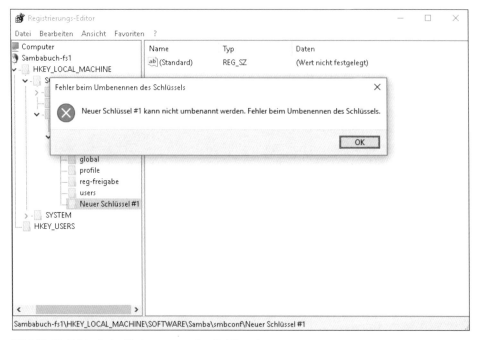

Bild 10.10 Fehler beim Umbenennen des Schlüssels

Nachdem Sie die Ansicht aktualisiert haben, werden Sie feststellen, dass der Schlüssen mit dem von Ihnen vergebenen Namen aufgeführt wird, aber zusätzlich noch ein Schlüssel mit dem Namen NEUER SCHLÜSSEL #1 erstellt wurde. Diesen Schlüssel können Sie einfach löschen.

Bei jeder neuen Freigabe, die Sie mit dem Regedit erstellen, werden Sie den gleichen Fehler erhalten.

Klicken Sie jetzt auf den von Ihnen neu erstellten Schlüssel. Auf der rechten Seite des Fensters sehen Sie jetzt, dass außer dem Eintrag STANDARD keine weiteren Einträge vorhanden sind. Hier tragen Sie jetzt nach und nach alle benötigten Parameter ein.

Klicken Sie dafür mit der rechten Maustaste auf die rechte Seite des Fensters, und erstellen Sie einen neuen Parameter vom Typ ZEICHENFOLGE. Geben Sie dem neuen Parameter den Namen *path*.

Führen Sie einen Doppelklick auf den neuen Parameter aus, und tragen Sie bei WERT den absoluten Pfad im Linux-Dateisystem ein, so wie Sie es in Bild 10.11 sehen.

10.4 Allgemeine Freigaben   211

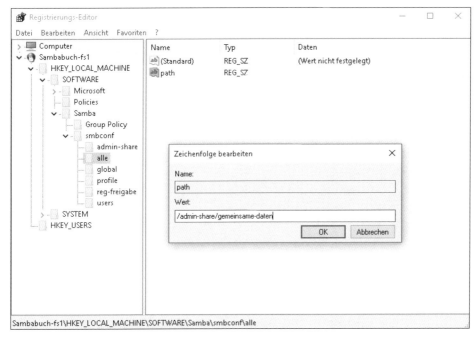

Bild 10.11 Eintragen eines Parameters

Hinweis

Alle Einträge in der Samba-Registry sind immer vom Typ ZEICHENKETTE. Sie werden hier nie einen anderen Typ verwenden.

Ergänzen Sie die Freigabe um die Parameter *read only* = *no* und *browsable* = *no*. Im Anschluss sieht Ihre Freigabe so aus wie in Bild 10.12.

Damit ist die Einrichtung der Freigabe abgeschlossen. Lassen Sie sich jetzt die Registry auf der Konsole mit dem Kommando *net conf list* anzeigen, und Sie werden, wie in Listing 10.21, die Freigabe dort sehen:

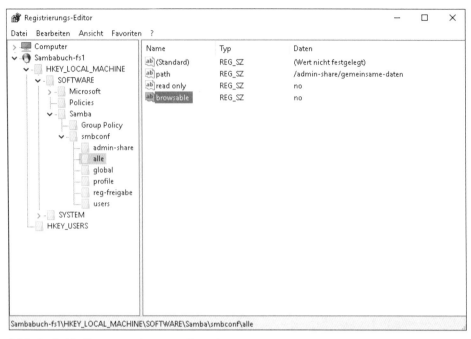

Bild 10.12 Alle Parameter der neuen Freigabe

Listing 10.21 Die Freigabe in der Registry

```
root@sambabuch-fs1:~# net conf list
[global]
        workgroup = example
        realm = EXAMPLE.NET
        security = ADS
        winbind refresh tickets = Yes
        template shell = /bin/bash
        idmap config * : range = 10000 - 19999
        idmap config EXAMPLE : backend = rid
        idmap config EXAMPLE : range = 1000000 - 1999999
        store dos attributes = yes
        inherit acls = yes
        vfs objects = acl_xattr

[reg-freigabe]
        path = /daten/reg-freigabe
        comment = Eine Freigabe in der Registry
        guest ok = no
        read only = no
        hide unreadable = yes
        browseable = no

[users]
        path = /home/EXAMPLE
        comment = Home-Dirs
```

```
        guest ok = no
        read only = no
        browseable = no
        create mask = 700
        directory mask = 700

[profile]
        path = /profile
        comment = User Profile
        guest ok = no
        read only = no
        browseable = no
        profile acls = yes

[admin-share]
        path = /admin-share
        comment = Admin-share
        guest ok = no
        read only = no
        browseable = no

[alle]
        path = /admin-share/gemeinsame-daten
        read only = no
        browsable = no
```

Hier sehen Sie auch einen kompletten Überblick über alle erstellten Freigaben bis zu diesem Punkt.

10.4.3 Eine Freigabe mit hide unreadable

Jetzt möchte ich Ihnen noch ein Beispiel für eine Freigabe mit dem Parameter *hide unreadable = yes* zeigen. Im Beispiel gibt es drei Abteilungen: Verwaltung, Produktion und Geschäftsleitung. Jede der Abteilungen soll ein eigenes Verzeichnis bekommen, auf das nur die Abteilung schreibend Zugriff hat. Die Geschäftsleitung soll an den Verzeichnissen der Produktion und Verwaltung zusätzlich das Leserecht erhalten.

Dazu legen Sie als Erstes drei Gruppen an und weisen den Gruppen mindestens einen Benutzer zu. Ob Sie die Benutzer und Gruppen über die Kommandozeile oder die RSAT erstellen, spielt dabei keine Rolle. In Listing 10.22 sehen Sie die Kommandos für das Anlegen der Gruppen und Benutzer auf der Kommandozeile:

Listing 10.22 Anlegen von Gruppen und Benutzern

```
root@sambabuch:~# samba-tool group add verwaltung
Added group verwaltung

root@sambabuch:~# samba-tool group add produktion
Added group Produktion

root@sambabuch:~# samba-tool group add geschaeftsleitung
Added group geschaeftsleitung
```

```
root@sambabuch:~# samba-tool user create u1-prod
New Password:
Retype Password:
User 'u1-prod' created successfully

root@sambabuch:~# samba-tool user create u1-verw
New Password:
Retype Password:
User 'u1-verw' created successfully

root@sambabuch:~# samba-tool user create u1-gesch
New Password:
Retype Password:

root@sambabuch:~# samba-tool group addmembers produktion u1-prod
Added members to group produktion

root@sambabuch:~# samba-tool group addmembers verwaltung u1-verw
Added members to group verwaltung

root@sambabuch:~# samba-tool group addmembers geschaeftsleitung u1-gesch
Added members to group geschaeftsleitung
```

Jetzt legen Sie in der administrativen Freigabe unter Windows eine Ordnerstruktur wie in Bild 10.13 an:

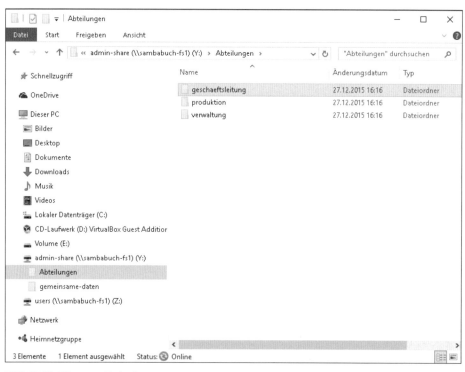

Bild 10.13 Die neue Freigabe

Der Ordner Abteilungen wird die neue Freigabe, die alle Mitarbeiter zugewiesen bekommen. Sorgen Sie dafür, dass nur die domain users lesenden Zugriff auf den Ordner Abteilungen erhalten. Tragen Sie hier nicht die domain admins ein. Diese sollen an dem Ordner keine Rechte erhalten.

Passen Sie jetzt die Berechtigungen der Unterordner an, sodass die Abteilungen selbst das Recht *Ändern* haben und die Gruppe der Geschäftsleitung das Recht *Lesen* zusätzlich an den Ordnern verwaltung und produktion hat.

Wenn Sie jetzt versuchen, auf den Inhalt der Ordner zuzugreifen, werden Sie eine Fehlermeldung erhalten. Als Administrator haben Sie keine Rechte an dem Ordner und können somit auch nicht auf den Ordner zugreifen.

Da Sie aber der Besitzer des Ordners sind, können Sie immer die Rechte wieder ändern. Erst wenn ein anderer Benutzer den Besitz übernimmt, können Sie auch die Berechtigungen nicht mehr ändern. Sie müssten dann erst den Besitz am Ordner wieder übernehmen.

Das Recht, den Besitz an einem Ordner zu übernehmen, hat der Administrator immer. Sie können den Besitz aber später nicht mehr an den ursprünglichen Besitzer übergeben.

Jetzt müssen Sie noch die Freigabe erstellen. Das können Sie wieder über Windows mit dem Regedit durchführen oder so wie in Listing 10.23 auf der Kommandozeile:

Listing 10.23 Einrichten der Freigabe

```
root@sambabuch-fs1:~# net conf addshare abteilungen \
                    /admin-share/Abteilungen \
                    writeable=y guest_ok=no "Abteilungsverzeichnisse"

root@sambabuch-fs1:~# net conf setparm abteilungen "browsable" "no"

root@sambabuch-fs1:~# net conf setparm abteilungen "hide unreadable" "yes"
```

Wenn Sie sich als Administrator mit der Freigabe verbinden, ist dieser für Sie immer leer, da Sie an keinem der Unterordner Rechte besitzen. Wollen Sie weitere Abteilungen hinzufügen oder Rechte ändern, müssen Sie immer über die Freigabe admin-share zugreifen.

Wenn sich jetzt ein Benutzer mit der Freigabe verbindet, wird er immer nur die Verzeichnisse in der Freigabe sehen, an denen er Rechte hat.

10.4.4 Eine Freigabe mit Netzwerkpapierkorb

Wenn ein Anwender eine Datei oder einen Ordner auf einem Netzwerklaufwerk löscht, ist es im Moment noch so, dass die Dateien oder die Ordner sofort endgültig gelöscht werden. Es gibt aber die Möglichkeit, über das VFS-Modul *recycle* einzelne oder alle Freigaben mit einem Netzwerkpapierkorb auszustatten. In diesem Abschnitt zeige ich Ihnen eine solche Freigabe.

Erstellen Sie eine neue Freigabe oder ergänzen Sie eine bestehende Freigabe um die Parameter aus Listing 10.24:

Listing 10.24 Eine Freigabe mit Papierkorb

```
[firma]
        path = /daten/firma
        read only = no
        vfs objects = acl_xattr recycle
        recycle:repository = recycle/%U
        recycle:touch = Yes
        recycle:keeptree = Yes
        recycle:versions = Yes
        recycle:directory_mode = 700
        recycle:noversions = *.iso,*.zip
        recycle:exclude = *.tmp,*.temp,*.o,*.obj,*.TMP,*.TEMP
        recycle:excludedir = /recycle,/tmp,/temp,/TMP,/TEMP
```

Hier die Erklärung zu den einzelnen Parametern des VFS-Moduls *recycle*, die dabei folgende Bedeutung haben:

- *recycle:repository = recycle/%U*
  Der Ordner, der für den Papierkorb verwendet wird. Der Ordner liegt hier direkt unterhalb der Freigabe, der Pfad ist relativ zur Freigabe zu sehen. Der Parameter *%U* erzeugt für jeden Benutzer einen eigenen Ordner innerhalb des Ordners.

- *recycle:touch = Yes*
  Hier können Sie festlegen, ob beim Verschieben in den Papierkorb die Accesstime der Datei angepasst wird.

- *recycle:keeptree = Yes*
  Ist dieser Parameter gesetzt, wird der Pfad zur Datei mit im Papierkorb abgelegt.

- *recycle:versions = Yes*
  Von einer gelöschten Datei können auch mehrere Versionen im Papierkorb abgelegt werden.

- *recycle:directory_mode = 700*
  Das sind die Rechte, die die Dateien im Papierkorb erhalten. So kann nur der Besitzer auf seine gelöschten Dateien zugreifen.

- *recycle:noversions = *.iso,*.zip*
  Für diese Dateien wird immer maximal eine Version im Papierkorb abgelegt. Andere Dateien können auch mehrfach im Papierkorb abgelegt werden.

- *recycle:exclude = *.tmp,*.temp,*.o,*.obj,*.TMP,*.TEMP*
  Dateien, die beim Löschen nicht im Papierkorb abgelegt werden.

- *recycle:excludedir = /recycle,/tmp,/temp,/TMP,/TEMP*
  Diese Verzeichnisse werden beim Löschen nicht im Papierkorb abgelegt.

Wenn jetzt ein Anwender eine Datei aus der Freigabe löscht, kann er sie wieder aus dem Ordner recycle/<username> zurückkopieren.

Tipp

Meine Erfahrung zeigt mir, dass so ein Papierkorb gerne als dauerhaftes Datengrab verwendet wird. Ich kann Ihnen nur empfehlen, Dateien, die eine gewisse Liegezeit im Papierkorb haben, automatisch zu löschen.

10.5 Zuweisung der Freigaben über Gruppenrichtlinien

Bis zu diesem Zeitpunkt müssen sich Benutzer die Freigaben immer noch selbst über den Dateimanager verbinden. Das ist nicht das, was Sie auf die Dauer wollen. Besser ist es, wenn die Freigaben beim Anmelden eines Benutzers automatisch verbunden werden.

Das können Sie auf die alte Art machen, indem Sie Logon-Skripte erstellen und diese dann den Benutzern zuweisen, oder Sie machen es über Gruppenrichtlinien.

Der Weg über Gruppenrichtlinien ist auf jeden Fall der bessere Weg, da Sie hier die Zuordnung nicht bei jedem einzelnen Benutzer erstellen müssen, sondern Sie können diesen Vorgang über Gruppen steuern.

So ist es einfach, einem Benutzer bei einem Abteilungswechsel schnell neue Freigaben bereitzustellen.

Hier im Buch werde ich nicht mehr auf Logon-Skripte eingehen, da die Möglichkeiten bei Logon-Skripten sehr eingeschränkt sind.

Tipp

Je länger Sie sich mit dem Active Directory beschäftigen, um so mehr Aufgaben werden Sie über die Gruppenrichtlinien verwalten wollen. Deshalb ist es sinnvoll, schon bei den ersten Aufgaben, die über Gruppenrichtlinien verwaltet werden können, die Gruppenrichtlinien auch zu nutzen und nicht mehr den alten Weg über Logon-Skripte zu gehen.

10.5.1 Anlegen der Gruppenrichtlinie

Als Erstes müssen Sie eine leere Gruppenrichtlinie anlegen. Dazu öffnen Sie in den RSAT die Gruppenrichtlinienverwaltung, die zu den RSAT gehört. Hier erstellen Sie in dem Container GRUPPENRICHTLINIENOBJEKTE ein neues leeres Gruppenrichtlinienobjekt.

Tipp

Da alle Gruppenrichtlinienobjekte immer in diesem Container erzeugt werden, sollten Sie sich einen Namensstandard überlegen. Die Objekte werden hier alphabetisch sortiert angezeigt.

Wenn Sie alle Laufwerkzuordnungen zum Beispiel immer mit *LW-* beginnen, werden Sie die entsprechenden Gruppenrichtlinienobjekte auch immer schnell finden.

Dokumentieren Sie alle Gruppenrichtlinien, damit Sie die Übersicht über Ihre Gruppenrichtlinien und deren Inhalt behalten.

Das leere Gruppenrichtlinienobjekt taucht jetzt in der Liste aller Gruppenrichtlinien auf und kann mit dem Gruppenrichtlinieneditor bearbeitet werden. Klicken Sie dafür mit der rechten Maustaste auf das Objekt und dann auf BEARBEITEN.

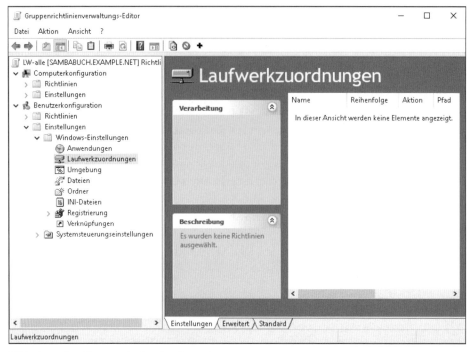

Bild 10.14 Das Fenster der Laufwerkzuordnung

Öffnen Sie die Einstellung BENUTZERKONFIGURATION > EINSTELLUNGEN > WINDOWS-EINSTELLUNGEN. Dort finden Sie den Unterpunkt LAUFWERKZUORDNUNGEN. Klicken Sie auf die LAUFWERKZUORDNUNGEN. Auf der rechten Seite erscheint dann das Fenster aus Bild 10.14.

Klicken Sie in der Symbolleiste auf das blaue Pluszeichen, um eine neue Laufwerkzuordnung zu erstellen. Daraufhin öffnet sich ein Fenster wie in Bild 10.15.

Unter dem Punkt AKTION können Sie verschiedene Möglichkeiten auswählen, wie die Zuordnung beim Client behandelt werden soll.

- ERSTELLEN
  Die Zuordnung wird eingerichtet, wenn die entsprechende Freigabe noch nicht verbunden wurde. Ist die Freigabe schon verbunden, passiert nichts.

- ERSETZEN
  Hierbei werden alle bestehenden Verbindungen zur Freigabe gelöscht, und die Zuordnung wird mit den aktuellen Einstellungen hergestellt. Ist die Freigabe bis jetzt noch nicht verbunden gewesen, wird die Verbindung jetzt hergestellt.

- AKTUALISIEREN
  Verwenden Sie diesen Punkt, dann wird eine bestehende Verbindung nur verändert. Besteht noch keine Verbindung zu der Freigabe, wird die Freigabe erzeugt.

- LÖSCHEN
  Löscht eine Freigabe. Diese Option ist nur sinnvoll, wenn Sie sichergehen wollen, dass eine Freigabe dauerhaft von allen Clients verschwindet.

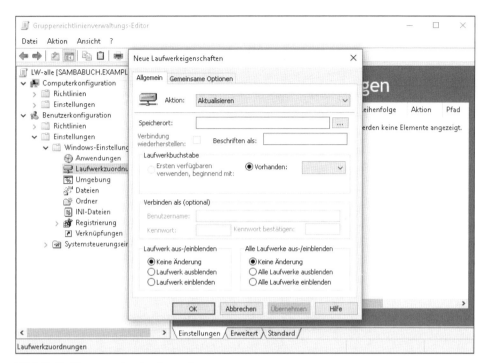

Bild 10.15 Eine neue Laufwerkzuordnung

In den meisten Fällen ist es sinnvoll, den Punkt ERSETZEN zu wählen, denn dann werden auch die eventuell vom Benutzer selbst erstellten Zuordnungen immer wieder neu aufgebaut. Auch die von Ihnen vorgenommenen Änderungen werden bei einer Neuanmeldung eines Benutzers sofort übernommen. Tragen Sie neben der Option SPEICHERORT den Pfad, bestehend aus Servername und Freigabename, zur Freigabe ein. In unserem Beispiel wäre das \\sambabuch-fs1\alle. In Bild 10.16 sehen Sie die kompletten Einstellungen für die Zuordnung.

Wenn Sie möchten, dass die Verbindung mit einer Freigabe entfernt wird, sobald Sie die Kriterien für die Zuordnung geändert haben, dann müssen Sie ERSETZEN wählen.

Die Einstellungen lassen sich noch weiter verfeinern. So können Sie zum Beispiel die Richtlinie auch noch auf bestimmte Gruppen beschränken. Das hier komplett zu beschreiben, würde den Rahmen aber deutlich sprengen. Aber Sie sehen hier, wie Sie die Zuordnungen erstellen.

 Tipp
Wenn Sie über Gruppenrichtlinien Laufwerke zuordnen, können Sie jedes Laufwerk über eine eigene Gruppenrichtlinie verwalten, Sie können aber auch mehrere Laufwerke über eine Gruppenrichtlinie zuordnen.

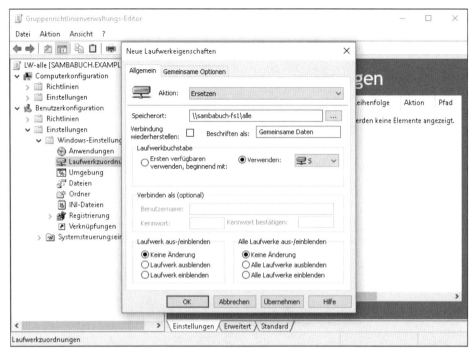

Bild 10.16 Einstellung der Laufwerkzuordnung

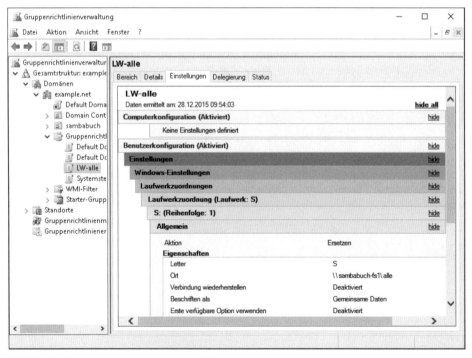

Bild 10.17 Einstellungen der Gruppenrichtlinie

Jetzt können Sie den Gruppenrichtlinieneditor einfach schließen und gelangen dann zurück in die Gruppenrichtlinienverwaltung. Sie müssen Änderungen an dieser Stelle nicht extra speichern.

Klicken Sie jetzt bei dem gerade erstellten Gruppenrichtlinienobjekt auf den Karteireiter EINSTELLUNGEN und dort auf SHOW ALL. Dort sehen Sie dann, so wie in Bild 10.17, die Einstellungen, die Sie mit dem Gruppenrichtlinieneditor erstellt haben.

Damit haben Sie die Gruppenrichtlinie erstellt und können im nächsten Schritt die Gruppenrichtlinie zuordnen.

10.5.2 Zuordnung der Gruppenrichtlinie

Bevor Sie Ihre Gruppenrichtlinien zuordnen können, müssen Sie sich jetzt erst eine Baumstruktur für Ihr Active Directory überlegen und anlegen. Anschließend müssen Sie alle Ihre Gruppen und Benutzer, denen Sie über die Gruppenrichtlinie ein Laufwerk zuordnen wollen, in einem OU außerhalb des Containers cn=Users verschieben.

Hinweis
Dem Container cn=Users können Sie keine Gruppenrichtlinie zuordnen.

10.5.2.1 Anlegen einer Struktur

Um Gruppen und Benutzer übersichtlich verwalten zu können, sollten Sie sich eine Struktur überlegen, in der Sie Ihre Benutzer und Gruppen organisieren. Bauen Sie hierfür eine Struktur auf, die zur Organisation Ihres Unternehmens passt.

Hier im Buch werde ich auf die drei Abteilungen zurückgreifen, die ich schon vorher für die Freigabe verwendet habe.

In Bild 10.18 sehen Sie die Struktur, die ich für alle kommenden Beispiele unterhalb der OU *ou=sambabuch* angelegt habe.

Damit die Gruppenrichtlinien für die Gruppen und Benutzer wirksam werden können, müssen Sie jetzt die entsprechenden Gruppen und die Mitglieder der Gruppen in die Container der einzelnen Abteilungen verschieben. Dazu verwenden Sie das Programm Active Directory-Benutzer und -Computer aus den RSAT.

Ein Verschieben der Benutzer über das Kommando *samba-tool* ist nicht möglich. Wollen Sie sehr viele Benutzer über ein Skript verschieben, geht das nur mithilfe einer .ldif-Datei und des Kommandos *ldbmodify*. Mehr zum Thema Verwaltung des Active Directory über Skripte finden Sie in Kapitel 17, «Samba4 über die Kommandozeile verwalten».

10.5.2.2 Berechtigungen eintragen

Öffnen Sie jetzt wieder die Gruppenrichtlinienverwaltung, und klicken Sie auf Ihre Gruppenrichtlinie für die Verwaltung der Laufwerke und dort auf den Karteireiter BEREICH. Dort sehen Sie auf der rechten Seite des Fensters, dass die SICHERHEITSFILTERUNG

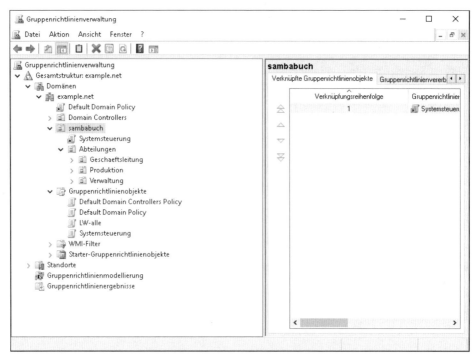

Bild 10.18 Struktur für die Gruppenrichtlinien

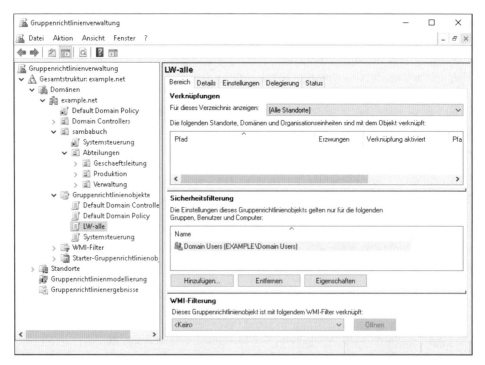

Bild 10.19 Anpassung der Sicherheitsfilterung

im Moment noch AUTHENTICATED USERS anzeigt. Das ist die Standardeinstellung bei allen neuen Gruppenrichtlinien. Da die Laufwerkzuordnung aber nur für die Gruppe domain users gelten soll, entfernen Sie diesen Eintrag aus der Liste, anschließend klicken Sie auf HINZUFÜGEN und fügen die Gruppe der domain users zur *Sicherheitsfilterung* hinzu. Jetzt steht nur noch die Gruppe der domain users in der Liste, so wie Sie es in Bild 10.19 sehen.

In der Abbildung sehen Sie auch, dass noch keine Verknüpfung mit der Richtlinie existiert. Da diese Laufwerkzuordnung für alle Benutzer gelten soll, wird diese Gruppenrichtlinie jetzt mit der OU *ou=sambabuch* verknüpft. Klicken Sie hierfür mit der rechten Maustaste auf die OU OU=SAMBABUCH und dann auf VORHANDENES GRUPPENRICHTLINIENOBJEKT VERKNÜPFEN und wählen Sie die Gruppenrichtlinie für das Laufwerk aus. Wenn Sie jetzt wieder auf das Gruppenrichtlinienobjekt klicken, sehen Sie, dass das Objekt der OU zugeordnet wurde. Bild 10.20 zeigt dieses. Erstellen Sie jetzt eine zweite Gruppenrichtlinie für die Abteilungslaufwerke und weisen diese der OU *ou=Abteilungen* zu.

Tipp

Sie können in der Liste der SICHERHEITSFILTERUNG auch mehrere Gruppen eintragen.

Sie können jetzt auch jede einzelne Abteilung in die Liste eintragen. So können Sie sehr schnell eine Abteilung aus der Zuweisung der Laufwerke entfernen.

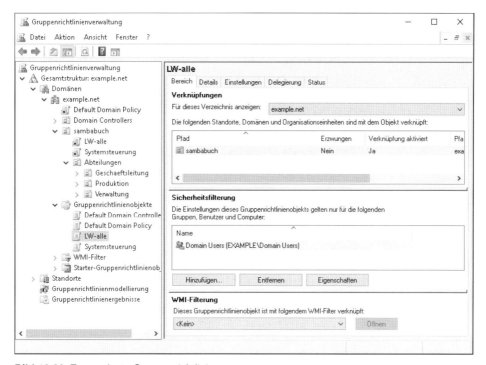

Bild 10.20 Zugeordnete Gruppenrichtlinie

10.5.3 Testen auf der Konsole

Jetzt geht es darum, die Gruppenrichtlinien auf der Kommandozeile zu testen. Dazu melden Sie sich an einem Ihrer Domaincontroller als `root` an, um dort mit dem Kommando *samba-tool gpo* die Gruppenrichtlinien zu testen.

Als Erstes lassen Sie sich so wie in Listing 10.25 alle Gruppenrichtlinien auflisten:

Listing 10.25 Auflisten aller Gruppenrichtlinien

```
root@sambabuch:~# samba-tool gpo listall

GPO              : {31B2F340-016D-11D2-945F-00C04FB984F9}
display name : Default Domain Policy
path             : \\example.net\sysvol\example.net\Policies\
                   {31B2F340-016D-11D2-945F-00C04FB984F9}
dn               : CN={31B2F340-016D-11D2-945F-00C04FB984F9},CN=Policies,\
                   CN=System,DC=example,DC=net
version          : 0
flags            : NONE

GPO              : {6AC1786C-016F-11D2-945F-00C04FB984F9}
display name : Default Domain Controllers Policy
path             : \\example.net\sysvol\example.net\Policies\
                   {6AC1786C-016F-11D2-945F-00C04FB984F9}
dn               : CN={6AC1786C-016F-11D2-945F-00C04FB984F9},CN=Policies,\
                   CN=System,DC=example,DC=net
version          : 0
flags            : NONE

GPO              : {A8120A8E-5502-43A7-8164-1242F2629D41}
display name : Systemsteuerung
path             : \\example.net\SysVol\example.net\Policies\
                   {A8120A8E-5502-43A7-8164-1242F2629D41}
dn               : CN={A8120A8E-5502-43A7-8164-1242F2629D41},CN=Policies,\
                   CN=System,DC=example,DC=net
version          : 65536
flags            : NONE

GPO              : {BE881E3F-DDDE-48A6-9279-4C87CD150568}
display name : LW-alle
path             : \\example.net\SysVol\example.net\Policies\
                   {BE881E3F-DDDE-48A6-9279-4C87CD150568}
dn               : CN={BE881E3F-DDDE-48A6-9279-4C87CD150568},CN=Policies,\
                   CN=System,DC=example,DC=net
version          : 131072
flags            : NONE

GPO              : {0A924F6D-4C54-4F41-807D-6E77E9F434E9}
display name : LW-Abteilungen
path             : \\example.net\SysVol\example.net\\Policies\
                   {0A924F6D-4C54-4F41-807D-6E77E9F434E9}
```

```
dn             : CN={0A924F6D-4C54-4F41-807D-6E77E9F434E9},CN=Policies,\
                 CN=System,DC=example,DC=net
version        : 131072
flags          : NONE
```

Sollte es beim Auflisten der Gruppenrichtlinien zu Fehlermeldungen kommen, prüfen Sie die ACLs der Gruppenrichtlinien mit dem Kommando *samba-tool ntacl sysvolcheck*. Sollte dort ein Fehler auftreten, können Sie diesen mit dem Kommando *samba-tool ntacl sysvolreset* beheben.

Der Fehler weist auf zwei verschiedene Möglichkeiten hin, wie propagiert wird. *samba-tool* prüft nur die Art *AR*. Wird aber *AI* als Methode gesetzt, wirft das *samba-tool* eine Fehlermeldung aus.

Nachdem Sie eine Gruppenrichtlinie erstellt und einer OU zugewiesen haben, können Sie testen, ob die Gruppenrichtlinien für einen bestimmten Benutzer gültig sind. Diesen Test können Sie so wie in Listing 10.26 durchführen:

Listing 10.26 Testen eines Benutzers

```
root@sambabuch:~# samba-tool gpo list stefan
GPOs for user stefan
    LW-alle {BE881E3F-DDDE-48A6-9279-4C87CD150568}
    Systemsteuerung {A8120A8E-5502-43A7-8164-1242F2629D41}
    Default Domain Policy {31B2F340-016D-11D2-945F-00C04FB984F9}

root@sambabuch:~# samba-tool gpo list u1-verw
GPOs for user u1-verw
    LW-Abteilungen {0A924F6D-4C54-4F41-807D-6E77E9F434E9}
    LW-alle {BE881E3F-DDDE-48A6-9279-4C87CD150568}
    Default Domain Policy {31B2F340-016D-11D2-945F-00C04FB984F9}
```

Der Benutzer `stefan` befindet sich direkt in der OU *ou=sambabuch* und ist Mitglied der Gruppe `datengruppe`. Die Gruppenrichtlinie *Systemsteuerung* ist der OU *sambabuch* zugeordnet. Das Benutzerobjekt `u1-verw` liegt in der OU *ou=Verwaltung* und ist somit eine Untermenge der OU *ou=sambabuch*. Der Benutzer `u1-verw` sieht die Gruppenrichtlinie *Systemsteuerung* aber nicht, da er nicht Mitglied der Gruppe `datengruppe` ist. So können Sie sehr schnell testen, welche Gruppenrichtlinie für einen bestimmten Benutzer aktiv ist.

Wenn Sie wissen wollen, bei welchen OUs Sie eine bestimmte Gruppenrichtlinie zugeordnet haben, können Sie das so wie in Listing 10.27 testen:

Listing 10.27 Testen der Zuordnung

```
root@sambabuch:~# samba-tool gpo listcontainers \\
                \{0A924F6D-4C54-4F41-807D-6E77E9F434E9\}
Container(s) using GPO \{0A924F6D-4C54-4F41-807D-6E77E9F434E9\}
    DN: OU=Abteilungen,OU=sambabuch,DC=example,DC=net
```

Wenn sich jetzt einer Ihrer Benutzer an einem Client in Ihrer Domäne anmeldet, bekommt er automatisch alle Laufwerke über die Gruppenrichtlinie zugeordnet. So können Sie beliebig viele Laufwerkzuordnungen erstellen und über Gruppenrichtlinien zuweisen.

> **Tipp**
>
> Je mehr Gruppenrichtlinien Sie anlegen, umso wichtiger wird eine gute Dokumentation aller Einstellungen.

■ 10.6 Samba und das Distributed File System (DFS)

Nachdem in den vorherigen Abschnitten die Freigaben einzeln betrachtet wurden, soll nun auf einem Samba-Server ein Distributed File System (DFS) eingerichtet werden.

Wenn Sie mehrere Server mit Freigaben in Ihrer Domäne betreiben, können Sie mittels DFS mehrere Freigaben von verschiedenen Servern zusammenfassen und dann als eine Freigabe Ihren Anwendern zur Verfügung stellen.

Für die Anwender sieht es dann so aus, als würden alle Daten auf einem Server gespeichert. In Wirklichkeit werden die Daten auf verschiedenen Servern verteilt abgelegt.

10.6.1 Grundlagen DFS

Für die Einrichtung von DFS stehen Ihnen zwei verschiedene Möglichkeiten zur Verfügung: Einmal können Sie einen Samba4-Server als DFS-Proxy einrichten oder als DFS-Link. Beide Vorgehensweisen werde ich hier erklären.

10.6.2 Samba4 als DFS-Proxy

Bei der Einrichtung eines Samba-Servers als DFS-Proxy wird auf einem Samba-Server ein Verweis auf eine Freigabe auf einem anderen Samba-Server erzeugt. Wird zum Beispiel auf dem Samba-Server *sambabuch-fs1* eine Freigabe mit dem Namen *gemeinsam* erzeugt, kann nun auf dem Server *sambabuch-fs2* ein DFS-Proxy eingerichtet werden.

Ein Benutzer kann so auf den Samba-Server *sambabuch-fs2* zugreifen, ohne zu merken, dass dieser ihn nur an den Samba-Server *sambabuch-fs1* weiterleitet. Auf dem Server *sambabuch-fs1* wird nur eine einfache Freigabe benötigt; weitere Einstellungen müssen dort nicht vorgenommen werden.

Auf dem zweiten Server *sambabuch-fs2* muss die Freigabe wie in Listing 10.28 eingetragen werden:

Listing 10.28 Freigabe für einen DFS-Proxy

```
[dfs-share]
        msdfs root = yes
        msdfs proxy = \\sambabuch-fs1\\gemeinsam
        comment = DFS-proxy-root
```

In der Freigabe müssen Sie nur zwei Parameter eintragen:

- *msdfs root = yes*
  Mit diesem Parameter wird diese Freigabe als DFS-Freigabe deklariert.
- *msdfs proxy = \\sambabuch-fs1\\gemeinsam*
  Das ist der Zeiger auf die Freigabe des Servers, auf dem letztendlich die Daten gespeichert werden. Diese Art des DFS ist dann sinnvoll, wenn Sie zum Beispiel Office-Dokumente haben, die mit Object Linking and Embedding (OLE) erstellt wurden und Sie Dokumente auf einen anderen Server umziehen müssen.

Durch den DFS-Proxy kann der Pfad zum Dokument gleich bleiben.

Wichtig

Alle Berechtigungen müssen Sie auf dem Server setzen, auf dem ursprünglich die Freigabe eingerichtet wurde.

So können auf einem Server mithilfe eines DFS-Proxys verschiedene Freigaben eines Servers auf einen anderen Server umleiten. Jede Freigabe muss aber auch jetzt noch einzeln vom Client aus verbunden werden. Das können Sie aber mit einem Samba-Server ändern, der DFS-Links verwaltet.

10.6.3 Einrichtung einer DFS-Freigabe mit DFS-Link

Mit dieser Version eines DFS-Servers können Sie unterschiedliche Freigaben von unterschiedlichen Servern über eine zentrale Freigabe bereitstellen. Dazu legen Sie ein Verzeichnis auf dem DFS-Server an, in dem Sie anschließend spezielle Links erzeugen, die dann auf die eigentlichen Freigaben auf unterschiedlichen Servern verweisen. Dieses Verzeichnis wird als Freigabe auf dem DFS-Server bereitgestellt. Greift nun ein Client auf die Freigabe zu und wechselt in ein Verzeichnis, das nur als Link in der Freigabe verwaltet wird, wird die Anfrage an den entsprechenden Server weitergeleitet. Am folgenden Beispiel soll die Einrichtung eines DFS-Links erklärt werden. Die Freigaben selbst liegen auf den Servern `sambabuch-fs1` und `sambabuch-fs2`, der Server *sambabuch-fs3* soll den DFS-Baum verwalten. Als Erstes wird die Freigabe dfslink auf dem Server *sambabuch-fs3* wie in Listing 10.29 erstellt:

Listing 10.29 Einträge in der smb.conf für DFS-Proxy

```
[dfslink]
        path = /dfsroot
        msdfs root = yes
        comment = DFS-Link-Baum
```

In Listing 10.30 werden jetzt das entsprechende Verzeichnis und die Links erzeugt:

Listing 10.30 Erzeugen der Verzeichnislinks

```
root@sambabuch-fs3:~# mkdir /dfsroot
root@sambabuch-fs3:~# cd /dfsroot
```

```
root@sambabuch-fs3:~# ln -s msdfs:sambabuch-fs1/daten daten
root@sambabuch-fs3:~# ln -s msdfs:sambabuch-fs2/buecher buecher
root@sambabuch-fs3:~# ls -l
insgesamt 0
lrwxrwxrwx 1 root root 24 27. Dez 17:36 daten ->\\
        msdfs:sambabuch-fs1/daten
lrwxrwxrwx 1 root root 28 27. Dez 17:36 buecher ->\\
        msdfs:sambabuch-fs2/buecher
```

Mithilfe der Links verweisen Sie auf die Freigabe daten auf dem Server sambabuch-fs1 und die Freigabe buecher auf dem Server sambabuch-fs2. Sie können auch weitere Links auf verschiedene Server im Netzwerk erzeugen.

Wenn Sie sich jetzt mit der Freigabe dfslink auf dem Server sambabuch-fs3 verbinden, können Sie auf die Daten der beiden Freigaben auf den verlinkten Servern zugreifen. Auch diese Freigabe können Sie über eine Gruppenrichtlinie den Benutzern Ihres Netzwerks zuweisen.

Wichtig
Bei den Links im Verzeichnis für den DFS-Baum müssen Sie unbedingt darauf achten, dass ausschließlich Kleinbuchstaben verwendet werden.

Nun steht einer Verwendung der entsprechenden DFS-Bäume von den Windows-Clients aus nichts mehr entgegen.

In diesem Kapitel haben Sie eine Menge über die Einrichtung, Verwaltung und Verbindung von Freigaben gelesen. Sie haben gesehen, wie umfangreich die Möglichkeiten der Zuweisung über die Gruppenrichtlinien sind. Eine gute Dokumentation hilft Ihnen, den Überblick über Ihre Freigaben und Zuordnungen zu behalten.

11 Das Dateisystem

Das Thema Dateisystemberechtigungen ist ein sehr wichtiges Thema. Besonders Linux-Administratoren sollten sich dieses Kapitel ganz genau durchlesen. Durch die möglichst identische Darstellung der Rechte auf Windows-Systemen werden bei Samba4 `Dateisystem-ACLs` eingesetzt, zusätzlich kommen auch immer die erweiterten Dateisystemattribute zum Tragen. Die Verwaltung der Rechte über die Kommandozeile ist daher nicht so einfach. Hier sollten Sie sich umstellen und die Rechte möglichst nur noch über den Windows-Dateimanager verwalten. Auch das Kontingentieren von Festplatten soll in diesem Kapitel angesprochen werden, denn oft soll der Speicherbedarf der einzelnen Benutzer und Gruppen eingeschränkt werden.

11.1 Dateisystemberechtigungen

Damit die Benutzer auch mit den passenden Rechten auf die Freigaben zugreifen können, müssen Sie jetzt noch die Berechtigungen im Dateisystem vergeben können. Bei Samba4 können Sie alle Rechte direkt über den Explorer vergeben.

Sie werden auch sehen, dass die Vergabe der Berechtigungen dort sehr viel einfacher ist als direkt auf der Kommandozeile. Alle benötigten ACLs werden mit dem Explorer automatisch gesetzt.

11.1.1 Vererbung der Rechte

Um die Vergabe der Rechte an eine neue Datei zu verdeutlichen, soll jetzt eine Datei auf der Kommandozeile unter Linux und eine weitere Datei direkt im Explorer unter Windows angelegt werden. Beide Dateien wurden vom `Administrator` angelegt.

Als Erstes sehen Sie jetzt den Unterschied in den Rechten einer neuen Datei, wenn Sie diese über die Kommandozeile beziehungsweise über den Explorer unter Windows anlegen. In Bild 11.1 sehen Sie die Rechte einer Datei, die direkt auf der Konsole des Servers erstellt wurde.

Hier sehen Sie, dass nur die bekannten Linux-Einträge bei den Berechtigungen vorhanden sind. In Bild 11.2 sehen Sie die Berechtigungen der Datei, die im Explorer unter Windows angelegt wurde.

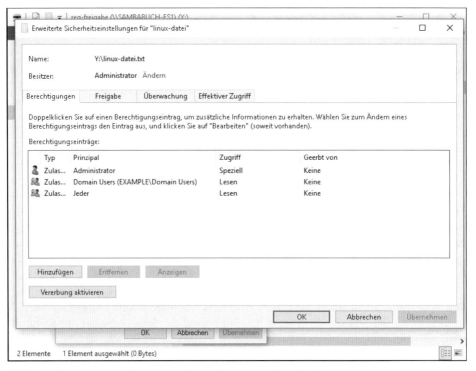

Bild 11.1 Dateisystemrechte einer auf dem Server erstellten Datei

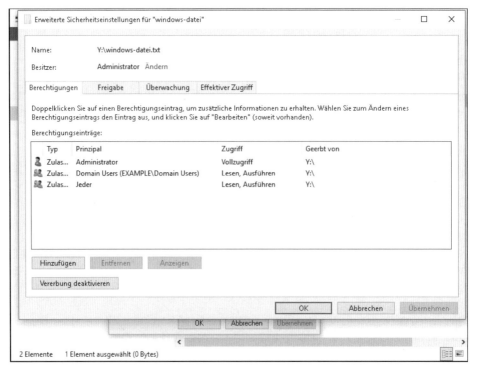

Bild 11.2 Dateisystemrechte einer unter Windows erstellten Datei

Unter Windows sieht es so aus, als wären die Berechtigungen fast identisch. Nur die Gruppe und Jeder hat zusätzlich zum Leserecht das Recht Ausführen. Auf der Kommandozeile sieht das aber schon ganz anders aus. Listing 11.1 zeigt die Rechte beider Dateien unter Linux:

Listing 11.1 Ein Testlisting

```
EXAMPLE\administrator@sambabuch-fs1:/daten/reg-freigabe$ ls -l
insgesamt 4
-rw-r--r--  1 EXAMPLE\\administrator EXAMPLE\\domain users 0 Jul 28 17:02 \\
            linux-datei.txt

-rwxrwxr-x+ 1 EXAMPLE\\administrator EXAMPLE\\domain users 0 Jul 28 16:59 \\
            windows-datei.txt
```

Hier sehen Sie, dass hinter den Rechten der Datei, die unter Windows angelegt wurde, das Pluszeichen steht. Das besagt, dass diese Datei zusätzlich zu den Rechten Dateisystem-ACLs verwendet. Diese können Sie sich mit dem Kommando *getfacl* anzeigen lassen. In Listing 11.2 sehen Sie die Auflistung der ACLs dieser Datei:

Listing 11.2 ACLs der Windows-Datei

```
EXAMPLE\administrator@sambabuch-fs1:/daten/reg-freigabe$ \
                    getfacl windows-datei.txt
# file: windows-datei.txt
# owner: EXAMPLE\134administrator
# group: EXAMPLE\134domain\040users
user::rwx
user:EXAMPLE\134domain\040users:r-x
group::r-x
group:EXAMPLE\134administrator:rwx
group:EXAMPLE\134domain\040users:r-x
mask::rwx
other::r-x
```

Sie sehen hier, dass die Rechte über die ACLs vergeben werden.

Wichtig

Verändern Sie niemals Berechtigungen an einer Datei mit *chmod*, wenn die Datei ACLs besitzt, denn die Berechtigungen, die bei *ls -l* angezeigt werden, sind keine Rechte mehr. Es handelt sich dann nur noch um eine Maske, mit der Rechte komplett ausgefiltert werden können. Das gilt auch für Verzeichnisse.

Auch bei Verzeichnissen werden Sie Unterschiede feststellen. Hier folgen deshalb auch noch zwei Beispiele für Verzeichnisse. Das eine Verzeichnis wurde unter Windows und das andere unter Linux angelegt, immer mit dem Benutzer Administrator. In Bild 11.3 sehen Sie die Rechte des unter Linux erstellten Verzeichnisses.

Bild 11.4 zeigt die Rechte des unter Windows erzeugten Verzeichnisses.

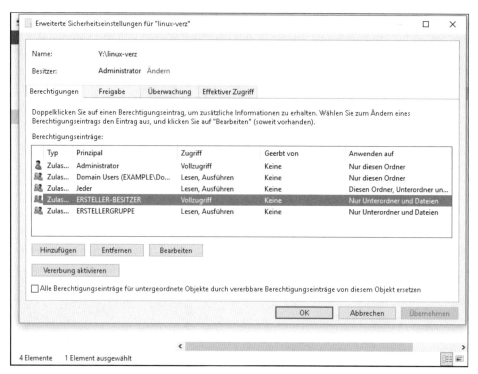

Bild 11.3 Dateisystemrechte eines auf dem Server erstellten Verzeichnisses

Bild 11.4 Dateisystemrechte eines unter Windows erstellten Verzeichnisses

Auch hier sind die Unterschiede auf den ersten Blick gering. Deshalb ist es wichtig, dass Sie sich die Rechte auch auf der Kommandozeile des Fileservers anzeigen lassen. In Listing 11.3 sehen Sie die beiden Einträge:

Listing 11.3 Rechte an den Verzeichnissen

```
EXAMPLE\administrator@sambabuch-fs1:/daten/reg-freigabe$ ls -l
drwxr-xr-x  2 EXAMPLE\administrator EXAMPLE\domain users 4096 Dez 28 17:23\
            linux-verz

drwxrwxr-x+ 2 EXAMPLE\administrator EXAMPLE\domain users 4096 Dez 28 17:23 \
            windows-verz
```

Die Gruppe hat bei dem unter Windows angelegten Verzeichnis das Schreibrecht, und wieder ist der Eintrag mit ACLs belegt. In Listing 11.4 sehen Sie die eingetragenen ACLs des Verzeichnisses:

Listing 11.4 Die ACLs am Verzeichnis

```
EXAMPLE\\administrator@sambabuch-fs1:/daten/reg-freigabe$ \
                                getfacl windows-verz

# file: windows-verz
# owner: EXAMPLE\134administrator
# group: EXAMPLE\134domain\040users

user::rwx
user:EXAMPLE\134domain\040users:r-x
group::r-x
group:EXAMPLE\134administrator:rwx
group:EXAMPLE\134domain\040users:r-x
mask::rwx
other::r-x

default:user::rwx
default:user:EXAMPLE\134administrator:rwx
default:group::r-x
default:group:EXAMPLE\134domain\040users:r-x
default:mask::rwx
default:other::r-x
```

Hier sehen Sie, dass neben den einfachen ACLs auch Default-ACLs gesetzt sind. Diese Default-ACLs sorgen für die Vererbung der Rechte an alle untergeordneten Einträge dieses Verzeichnisses.

Im Gegensatz zu Linux werden bei Windows Rechte an untergeordnete Einträge vererbt. Diese Vererbung wird über die Default-ACLs geregelt.

11.1.2 Aufhebung der Vererbung

Um die Vererbung zu beenden, klicken Sie, nachdem Sie die Eigenschaften des Verzeichnisses geöffnet haben, auf SICHERHEIT und anschließend auf ERWEITERT. Anschließend klicken Sie auf VERERBUNG DEAKTIVIEREN. Daraufhin erscheint eine Meldung, und Sie können entscheiden, ob Sie die bestehenden Rechte übernehmen und eine neue Vererbung starten wollen oder ob Sie mit einer leeren Berechtigungsliste starten wollen. Bild 11.5 zeigt die entsprechenden Fenster.

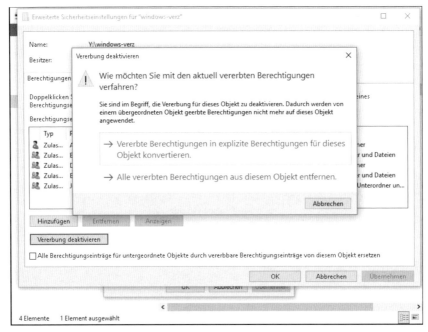

Bild 11.5 Aufhebung der Vererbung

Die Vererbung der Rechte direkt auf dem Dateisystem wird über Default-ACLs geregelt. Wollen Sie den Vorgang auf der Kommandozeile durchführen, müssen Sie alle ACLs in dem entsprechenden Verzeichnis löschen und neue Default-ACLs setzen. Das Aufheben der Vererbung ist auf der Kommandozeile ein größerer Aufwand als über den Explorer unter Windows.

Sie können jetzt das Verzeichnis komplett neu mit Rechten belegen. Dafür klicken Sie auf HINZUFÜGEN und anschließend auf den Link PRINZIPAL AUSWÄHLEN. Es öffnet sich ein neues Fenster, in dem Sie Einträge hinzufügen können. Bild 11.6 zeigt dieses Fenster. Hier können Sie jetzt eine Gruppe oder einen Benutzer direkt eintragen und dann auf NAME ÜBERPRÜFEN klicken oder über die Schaltfläche ERWEITERT nach Benutzern und Gruppen suchen.

Wählen Sie eine Gruppe, und klicken Sie dann auf OK, um die Auswahl zu übernehmen. Sie kommen dann zurück zu dem vorherigen Fenster und können die Rechte für die vorher eingetragene Gruppe vergeben. Bild 11.7 zeigt die Einstellung der neuen Rechte.

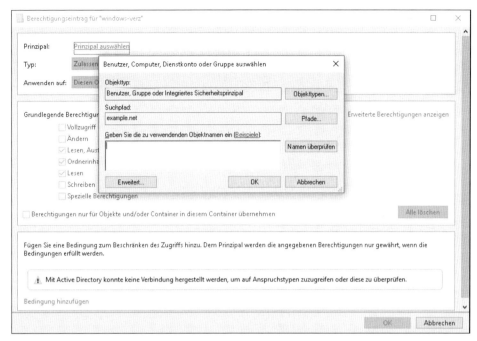

Bild 11.6 Hinzufügen der Berechtigungen

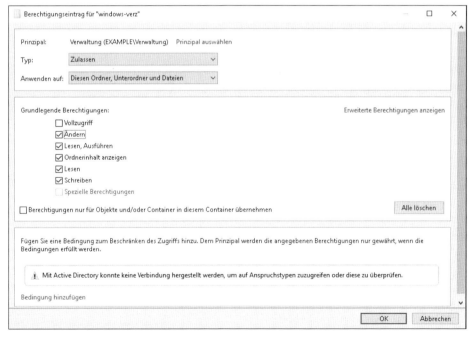

Bild 11.7 Hinzufügen neuer Rechte

Bestätigen Sie die Änderung mit einem Klick auf OK. Schließen Sie auch alle anderen Fenster. Wenn Sie sich jetzt die Rechte unter Windows erneut ansehen, werden Sie feststellen, dass nur die Rechte für die von Ihnen eingetragene Gruppe vorhanden sind. Bild 11.8 zeigt diesen Zustand.

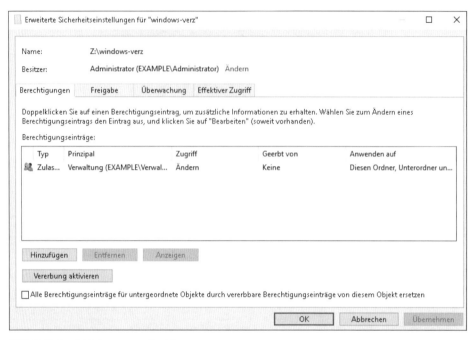

Bild 11.8 Ansicht der neuen Rechte

Wenn Sie, so wie im Beispiel, keine Rechte für den `Administrator` oder die Gruppe der `domain admins` vergeben haben, können Sie jetzt als Administrator nicht mehr auf das Verzeichnis zugreifen. Sie erhalten nur eine Fehlermeldung. Das ist das normale Verhalten unter Windows.

Jetzt ist es noch interessant, wie die Berechtigungen unter Linux direkt im Dateisystem aussehen. In Listing 11.5 sehen Sie die Rechte im Dateisystem:

Listing 11.5 Rechte im Dateisystem

```
root@sambabuch-fs1:/daten/reg-freigabe# getfacl windows-verz/
# file: windows-verz/
# owner: EXAMPLE\134administrator
# group: EXAMPLE\134domain\040users
user::rwx
user:EXAMPLE\134administrator:rwx
user:EXAMPLE\134verwaltung:rwx
group::---
group:EXAMPLE\134domain\\040users:---
group:EXAMPLE\134verwaltung:rwx
mask::rwx
other::---
```

```
default:user::rwx
default:user:EXAMPLE\134administrator:rwx
default:user:EXAMPLE\134verwaltung:rwx
default:group::---
default:group:EXAMPLE\134domain\040users:---
default:group:EXAMPLE\134verwaltung:rwx
default:mask::rwx
default:other::---
```

11.1.3 Ändern des Besitzers

Bis jetzt habe ich nur die Rechte an Verzeichnissen und Dateien angesprochen. Aber jeder Eintrag im Dateisystem hat auch immer einen Besitzer, unter Linux zusätzlich eine besitzende Gruppe. Auch diese Einstellungen können Sie über Windows in den Sicherheitseinstellungen des Dateisystemeintrags anpassen. Öffnen Sie hierfür die Eigenschaften des Eintrags, und klicken Sie auf den Karteireiter SICHERHEIT. In dem Fenster klicken Sie dann auf ERWEITERT. Dort finden Sie neben verschiedenen Karteireitern zusätzlich einen Link BESITZER. Im Gegensatz zu Windows 7 sehen Sie bei Windows 10 sofort den Besitzer des Eintrags. Klicken Sie hinter dem Namen des Besitzers auf ÄNDERN. Es erscheint ein neues Fenster, in dem Sie jetzt direkt den Namen des neuen Besitzers eintragen können, oder Sie suchen über die Schaltfläche ERWEITERT im Active Directory nach dem neuen Besitzer. In Bild 11.9 sehen Sie die dazugehörigen Fenster.

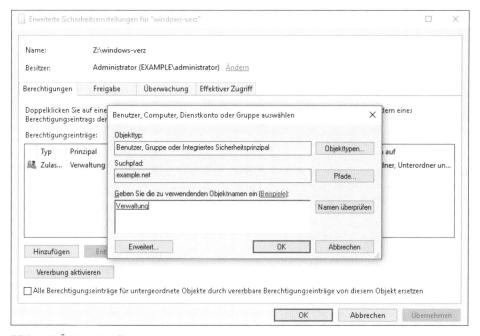

Bild 11.9 Ändern des Besitzers

Nachdem Sie das Fenster zur Änderung des Besitzers geschlossen haben, sehen Sie sofort den neuen Besitzer. Direkt unter dem Besitzer können Sie auch die Besitzrechte für alle untergeordneten Einträge ändern. Klicken Sie jetzt auf OK und schließen Sie alle Fenster. Jetzt haben Sie als Administrator keine Rechte mehr an dem Eintrag und sind auch nicht mehr der Besitzer. Wenn Sie jetzt versuchen, die Berechtigungen zu öffnen, sehen Sie nur noch einen Hinweis, dass Sie keine Rechte haben. Sie können nicht mehr sehen, wer Rechte an dem Eintrag hat. Auch wenn Sie auf ERWEITERT klicken, sehen Sie, dass Sie keine Rechte haben. Auch der aktuelle Besitzer wird Ihnen nicht mehr angezeigt, so wie Sie in Bild 11.10 sehen.

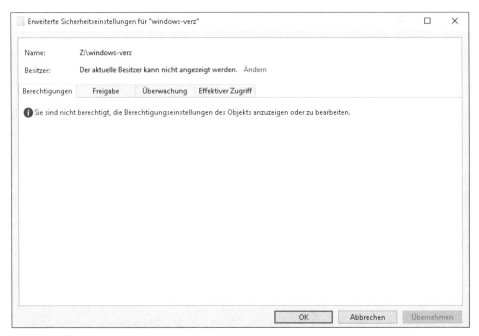

Bild 11.10 Eintrag ohne Rechte

Sie können als Administrator zwar immer den Besitz übernehmen, sehen aber nicht, wer der ursprüngliche Besitzer war, und sind somit nicht in der Lage, den ursprünglichen Zustand wiederherzustellen. Unter Linux sehen die Rechte und die ACLs jetzt so aus wie in Listing 11.6:

Listing 11.6 Der neue Besitzer unter Linux

```
root@sambabuch-fs1:/daten/reg-freigabe# ls -ld windows-verz/
drwxrwx---+ 2 EXAMPLE\verwaltung EXAMPLE\domain users 4096 Jul 28 17:23\
           windows-verz/

root@sambabuch-fs1:/daten/reg-freigabe# getfacl windows-verz/
# file: windows-verz/
# owner: EXAMPLE\134verwaltung
# group: EXAMPLE\134domain\040users
user::rwx
```

```
user:EXAMPLE\134administrator:rwx
user:EXAMPLE\134verwaltung:rwx
group::---
group:EXAMPLE\134domain\040users:---
group:EXAMPLE\134verwaltung:rwx
mask::rwx
other::---
default:user::rwx
default:user:EXAMPLE\134administrator:rwx
default:user:EXAMPLE\134verwaltung:rwx
default:group::---
default:group:EXAMPLE\134domain\040users:---
default:group:EXAMPLE\134verwaltung:rwx
default:mask::rwx
default:other::---
```

Auch hier wurde jetzt der Besitzer geändert.

Hinweis

Hier sehen Sie eine weitere Besonderheit von Windows. Als neuen Besitzer habe ich unter Windows eine Gruppe eingetragen: die Gruppe `verwaltung`. Diese sehen Sie jetzt an der Stelle, wo unter Linux normalerweise ein Benutzer eingetragen ist.

Wollen Sie die besitzende Gruppe ändern, müssen Sie das über die Kommandozeile unter Linux durchführen, da Windows keine besitzende Gruppe bei der Rechteverwaltung kennt. Jetzt können Sie die Rechte auf allen Dateien und Verzeichnissen von Windows aus verwalten.

Tipp

Aufgrund der Verwendung von ACLs und erweiterten Attributen für die Vergabe der Berechtigungen sollten Sie auf die Vergabe von Berechtigungen über die Kommandozeile verzichten und Berechtigungen für Verzeichnisse immer über Windows vergeben.

11.2 Dateisystemquotas

In vielen Fällen wollen Sie den Speicherplatz beschränken, den Ihre Benutzer auf Partitionen verwenden dürfen. Dafür gibt es die `Dateisystemquotas` unter Linux. In der Windows-Welt wird hierfür der Begriff `Festplattenkontingent` verwendet. Die Einrichtung der Festplattenkontingente unter Windows funktioniert nur mit Windows-Servern, da für die Konfiguration über die RSAT das Dateisystem diese Art der Konfiguration unterstützen muss.

Unter Linux müssen die Dateisystemquotas über die Kommandozeile aktiviert werden. Sie haben die Möglichkeit, die Quotas sowohl für Benutzer als auch für Gruppen einzurichten. Die Quotas beziehen sich aber immer auf eine Partition und nicht auf ein Verzeichnis oder eine Freigabe. Wollen Sie also unterschiedliche Freigaben mit unterschiedlichen Quotas belegen, müssen Sie die Verzeichnisse alle auf eine eigene Partition legen, dann die Quotas einrichten und anschließend die Partition freigeben.

11.2.1 Installation und Aktivierung der Quotas

Im ersten Schritt müssen Sie das Quota-System aktivieren. Dazu müssen Sie als Erstes die beiden Pakete quota und quotatool installieren.

Im Anschluss daran müssen Sie die Datei /etc/fstab für das entsprechende Dateisystem so wie in Listing 11.7 anpassen:

Listing 11.7 Anpassung der /etc/fstab für die Verwendung von Quotas

```
/dev/sdb1        /data1 xext4 defaults,usrquota,grpquota 0 0
```

Durch die Option *usrquota* werden die User-Quotas und durch die Option *grpquota* die Group-Quotas aktiviert. Im Anschluss daran müssen Sie das Dateisystem neu mounten, um die Option zu aktivieren. In Listing 11.8 sehen Sie das entsprechende Kommando und das Ergebnis:

Listing 11.8 Remounten der Partition

```
root@sambabuch-fs1:~# mount -o remount /data1

root@sambabuch-fs1:~# mount
...
/dev/sdb1 on /data1 type ext4 (rw,relatime,quota,usrquota,grpquota,data=
    ordered)
...
```

Im nächsten Schritt muss das Quota-System für den ersten Einsatz initialisiert werden. Die Initialisierung führen Sie mit dem Kommando *quotacheck* durch.

Da nach der Installation der Pakete das Quota-System sofort aktiviert wurde, müssen Sie es vor der Initialisierung erst mit dem Kommando *quotaoff* abschalten. Erst dann kann das Quota-System initialisiert werden. Im Anschluss können Sie das Quota-System für die Partition erneut aktivieren.

Die Zeit, die das System für die Initialisierung der Quotas auf den einzelnen Partition benötigt, ist immer abhängig von der Größe der Partition und der Menge an Daten, die bereits auf der Partition gespeichert sind. In Listing 11.9 sehen Sie den Vorgang der Initialisierung:

Listing 11.9 Initialisierung des Quota-Systems

```
root@sambabuch-fs1:~# quotacheck -cug /data1
quotacheck: Quota för users ist bei Mountpunkte /data1 \
        aktiviert, dh. quotacheck könnte die \
        Datei beschödigen.
```

```
Bitte deaktivieren Sie Quotas oder verwenden Sie \
           -f, um die Pröfung zu erzwingen.

root@sambabuch-fs1:~# quotaoff /data1

root@sambabuch-fs1:~# quotacheck -cug /data1

root@sambabuch-fs1:~# quotaon /data1
```

Beim ersten Versuch, das Quota-System zu initialisieren, kommt es zu der Warnung, dass das Quota-System bereits aktiv ist und es dadurch zu Problemen kommen kann. Deshalb wird es im nächsten Schritt abgeschaltet. Der nächste Versuch, das Quota-System mit dem Kommando *quotacheck* zu initialisieren, wird anschließend ohne Warnung durchgeführt. Die Parameter des Programms haben dabei die folgenden Bedeutungen:

- *-c* Die Quotas werden in jeder Partition in einer eigenen Datei abgespeichert, und zwar getrennt jeweils für die User-Quotas und die Group-Quotas. Diese Dateien befinden sich immer in der obersten Ebene des Dateisystems, für das die Quotas eingerichtet wurden. Die Dateien heißen aquota.user und aquota.group. Durch die Option *-c* wird bei der Ausführung von *quotacheck* überprüft, ob die Dateien bereits vorhanden sind – wenn nicht, werden die Dateien erzeugt.
- *-u* Diese Option aktiviert die User-Quotas.
- *-g* Diese Option aktiviert die Group-Quotas.

Hinweis

In vielen How-Tos, die Sie im Internet finden, wird an dieser Stelle von den Dateien quota.user und quota.group gesprochen. Diese beiden Dateinamen werden von einer sehr alten Version des Quota-Systems verwendet und sind heute falsch. Bei den Dateien handelt es sich dann auch um ASCII-Dateien. Im aktuellen Quota-System werden Binärdateien verwendet.

Nach der Initialisierung können Sie das Quota-System mit dem Kommando *quotaon* wieder aktivieren. Ab jetzt ist das Quota-System für das entsprechende Dateisystem aktiv.

11.2.2 Quota-Einträge verwalten

Als Erstes sollten Sie prüfen, ob das Quota-System auch wirklich aktiv ist. Die Prüfung wird mit dem Kommando *quotaon* durchgeführt (siehe Listing 11.10):

Listing 11.10 Überprüfung des Quota-Systems

```
root@sambabuch-fs1:~# quotaon -p /data1
group-Quota auf /data1 (/dev/sdb1) ist an
user-Quota auf /data1 (/dev/sdb1) ist an
```

Wie Sie sehen, ist das Quota-System auf der Partition /data1 sowohl für User-Quotas als auch für Group-Quotas aktiv.

Wenn das Quota-System aktiv ist, können Sie die Beschränkungen für Benutzer und Gruppen eintragen. Dazu wird das Kommando *edquota* verwendet. Doch bevor wir das Setzen von Quotas für die Benutzer und Gruppen an einem Beispiel zeigen, sollen hier noch einige Begriffe in Bezug auf Quotas erklärt werden:

- **grace period**

  Bei diesem Wert handelt es sich um eine Gnadenfrist für den Benutzer. Solange diese Zeit nicht abgelaufen ist, kann er auch über das Softlimit hinaus Daten auf der Partition speichern, aber nur bis hin zum Hardlimit. Als Zeitangabe können Sie *seconds*, *minutes*, *hours*, *days*, *weeks* und *months* verwenden.

- **Softlimit**

  Mit dem Softlimit können Sie eine erste Grenze für einen Benutzer oder eine Gruppe setzen. Wenn diese Grenze erreicht ist, bekommt der Benutzer oder ein Mitglied der Gruppe eine Warnung, dass das Softlimit überschritten wurde.

  Wenn die Gnadenfrist `grace period` nicht gesetzt ist, passiert an dieser Stelle nichts weiter. Wenn aber eine grace period gesetzt wurde, darf das Softlimit nur so lange überschritten werden, wie die Zeit bei der grace period eingestellt ist. Wenn diese Zeit abgelaufen ist, kann der Benutzer keine Daten mehr speichern, auch wenn das Hardlimit noch nicht erreicht wurde.

  Der Wert wird in Blöcken zu 1.024 Byte angegeben, unabhängig von der eingestellten Blockgröße der Partition. Wenn Sie einem Benutzer 90 MB Platz als Softlimit zuweisen wollen, wären das somit 90 MB · 1.024 K = 92.160 Blöcke.

  Es gibt auch die Möglichkeit, die Anzahl der `Inodes` zu begrenzen. Dann kann der Benutzer nur eine bestimmte Anzahl an Inodes verwenden.

- **Hardlimit**

  Mit dem Hardlimit legen Sie die absolute Obergrenze des Speicherplatzes eines Benutzers oder einer Gruppe fest. Über diesen Wert hinaus können keine Daten gespeichert werden, auch dann nicht, wenn eine gesetzte grace period noch nicht abgelaufen ist.

  Auch dieser Wert wird in Blöcken zu 1.024 Byte oder in Inodes festgelegt. Der Wert für das Hardlimit muss immer größer sein als der Wert für das Softlimit.

Wenn Sie die Quota-Einträge für einen Benutzer bearbeiten, startet nach dem Aufruf von *edquota <Benutzer>* der von Ihnen am System eingestellte Editor und zeigt Ihnen die momentan verwendeten Blöcke des Benutzers und die eingestellten Limits.

Hier können Sie jetzt die Änderungen vornehmen. In Listing 11.11 sehen Sie die Bearbeitung der Quotas:

Listing 11.11 Verwendung von edquota für einen Benutzer

```
root@sambabuch-fs1:~# edquota -u ktom

#Datenträgerquotas för user ktom (uid 1001106):
  Dateisystem                  Blöcke        weich          hart        Inodes
      weich        hart
    /dev/sdb1                       0        92160        102400             0
             0           0
```

Jetzt hat der Benutzer *ktom* nur noch den durch die Quotas eingeschränkten Plattenplatz zur Verfügung.

Wollen Sie später den momentan verwendeten Speicherplatz prüfen, können Sie das mit dem Kommando *repquota* durchführen. In Listing 11.12 sehen Sie die Liste der eingerichteten Quotas.

Listing 11.12 Erstellen eines Reports mit repquota für alle Benutzer

```
root@sambabuch-fs1:~# repquota -u /data1
*** Report för user Quotas auf Geröt /dev/sdb1
Blockgnadenfrist: 7days; Inodegnadenfrist: 7days
                        Block Limits              Dateilimits
Benutzer    belegt  weich   hart  Gnade   belegt weich hart  Gnade
-----------------------------------------------------------------
root    --     20      0      0            2      0     0
ktom    --      4  92160 102400            3      0     0
```

Einzelne Benutzer können Sie so nicht überprüfen, denn über die Option *-u* werden alle Quotas aller Benutzer angezeigt. Der einfachste Weg, einzelne Benutzer zu filtern, wäre, das Ergebnis des Kommandos *repquota -u /daten* mittels *grep* zu filtern.

> **Hinweis**
>
> Wenn Sie sich jetzt die Quota-Werte mit *repquota* anzeigen lassen wollen, kann es sein, dass Sie keine Werte angezeigt bekommen. In dem Report werden nur Benutzer angezeigt, die schon Daten in der entsprechenden Partition abgelegt haben.

Im nächsten Schritt soll im direkten Anschluss für die Gruppe *benutzer* noch ein Quota-Eintrag erstellt werden (siehe Listing 11.13):

Listing 11.13 Verwendung von edquota für eine Gruppe

```
Datenträgerquotas för group domain users (gid 1000513):
  Dateisystem  Blöcke   weich    hart  Inodes   weich   hart
  /dev/sdb1       12    9000   10000       3       0      0
```

Auch hier können die Quota-Einträge für Gruppen wieder mit dem Kommando *repquota* überprüft werden (siehe Listing 11.14):

Listing 11.14 Erstellen eines Reports mit repquota für alle Gruppe

```
root@sambabuch-fs1:~# repquota -g /data1
*** Report för group Quotas auf Geröt /dev/sdb1
Blockgnadenfrist: 7days; Inodegnadenfrist: 7days
                        Block Limits              Dateilimits
Gruppe      belegt  weich   hart  Gnade   belegt weich hart  Gnade
-----------------------------------------------------------------
root          --     20      0      0            2      0     0
domain users        12   9000   1000            3      0     0
```

Wie Sie sehen, werden hier auch wieder alle Gruppen aufgelistet, die schon Daten angelegt haben. Jetzt soll zum Abschluss noch mit dem Kommando *edquota* die `grace period` gesetzt werden (siehe Listing 11.15). Wenn Sie sich im Anschluss noch einmal den Report anzeigen lassen, sehen Sie die geänderte Gnadenfrist:

Listing 11.15 Einrichtung der grace period

```
root@sambabuch-fs1:~# edquota -t

Gnadenfrist bevor die weichen Limits durchgesetzt werden för users:
Zeiteinheiten dörfen sein: days, hours, minutes, oder seconds
    Dateisystem            Blockgnadenfrist         Inodegnadenfrist
    /dev/sdb1                   1days                     4days

root@sambabuch-fs1:~# repquota /data1
*** Report för user Quotas auf Geröt /dev/sdb1
Blockgnadenfrist: 24:00; Inodegnadenfrist: 4days
...
```

Die Zeiten für Blocklimits wurden hier auf einen Tag gesetzt und die Zeiten für die Inode-Limits auf vier Tage. Im Anschluss daran können Sie mit *repquota /daten* die Werte sofort überprüfen.

Eine weitere Möglichkeit, Quota-Einträge zu verwalten, steht Ihnen mit dem Kommando *setquota* zur Verfügung. Die Syntax zum Kommando *setquota* lautet: *setquota -u <user> <blocksoft> <blockhard> <inodesoft> <mountpoint>*. Wenn Sie anstelle des *-u* ein *-g* und anschließend einen Gruppennamen verwenden, können Sie die Quota-Einträge für Gruppen verwalten. Am Ende des Kommandos können Sie auch anstelle des Devices den Mountpoint verwenden. In Listing 11.16 sehen Sie ein Beispiel für die Änderung der Quotas des Benutzers *ktom*:

Listing 11.16 Änderung der Quotas mittels setquota

```
root@sambabuch-fs1:~# setquota -u ktom 194560 204800 0 0 /data1

root@sambabuch-fs1:~# repquota -uv /data1
*** Report för user Quotas auf Geröt /dev/sdb1
Blockgnadenfrist: 24:00; Inodegnadenfrist: 4days
                        Block Limits              Dateilimits
Benutzer    belegt   weich   hart   Gnade   belegt  weich  hart  Gnade
-----------------------------------------------------------------
root    --     20       0        0               2       0     0
ktom    --     12   194560   204800              3       0     0

Statistik:
Gesamtblockzahl: 8
Datenblöcke: 1
Entröge: 2
Durchschnittlich verwendet: 2,000000
```

Sie müssen nicht für jeden Benutzer die Quotas einzeln setzen, Sie können die Einstellungen eines Benutzers auch auf andere Benutzer kopieren, dasselbe gilt auch für die Gruppenquotas. In Listing 11.17 sehen Sie, wie die Quotas des Benutzers *ktom* auf den Benutzer *skania* kopiert werden:

Listing 11.17 Kopieren von Quotaeinstellungen

```
root@sambabuch-fs1:~# setquota -p ktom skania /data1

root@sambabuch-fs1:~# repquota -uv /data1
*** Report för user Quotas auf Geröt /dev/sdb1
Blockgnadenfrist: 24:00; Inodegnadenfrist: 4days
                        Block Limits              Dateilimits
Benutzer   belegt   weich   hart   Gnade   belegt weich hart Gnade
-----------------------------------------------------------------
root        --       20       0      0       2      0     0
ktom        --       12  194560  204800      3      0     0
skania      --        0  194560  204800      0      0     0
```

Die eingerichteten Quotas sind jetzt auch unter Windows wirksam. Wenn Sie für die Partition eine Freigabe erstellen und sich mit der Freigabe verbinden, sehen Sie, dass die entsprechenden Benutzer nur 90 MB Speicherplatz nutzen können.

Bleibt noch die Frage: Was passiert, wenn auf einer Partition sowohl Group- als auch User-Quotas eingerichtet wurden und ein Benutzer Mitglied der Gruppe ist? Ganz einfach: Die User-Quotas haben immer die höhere Priorität.

Jetzt ist die Konfiguration Ihres Dateisystems vollständig. Sie haben hier gesehen, wie Sie Freigaben mit Quotas einschränken können. Bevor Sie jetzt anfangen, alles in Ihre Umgebung zu übernehmen, sollten Sie sich Gedanken über die Struktur und den Aufbau Ihres Dateisystems machen.

12 Verwaltung von Clients in der Domäne

Bis zu diesem Zeitpunkt haben Sie lediglich Domaincontroller und Fileserver in Ihrem Netzwerk. Sie haben zwar schon Benutzer und Gruppen, aber diese können sich noch nicht an ihren Arbeitsplätzen anmelden. Jetzt geht es darum, sowohl Windows- als auch Linux-Clients in die Domäne aufzunehmen. Ab diesem Zeitpunkt wird auch das Thema ID-Mapping für die Linux-Benutzer und -Gruppen sehr wichtig. Wie können Sie den Zugriff auf die Samba-Freigaben für Linux-Clients realisieren? Auch das ist ein Thema in diesem Kapitel. Im letzten Teil dieses Kapitels geht es darum, den Linux-Client nicht mehr über winbind an die Domäne einzubinden, sondern den `System Security Service Daemon` (`SSSD`) zu verwenden.

Nachdem Sie die Domaincontroller und Fileserver installiert und konfiguriert haben, haben Sie jetzt die Möglichkeit, mit den ersten Benutzern, Gruppen und Freigaben von einem Client in der Domäne die Anmeldung und die Zugriffe zu testen.

Sie können sowohl von einem Windows-Client als auch von einem Linux-Client aus die Anmeldung und die Zugriffe durchführen.

12.1 Hinzufügen eines Windows-Clients in die Domäne

Da Samba4 genau wie ein Windows-Server mit AD reagiert, ändert sich beim Hinzufügen einer Workstation zur Domäne nichts im Vergleich zu einem Windows-Server. Sie müssen auch nicht dafür sorgen, dass ein Konto für den Client in der Domäne existiert oder dass Sie ein Skript zum Anlegen eines Kontos in die Datei smb.conf eingetragen haben.

Auch müssen Sie keine DNS-Einträge für den Client erstellen. Beim Hinzufügen eines Windows-Clients in die Domäne wird das Konto automatisch erstellt und ein Eintrag in der Forward-Zone des DNS eingetragen. Nur einen eventuell benötigten Reverse-Eintrag im DNS müssen Sie von Hand anlegen. Bevor Sie aber die Maschine in die Domäne aufnehmen, prüfen Sie in den IP-Einstellungen des Systems, ob der DNS-Server der Domäne zur Namensauflösung eingetragen ist. Wenn das nicht der Fall ist, kann beim Aufnehmen des Clients in die Domäne der Domaincontroller nicht gefunden werden, und das Aufnehmen in die Domäne schlägt fehl.

Melden Sie sich als lokaler Administrator an Ihrer Windows 10-Workstation an, klicken Sie anschließend auf START und dann auf EINSTELLUNGEN auf SYSTEM und zuletzt auf INFO. Dort können Sie dann die Windows 10-Workstation zur Domäne hinzufügen.

Um den Beitritt zur Domäne durchführen zu können, benötigen Sie die Anmeldedaten für den Administrator der Domäne. Sollte das Hinzufügen zur Domäne nicht funktionieren, weil Windows den Domaincontroller nicht finden kann, prüfen Sie, ob der richtige DNS-Server in der Netzwerkkonfiguration des Clients eingestellt ist. Hier muss ein DNS-Server der Domäne eingetragen sein.

Um die Einstellung wirksam werden zu lassen, müssen Sie Windows neu starten. Nach dem Neustart haben Sie die Möglichkeit, sich in der Domäne anzumelden.

Was passiert noch auf dem Client?

Beim Hinzufügen eines Clients werden außer an den Domäneninformationen noch an zwei lokalen Gruppen der Maschine Änderungen vorgenommen. Starten Sie den Manager für lokale Gruppen und Benutzer *lusrmgr* auf dem Windows-System, und klicken Sie anschließend auf GRUPPEN und dann auf die Gruppe ADMINISTRATOREN. Dort werden Sie neben dem lokalen Administrator einen weiteren Eintrag sehen. Dieser Eintrag wird eventuell anfangs nur mit dem SID angezeigt. An dem RID mit dem Wert 512 am Ende der SID sehen Sie, dass es sich dabei um die Gruppe der `domain admins` aus der AD-Domäne handelt.

Die zweite Gruppe, die verändert wird, ist die lokale Gruppe `Benutzer`. Hier wird die Gruppe der `domain users` beim Domänenbeitritt hinzugefügt. Auch dort wird eventuell nur die SID angezeigt. Damit ist die Aufnahme einer Windows-Workstation in die Domäne abgeschlossen.

Über diesen Weg können Sie jetzt alle Arbeitsstationen zur Domäne hinzufügen. Wenn Sie eine Workstation zur Domäne hinzugefügt haben, finden Sie sie hinterher auch im AD. Alle Ihre Workstations werden automatisch im AD angelegt. Wollen Sie Gruppenrichtlinien für die Clients verwenden, müssen Sie das Objekt für diesen Client in die entsprechende Organisationseinheit verschieben, da Sie für den Container *cn=Computer* keine Gruppenrichtlinien verwenden können.

■ 12.2 Hinzufügen eines Linux-Clients zur Domäne

Ein Linux-Client lässt sich nicht so fest in eine AD-Domäne einbinden wie ein Windows-Client, aber der Linux-Client kann die Authentifizierung auch über AD durchführen. Dazu müssen Sie lediglich PAM (Pluggable Authentication Module) und den Kerberos-Client konfigurieren, damit der Linux-Client die Benutzer und Gruppen aus dem AD lesen und zur Authentifizierung nutzen kann.

In diesem Abschnitt geht es zunächst darum, die Authentifizierung des Linux-Clients zu konfigurieren.

12.2.1 Installation und Konfiguration

Als Client-Distribution verwende ich hier `Linuxmint 19 (xfce)`. Um die Anbindung an das Active Directory durchführen zu können, benutze ich die Samba-Pakete, die mit der Distribution mitgeliefert werden, da die Unterschiede zwischen den einzelnen Samba-Versionen nur die Serverfunktionen betreffen. So ist es für Sie auch einfacher, wenn Sie mehrere Linux-Clients ausrollen wollen.

Hinweis

Auch bei den Linux-Clients in Ihrer Domäne müssen Sie darauf achten, dass als DNS-Server die Domaincontroller Ihrer Domäne eingetragen sind, sonst können Sie die Maschinen nicht in die Domäne aufnehmen. Ein weiterer wichtiger Punkt ist der Hostname, dieser darf nicht mehr als 15 Zeichen lang sein.

Wenn Sie die Namensauflösung geprüft haben, können Sie die benötigten Pakete für den Linux-Client installieren. In Listing 12.1 sehen Sie alle benötigten Pakete:

Listing 12.1 Installation der Samba-Pakete

```
root@linux-client:~# apt install samba-common samba smbclient \
                     krb5-user libpam-heimdal winbind \
                     libnss-winbind libpam-winbind \
                     samba-dsdb-modules
Paketlisten werden gelesen... Fertig
Abhöngigkeitsbaum wird aufgebaut.
Statusinformationen werden eingelesen.... Fertig
```

Während der Installation werden Sie nach Werten für den Kerberos-Client gefragt, diese Abfrage erstellt später die Datei /etc/krb5.conf. Die Datei, die während der Installation der Pakete erstellt wird, muss aber mit der Datei /etc/krb5.conf eines der Domaincontroller überschrieben werden. Diese Datei ist auf allen Mitgliedern Ihrer Domäne identisch.

Damit das Hinzufügen zur Domäne ohne Fehlermeldung durchgeführt werden kann und der Client gleich richtig im DNS eingetragen wird, müssen Sie in der Datei /etc/hosts den Eintrag auf die IP-Adresse *127.0.1.1* entfernen. Dafür müssen Sie die echte IP-Adresse des Clients mit seinem zukünftigen Namen in der Domäne in der Form *192.168.56.41 sambabuch-c1.example.net sambabuch-client* eintragen.

Während der Installation werden Sie aufgefordert, Informationen für die Kerberos-Konfiguration anzugeben. Diese Schritte können Sie einfach überspringen, da damit die Datei /etc/krb5.conf erstellt wird, die Sie im Anschluss auf jeden Fall durch die Datei aus der Domäne ersetzen müssen.

Kopieren Sie im Anschluss an die Installation die Datei /etc/krb5.conf von einem Ihrer Domaincontroller auf den Client, da diese Datei auf allen Systemen in der Domäne identisch sein muss.

12.2.2 Konfiguration des winbind

Im nächsten Schritt muss der `winbind` noch konfiguriert werden. Löschen Sie als Erstes die bestehenden /etc/samba/smb.conf. Im Anschluss erstellen Sie die Datei /etc/samba/smb.conf neu, so wie Sie es in Listing 12.2 sehen:

Listing 12.2 Konfiguration des winbind

```
[global]
      workgroup = example
      realm = EXAMPLE.NET
      security = ADS
      winbind refresh tickets = Yes
      winbind use default domain = yes
      template shell = /bin/bash
      idmap config * : range = 10000 - 19999
      idmap config EXAMPLE : backend = rid
      idmap config EXAMPLE : range =  1000000 - 1999999
```

Diese Einstellungen sind auf allen Linux-Clients in Ihrer Domäne identisch. Die Parameter haben die folgenden Bedeutungen:

- *workgroup = example*
  Hier wird der NetBIOS-Name der Domäne angegeben. Auch als Mitglied im AD heißt der Parameter *workgroup*.

- *realm = EXAMPLE.NET*
  Bei dem *realm* handelt es sich um die Information für die Kerberos-Domäne. Für diesen Realm wird sich der Samba-Server einen KDC suchen.

- *security = ADS*
  Damit legen Sie fest, dass Ihr Server ein Mitglied in einer AD-Domäne ist.

- *winbind refresh tickets = yes*
  Mit diesem Parameter werden Kerberos-Tickets automatisch erneuert, wenn der Benutzer angemeldet ist und das Ticket abläuft.

- *winbind use default domain = yes* Wenn Sie sich die Benutzer mit *wbinfo -u* anzeigen lassen, werden die Benutzer immer mit dem Domänennamen vorangestellt angezeigt. Wenn Sie nur eine Domäne haben, ohne jegliche Vertrauensstellungen zu anderen Domänen, können Sie über diesen Parameter dafür sorgen, dass der Benutzername ohne den Domänennamen aufgelistet wird. Das hat den Vorteil, dass Sie auch nur mit dem Benutzernamen bei der Vergabe der Berechtigungen arbeiten können. Das gilt natürlich auch für die Gruppen aus Ihrer Domäne.

- *template shell = /bin/bash*
  Diesen Parameter dürfen Sie auf gar keinen Fall vergessen. Ohne ihn kann sich ein Benutzer aus dem AD zwar anmelden, aber er wird sofort wieder abgemeldet, da der Benutzer im AD keine Shell zugewiesen bekommt, diese aber für eine erfolgreiche Anmeldung benötigt wird.

- *idmap config * : range = 10000 - 19999*
  Neben den Gruppen und Benutzern, die Sie als Administrator anlegen, gibt es noch die Built-in-Groups. Diese Gruppen haben eine eigene verkürzte SID. Für diese Gruppen

müssen Sie auch das ID-Mapping konfigurieren. Die Konfiguration der Built-in-Groups über den Stern ist *idmap config * : range = 1000000 - 1999999*. Den Parameter *idmap config * : backend = tdb* müssten Sie eigentlich auch noch konfigurieren, aber dieser Parameter wird von Samba4 automatisch gesetzt. Testen können Sie das mit dem Kommando *testparm*.

- *idmap config EXAMPLE : backend = rid*
  Die IDs der Benutzer müssen aus den SIDs der AD-Benutzer generiert werden. Dazu gibt es verschiedene Möglichkeiten. Die Standardeinstellung für den `winbind` ist die Verwendung von `.tdb`-Dateien. Dabei werden zufällige UIDs generiert und den Benutzern zugewiesen und in der `.tdb`-Datei gespeichert. Der Nachteil dieses Verfahrens ist, dass so jeder Benutzer auf jedem Linux-System eine andere UID bekommt. Durch den Wechsel auf das Backend *idmap_rid* wird immer der RID des Benutzers aus der AD-Domäne gewählt. Da dieser eindeutig ist, ist die ID der Benutzer und Gruppen auf dem Linux-System auch eindeutig. Der Benutzer hat dadurch auf allen Linux-Systemen in der gesamten Domäne immer dieselbe UID. Ein Problem bekommen Sie so aber nicht in den Griff, und zwar werden auf den DCs Ihrer Domäne die UIDs immer im AD verwaltet und somit immer anders als auf den anderen Systemen in der Domäne. Am einfachsten umgeht man dieses Problem, indem man die Domaincontroller nicht als Fileserver verwendet und alle Dateien immer auf anderen Samba-Servern in der Domäne ablegt.

- *idmap config EXAMPLE : = 1000000 - 1999999*
  Hier legen Sie den Bereich fest, in dem sich die UIDs der Benutzer befinden sollen.

Wichtig

Achten Sie bei der Konfiguration darauf, dass Sie auf allen Clients wie auch auf allen Servern immer dieselben Bereiche für das ID-Mapping verwenden. Wenn Sie hier unterschiedliche Bereiche verwenden, kann es dazu führen, dass Benutzer unterschiedliche Dateisystemrechte auf den verschiedenen Clients haben.

Wenn Sie die globalen Einstellungen des Fileservers mit denen des Clients vergleichen, werden Sie feststellen, dass einige Parameter nicht genutzt werden. Diese sind nur für den Fileserver relevant, da nur der Fileserver Daten bereitstellt und dort die Berechtigungen auch über Windows geändert werden sollen.

Jetzt können Sie mit dem Linux-Client der Domäne beitreten. In Listing 12.3 sehen Sie, wie Sie über die Kommandozeile den Linux-Client in die AD-Domäne bringen:

Listing 12.3 Beitritt zur Domäne

```
root@linux-client:~# net ads join -Uadministrator
Enter administrator's password:
Using short domain name -- EXAMPLE
Joined 'LINUX-CLIENT' to dns domain 'example.net'
```

Wichtig

Für die Einträge in den Forward-Zone Ihres DNS-Servers werden die Werte aus der Datei /etc/hosts verwendet. Aus diesem Grund ist es wichtig, die Datei vor dem Join zu überprüfen.

Wenn Sie im Anschluss oder später den Beitritt zur Domäne prüfen wollen, können Sie das wie in Listing 12.4 durchführen:

Listing 12.4 Testen des Beitritts

```
root@linux-client:~# net ads testjoin
Join is OK
```

Jetzt können Sie die Dienste für den Samba starten. Listing 12.5 zeigt die Kommandos:

Listing 12.5 Starten der Dienste

```
root@sambabuch-c1:~# systemctl start winbind
root@sambabuch-c1:~# systemctl start smbd
root@sambabuch-c1:~# systemctl start nmbd
```

Mit dem Kommando *wbinfo -u* sehen Sie jetzt alle Benutzer aus der AD-Domäne. Mit dem Kommando *wbinfo -g* sehen Sie alle Gruppen der AD-Domäne. Listing 12.6 zeigt ein Beispiel dafür:

Listing 12.6 Auflistung aller Benutzer und Gruppen mit wbinfo

```
root@linux-client:~# wbinfo -u
dns-rodc-01
guest
ptau
administrator
dns-sambabuch
ktom
krbtgt
krbtgt_19101
skania
dns-sambabuch-02

root@linux-client:~# wbinfo -g
ras and ias servers
dnsupdateproxy
group policy creator owners
domain computers
schema admins
cert publishers
domain guests
allowed rodc password replication group
dnsadmins
read-only domain controllers
datengruppe
```

```
domain controllers
domain users
domain admins
denied rodc password replication group
enterprise read-only domain controllers
enterprise admins
```

Jetzt müssen Sie die Benutzer und Gruppen noch im Linux-System bekannt machen. Um die Benutzer aus verschiedenen Authentifizierungsquellen auslesen zu können, verwendet Linux den Name Service Switch (NSS). Dieser wird über die Datei /etc/nsswitch.conf konfiguriert. Damit Ihr System die von winbind übergebenen Benutzer auch im Linux-System verwenden kann, müssen Sie die Datei /etc/nsswitch.conf so wie in Listing 12.7 anpassen:

Listing 12.7 Die Datei nsswitch.conf

```
passwd:      compat systemd winbind
group:       compat systemd winbind
```

Hinweis

Bei älteren Distributionen ist der Parameter *systemd* nicht vorhanden. Ergänzen Sie die Zeilen immer nur um den Wert *winbind*.

Wenn Sie jetzt die Kommandos *getent passwd EXAMPLE\ktom* und *getent group EXAMPLE\verwaltung* verwenden, werden Ihnen die entsprechenden Benutzer und Gruppen aus der AD-Domäne als Linux-Benutzer angezeigt. In Listing 12.8 sehen Sie das Ergebnis des Kommandos *getent passwd*:

Listing 12.8 Ergebnis von getent passwd

```
root@linux-client:~# getent passwd ktom
ktom:*:1001106:1000513::/home/EXAMPLE/ktom:/bin/bash
```

Wenn Sie die UIDs der Benutzer jetzt mit den RIDs der AD-Benutzer vergleichen, sehen Sie, dass beide identisch sind. Mit dem Kommando *wbinfo -n <user>* können Sie sich das Mapping auch anzeigen lassen. In Listing 12.9 sehen Sie einen Ausschnitt aus dem Kommando:

Listing 12.9 Anzeiger der SID

```
root@linux-client:~# wbinfo -n ktom
S-1-5-21-1129951053-411964844-750776748-1106 SID_USER (1)
```

Hier sehen Sie, dass der Benutzer *ktom* den RID 1106 hat und als UID die 1001106. Der Wert setzt sich aus dem Eintrag in der Datei smb.conf, *idmap config EXAMPLE : range = 1000000 - 1999999* und dem RID des Benutzers zusammen. Jetzt können Sie sich bereits an der Konsole mit den Benutzern aus dem Active Directory anmelden, so wie Sie es in Listing 12.10 sehen:

Listing 12.10 Erste Anmeldung

```
root@sambabuch-fs1:~# ssh ktom@linux-client
ktom@linux-client's password:

Last login: Thu Aug  9 21:07:04 2018 from 192.168.56.41
Could not chdir to home directory /home/EXAMPLE/ktom: No such file or
    directory
```

> **Hinweis**
>
> Sollten die UIDs jetzt nicht mit den RIDs der Benutzer übereinstimmen oder sollten Sie an der Stelle der IDs bei *getent* den Wert *4294967295* sehen, liegt es wahrscheinlich an der smb.conf. Überprüfen Sie die Parameter erneut. Da der winbind aber alle Informationen in einem Cache ablegt, müssen Sie diesen erst mit dem Kommando *net cache flush* löschen.

Wie Sie hier sehen, klappt die Anmeldung, aber das im Active Directory beim Benutzer eingetragene Heimatverzeichnis steht noch nicht zur Verfügung. Wenn Ihre Linux-Clients eine grafische Oberfläche besitzen und Sie die Anmeldung auch über das grafische Login zulassen wollen, müssen Sie jetzt als Erstes dafür sorgen, dass die Heimatverzeichnisse gemountet werden, da dort die Profile für die grafische Oberfläche gespeichert werden.

Was aber jetzt schon funktioniert, ist die Vergabe eines Kerberos-Tickets. In Listing 12.11 sehen Sie die entsprechenden Tickets:

Listing 12.11 Anzeigen der Kerberos-Tickets

```
root@linux-client:~# kinit ktom
Password for ktom@EXAMPLE.NET:

root@linux-client:~# klist
Ticket cache: FILE:/tmp/krb5cc_0
Default principal: ktom@EXAMPLE.NET

Valid starting       Expires              Service principal
09.08.2018 21:09  10.08.2018 07:09  krbtgt/EXAMPLE.NET@EXAMPLE.NET
        renew until 10.08.2018 21:09:07
```

■ 12.3 Zugriff von Linux-Clients auf Samba-Freigaben

In einer heterogenen Client-Umgebung sollen auch die Linux-Clients die Freigaben des Samba-Servers nutzen können. Jetzt soll es darum gehen, dass die Freigaben ebenfalls verwendet werden können, sodass die Benutzer auch unter Linux ihr Heimatverzeichnis und die Daten nutzen können.

12.3 Zugriff von Linux-Clients auf Samba-Freigaben

Für die Datenfreigabe auf den Linux-Clients haben Sie jetzt zwei Möglichkeiten: Sie können `cifs` verwenden und damit das SMB-Protokoll des Samba-Servers oder aber zusätzlich einen `NFS-Server` einrichten. Hier im Buch soll nur der Samba-Server für die Datenfreigabe genutzt werden.

In einer Active Directory-Umgebung gibt es nur eine wirklich gute Lösung, die Freigaben auf dem Client zu mounten, und zwar über `pam_mount`. Der Grund dafür ist, dass beim Mounten von cifs-Freigaben immer eine Authentifizierung stattfinden muss und das Einbinden der Freigaben dann auch nur für den Benutzer gültig ist, der die Freigaben gemountet hat.

Damit Sie `pam_mount` für das Mounten verwenden können, müssen Sie als Erstes die Pakete libpam-mount und cifs-utils installieren. Bei der Installation der Pakete werden die Dateien /etc/pam.d/common-auth und /etc/pam.d/common-session um das PAM-Modul pam_mount.so erweitert. Dadurch kann beim Zugriff auf die Freigaben sofort die Authentifizierung des zugreifenden Benutzers durchgeführt werden. Die Authentifizierung können Sie dabei über Kerberos realisieren.

Um die Heimatverzeichnisse mounten zu können, habe ich auf dem Server *sambabuch-fs1* die Freigabe *[users]* angelegt. In der Freigabe befinden sich die Heimatverzeichnisse der Benutzer. Nur der Besitzer hat Zugriff auf sein eigenes Heimatverzeichnis.

Über die Datei /etc/security/pam_mount.conf.xml realisieren Sie die Konfiguration von `pam_mount`. In Listing 12.12 sehen Sie zwei Einträge: einmal einen Eintrag für ein Datenverzeichnis und einen weiteren Eintrag für die Heimatverzeichnisse der Benutzer, denn über `pam_mount` lassen sich jetzt auch die Heimatverzeichnisse der Benutzer ohne Probleme automatisch bei der Anmeldung mounten.

Listing 12.12 Konfiguration von pam-mount

```
<mkmountpoint enable="1" remove="true" />

<volume
fstype="cifs"
server="sambabuch-fs1.example.net"
path="users/\%(DOMAIN_USER)"
mountpoint="/home/EXAMPLE/\%(DOMAIN_USER)"
options="sec=krb5,cruid=%(USERUID),workgroup=EXAMPLE" />

<volume
fstype="cifs"
server="sambabuch-fs1.example.net"
path="abteilungen"
mountpoint="/abteilungen"
option="sec=krb5,cruid=%(USERUID),workgroup=EXAMPLE" />
```

Die Parameter haben dabei die folgenden Bedeutungen:

- *mkmountpoint enable="1"*
  Durch diesen Parameter müssen Sie den Mountpoint nicht selbst anlegen. Der Mountpoint wird bei der Anmeldung automatisch erstellt.

- *remove="true"*
  Durch diesen Parameter wird der Mountpoint beim Abmelden des Benutzers auch automatisch wieder gelöscht.
- *user="%(DOMAIN_USER)"*
  Durch den Parameter *user* beschränken Sie die Verfügbarkeit der Freigabe auf bestimmte Benutzer – in diesem Fall auf alle Benutzer der Domäne.
- *fstype="cifs"*
  Hier wird der Dateisystemtyp festgelegt – in diesem Fall *cifs*.
- *server="sambabuch-fs1.example.net"*
  Bei diesem Parameter geben Sie den Server an, auf dem Sie die Freigabe eingerichtet haben.
- *path="users/%(DOMAIN_USER)"*
  Hierbei handelt es sich um die Freigabe und den Pfad innerhalb der Freigabe, der gemountet werden soll.

  Im ersten Beispiel wird immer das Heimatverzeichnis des entsprechenden Benutzers gemountet. Im zweiten Beispiel wird nur der Name der Freigabe angegeben, da hier die gesamte Freigabe gemountet werden soll.
- *mountpoint=/home/EXAMPLE/%(DOMAIN_USER)"*
  Hier geben Sie den Mountpoint auf dem lokalen System an, in den die Freigabe gemountet werden soll.
- *option="sec=krb5,cruid=%(USERUID),workgroup=EXAMPLE"*
  Bei dem Parameter *option* können Sie verschiedene Mount-Parameter angeben. Sollte bei Ihnen die Authentifizierung nicht funktionieren, entfernen Sie den Parameter *sec=krb5*, um zu testen, ob Ihre Version von `pam-mount` die Kerberos-Authentifizierung unterstützt. Nicht alle Versionen von pam-mount scheinen Kerberos vollständig zu unterstützen. Ich habe auch bei unterschiedlichen Distributionen mit der gleichen Konfiguration unterschiedliche Ergebnisse. Die Option *cruid=%(USERUID)* sorgt dafür, dass die UID des Benutzers korrekt übergeben wird.

  Über die Option *sec=krb5* legen Sie die Sicherheitsstufe bei der Authentifizierung fest. Der Standardwert wäre hier *ntlmv1*. Da Samba4 Kerberos bereitstellt, soll hier auch Kerberos für die Authentifizierung verwendet werden. Weitere Möglichkeiten wären hier *ntlmv2* oder *ntlmssp*.

  Mit Linuxmint 19 funktioniert der Parameter *sec=krb5* fehlerfrei. Über die Option *workgroup=EXAMPLE* setzen Sie die Domäne, in der sich der Benutzer befindet.

Wenn sich jetzt ein Benutzer am Client anmeldet, werden die Freigaben automatisch gemountet und dem Benutzer zugeordnet.

Jetzt steht einer gemeinsamen Nutzung eines Clients durch mehrere Benutzer nichts mehr entgegen. Für jeden Benutzer werden die gewünschten Freigaben automatisch gemountet, und alle Einstellungen, die Sie über die Freigabe vergeben haben, werden übernommen.

Jetzt fehlt nur noch das grafische Login für die Benutzer. Nicht alle `Desktopmanager` unterstützen die Anmeldung an einem Active Directory. Die besten Erfahrungen habe ich mit dem `lightdm` gemacht. Damit klappt es bei jeder Distribution. Normalerweise ist der lightdm so eingestellt, dass nur der bei der Installation eingerichtete Benutzer sich an der grafischen Oberfläche anmelden kann. Um nun auch bei der Anmeldung einen anderen

Benutzernamen angeben zu können, müssen Sie auch hier bei den verschiedenen Distributionen unterschiedliche Wege gehen. Bei älteren Ubuntu- und Linuxmint-Versionen erstellen oder ändern Sie die Datei /usr/share/lightdm/lightdm.conf.d/50-unity-greeter.conf. Tragen Sie die Zeile aus Listing 12.13 ein:

Listing 12.13 Konfiguration des grafischen Logins

```
greeter-show-manual-login=true
```

Starten Sie anschließend den lightdm mit dem Kommando *systemctl restart lightdm* neu. Anschließend können Sie sich am Client mit einem Benutzer aus dem Active Directory anmelden.

Bei Linuxmint in der Version 19 sollten Sie diese Einstellung über die grafische Oberfläche konfigurieren. Melden Sie sich dafür mit einem Benutzer an, der das Recht hat, mit *sudo* das System zu verwalten. Wählen Sie dann im Startmenü den Punkt SYSTEM –> ANMELDEFENSTER aus und authentifizieren Sie sich mit Ihrem sudo-Passwort. Klicken Sie anschließend auf den Karteireiter BENUTZER und aktivieren Sie den Punkt MANUELLES ANMELDEN ERLAUBEN, so wie Sie es in Bild 12.1 sehen.

Bild 12.1 Einstellungen für den lightdm unter Linuxmint

Starten Sie anschließend das System neu. Wenn das Anmeldefenster wieder bereit ist, sehen Sie dort den Punkt ANMELDEN. Klicken Sie auf die Schaltfläche, und Sie können einen Benutzernamen aus dem Active Directory angeben. Im Dateimanager finden Sie jetzt die über pam-mount eingebundenen Freigaben. Damit können Sie den Linux-Client mit den Active Directory-Benutzern nutzen.

12.3.1 Caching der Anmeldeinformationen

Gerade bei Notebooks ist es nicht immer gewährleistet, dass ein Kontakt zur Domäne besteht, deshalb ist die Funktion des Cachings der Anmeldeinformationen ein weiteres wichtiges Thema für die Clientverwaltung. Der winbind ist in der Lage, die Anmeldeinformationen zu speichern und dann, wenn kein Kontakt zur Domäne besteht, auf diese gespeicherte Information zurückzugreifen.

Um die Caching-Funktion zu aktivieren, müssen Sie in der smb.conf des Clients im Bereich der globalen Konfiguration den Parameter *winbind offline logon = yes* hinzufügen. Im Anschluss müssen Sie die Datei /etc/security/pam_winbind.conf mit dem Inhalt aus Listing 12.14 erstellen:

Listing 12.14 Inhalt der Datei /etc/security/pam_winbind.conf

```
[global]
cached_login = yes
```

Wenn Sie den winbind jetzt einmal neu starten, können Sie das Caching der Anmeldung wie in Listing 12.15 testen:

Listing 12.15 Testen der gecachten Anmeldung

```
root@linux-client:~# wbinfo -K ktom%geheim\!123
plaintext kerberos password authentication for [ktom%geheim!123] \
            succeeded (requesting cctype: FILE)
credentials were put in: FILE:/tmp/krb5cc_0

root@linux-client:~# smbcontrol winbind offline

root@linux-client:~# wbinfo -K ktom%geheim\!123
plaintext kerberos password authentication for [ktom%geheim!123] \
            succeeded (requesting cctype: FILE)
user_flgs: NETLOGON_CACHED_ACCOUNT
credentials were put in: FILE:/tmp/krb5cc_0

root@linux-client:~# smbcontrol winbind online
```

Nach der ersten Anmeldung wird der Winbind offline gesetzt, beim zweiten Anmeldeversuch sehen Sie dann die Meldung *user_flgs: NETLOGON_CACHED_ACCOUNT*. Das zeigt Ihnen, dass die Anmeldung über die gecachten Informationen durchgeführt wurde. Zum Abschluss des Tests wird der winbind wieder online gestellt.

■ 12.4 Sssd versus winbind

Solange Sie nur mit Desktop-PCs arbeiten, die immer Verbindung zur Domäne haben, kommen Sie mit der Zuordnung der Benutzer über winbind sehr gut zurecht.

Oftmals wollen Sie einen Desktop-Rechner oder ein Notebook gar nicht fest in die Domäne einbinden, aber trotzdem die Möglichkeit nutzen, Ihre Benutzer gegen das Active Directory zu authentifizieren.

Da kommt dann der System Security Services Daemon (SSSD) ins Spiel.

Hinweis

Leider gibt es bei allen Distributionen, die auf Ubuntu 18.04 basieren, Probleme mit dem sssd. Aus diesem Grund werde ich hier die Konfiguration vorstellen, aber eingerichtet habe ich das Ganze unter Debian9, denn dort funktioniert der sssd so, wie er soll. Wenn der Bug behoben ist, sollten Sie in der Lage sein, die Konfiguration so auf Ubuntu-System zu übernehmen.

Der sssd ist ein Dienst, der den Zugriff auf verschiedene Identifikations- und Authentifizierungsdienste regeln kann. Sie können sssd sowohl gegen einen LDAP-Server als auch gegen Kerberos oder das Active Directory authentifizieren lassen. Der sssd stellt hierfür eine Schnittstelle für NSS und PAM zur Verfügung.

Der sssd ist in der Lage, Anmeldeinformationen zwischenzuspeichern, und somit ist eine Anmeldung auch ohne Kontakt zur Authentifizierungsquelle möglich.

Der sssd hat gegenüber winbind außerdem die folgenden Vorteile:

- Die Konfiguration von sssd ist relativ einfach.
- Das ID-Mapping ist sehr schnell und gerade in größeren Umgebungen wichtig.
- Alle Posix-Informationen können zentral im AD verwaltet werden, solange Sie das RFC-2307-Schema anstelle des NIS-Schemas verwenden.
- Da Sie sssd so konfigurieren können, dass der Dienst mehrere Domaincontroller in Ihrem Netz ansprechen kann, erhöhen Sie hierdurch die Ausfallsicherheit.
- Die Authentifizierung von Benutzern kann auch ohne den Beitritt der Maschine zur Domäne stattfinden.
- Alle aktuellen Versionen (ab 1.10.0) unterstützen direkt das ID-Mapping über das Active Directory.

  Ältere Versionen sollten Sie nicht mehr verwenden.
- Durch die Verwendung von Kerberos ist jegliche Kommunikation verschlüsselt.

Installieren Sie die Distribution, und installieren Sie keine winbind-Pakete, denn die Authentifizierung soll zwar gegen das AD stattfinden, aber dazu soll kein winbind verwendet werden. Sollten Sie die Samba-Pakete bereits installiert haben, kommt es zu Konflikten bei der Installation der sssd-Pakete.

Wichtig

Denken Sie daran, den neuen Client auch im DNS einzutragen. Erst wenn der neue Client über DNS auflösbar ist, können Sie mit der Konfiguration von sssd beginnen.

12.4.1 Installation und Konfiguration des sssd

Um sssd nutzen zu können, müssen Sie auf dem Linux-Client das Paket so wie in Listing 12.16 installieren:

Listing 12.16 Installation der benötigten Pakete

```
root@linux-sssd:~# apt install sssd samba-common-bin \
                           krb5-user sssd-tools \
                           libnss-sss libpam-sss
Paketlisten werden gelesen... Fertig
Abhängigkeitsbaum wird aufgebaut.
Statusinformationen werden eingelesen.... Fertig
...
```

Nach der Installation der Pakete müssen Sie als Nächstes einen Kerberos-Schlüssel für den Linux-Client aus dem Samba4-Active-Directory exportieren und auf dem Client als Datei bereitstellen. Der Schlüssel dient dann zur Identifikation des Clients. Den Schlüssel exportieren Sie mit dem Kommando *samba-tool domain exportkeytab /root/krb5.sssd.kytab –principal=sambabuch$*.

Jetzt können Sie den Inhalt der keytab-Datei prüfen. In Listing 12.17 sehen Sie, wie Sie den Inhalt der keytab-Datei prüfen können:

Listing 12.17 Erstellen und Prüfen der keytab-Datei

```
samba-tool domain exportkeytab /root/krb5.sssd.keytab \\
                    --principal=sambabuch\$

root@sambabuch:~# ktutil -k /root/krb5.sssd.keytab list
/root/krb5.sssd.keytab:

Vno  Type                      Principal                  Aliases
  1  aes256-cts-hmac-sha1-96   sambabuch$@EXAMPLE.NET
  1  aes128-cts-hmac-sha1-96   sambabuch$@EXAMPLE.NET
  1  arcfour-hmac-md5          sambabuch$@EXAMPLE.NET
  1  des-cbc-md5               sambabuch$@EXAMPLE.NET
  1  des-cbc-crc               sambabuch$@EXAMPLE.NET
```

Kopieren Sie die so erzeugte Datei in das Verzeichnis /etc auf dem Client, und sorgen Sie dafür, dass nur der root Lese- und Schreibrecht hat.

Hinweis

Vergessen Sie das Dollarzeichen hinter dem Hostnamen nicht. Ohne das Dollarzeichen wird der Host nicht gefunden.

Kopieren Sie anschließend die Datei /etc/krb5.conf von einem Domaincontroller auf den neuen Client.

Jetzt müssen Sie die Konfigurationsdatei /etc/sssd/sssd.conf so wie in Listing 12.18 erstellen:

Listing 12.18 Die Konfigurationsdatei für den sssd

```
[sssd]
services = nss, pam
config_file_version = 2
domains = example.net

[nss]

[pam]

[domain/example.net]
id_provider = ad
access_provider = ad
```

```
enumerate = true
krb5_keytab=/etc/krb5.sssd.keytab
override_homedir = /home/%u
override_shell = /bin/bash
ldap_id_mapping = True
ldap_schema = ad
```

Einige der Parameter sind selbsterklärend, doch ein paar der Parameter möchte ich hier noch im Einzelnen erklären:

- *services = nss, pam*
  Diese Zeile definiert die verwendeten Dienste.
- *id_provider = ad*
  Gibt an, dass die Benutzerinformationen aus dem AD gezogen werden.
- *access_provider = ad*
  Definiert den Dienst, der die Authentifizierung durchführt.
- *default_shell = /bin/bash*
  Setzt die Default-Shell für alle Benutzer. Ohne diesen Parameter wird keine Shell gesetzt.
- *override_homedir = /home/EXAMPLE/%u*
  Setzt das Heimatverzeichnis der Benutzer.
- *enumerate = true*
  Durch diesen Parameter werden bei der Abfrage mit *getent passwd* alle Benutzer aufgelistet. Wenn Sie das nicht wollen, entfernen Sie die Zeile aus der Datei, dann müssen Sie jeden Benutzer einzeln mit *getent passwd username* abfragen.
- *krb5_keytab=/etc/krb5.sssd.keytab*
  Diese keytab-Datei wird als Schlüssel für die Kerberos-Authentifizierung verwendet.

Hinweis

Im Gegensatz zum winbind müssen Sie bei der Verwendung vom sssd die Datei /etc/nsswitch.conf nicht von Hand anpassen, sämtliche Anpassungen werden bei der Installation der Pakete automatisch durchgeführt.

Ganz wichtig ist, dass Sie bei den Berechtigungen der keytab-Datei /etc/krb5.keytab und der Konfigurationsdatei /etc/sssd/sssd.conf die Rechte so setzen, dass nur der root Schreib- und Leserecht an den Dateien hat. Passen Sie die Rechte nicht an, wird der sssd nicht starten. Immer wenn Sie eine Änderung an der Konfigurationsdatei /etc/sssd/sssd.conf vornehmen, müssen Sie mit dem Kommando *sss_cache -UG* den Cache löschen, sonst werden die Änderungen nicht sofort übernommen.

12.4.2 Abfrage des sssd

Starten Sie jetzt den sssd mit dem Kommando *systemctl start sssd*, sehen Sie die Benutzer und Gruppen dann mit *getent passwd* und *getent group*. Jetzt können Sie alle Benutzer mit *getent passwd* so wie in Listing 12.19 abfragen:

Listing 12.19 Abfrage eines Benutzer

```
root@debian-sssd:~# getent passwd ktom
ktom:*:1092401106:1092400513:ktom:/home/ktom:/bin/bash
```

Jetzt können Sie die Anmeldung am Client testen. Jeder Benutzer aus der Domäne kann sich jetzt am Client anmelden. Leider wird das ID-Mapping über den RID der Benutzer hier nicht funktionieren, und alle Benutzer haben unterschiedliche IDs. Nur wenn Sie beim Provisioning den Parameter *–use-rfc2307* mit angeben, können Sie das ID-Mapping auf allen System identisch halten. Dann müssen Sie bei den Clients, bei denen Sie `winbind` einsetzen, das ID-Mapping über das Backend *idmap config example : backend = ad* realisieren. Dann können Sie direkt auf die im Active Directory abgelegten UIDs und GIDs zugreifen. Aber denken Sie daran: Die UIDs und GIDs im Active Directory müssen Sie von Hand verwalten.

13 Cluster mit CTDB

Mit der Samba-Version 4.2 wurden die Cluster Trivial Databases (CTDB) Bestandteil der Pakete. Zusammen mit einem Clusterdateisystem kann jetzt ein hochverfügbarer Fileserver eingerichtet werden. Der Cluster kann sowohl für eine Hochverfügbarkeit als auch für ein Failover sorgen. Zusammen mit dem Clusterdateisystem GlusterFS soll in diesem Kapitel ein Cluster bestehend aus zwei Knoten als Fileserver in die Domäne eingebunden werden.

Hinweis

Ich beziehe mich hier nur noch auf die derzeit aktuellen Versionen von GlusterFS und CTDB. Gerade bei CTDB hat sich in den letzten Jahren sehr viel getan, seit der Samba-Version 4.7 ist die Konfigurationsdatei anders aufgebaut. Sie folgt jetzt dem Stil der smb.conf.

13.1 Vorbereiten der Systeme

Setzen Sie als Erstes zwei neue Linux-Maschinen auf. Die Maschinen müssen über zwei Netzwerkkarten verfügen. Die eine Netzwerkkarte wird für das Heartbeat-Netzwerk benötigt. Über dieses Netzwerk findet die gesamte Kommunikation zwischen den Clusterknoten statt. Diese Netzwerkkarte sollte unbedingt in einem eigenen IP-Netzwerk liegen. Am besten stellen Sie ein komplett separates Netz für die Verbindungen zwischen den Knoten bereit. Selbst wenn Sie alle Knoten in einer virtuellen Umgebung einrichten, haben Sie immer die Möglichkeit, das Heartbeat-Netz von allen anderen Netzen abzuschotten.

Die Kommunikation zwischen den Knoten ist sehr wichtig, da über dieses Netz nicht nur diese Kommunikation stattfindet, sondern auch die Daten zwischen den Knoten übertragen werden. Sorgen Sie auf jeden Fall dafür, dass diese Verbindung sehr stabil ist. Auch sollten Sie in diesem Netz für die Namensauflösung nicht auf einen DNS-Server setzen, sondern alle Knoten gegenseitig in die Datei /etc/hosts eintragen.

Die zweite Netzwerkkarte sorgt für die Kommunikation mit den Clients in Ihrem Produktivnetzwerk.

Für den Betrieb eines Clusters benötigen Sie neben der Samba-Software auch ein Clusterdateisystem. Ich verwende hier im Buch `GlusterFS`. Bei diesem Dateisystem handelt es sich um eine Open-Source-Lösung, die ständig weiterentwickelt wird. Mehr zu Gluster finden Sie unter *https://www.gluster.org/*. Vor einiger Zeit wurde das Projekt von Red Hat übernommen. Dadurch geht die Entwicklung stetig und schnell voran. Auch finden Sie auf der Seite eine sehr gute und ausführliche Anleitung für die vielen Möglichkeiten, die Gluster bietet. Hier im Buch geht es nur darum, mit Gluster ein einfaches Clusterdateisystem aufzubauen und es dann mit CTDB in einer Active-Directory-Umgebung bereitstellen zu können.

Selbstverständlich können Sie auch jedes andere Clusterdateisystem verwenden, wenn Sie mit Samba einen CTDB-Cluster aufbauen wollen. GlusterFS hat den Vorteil, dass es schnell und einfach einzurichten und sehr stabil ist.

13.2 GlusterFS

`GlusterFS` stellt ein Open-Source-Clusterdateisystem zur Verfügung, mit dem skalierbare Dateisysteme von mehreren Petabytes eingerichtet werden können. Mehrere Tausende Clients können gleichzeitig auf einen GlusterFS-Cluster zugreifen. Der Zugriff auf die Knoten kann dabei über `InfiniBand`, `Remote Direct Memory Access (RDMA)` oder einfach über TCP/IP stattfinden. GlusterFS stellt den Storage dabei über einen einheitlichen Namensraum zur Verfügung.

Durch die verschiedenen Konfigurationsmöglichkeiten kann GlusterFS sowohl für eine hohe Redundanz als auch für eine große Performance konfiguriert werden, je nach Einsatzbereich des Clusters.

Wenn über GlusterFS gesprochen wird, werden immer wieder bestimmte Begriffe verwendet. Diese Begriffe sollen hier aufgezählt und erklärt werden:

- **Brick**
  Bei einem `Brick` handelt es sich um den physikalischen Datenträger, der zum Bestandteil eines Volumes gehört.

- **Volume**
  Bei einem `Volume` handelt es sich um den Verbund von verschiedenen Servern, die einen gemeinsamen `Namensraum` zur Verfügung stellen, auf den dann die Clients über verschiedene Protokolle zugreifen können.

- **Subvolume**
  Von einem `Subvolume` spricht man, wenn mehrere Bricks repliziert werden und diese replizierten Bricks zusammengebunden werden. Mehrere Subvolumes ergeben dann ein Volume.

- **Server oder Knoten**
  Ein `Server` oder `Knoten` ist die Maschine, die die Bricks für die Volumes bereitstellt.

- Export
  Ein `Export` ist das Verzeichnis, in das der Brick gemountet wurde. Dieser Export wird dann für das Volume genutzt.

- **Client**
  Ein Client ist der Host, der das Volume mountet. Auch ein Server kann gleichzeitig ein Client sein.
- **Snapshot**
  Snapshots werden dazu verwendet, verloren gegangene Dateien wiederherzustellen. Gluster verwaltet die Snapshots über LVM2. Aus einem Snapshot lassen sich einzelne Dateien oder ganze Volumes wiederherstellen. Ein Snapshot ersetzt aber auf gar keinen Fall eine Datensicherung.

13.2.1 Clients und Protokolle

GlusterFS unterstützt dabei alle Clients, die über ein Standardprotokoll auf das Netzwerk zugreifen. Für den Zugriff auf den Cluster werden dafür verschiedene Netzwerkprotokolle unterstützt.

Alle Protokolle greifen dabei auf einen einheitlichen Namensraum zu. Bild 13.1 zeigt, mit welchen Protokollen der Clientzugriff realisiert werden kann.

Dabei ist Gluster mit allen aktuellen Betriebssystemen kompatibel. Windows-, Mac- und Linux-Clients werden unterstützt. Unter Linux werden die Dateisysteme einfach über ein Userspace-Mount mittels fuse-mount bereitgestellt. Die beste Performance wird mit dem nativen Gluster-Protokoll erreicht.

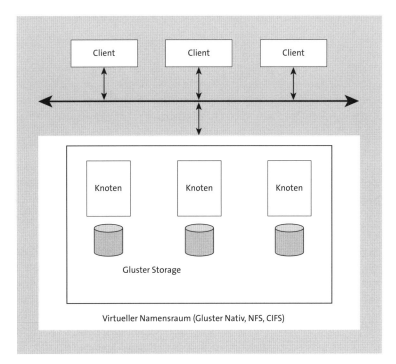

Bild 13.1 GlusterFS-Protokolle

Eine Einbindung über NFS ist auch möglich. Die Methode der Wahl, um möglichst viele verschiedene Client-Betriebssystemen abzudecken, ist `cifs`.

Da alle hier aufgelisteten Betriebssysteme cifs unterstützen, soll im Buch der GlusterFS-Cluster später mittels cifs über CTDB bereitgestellt werden.

13.2.2 Die verschiedenen Modi

Ein Gluster-Cluster können Sie auf verschiedene Arten realisieren. Die einzelnen Modi werden an dieser Stelle kurz beschrieben:

- **Replicate**
  Im `Replicate`-Modus werden zwei oder mehr Knoten gespiegelt. Das heißt, alle Daten liegen immer auf allen Knoten. Fällt ein Knoten aus, sind die Daten immer noch auf allen anderen Knoten vorhanden. Clients, die mit dem ausgefallenen Knoten verbunden waren, schwenken automatisch auf einen aktiven Knoten des Clusters. Wenn der Knoten wieder online kommt, findet sofort ein Selbstheilungsprozess im Volume statt, sodass hinterher alle Knoten wieder alle Daten bereitstellen können.

- **Distribute**
  Im `Distribute`-Modus werden mehrere Knoten zu einem Volume verbunden. Es wird keine Redundanz wie beim `Replicated`-Modus geschaffen. Hier geht es nur um den Datendurchsatz. Da auf alle Knoten im Volume gleichzeitig geschrieben werden kann, steigt die Performance des Clusters mit jedem Knoten. Der Flaschenhals wird wahrscheinlich das Netzwerk sein. Fällt ein Knoten im Volume aus, sind die Daten auf dem Knoten nicht mehr erreichbar.

- **Stripe**
  Im `Stripe`-Modus werden die Dateien auf alle Knoten im Volume verteilt. Dieser Modus erhöht die Datendurchsatzrate gegenüber dem `Distribute`-Modus nochmals. Fällt ein Knoten aus, sind die Daten im Volume nicht mehr erreichbar. Dieser Modus sollte nur in Umgebungen mit sehr großen Dateien und einem zusätzlichen RAID-System eingesetzt werden.

- **Distribute Replicate**
  Hier werden die beiden Möglichkeiten `Replicate` und `Distribute` zusammengefasst. Dadurch entsteht ein Volume mit einer hohen Performance und Redundanz. Für diesen Modus werden mindestens vier Knoten benötigt.

- **Dispersed**
  Beim `Dispersed`-Modus werden die einzelnen Dateien in Stücke zerlegt und auf verschiedenen Bricks gespeichert. Bei diesem Modus können Sie die Ausfallsicherheit selbst regeln. Zum Beispiel könnten Sie 6 Bricks zusammenfassen und eine Sicherheit von 2 Bricks bei der Einrichtung angeben. Wenn jeder der Bricks 10 TB speichern kann, hätte das Volume eine Nettogröße von 2/3 der Bruttogröße, also 40 TB, und zwei Bricks könnten ausfallen, ohne dass es zu Datenverlusten kommt. Der Vorteil des Dispersed-Modus zeigt sich dann erst bei mehr als 6 Bricks. Wenn Sie 10 Bricks mit je 10 TB einrichten und eine Ausfallsicherheit von 2 Bricks konfigurieren, bleiben 80 % der Kapazität, also 80 TB. Trotzdem können immer noch zwei ganze Bricks ausfallen, und die Daten bleiben erhalten.

Hier im Buch soll erst ein `replicated Volume` eingerichtet werden. Anschließend wird das Volume um zwei weitere Knoten zu einem `Distributed Replicated`-Volume erweitert. Im Anschluss zeige ich Ihnen, wie Sie einen der Knoten im laufenden Betrieb ersetzen können.

13.2.3 Installation der Gluster-Pakete

Als Erstes müssen Sie die Pakete für die Einrichtung von Gluster installieren. Installieren Sie auf gar keinen Fall die Pakete aus Ihrer Distribution, denn diese Pakete sind meist hoffnungslos veraltet. Installieren Sie sich die Pakete über die Repositories von *http://www.gluster.org*. Sie können die Installation der Repositories unter *https://download.gluster.org/pub/gluster/glusterfs/LATEST/<distribution>/* nachlesen. Dort finden Sie auch die aktuellen Kommandos für die Einrichtung der Repositories.

Hinweis

Bei der Version, die hier installiert wird, handelt es sich dann um eine Version 4.x. Zum Zeitpunkt der Erstellung dieses Kapitels war noch 3.10 die stabile Version. Wählen Sie die Version aus, die für Sie am besten und sichersten ist. Ich werde hier auf jeden Fall die Version 4.x verwenden, da die Versionen 3.x nicht mehr lange unterstützt werden.

Nachdem Sie die Repositories eingebunden haben, können Sie die benötigten Pakete installieren. Neben den Gluster-Paketen werden noch einige Pakete für das LVM benötigt, diese können Sie gleich mit installieren. Listing 13.1 zeigt die Installation der Pakete auf einem Debian- oder Ubuntu-System:

Listing 13.1 Installation der benötigten Pakete unter Debian oder Ubuntu

```
root@sambabuch-c1:~# apt-get install lvm2 xfsprogs glusterfs-server \\
                  thin-provisioning-tools acl attr
Paketlisten werden gelesen... Fertig
Abhöngigkeitsbaum wird aufgebaut.
Statusinformationen werden eingelesen.... Fertig
```

Alle Pakete müssen Sie auf allen Knoten des Clusters installieren. Auf Distributionen, die auf Red Hat basieren, müssen Sie die Gluster-Dienste erst aktivieren und starten. Listing 13.2 zeigt die entsprechenden Kommandos:

Listing 13.2 Starten der Gluster-Dienste unter Red Hat

```
systemctl enable glusterd.service
systemctl start glusterd.service
systemctl status glusterd.service
```

Bei Debian-basierten Distributionen wird der Dienst automatisch aktiviert.

13.2.4 Konfiguration der Knoten

Nachdem Sie die Pakete installiert haben, müssen Sie sich als Erstes darum kümmern, dass Sie die Knoten über das zusätzliche Netzwerk über Namen erreichen können. Passen Sie dafür die Datei /etc/hosts wie in Listing 13.3 an:

Listing 13.3 Einträge in der Datei /etc/hosts

```
192.168.56.51    sambabuch-c1.example.net    sambabuch-c1
192.168.57.51    knoten-1.example.net        knoten-1
192.168.57.52    knoten-2.example.net        knoten-2
```

Hinweis

Hier im Buch wird für das Heartbeat-Netzwerk das Netz 192.168.57.0 verwendet. Das Netz 192.168.56.0 ist das Produktivnetz. Erst wenn sich die Knoten gegenseitig über den Namen ansprechen können, dürfen Sie mit der Konfiguration des Clusters fortfahren.

Selbstverständlich können Sie für die Namensauflösung im Heartbeat-Netz auch einen DNS-Server einrichten. Ich empfehle das aber nicht, denn wenn der DNS-Server ausfällt, wird der gesamte Cluster den Dienst einstellen.

Jetzt müssen Sie die Knoten gegenseitig bekannt machen und so einen `Storage-Pool` erstellen. Ein Storage-Pool besteht aus allen `Peers`, die später zu einem Volume gehören. In Listing 13.4 sehen Sie, wie die einzelnen Knoten zum Storage-Pool hinzugefügt werden. Achten Sie dabei auf die Hostnamen:

Listing 13.4 Einrichtung des Storage-Pools

```
root@sambabuch-c1:~# gluster peer probe knoten-2
peer probe: success.

root@sambabuch-c2:~# gluster peer probe knoten-1
peer probe: success.

root@sambabuch-c1:~# gluster peer status
Number of Peers: 1

Hostname: knoten-2
Uuid: 0ec22a05-f8f3-4f80-ae2c-35f64427886a
State: Peer in Cluster (Connected)

root@sambabuch-c2:~# gluster peer status
Number of Peers: 1

Hostname: knoten-1.example.net
Uuid: 09061172-13f9-4b87-b74d-7ec38a3b9b77
State: Peer in Cluster (Connected)
Other names:
knoten-1
```

Sie sehen hier, dass die Knoten gegenseitig bekannt gemacht werden. Jetzt kennen sich die beiden Knoten und können so später zu einem Volume verbunden werden. Die Peers werden im Verzeichnis /var/lib/glusterd/peers/ verwaltet.

13.2.5 Einrichten der Bricks

Die Daten auf jedem Knoten werden auf eine eigene Partition geschrieben. Partitionen werden unter Gluster als `Brick` bezeichnet. Stellen Sie sicher, dass die Partitionen auf allen Knoten gleich groß sind. Bei unterschiedlich großen Partitionen verlieren Sie den zusätzlichen Speicherplatz der größeren Partition.

Da hier im Buch auch Snapshots eingerichtet werden sollen, werden die Bricks jetzt mit LVM2 erstellt. Wichtig ist hier, dass die LVM-Volumes als `thinly-provisioned` eingerichtet werden, da nur diese Volumes unter LVM die Snapshots unterstützen.

Das Listing 13.5 zeigt den Vorgang für einen Knoten. Alle Knoten müssen identisch eingerichtet werden.

Wichtig
Bevor Sie die Partitionen einrichten und formatieren, stellen Sie sicher, dass Sie die richtige Partition verwenden. Hier im Buch habe ich für das Gluster-Volume eine Festplatte mit 2 GB Kapazität eingerichtet.

Listing 13.5 Einrichten der Bricks

```
root@sambabuch-c1:~# fdisk /dev/sdb

root@sambabuch-c1:~# pvcreate /dev/sdb1
  Physical volume "/dev/sdb1" successfully created.

root@sambabuch-c1:~# vgcreate glustergroup /dev/sdb1
  Volume group "glustergroup" successfully created

root@sambabuch-c1:~# lvcreate -L 1950M -T glustergroup/glusterpool
  Using default stripesize 64,00 KiB.
  Rounding up size to full physical extent 1,91 GiB
  Logical volume "glusterpool" created.

root@sambabuch-c1:~# lvcreate -V 1900M -T glustergroup/glusterpool \
                    -n glusterv1
  Using default stripesize 64,00 KiB.
  Logical volume "glusterv1" created.

root@sambabuch-c1:~# mkfs.xfs /dev/glustergroup/glusterv1
meta-data=/dev/glustergroup/glusterv1 isize=512    agcount=8, \
                         agsize=60784 blks
         =                       sectsz=512   attr=2, projid32bit=1
         =                       crc=1        finobt=1, sparse=0, \
```

```
data        =                       rmapbt=0, reflink=0
                                    bsize=4096   blocks=486272, \
                                    imaxpct=25
            =                       sunit=16     swidth=16 blks
naming      =version 2              bsize=4096   ascii-ci=0 ftype=1
log         =Internes Protokoll     bsize=4096   blocks=2560, version=2
            =                       sectsz=512   sunit=16 blks, \
                                    lazy-count=1
realtime    =keine                  extsz=4096   blocks=0, rtextents=0

root@sambabuch-c1:~# mkdir /gluster

root@sambabuch-c1:~# echo /dev/glustergroup/glusterv1 /gluster xfs \
            defaults 0 0 >> /etc/fstab

root@sambabuch-c1:~# mount /gluster

root@sambabuch-c1:~# mkdir /gluster/brick
```

Jetzt sind die Bricks so weit vorbereitet, dass Sie das Volume erstellen können.

13.2.6 Einrichtung des Volumes

Nachdem Sie auf beiden Knoten die Bricks im LVM angelegt und gemountet haben, können Sie jetzt das neue Volume erstellen. Das Volume müssen Sie nur auf einem der beiden Knoten einrichten. Die Informationen über das Volume werden immer an alle Knoten übertragen. Listing 13.6 zeigt, wie Sie das Volume erstellen und aktivieren:

Listing 13.6 Erstellen des Volumes

```
root@sambabuch-c2:~# gluster volume create gv1 replica 2 \
    knoten-1:/gluster/brick knoten-2:/gluster/brick
Replica 2 volumes are prone to split-brain. Use Arbiter or \
    Replica 3 to avoid this. See: http://docs.gluster.org/en/latest/\
    Administrator%20Guide/Split%20brain%20and%20ways%20to%20deal%20with%20it
        /.
Do you still want to continue?
 (y/n) y
volume create: gv1: success: please start the volume to access data
```

Die hier angezeigte Warnung weist Sie darauf hin, dass mit zwei Knoten die Verwendung eines Quorums nicht möglich ist, da für ein Quorum immer eine ungerade Anzahl an Knoten je Subvolume notwendig sind. Ein Quorum würde im Falle eines teilweisen Ausfalls des Heartbeat-Netzes dafür sorgen, dass nur der Teil des Subvolumes aktiv bleibt, in dem mehr als 50 % der Knoten vorhanden sind. Ein einzelner aktiver Knoten würde dann automatisch abgeschaltet, sodass hier keine Daten mehr geschrieben werden können.

Wollen Sie also ganz sicher sein, sollten Sie immer eine ungerade Anzahl an Knoten in ein Subvolume stellen. Sollte bei einem Subvolume von zwei Knoten einer der Knoten komplett ausfallen, kann es nicht zu einem split-brain kommen. Ein Split Brain kann nur auftreten, wenn alle Knoten eines Subvolumes aktiv sind und die Verbindung zwischen den Knoten gestört ist. Das ist auch der Grund, warum Sie das Heartbeat-Netz immer separat halten und besser auf den DNS-Service für das Heartbeat-Netz verzichten sollten.

Als Nächstes sollten Sie den Status des Volumes testen. Listing 13.7 zeigt diese Tests:

Listing 13.7 Testen des Volumes

```
root@sambabuch-c2:~# gluster volume info

Volume Name: gv1
Type: Replicate
Volume ID: 8bf82a4a-64fd-4b5f-80c7-b8a47ef02cac
Status: Created
Snapshot Count: 0
Number of Bricks: 1 x 2 = 2
Transport-type: tcp
Bricks:
Brick1: knoten-1:/gluster/brick
Brick2: knoten-2:/gluster/brick
Options Reconfigured:
transport.address-family: inet
nfs.disable: on
performance.client-io-threads: off

root@sambabuch-c2:~# gluster volume status gv1
Volume gv1 is not started
```

Sie sehen hier, dass der Status momentan noch *Created* ist. Das bedeutet, dass das Volume zwar erstellt, aber noch nicht gestartet wurde. Deshalb auch die Meldung bei der Abfrage des Status des Volumes. Sie müssen ein neues Volume immer erst starten, erst dann ist das Volume nutzbar. In Listing 13.8 sehen Sie den Vorgang mit den entsprechenden Meldungen:

Listing 13.8 Starten des Volumes

```
root@sambabuch-c2:~# gluster volume start gv1
volume start: gv1: success

root@sambabuch-c2:~# gluster volume info
Volume Name: gv1
Type: Replicate
Volume ID: 8bf82a4a-64fd-4b5f-80c7-b8a47ef02cac
Status: Started
Snapshot Count: 0
Number of Bricks: 1 x 2 = 2
Transport-type: tcp
Bricks:
Brick1: knoten-1:/gluster/brick
Brick2: knoten-2:/gluster/brick
Options Reconfigured:
transport.address-family: inet
nfs.disable: on
```

```
performance.client-io-threads: off

root@sambabuch-c2:~# gluster volume status gv1
Status of volume: gv1
Gluster process                     TCP Port  RDMA Port  Online  Pid
-----------------------------------------------------------------------
Brick knoten-1:/gluster/brick       49152     0          Y       1065
Brick knoten-2:/gluster/brick       49152     0          Y       1095
Self-heal Daemon on localhost       N/A       N/A        Y       1118
Self-heal Daemon on knoten-1        N/A       N/A        Y       1088

Task Status of Volume gv1
-----------------------------------------------------------------------
There are no active volume tasks
```

Im ersten Test sehen Sie die Konfiguration des Volumes mit allen dazugehörigen Knoten und den aktuellen Status des Volumes. Im zweiten Test werden die verwendeten Ports angezeigt.

Jetzt haben Sie ein aktives Volume, das jetzt verwendet werden kann.

Wichtig

Auf die Bricks und die dazugehörigen Mountpoints /gluster/brick dürfen Sie niemals direkt zugreifen. Alle Zugriffe dürfen nur über das Volume stattfinden. Dazu muss das Volume gemountet werden.

Direkte schreibende Zugriffe auf einen der Bricks führen unweigerlich zu einer Split Brain-Situation, die Sie nur von Hand wieder auflösen können.

13.2.7 Verwenden des Volumes

Nachdem Sie das Volume eingerichtet, gestartet und getestet haben, müssen Sie es jetzt noch bereitstellen. Auch wenn Sie direkt auf einem der beiden Knoten Daten in das Volume schreiben wollen, müssen Sie das Volume immer einbinden und dann in das Volume schreiben.

Schreiben Sie direkt in die Bricks, kommt es zu einem Split Brain. Diese Situation tritt immer dann auf, wenn die Daten auf den Bricks nicht mehr konsistent sind. Deshalb muss das Volume jetzt auf beiden Knoten gemountet werden. Listing 13.9 zeigt diesen Vorgang auf dem ersten Knoten:

Listing 13.9 Erstes Mounten des Volumes

```
root@sambabuch-c1:~# mkdir /glusterfs

root@sambabuch-c1:~# mount -t glusterfs knoten-1:/gv1 /glusterfs
```

Erstellen Sie das Verzeichnis auf beiden Knoten und mounten Sie dann das Volume per Hand auf beiden Knoten.

Jetzt können Sie das erste Mal die Funktion des Clusters testen. Erstellen Sie neue Einträge im Verzeichnis /glusterfs auf beiden Servern. Da es sich bei dem Gluster-Cluster um einen Aktiv/Aktiv-Cluster handelt, können Sie auf allen Knoten Einträge erstellen. Alle neuen Einträge werden immer sofort auf beiden Knoten gespeichert.

GlusterFS läuft im Userspace, deshalb wird auf jeden Fall das Kernel-Modul *fuse* benötigt. Ob das Modul bereits geladen ist, können Sie wie in Listing 13.10 prüfen:

Listing 13.10 Prüfen ob das Kernel-Modul fuse geladen ist

```
root@knoten-01:~# lsmod | grep fuse
fuse                   83350  3
```

Das Modul wird beim Mounten des Volumes automatisch geladen. Sollte später das Modul beim Mounten nicht automatisch geladen werden, können Sie es in die Datei /etc/modules eintragen.

Jetzt müssen Sie noch dafür sorgen, dass das Volume auch bei jedem Neustart automatisch gemountet wird. Da das Mounten des Volumes erst geht, wenn das Netzwerk aktiv ist, sollten Sie das Mounten nicht über die Datei /etc/fstab durchführen, sondern über systemd. Dazu müssen Sie auf beiden Systemen im Verzeichnis /etc/systemd/system eine Datei anlegen, die die Endung .mount hat. Der Name der Datei muss identisch sein mit dem Namen des Mountpoints. Hier im Buch heißt die Datei deshalb **glusterfs.mount**. In Listing 13.11 sehen Sie den Inhalt der Datei. Passen Sie die Inhalte an den jeweiligen Knoten an:

Listing 13.11 Die Datei glusterfs.mount

```
[Unit]
Description = Data dir
After=network.target glusterfs-server.service
Required=network-online.target

[Mount]
What=knoten-1:/gv1
Where=/glusterfs
Type=glusterfs
Options=defaults,acl

[Install]
WantedBy=multi-user.target
```

Hinweis

Sie sehen hier, dass ich beim Mounten immer nur einen Knoten angeben kann. Was passiert aber, wenn der Knoten ausfällt? Der Cluster wird immer noch erreichbar sein. Denn beim Mounten wird der hier angegebene Knoten nur dazu verwendet, alle Informationen des Volumes zu lesen. Der Client, der das Volume mountet, erhält immer eine Liste alle Knoten des Volumes und wird sich, im Falle eines Ausfalls, immer sofort mit einem anderen Knoten verbinden.

Jetzt können Sie das Systemd-Skript aktivieren und dann starten, so wie Sie es in Listing 13.12 sehen:

Listing 13.12 Mounten des Volumes mit Systemd

```
root@sambabuch-c1:~# systemctl enable glusterfs.mount
Created symlink /etc/systemd/system/multi-user.target.wants/\
        glusterfs.mount ■ /etc/systemd/system/glusterfs.mount.

root@sambabuch-c1:~# systemctl start glusterfs.mount

root@sambabuch-c1:~# mount
...
knoten-1:/gv1 on /glusterfs type fuse.glusterfs \
        (rw,relatime,user_id=0,group_id=0,\
        default_permissions,allow_other,max_read=131072)
        fusectl on /sys/fs/fuse/connections type \
        fusectl (rw,relatime)
```

Wenn Sie jetzt beide Knoten einmal booten, wird der GlusterFS-Server gestartet und das Volume automatisch gemountet.

Jetzt können Sie testen, was passiert, wenn Sie Dateien und Verzeichnisse auf einem der beiden Knoten innerhalb des gemounteten Volumes erstellen. Sie werden sehen, dass alle Verzeichnisse und Dateien immer auf beiden Systemen angelegt werden. Listing 13.13 zeigt ein paar Beispiele:

Listing 13.13 Anlegen von Einträgen

```
root@sambabuch-c1:~# cd /glusterfs
root@sambabuch-c1:/glusterfs# mkdir v1 v2 v3
root@sambabuch-c1:/glusterfs# touch dat1 v1/dat2 v2/dat3 v3/dat4
root@sambabuch-c1:/glusterfs# tree
.
|-- dat1
|----v1
|   ---dat2
|---v2
|   ----dat3
|---v3
    ---dat4

root@sambabuch-c2:/glusterfs# tree
.
|--dat1
|---v1
|   ---dat2
|---v2
|   ---dat3
|---v3
    ---dat4
```

Da Sie jetzt ein replicated-Volume nutzen, haben Sie immer eine Redundanz von 100 %. Das sehen Sie auch, wenn Sie sich den freien Speicher mit *df* -*h* ansehen. Der Speicher ist immer genauso groß wie die einzelnen Bricks.

13.2.8 Gluster-Snapshots

Seit der Gluster-Version 3.6 werden Snapshots unterstützt. Snapshots können Sie dafür verwenden, einen bestimmten Stand des Dateisystems zu sichern und im Fehlerfall die Daten aus dem Snapshot wiederherzustellen.

Aber auch hier gilt: Ein Snapshot ersetzt kein Backup! Führen Sie immer eine ausreichende Datensicherung durch.

Die Funktion der Snapshots wurde über die Snapshot-Funktion von LVM2 realisiert, sodass ein Volume aus Bricks bestehen muss, die sich in einem *logical* Volume befinden. Wenn Sie die Anleitung bis zu diesem Punkt verfolgt haben, ist Ihr Volume genau passend eingerichtet. Für das Erstellen des LVM-Volumes sind dabei die folgenden Regeln einzuhalten:

- Alle Bricks müssen sich in einem eigenen Volume befinden.
- Bei dem Volume muss es sich um ein `thinly provisioned` Volume handeln.
- Keiner der Bricks darf auf einem `thick provisioned` Volume liegen.
- Es muss mindestens die Gluster-Version 3.6 verwendet werden.

13.2.8.1 Erstellen eines Snapshots

Jetzt kann die Funktion des Snapshots das erste Mal getestet werden. Listing 13.14 zeigt die Schritte, mit denen Sie einen Snapshot erstellen:

Listing 13.14 Erstellen eines Snapshots

```
root@sambabuch-c1:~# gluster snapshot create snap1 gv1
snapshot create: success: Snap snap1_GMT-2018.07.09-17.07.22 \
                       created successfully

root@sambabuch-c1:~# gluster snapshot list
snap1_GMT-2018.07.09-17.07.22

root@sambabuch-c1:~# ls -l /var/run/gluster/snaps/
insgesamt 0
drwxr-xr-x 3 root root 60 Jul  9 19:07 snap1_GMT-2018.07.09-17.07.22

root@sambabuch-c1:~# gluster snapshot info \
                    snap1_GMT-2018.07.09-17.07.22
Snapshot                  : snap1_GMT-2018.07.09-17.07.22
Snap UUID                 : 522fcaed-677e-43e1-b31f-cc164c99cfc6
Created                   : 2018-07-09 17:07:22
Snap Volumes:

        Snap Volume Name          : 66ecd59c2d68441ba330956319a0df40
        Origin Volume name        : gv1
        Snaps taken for gv1       : 1
        Snaps available for gv1   : 255
        Status                    : Stopped
```

Wenn Sie jetzt eine Datei im aktiven Volume löschen, können Sie den Snapshot aktivieren und mounten, um die Datei zurückzusichern. Listing 13.15 zeigt den gesamten Vorgang:

Listing 13.15 Aktivieren und Mounten eines Snapshots

```
root@sambabuch-c1:~# gluster snapshot activate \
                snap1_GMT-2018.07.09-17.07.22
Snapshot activate: snap1_GMT-2018.07.09-17.07.22: \
                Snap activated successfully

root@sambabuch-c1:~# gluster snapshot status

Snap Name  : snap1_GMT-2018.07.09-17.07.22
Snap UUID  : 522fcaed-677e-43e1-b31f-cc164c99cfc6

        Brick Path        :     knoten-1:/run/gluster/snaps/\
            66ecd59c2d68441ba330956319a0df40/brick1/brick
        Volume Group      :     glustergroup
        Brick Running     :     Yes
        Brick PID         :     2114
        Data Percentage   :     0,59
        LV Size           :     1,86g


        Brick Path        :     knoten-2:/run/gluster/snaps/\
            66ecd59c2d68441ba330956319a0df40/brick2/brick
        Volume Group      :     glustergroup
        Brick Running     :     Yes
        Brick PID         :     2037
        Data Percentage   :     0,59
        LV Size           :     1,86g

root@sambabuch-c1:~#  gluster snapshot info
Snapshot                  : snap1_GMT-2018.07.09-17.07.22
Snap UUID                 : 522fcaed-677e-43e1-b31f-cc164c99cfc6
Created                   : 2018-07-09 17:07:22
Snap Volumes:

        Snap Volume Name          : 66ecd59c2d68441ba330956319a0df40
        Origin Volume name        : gv1
        Snaps taken for gv1       : 1
        Snaps available for gv1   : 255
        Status                    : Started

root@sambabuch-c1:~# mount -t glusterfs knoten-1:/snaps/\
            snap1_GMT-2018.07.09-17.07.22/gv1 /mnt
```

Wenn Sie die beiden Listings vergleichen, werden Sie feststellen, dass der Snapshot im zweiten Listing den Status *Started* besitzt. Nur ein aktivierter Snapshot lässt sich mounten. Kontrollieren Sie das Mounten mit dem Kommando *mount*. Dort werden Sie feststellen, dass der Snapshot nur read-only gemountet ist. Sie dürfen auch nie in den Snapshot schreiben, denn damit würden Sie den Snapshot zerstören.

Jetzt können Sie einzelne Dateien wieder aus dem Snapshot zurücksichern.

Nachdem Sie die Daten aus dem Snapshot kopiert haben, sollten Sie den Snapshot auf jeden Fall wieder deaktivieren, so wie Sie es in Listing 13.16 sehen:

Listing 13.16 Deaktivieren eines Snapshots

```
root@sambabuch-c1:~# gluster snapshot deactivate snap1_GMT
    -2018.07.09-17.07.22
Deactivating snap will make its data inaccessible. Do you want to continue? (
    y/n) y
Snapshot deactivate: snap1_GMT-2018.07.09-17.07.22: Snap deactivated
    successfully
```

13.2.8.2 Wiederherstellung eines Volumes aus einem Snapshot

Um nun ein Volume komplett aus einem Snapshot wiederherstellen zu können, müssen Sie es erst anhalten. Wenn Sie versuchen, ein Volume im Status *started* wiederherzustellen, kommt es zu der Fehlermeldung aus Listing 13.17:

Listing 13.17 Fehler bei aktivem Volume

```
root@sambabuch-c1:~# gluster snapshot restore snap1_GMT-2018.07.09-17.07.22
Restore operation will replace the original volume with the \
    snapshotted volume. Do you still want to continue? (y/n) y
snapshot restore: failed: Volume (gv1) has been started. Volume \
    needs to be stopped before restoring a snapshot.
Snapshot command failed
```

In Listing 13.18 sehen Sie, wie ein Volume wiederhergestellt wird:

Listing 13.18 Wiederherstellen eines Volumes

```
root@sambabuch-c1:~# gluster volume stop gv1
Stopping volume will make its data inaccessible. Do you want \
        to continue? (y/n) y
volume stop: gv1: success

root@sambabuch-c1:~# gluster snapshot restore \
                snap1_GMT-2018.07.09-17.07.22
Restore operation will replace the original volume with the \
    snapshotted volume. Do you still want to continue? (y/n) y
Snapshot restore: snap1_GMT-2018.07.09-17.07.22: \
    Snap restored successfully

root@sambabuch-c1:~# gluster volume start gv1
volume start: gv1: success
```

Hinweis

Nach dem Wiederherstellen eines kompletten Snapshots wird der Snapshot automatisch gelöscht. Sie sollten dann auf jeden Fall sofort einen neuen Snapshot von Ihrem Volume erstellen.

Wenn Sie sich anschließend die Ausgabe von *gluster volume info* ansehen, werden Sie feststellen, dass sich die Pfade zu den Knoten geändert haben, so wie Sie es in Listing 13.19 sehen können:

Listing 13.19 Neue Pfade

```
root@sambabuch-c1:~# gluster volume info
Volume Name: gv1
Type: Distributed-Replicate
Volume ID: 8bf82a4a-64fd-4b5f-80c7-b8a47ef02cac
Status: Started
Snapshot Count: 0
Number of Bricks: 1 x 2 = 2
Transport-type: tcp
Bricks:
Brick1: knoten-1:/run/gluster/snaps/ebd4910497b343f4b27c70152b3e9a3b/brick1/
    brick
Brick2: knoten-2:/run/gluster/snaps/ebd4910497b343f4b27c70152b3e9a3b/brick2/
    brick
Options Reconfigured:
cluster.server-quorum-type: none
performance.client-io-threads: off
nfs.disable: on
transport.address-family: inet
features.quota: off
features.inode-quota: off
features.quota-deem-statfs: off
```

Aber keine Angst, die Bricks liegen weiterhin auf ihren dafür eingerichteten Festplatten. Es sieht nur so aus, als wären die Daten jetzt direkt in der *root* des Dateisystems abgelegt. Aber warum passiert das?

Stellen Sie sich folgendes Szenario vor: Sie haben ein Volume erzeugt mit drei Bricks, und Sie erstellen jetzt ein Snapshot. Nachdem Sie den Snapshot erstellt haben, entfernen Sie einen der drei Bricks und haben nur noch ein Volume aus zwei Bricks. Mit Sicherheit werden Sie den Brick auch aus der Konfiguration des Volumes entfernen. Jetzt bringen Sie einen neuen Knoten in den Cluster, der alte Mountpoint wird aber nicht mehr erstellt oder für andere Dinge verwendet. Wenn Sie jetzt den Snapshot in dasselbe Verzeichnis schreiben, wäre das fatal. Damit würden Sie die Daten überschreiben, die sich jetzt in dem Verzeichnis befinden. Verfolgen Sie den Pfad des Snapshots, und Sie werden feststellen, dass alle Daten immer noch auf den Bricks liegen, nur die Pfade passen nicht mehr.

Einen Snapshot können Sie immer nur als Ganzes zurücksichern. Wenn Sie nur einzelne Dateien zurücksichern wollen, müssen Sie den Snapshot mounten und die Dateien von Hand kopieren.

13.2.8.3 Löschen eines Snapshots

Wenn Sie von einem Volume in regelmäßigen Abständen einen Snapshot erstellen, ist es auch sinnvoll, alte Snapshots regelmäßig zu löschen. Listing 13.20 zeigt Ihnen den Vorgang zum Löschen eines Snapshots:

Listing 13.20 Löschen eines Snapshots

```
root@sambabuch-c1:~# gluster snapshot delete snap1_\
                GMT-2018.07.09-17.23.16
Deleting snap will erase all the information about the snap. \
                Do you still want to continue? (y/n) y
snapshot delete: snap1_GMT-2018.07.09-17.23.16: \
                snap removed successfully
```

Jetzt sind Sie in der Lage, Snapshots eines Gluster-Volumes zu verwalten.

13.2.9 Erweitern eines Volumes

Irgendwann reicht der Platz auf dem Volume nicht mehr aus, und Sie wollen ein zweites Subvolume erzeugen und zu dem bestehenden Volume hinzufügen. Dabei entsteht dann ein `Distributed Replicated`-Volume. Sie können ein Volume um nahezu beliebig viele Subvolumes erweitern, nur muss ein Subvolume immer aus derselben Anzahl an Knoten bestehen. Die Größe der einzelnen Subvolumes kann unterschiedlich sein. Die Summe des Speicherplatzes aller Subvolumes ergibt dann die Gesamtgröße des Volumes.

Hier im Buch sollen zwei weitere Knoten zu einem zweiten Subvolume zusammengestellt werden. Dazu habe ich wieder zwei Hosts mit einer 2 GB großen Partition mit LVM erzeugt, genau wie bei den ersten beiden Knoten. Nachdem Sie die Partitionen mit LVM eingerichtet und wieder nach */gluster* gemountet haben, müssen Sie die beiden neuen Knoten noch in der Datei /etc/hosts eintragen. Alle vier Knoten müssen auf allen Systemen in der Datei eingetragen werden. Sie müssen aber lediglich die IP-Adressen des Heartbeat-Netzes eintragen. In Listing 13.21 sehen Sie die Einträge für die Konfiguration, die ich hier im Buch verwendet habe:

Listing 13.21 Die neue Datei /etc/hosts

```
...
192.168.57.51       knoten-1.example.net          knoten-1
192.168.57.52       knoten-2.example.net          knoten-2
192.168.57.53       knoten-3.example.net          knoten-3
192.168.57.54       knoten-4.example.net          knoten-4
```

Wie schon bei der Einrichtung des ersten Subvolumes müssen Sie jetzt die neuen Peers erst bekannt machen, Listing 13.22 zeigt den Vorgang:

Listing 13.22 Hinzufügen der neuen Peers

```
root@sambabuch-c1:~# gluster peer probe knoten-3
peer probe: success.

root@sambabuch-c1:~# gluster peer probe knoten-4
peer probe: success.
```

Jetzt kommt der spannende Moment, in dem Sie das bestehende Volume um ein neues Subvolume erweitern. In Listing 13.23 sehen Sie diesen Vorgang:

Listing 13.23 Erweitern des Volumes

```
root@sambabuch-c1:~# gluster volume add-brick gv1 replica 2 knoten-3:/gluster
    /brick knoten-4:/gluster/brick
volume add-brick: success

root@sambabuch-c1:~# gluster volume info

Volume Name: gv1
Type: Distributed-Replicate
Volume ID: 8bf82a4a-64fd-4b5f-80c7-b8a47ef02cac
Status: Started
Snapshot Count: 0
Number of Bricks: 2 x 2 = 4
Transport-type: tcp
Bricks:
Brick1: knoten-1:/gluster/brick
Brick2: knoten-2:/gluster/brick
Brick3: knoten-3:/gluster/brick
Brick4: knoten-4:/gluster/brick
Options Reconfigured:
features.barrier: disable
performance.client-io-threads: off
nfs.disable: on
transport.address-family: inet
features.quota: off
features.inode-quota: off
features.quota-deem-statfs: off

root@sambabuch-c1:~# gluster volume rebalance gv1 fix-layout start
volume rebalance: gv1: success: Rebalance on gv1 has been started
    successfully. Use rebalance status command to check status of the
    rebalance process.
ID: f0c4729b-901b-4537-81e4-6276c463c0e8

root@sambabuch-c1:~# gluster volume rebalance gv1 start
volume rebalance: gv1: success: Rebalance on gv1 has been started
    successfully. Use rebalance status command to check status of the
    rebalance process.
ID: d8a4af3e-925f-426a-989f-6e2ad6131373
```

Nachdem Sie das Volume mit dem ersten Kommando erweitert haben, müssen Sie jetzt noch das Layout des Volumes anpassen und die Daten gleichmäßig verteilen. Diese Schritte führen Sie mit den beiden nachfolgenden Kommandos aus.

Jetzt können Sie wieder die Mountpoints auf den neuen Knoten anlegen, die Systemd-Skripte kopieren und das Volume mounten. Wenn Sie anschließend mit *df -h* die Größe Ihres neuen Volumes testen, werden Sie sehen, dass die neue Größe die Summe beider Subvolumes beträgt.

Was passiert denn jetzt, wenn Sie neue Dateien anlegen? Ganz einfach: Gluster verteilt die Dateien zwischen den beiden Subvolumes, sodass sich die beiden Subvolumes immer gleichmäßig füllen. Listing 13.24 zeigt Ihnen das Ergebnis:

Listing 13.24 Anlegen neuer Dateien

```
root@sambabuch-c4:/glusterfs# touch dat11 dat12 dat13 dat14 dat15 dat16 dat17

root@sambabuch-c4:/glusterfs# ls
dat11  dat12  dat13  dat14  dat15  dat16  dat17

root@sambabuch-c4:/glusterfs# ls /gluster/brick/
dat11  dat14  dat16  dat17

root@sambabuch-c1:~# ls /gluster/brick/
dat1  dat12  dat13  dat15  v1  v2  v3
```

Wie Sie sehen, werden die Dateien gleichmäßig zwischen den beiden Subvolumes verteilt, sodass eine gleichmäßige Auslastung der Subvolumes stattfindet. Würde jetzt ein gesamtes Subvolume ausfallen, dann wären die Dateien dieses Subvolumes für die Anwender nicht mehr erreichbar. Die Daten des anderen Subvolumes wären aber noch verfügbar. Fällt nur ein Knoten aus, bleibt der Inhalt des Volumes für die Anwender komplett erhalten. Es können weiterhin Daten geschrieben und gelesen werden.

Müssen Sie einen Brick ausschalten, um zum Beispiel Hardware zu tauschen, wird Gluster nach dem Wiedereinschalten des Knotens die Daten automatisch auf den Knoten replizieren. Sie müssen diesen Prozess nicht von Hand anstoßen.

13.2.10 Austauschen eines Knotens

Wenn Sie einen Knoten gezielt oder aufgrund eines Defekts austauschen müssen, ist das natürlich auch möglich, ohne den Cluster nicht mehr erreichen zu können. In diesem Abschnitt werden Sie sehen, wie Sie einen Knoten aus einem Subvolume ersetzen können. So habe Sie dann die Möglichkeit, einen Knoten nach dem anderen zu ersetzen, ohne den Cluster jemals anhalten oder aus dem Netz nehmen zu müssen.

13.2.10.1 Vorbereitungen

Als Erstes müssen Sie wieder einen neuen Rechner vorbereiten:

- Installieren Sie die Pakete.
- Vergeben Sie die IP-Adressen für das Heartbeat-Netz.
- Tragen Sie die IP-Adresse des Heartbeat-Netzes auf allen Knoten in die Datei /etc/hosts ein.
- Richten Sie das LVM-Volume ein und mounten es.
- Kopieren Sie die Datei zum Mounten des Gluster-Volume über Systemd von einem anderen Knoten.

Erst wenn Sie diese Schritte durchgeführt haben, können Sie damit beginnen, einen alten Knoten durch den neuen Knoten zu ersetzen.

13.2.10.2 Austausch des Knotens

Als Erstes müssen Sie den Knoten wieder als Peer bekannt machen, so wie Sie es in Listing 13.25 sehen:

Listing 13.25 Bekanntmachen des neuen Peers

```
root@sambabuch-c1:~# gluster peer probe knoten-5
peer probe: success.

root@sambabuch-c1:~# gluster peer status
Number of Peers: 4

Hostname: knoten-2
Uuid: b9476606-2b21-4b04-8df3-e1a3b2f6b1e5
State: Peer in Cluster (Connected)

Hostname: knoten-3
Uuid: fbe16cce-16c7-49f3-b0bc-2b6e0984e88c
State: Peer in Cluster (Connected)

Hostname: knoten-4
Uuid: 442538bf-0b26-4a2b-8ae2-052a61e915f5
State: Peer in Cluster (Connected)

Hostname: knoten-5
Uuid: cf821925-bf8f-457f-bd69-30ba8b7031d3
State: Peer in Cluster (Connected)
```

Erst wenn Sie in der Liste auch den gerade hinzugefügten Peer sehen, können Sie weitermachen.

Jetzt müssen Sie genau wissen, welchen der Knoten Sie austauschen wollen. Denn Sie müssen jetzt sowohl den alten als auch den neuen Knoten angeben. In Listing 13.26 sehen Sie den Vorgang des Austauschs:

Listing 13.26 Austausch eines Knotens

```
root@sambabuch-c1:~# gluster volume replace-brick gv1 knoten-3:/gluster/brick
    knoten-5:/gluster/brick commit force
volume replace-brick: success: replace-brick commit force operation
    successful

root@sambabuch-c3:~# umount /glusterfs

root@sambabuch-c5:~# mkdir /glusterfs

root@sambabuch-c5:~# mount -t glusterfs knoten-5:/gv1 /glusterfs

root@sambabuch-c5:~# ls /glusterfs/
dat1  dat11  dat12  dat13  dat14  dat15  dat16  dat17  v1  v2  v3

root@sambabuch-c5:~# gluster volume info
 Volume Name: gv1
```

```
Type: Distributed-Replicate
Volume ID: 43dcb41c-4893-4bbe-98fd-01f47810ee89
Status: Started
Snapshot Count: 0
Number of Bricks: 2 x 2 = 4
Transport-type: tcp
Bricks:
Brick1: knoten-1:/gluster/brick
Brick2: knoten-2:/gluster/brick
Brick3: knoten-5:/gluster/brick
Brick4: knoten-4:/gluster/brick
Options Reconfigured:
transport.address-family: inet
nfs.disable: on
performance.client-io-threads: off
```

Wichtig
Achten Sie bei den Kommandos darauf, dass Sie sich auf dem richtigen Host befinden.

Wie Sie an der Ausgabe des Kommandos *gluster volume info* sehen, wurde hier der *knoten-3* durch den *knoten-5* ersetzt.

13.2.10.3 Entfernen des Peers

Nachdem Sie den Knoten entfernt haben, müssen Sie den Peer noch aus der Liste der Peers entfernen, denn wenn Sie jetzt mit dem Kommando *gluster peer status* die Peers überprüfen, werden Sie feststellen, dass der Peer *knoten-3* immer noch in der Liste der Peers steht, so wie Sie es in Listing 13.27 sehen:

Listing 13.27 Der alte Peer ist noch in der Liste.

```
root@sambabuch-c1:~# gluster peer status
Number of Peers: 4

Hostname: knoten-2
Uuid: b9476606-2b21-4b04-8df3-e1a3b2f6b1e5
State: Peer in Cluster (Connected)

Hostname: knoten-3
Uuid: fbe16cce-16c7-49f3-b0bc-2b6e0984e88c
State: Peer in Cluster (Connected)

Hostname: knoten-4
Uuid: 442538bf-0b26-4a2b-8ae2-052a61e915f5
State: Peer in Cluster (Connected)

Hostname: knoten-5
Uuid: cf821925-bf8f-457f-bd69-30ba8b7031d3
State: Peer in Cluster (Connected)
```

Das soll sich jetzt ändern. In Listing 13.28 sehen Sie den gesamten Vorgang zum Entfernen des Peers aus dem Verbund:

Listing 13.28 Entfernen des Peers

```
root@sambabuch-c1:~# gluster peer detach knoten-3
peer detach: success

root@sambabuch-c1:~# gluster peer status
Number of Peers: 3

Hostname: knoten-2
Uuid: b9476606-2b21-4b04-8df3-e1a3b2f6b1e5
State: Peer in Cluster (Connected)

Hostname: knoten-4
Uuid: 442538bf-0b26-4a2b-8ae2-052a61e915f5
State: Peer in Cluster (Connected)

Hostname: knoten-5
Uuid: cf821925-bf8f-457f-bd69-30ba8b7031d3
State: Peer in Cluster (Connected)
```

Erst jetzt können Sie den Knoten abschalten.

Damit ist die Einrichtung des Gluster-Clusters abgeschlossen. Natürlich gibt es noch sehr viel mehr Möglichkeiten, Gluster einzurichten und zu verwalten. Auch die Behebung von Fehlern und Updates auf eine neue Gluster-Version müssen Sie immer gut planen. All diese Themen würden den Rahmen dieses Buchs aber sprengen.

Eine gute Anlaufstelle für weitere Informationen zu diesem Thema finden Sie unter *http://gluster.readthedocs.org/en/latest/Quick-Start-Guide/Quickstart/*.

■ 13.3 CTDB

Nachdem jetzt ein Filesystem-Cluster existiert, können Sie darauf eine Samba *Cluster Trivial Data Base (CTDB)* aufsetzen. Mit CTDB können Sie einen geclusterten Fileserver in einer Windows-Domäne bereitstellen, wobei es keinen Unterschied macht, ob es sich um eine echte Windows-Domäne oder eine Samba-Domäne handelt. Auch kann es sich bei der Samba-Domäne sowohl um eine NT-like Domäne als auch um eine AD-Domäne handeln. Gerade diese Vielfältigkeit macht den Einsatz von CTDB in Netzwerken so interessant.

Mit der Version Samba 4.2 ist CTDB ein fester Bestandteil von Samba 4 und kann für alle Distributionen direkt über die Repositories installiert werden. Auch Distributionen, die keinen Active-Directory-Domaincontroller unterstützen, stellen die benötigten Pakete bereit.

Hier im Buch werden jetzt die beiden Clusterknoten aus dem ersten Teil dieses Kapitels für die Bereitstellung von CTDB eingerichtet. Aufgrund der Flexibilität von GlusterFS hätten Sie auch die Möglichkeit, die Funktion auf zwei zusätzlichen Server zu installieren.

13.3.1 Installation der Software

Wenn Sie CTDB mit den Paketen der Distribution installieren wollen, müssen Sie neben den CTDB-Paketen auch die Samba-Server-Pakete installieren. Wenn Sie Samba aus den Quellen selbst bauen wollen, dann müssen Sie bei der Ausführung des Kommandos ./configure die Option *–with-cluster* mit angeben. Wollen Sie die SerNet-Pakete verwenden, benötigen Sie das Paket sernet-samba-ctdb. Die IP-Adressen, über die die Clients den Cluster erreichen, werden dynamisch von CTDB zugewiesen. Das funktioniert aber nur dann, wenn Sie das Paket ethtool installieren. Ohne dieses Paket kann CTDB die IP-Adressen nicht dynamisch an die Knoten verteilen.

13.3.2 Installation des Kerberos-Clients

Da der CTDB-Cluster später Mitglied in der Active-Directory-Domäne werden soll, müssen Sie jetzt noch die Libraries für Kerberos installieren. Bei den Debian-basierten Distributionen ist das das Paket libpam-heimdal, bei allen anderen Distributionen heißt das benötigte Paket krb5-libs.

Damit später der Cluster der Domäne beitreten kann, müssen Sie noch die Datei /etc/krb5.conf von einem der Domaincontroller auf beide Knoten kopieren.

13.3.3 Einträge im DNS-Server erstellen

Damit die Clients später auf den Cluster zugreifen können, müssen Sie den Cluster im DNS eintragen. Jeder Knoten benötigt dafür in Ihrem Produktivnetz eine weitere IP-Adresse, über die später die Clients auf die Freigaben des Clusters zugreifen. Diese IP-Adresse wird von CTDB vergeben. Diese IP dürfen Sie nicht über die Konfiguration der Netzwerkeinstellung Ihrer Knoten vergeben. Sie müssen jetzt aber die IP-Adressen festlegen, denn diese müssen im DNS eingetragen sein. Hier im Buch werde ich für die CTDB-Adressen *192.168.56.101* und *192.168.56.102* verwenden. Beide IP-Adressen werden mit demselben Namen im DNS eingetragen.

Sie können die DNS-Einträge sowohl über das grafische Tool aus den RSAT erstellen als auch über die Kommandozeile auf einem Ihrer Domaincontroller. In Listing 13.29 sehen Sie alle Kommandos, mit denen Sie den Cluster in die Forward-Zone und in die Reverse-Zone eintragen:

Listing 13.29 Eintragen des Clusters im DNS

```
root@sambabuch:~# samba-tool dns add sambabuch example.net\
            cluster-01 A 192.168.56.101 -k yes
Record added successfully

root@sambabuch:~# samba-tool dns add sambabuch example.net \
            cluster-01 A 192.168.56.102 -k yes
Record added successfully

root@sambabuch:~# samba-tool dns add sambabuch 56.168.192.in-addr.arpa \
```

```
                    101 PTR cluster-01.example.net -k yes
Record added successfully

root@sambabuch:~# samba-tool dns add sambabuch 56.168.192.in-addr.arpa \
                    102 PTR cluster-01.example.net -k yes
Record added successfully

root@sambabuch:~# host cluster-01
cluster-01.example.net has address 192.168.56.101
cluster-01.example.net has address 192.168.56.102
```

Erst wenn die Namensauflösung für den Cluster funktioniert, können Sie mit der Konfiguration von CTDB beginnen.

13.3.4 Konfiguration von CTDB

Jetzt geht es darum, den Anwendern im Netz den Cluster zur Verfügung zu stellen, und zwar so, dass ein `Failover` und ein Load Balancing dafür sorgen, dass der Cluster immer erreichbar ist.

Als Erstes müssen Sie die benötigten Pakete installieren, denn die CTDB-Pakete sind zwar Bestandteil von Samba, werden aber nicht automatisch mitinstalliert. Der Name des Paketes ist bei allen Distributionen immer *ctdb*. Installieren Sie das Paket auf mindestens zwei Systemen. Wenn Sie Ihren Filesystem-Cluster komplett vom Produktivnetz trennen wollen, installieren Sie den Dienst auf eigene Maschinen und verbinden dann die Maschine über das Heartbeat-Netz mit Ihrem Filesystem-Cluster. Hier im Buch werde ich auf dem Server *sambabuch-c1* und *sambabuch-c2* installieren. Die Konfiguration ist in beiden Fällen identisch.

Für CTDB wird eine Konfigurationsdatei erstellt. Der Standardpfad für die Konfigurationsdatei ist /etc/ctdb/ctdbd.conf.

Hinweis
Bei älteren Samba-Versionen finden Sie die Konfigurationsdatei unter /etc/default/ctdb oder /etc/sysconfig/ctdb.

Jetzt können Sie die CTDB-Konfigurationsdatei /etc/ctdb/ctdbd.conf mit einem Editor öffnen und die Parameter aus Listing 13.30 an Ihre Umgebung anpassen:

Listing 13.30 Erste Konfiguration von CTDB

```
# Do NOT run CTDB without a recovery lock file unless \
  you know exactly
# what you are doing.
CTDB_RECOVERY_LOCK=/glusterfs/ctdb.lock

# List of nodes in the cluster.  Default is below.
CTDB_NODES=/etc/ctdb/nodes
```

```
# List of public addresses for providing NAS services.  No default.
CTDB_PUBLIC_ADDRESSES=/etc/ctdb/public_addresses
```

Die Parameter haben dabei die folgende Bedeutung:

- CTDB_RECOVERY_LOCK
  Alle Knoten des CTDB-Clusters müssen in der Lage sein zu prüfen, ob eine Datei schon zum Schreiben von einem anderen Knoten gelockt oder ob der exklusive Schreibzugriff noch möglich ist. Über diese Datei wird der exklusive Zugriff von allen Knoten geprüft.
- CTDB_NODES
  In diese Datei müssen Sie alle IP-Adressen aller Knoten eintragen. Bei den IP-Adressen handelt es sich um die IP-Adressen des Heartbeat-Netzwerks. Diese Datei muss auf allen Knoten identisch sein.
- CTDB_PUBLIC_ADDRESSES
  In dieser Datei tragen Sie alle virtuellen IP-Adressen der CTDB-Knoten ein. Immer, wenn auf einem Knoten CTDB gestartet wird, wird eine der Adressen an die Netzwerkkarte des Produktivnetzwerks vergeben. Diese Datei kann auf den verschiedenen Knoten unterschiedlich sein, sodass die Knoten des CTDB-Clusters auch in unterschiedlichen IP-Netzen eingerichtet werden können.

Wichtig

Die Datei /etc/ctdb/ctdbd.conf muss immer auf allen Knoten identisch sein. Besonders wichtig ist der Eintrag *CTDB_RECOVERY_LOCK*.

Hinweis

Die Parameter für *samba* und *winbind* dürfen Sie an dieser Stelle noch nicht aktivieren, dazu muss später erst noch Samba konfiguriert werden.

Erstellen Sie jetzt die Datei /etc/ctdb/nodes mit dem Inhalt aus Listing 13.31 auf allen Knoten. Wenn Sie Samba aus den Quellen installiert haben, müssen Sie das Verzeichnis /etc/ctdb erst anlegen:

Listing 13.31 Erstellen der Datei /etc/ctdb/nodes

```
192.168.57.51
192.168.57.52
```

Sie sehen hier, dass die IP-Adressen die jeweilige IP-Adresse im Heartbeat-Netz der Knoten sind. So findet die gesamte Kommunikation zwischen den CTDB-Knoten und den Gluster-Knoten immer im Heartbeat-Netz statt. So können Sie den gesamten Datenverkehr von Ihrem Produktivnetz nehmen.

Jetzt fehlt noch die Datei /etc/ctdb/public_addresses. Den Inhalt der Datei finden Sie in Listing 13.32. Auch diese Datei muss auf allen Knoten vorhanden sein:

Listing 13.32 Erstellen der Datei /etc/ctdb/public_addresses

```
192.168.56.101/24 enp0s8
192.168.56.102/24 enp0s8
```

Diese IP-Adressen müssen jetzt in Ihrem Produktivnetzwerk sein, da darüber die Clients auf den Cluster zugreifen. Sorgen Sie dafür, dass sowohl die Datei /etc/ctdb/nodes als auch die Datei /etc/ctdb/public_addresses auf allen CTDB-Knoten vorhanden sind.

Jetzt können Sie CTDB auf allen Knoten starten. Je nachdem, wie Sie Samba und CTDB installiert haben, müssen Sie das entsprechende Startskript ausführen. In Listing 13.33 sehen Sie den Start des Dienstes:

Listing 13.33 Erster Start des CTDB-Clusters

```
root@sambabuch-c1:/etc/ctdb# systemctl start ctdb.service
root@sambabuch-c2:/etc/ctdb# systemctl start ctdb.service
```

Um den Status der Knoten zu überprüfen, verwenden Sie das Kommando *ctdb status*. Es kann etwas dauern, bis Sie den Status *OK* hinter allen Knoten sehen, da die Knoten immer eine gewisse Zeit für die Initialisierung benötigen.

Sollten die Knoten nicht ordnungsgemäß starten und Sie nach Fehlern suchen müssen, sollten Sie immer in der Logdatei /var/log/ctdb/log.ctdb nachschauen. In Listing 13.34 sehen Sie die Überprüfung des Status:

Listing 13.34 Prüfen des Status

```
root@sambabuch-c1:~# ctdb status
Number of nodes:2
pnn:0 192.168.57.51     UNHEALTHY
pnn:1 192.168.57.52     UNHEALTHY
Generation:1884871854
Size:2
hash:0 lmaster:0
hash:1 lmaster:1
Recovery mode:NORMAL (0)
Recovery master:0

root@sambabuch-c1:~# ctdb status
Number of nodes:2
pnn:0 192.168.57.51     OK (THIS NODE)
pnn:1 192.168.57.52     OK
Generation:1884871854
Size:2
hash:0 lmaster:0
hash:1 lmaster:1
Recovery mode:NORMAL (0)
Recovery master:0
```

Beim ersten Test ist der Status von beiden Knoten noch *UNHEALTHY*. Erst nach einiger Zeit wechselt der Status auf *OK*.

Tipp

Wenn Sie das Kommando *watch ctdb status* verwenden, wird die Anzeige alle zwei Sekunden aufgefrischt, und Sie müssen das Kommando nicht immer wieder eingeben.

Erst wenn der Status aller Knoten auf *OK* steht, können Sie mit der Konfiguration fortfahren.

Prüfen Sie jetzt mit dem Kommando *ip a l enp0s8*, ob die zusätzliche IP-Adresse vergeben wurde. Listing 13.35 zeigt diese Information:

Listing 13.35 Anzeigen der IP-Informationen

```
root@sambabuch-c1:~# ip a l enp0s8
3: enp0s8: <BROADCAST,MULTICAST,UP,LOWER_UP> mtu 1500 qdisc pfifo_fast state
    \
        UP group default qlen 1000
    link/ether 08:00:27:db:3b:27 brd ff:ff:ff:ff:ff:ff
    inet 192.168.56.51/24 brd 192.168.56.255 scope global enp0s8
       valid_lft forever preferred_lft forever
    inet 192.168.56.101/24 brd 192.168.56.255 scope global secondary enp0s8
       valid_lft forever preferred_lft forever
    inet6 fe80::a00:27ff:fedb:3b27/64 scope link
       valid_lft forever preferred_lft forever
```

Wichtig

Verwenden Sie hier nicht das Kommando *ifconfig enp0s8*, da die über CTDB vergebenen IP-Adressen dort nicht angezeigt werden.

Wenn Sie jetzt den CTDB-Dienst auf einem der Knoten stoppen, wird die Cluster-IP-Adresse sofort auf den anderen Knoten verschoben. Listing 13.36 zeigt diesen Vorgang:

Listing 13.36 Anhalten eines Knotens

```
root@sambabuch-c1:~# systemctl stop ctdb

root@sambabuch-c2:~# ctdb status
Number of nodes:2
pnn:0 192.168.57.51     DISCONNECTED|UNHEALTHY|INACTIVE
pnn:1 192.168.57.52     OK (THIS NODE)
Generation:1515798798
Size:1
hash:0 lmaster:1
Recovery mode:NORMAL (0)
Recovery master:1

root@sambabuch-c2:~# ip a l enp0s8
3: enp0s8: <BROADCAST,MULTICAST,UP,LOWER_UP> mtu 1500 qdisc pfifo_fast state
    \
```

```
        UP group default qlen 1000
link/ether 08:00:27:02:8e:a7 brd ff:ff:ff:ff:ff:ff
inet 192.168.56.52/24 brd 192.168.56.255 scope global enp0s8
   valid_lft forever preferred_lft forever
inet 192.168.56.102/24 brd 192.168.56.255 scope global secondary enp0s8
   valid_lft forever preferred_lft forever
inet 192.168.56.101/24 brd 192.168.56.255 scope global secondary enp0s8
   valid_lft forever preferred_lft forever
inet6 fe80::a00:27ff:fe02:8ea7/64 scope link
   valid_lft forever preferred_lft forever
```

Sie sehen zunächst, dass sich nach dem Stoppen des Dienstes auf knoten-2 der Status von knoten-1 in *DISCONNECTED|UNHEALTHY|INACTIVE* ändert. Im nächsten Teil sehen Sie, dass knoten-2 die IP-Adresse von knoten-1 übernommen hat. Nach dem Start des CTDB-Dienstes auf knoten-1 erhält dieser wieder eine IP von knoten-2. So wird sichergestellt, dass alle Clients wieder eine Verbindung zum Cluster herstellen können. Die Clients werden im laufenden Betrieb einfach auf den anderen Knoten wechseln.

Erst wenn diese Tests alle funktionieren, können Sie mit der Konfiguration von Samba fortfahren, denn noch werden die Samba-Dienste nicht von CTDB verwaltet.

Tipp

Schauen Sie sich beim Stoppen und Starten des Dienstes auch das log-File /var/log/ctdb/log.ctdb auf beiden Maschinen an, dort können Sie den Schwenk der IP-Adressen verfolgen.

13.3.5 Erstellen der Konfiguration für Samba

Sollten Sie die Pakete für Samba auf den CTDB-Knoten noch nicht installiert haben, wird es jetzt Zeit, die Pakete zu installieren. In Listing 13.37 sehen Sie den Vorgang für ein Debian-System. Auch hier verwende ich die Pakete aus dem Repository von Louis van Belle:

Listing 13.37 Installation der Samba-Pakete

```
root@sambabuch-c2:~# apt-get install samba libpam-heimdal winbind \
                    libpam-winbind smbclient libnss-winbind
Paketlisten werden gelesen... Fertig
Abhöngigkeitsbaum wird aufgebaut.
Statusinformationen werden eingelesen.... Fertig
...
```

Bevor Sie den Cluster in die Domäne bringen können, müssen Sie zuerst Samba konfigurieren. Wenn Sie bisher Ihre Fileserver immer über die Datei /etc/samba/smb.conf konfiguriert haben, müssen Sie spätestens jetzt auf die Konfiguration über die Registry umstellen, denn der Cluster wird mit einer gemeinsamen Konfiguration eingerichtet. So müssen Sie die Konfiguration immer nur auf einem Knoten erstellen und ändern. Die Datei /etc/samba/smb.conf hat dann auf allen Knoten nur noch den Inhalt aus Listing 13.38:

Listing 13.38 Einträge in der smb.conf

```
[global]
        clustering = yes
        include = registry
```

Jetzt können Sie die Konfiguration in die Registry eintragen. In diesem Schritt wird erst nur die Grundkonfiguration erstellt. Die Freigaben folgen in Abschnitt 13.3.8.2, «Einrichten von Freigaben». Listing 13.39 zeigt Ihnen die benötigten Kommandos:

Listing 13.39 Erstellen der Grundkonfiguration

```
root@sambabuch-c1:~# net conf setparm global "workgroup" "example"
root@sambabuch-c1:~# net conf setparm global "netbios name" "cluster-01"
root@sambabuch-c1:~# net conf setparm global "security" "ads"
root@sambabuch-c1:~# net conf setparm global "realm" "EXAMPLE.NET"
root@sambabuch-c1:~# net conf setparm global "idmap config *:range" \
                                             "10000-19999"
root@sambabuch-c1:~# net conf setparm global "idmap config example:backend" \
                                             "rid"
root@sambabuch-c1:~# net conf setparm global "idmap config example:range" \
                                             "1000000-1999999"
root@sambabuch-c1:~# net conf setparm global "store dos \
                                             attributes" "yes"
root@sambabuch-c1:~# net conf setparm global "map acl inherit" "yes"
root@sambabuch-c1:~# net conf setparm global "vfs objects" "acl_xattr"
```

Hinweis

Wenn Sie jetzt auf allen Knoten des Clusters das Kommando *testparm* eingeben, wird auf allen Knoten die Konfiguration aufgelistet, denn durch den Eintrag *clustering = yes* in der smb.conf wird die Konfiguration gleich auf alle Knoten übertragen.

Jetzt müssen Sie dafür sorgen, dass die Samba-Dienste winbindd, smbd und nmbd nicht beim Systemstart gestartet werden. Die Startskripte müssen deaktiviert werden. Wenn Sie die Pakete über die Distributionen installiert haben, können Sie die Dienste einfach mit dem Kommando *systemctl disable <dienst>.service* deaktivieren und mitbekommen *systemctl stop <dienst>.service*. Wenn Sie die Pakete selbst gebaut haben, überspringen Sie einfach die Aktivierung der Dienste. Bei den SerNet-Paketen können Sie die Dienste auch über *systemctl* deaktivieren. Listing 13.40 zeigt den Vorgang:

Listing 13.40 Deaktivieren der Dienste

```
root@sambabuch-c1:~# systemctl disable nmbd.service
root@sambabuch-c1:~# systemctl disable smbd.service
root@sambabuch-c1:~# systemctl disable winbind.service
root@sambabuch-c1:~# systemctl stop nmbd.service
root@sambabuch-c1:~# systemctl stop smbd.service
root@sambabuch-c1:~# systemctl stop winbind.service

root@sambabuch-c2:~# systemctl disable nmbd.service
```

```
root@sambabuch-c2:~# systemctl disable smbd.service
root@sambabuch-c2:~# systemctl disable winbind.service
root@sambabuch-c2:~# systemctl stop   nmbd.service
root@sambabuch-c2:~# systemctl stop   smbd.service
root@sambabuch-c2:~# systemctl stop   winbind.service
```

Erst wenn Sie die Dienste gestoppt und deaktiviert haben, können Sie den Cluster in die Domäne aufnehmen. Listing 13.41 zeigt diesen Vorgang. Das *Join* müssen Sie nur auf einem der Knoten ausführen:

Listing 13.41 Hinzufügen des Clusters zur Domäne

```
root@sambabuch-c1:~# net ads join -U administrator
Enter administrator's password:
Using short domain name -- EXAMPLE
Joined 'CLUSTER-01' to dns domain 'example.net'
Not doing automatic DNS update in a clustered setup.

root@sambabuch-c1:~# net ads testjoin
Join is OK

root@sambabuch-c2:~# net ads testjoin
Join is OK
```

Wie Sie hier sehen, können Sie den Test, ob der Cluster in die Domäne aufgenommen wurde, auf beiden Systemen durchführen, obwohl Sie das Kommando zum Beitritt nur einmal abgesetzt haben. Das wird auch in Zukunft so sein, Sie müssen alle Änderungen an der Konfiguration immer nur auf einem Knoten im Cluster durchführen. Welchen Knoten Sie verwenden, spielt dabei keine Rolle.

13.3.6 Starten und Testen des CTDB-Cluster

Jetzt können Sie CTDB so konfigurieren, dass CTDB die Dienste des Samba und des Winbind starten und stoppen kann. Passen Sie dafür die Datei /etc/ctdb/ctdbd.conf auf allen CTDB-Knoten wie in Listing 13.42 an:

Listing 13.42 Anpassen der Clusterkonfiguration

```
# What services should CTDB manage?  Default is none.
CTDB_MANAGES_SAMBA=yes
CTDB_MANAGES_WINBIND=yes
# CTDB_MANAGES_NFS=yes
```

Führen Sie alle Änderungen an allen Knoten aus. Nach einem Neustart des CTDB-Dienstes zeigt nach einiger Zeit das Kommando *ctdb status* wieder den Status *OK*. Testen Sie die gestarteten Dienste wie in Listing 13.43:

Listing 13.43 Testen der Dienste

```
root@sambabuch-c1:~# ps ax | egrep 'mbd|winbind'
 1381 ?        Ss     0:00 /usr/sbin/winbindd --foreground --no-process-group
```

```
 1385 ?        S      0:00 winbindd: domain child [EXAMPLE]
 1468 ?        Ss     0:00 /usr/sbin/nmbd --foreground --no-process-group
 1496 ?        Ss     0:00 /usr/sbin/smbd --foreground --no-process-group
 1498 ?        S      0:00 /usr/sbin/smbd --foreground --no-process-group
 1499 ?        S      0:00 /usr/sbin/smbd --foreground --no-process-group
 1500 ?        S      0:00 winbindd: domain child [CLUSTER-01]
 1501 ?        S      0:00 winbindd: domain child [BUILTIN]
 1502 ?        S      0:00 winbindd: idmap child
 1509 ?        S      0:00 /usr/sbin/smbd --foreground --no-process-group

root@sambabuch-c1:~# ctdb scriptstatus
00.ctdb              OK          0.004 Wed Jul 11 16:52:56 2018
01.reclock           OK          0.019 Wed Jul 11 16:52:56 2018
05.system            OK          0.020 Wed Jul 11 16:52:56 2018
06.nfs               OK          0.002 Wed Jul 11 16:52:56 2018
10.external          DISABLED
10.interface         OK          0.012 Wed Jul 11 16:52:56 2018
11.natgw             OK          0.001 Wed Jul 11 16:52:56 2018
11.routing           OK          0.001 Wed Jul 11 16:52:56 2018
13.per_ip_routing    OK          0.001 Wed Jul 11 16:52:56 2018
20.multipathd        OK          0.001 Wed Jul 11 16:52:56 2018
31.clamd             OK          0.001 Wed Jul 11 16:52:56 2018
40.vsftpd            OK          0.001 Wed Jul 11 16:52:56 2018
41.httpd             OK          0.001 Wed Jul 11 16:52:56 2018
49.winbind           OK          0.005 Wed Jul 11 16:52:56 2018
50.samba             OK          0.043 Wed Jul 11 16:52:56 2018
60.nfs               OK          0.002 Wed Jul 11 16:52:56 2018
70.iscsi             OK          0.001 Wed Jul 11 16:52:56 2018
91.lvs               OK          0.001 Wed Jul 11 16:52:56 2018
99.timeout           OK          0.001 Wed Jul 11 16:52:56 2018
```

Im ersten Test sehen Sie, dass alle Prozesse für die Samba-Dienste vorhanden sind. Der zweite Test zeigt dann, dass alle Dienste über CTDB gestartet wurden.

Das Kommando *ctdb* können Sie noch für weitere Tests verwenden. In Listing 13.44 sehen Sie ein paar Beispiele:

Listing 13.44 Tests für den CTDB-Cluster

```
root@sambabuch-c1:~# ctdb uptime
Current time of node 0         :                Wed Jul 11 17:02:27 2018
Ctdbd start time               : (000 00:24:19) Wed Jul 11 16:38:08 2018
Time of last recovery/failover: (000 00:23:53) Wed Jul 11 16:38:34 2018
Duration of last recovery/failover: 0.331986 seconds

root@sambabuch-c1:~# ctdb ip
Public IPs on node 0
192.168.56.101 1
192.168.56.102 0

root@sambabuch-c1:~# ctdb ipinfo 192.168.56.101
Public IP[192.168.56.101] info on node 0
IP:192.168.56.101
```

```
CurrentNode:1
NumInterfaces:1
Interface[1]: Name:enp0s8 Link:up References:1

root@sambabuch-c1:~# ctdb nodestatus all
Number of nodes:2
pnn:0 192.168.57.51      OK (THIS NODE)
pnn:1 192.168.57.52      OK
```

Das erste Beispiel zeigt die Uptime des Clusters auf diesem Knoten. Viel interessanter ist aber der Wert, wann das letzte Mal ein Recovery oder ein Failover stattgefunden und wie lange dieser Prozess gedauert hat. Wird dort ein negativer Wert angezeigt, ist der Vorgang noch nicht abgeschlossen.

Das zweite und dritte Beispiel zeigen Ihnen Informationen zur IP-Konfiguration der Knoten. Das vierte Beispiel zeigt noch einmal den Status aller Knoten im Cluster.

Mit *ctdb* können Sie noch weitere Tests durchführen. Alle Tests und Beispiele finden Sie in der Manpage zu *ctdb*.

Sie finden dort beispielsweise Kommandos zum Debuggen und weitere interne Befehle, die für Sie interessant sein können, wenn Sie sich mit der Entwicklung von CTDB beschäftigen. Bei der Administration werden Sie die Optionen jedoch nicht brauchen.

13.3.7 Das Kommando onnode

Um nicht immer alle Kommandos auf allen Knoten einzeln ausführen zu müssen, wurde das Kommando *onnode* entwickelt. Mit diesem Kommando können Sie Kommandos auf allen oder auch nur auf bestimmten Knoten des Clusters ausführen. Dabei ist die Auswahl der Kommandos nicht nur auf die Clusterkommandos beschränkt. Sie können jegliche Kommandos, die auf allen Knoten existieren, auf den Knoten ausführen.

Um das Kommando effektiv zu nutzen, müssen Sie als Erstes auf allen Knoten einen ssh-Key für den `root` ohne Passwort erstellen, denn *onnode* nutzt `ssh`, um die Kommandos auf den verschiedenen Knoten auszuführen.

Hinweis
Wenn Sie keinen ssh-Key ohne Passwort für den `root` erstellen, müssen Sie jedes Mal ein Passwort auf jedem Knoten des Clusters für den `root` eingeben.

Da auch auf dem Knoten, auf dem Sie das Kommando verwenden, dieses über ssh ausgeführt wird, müssen Sie den Schlüssel auch auf dem lokalen Knoten in die Datei /root/.ssh/authorized_keys eintragen. Erst wenn Sie die ssh-Keys verteilt haben, können Sie mit *onnode* arbeiten.

13.3.7.1 Abfrage des Status auf allen Knoten

Um den Status auf allen Knoten abzufragen, können Sie *onnode* so wie in Listing 13.45 verwenden:

Listing 13.45 Abfragen des Status

```
root@sambabuch-c1:~# onnode all ctdb status

>> NODE: 192.168.57.51 <<
Number of nodes:2
pnn:0 192.168.57.51     OK (THIS NODE)
pnn:1 192.168.57.52     OK
Generation:460099575
Size:2
hash:0 lmaster:0
hash:1 lmaster:1
Recovery mode:NORMAL (0)
Recovery master:0

>> NODE: 192.168.57.52 <<
Number of nodes:2
pnn:0 192.168.57.51     OK
pnn:1 192.168.57.52     OK (THIS NODE)
Generation:460099575
Size:2
hash:0 lmaster:0
hash:1 lmaster:1
Recovery mode:NORMAL (0)
Recovery master:0
```

13.3.7.2 Neustarten des Clusters auf allen Knoten

Um einen Dienst auf allen Knoten neu zu starten, müssen Sie sich nicht mit jedem Knoten verbinden, sondern können einfach über *onnode* den entsprechenden Dienst neu starten. In Listing 13.46 sehen Sie diesen Vorgang für den CTDB-Dienst:

Listing 13.46 Neustart eines Dienstes

```
root@sambabuch-c1:~# onnode all systemctl restart ctdb

>> NODE: 192.168.57.51 <<

>> NODE: 192.168.57.52 <<
```

Sie können so jeden beliebigen Dienst neu starten. Wichtig ist nur, dass das Startskript für den Dienst auf allen Knoten identisch geschrieben ist.

13.3.7.3 Kopieren einer Datei

Oft möchten Sie eine Datei auf allen Knoten in die gleichen Verzeichnisse kopieren, auch da kann Ihnen *onnode* helfen. Legen Sie die zu kopierende Datei in ein Verzeichnis auf Ihrem Cluster, und kopieren Sie dann so wie in Listing 13.47 die Datei auf Ihren Knoten in das Zielverzeichnis:

Listing 13.47 Kopieren einer Datei

```
root@sambabuch-c1:~# onnode all cp /glusterfs/dat11 /root/

>> NODE: 192.168.57.51 <<

>> NODE: 192.168.57.52 <<
```

Bei zwei Knoten im Cluster sind die Aufgaben noch überschaubar und auch schnell auf jedem Knoten einzeln durchführbar, aber wenn Sie mehr Knoten in Ihrem Cluster haben, wird es irgendwann sehr zeitaufwendig, jedes Kommando auf jedem Knoten einzeln auszuführen zu müssen. Da ist *onnode* eine Erleichterung.

13.3.8 Benutzer und Freigaben

Bis zu diesem Punkt haben Sie nur den Cluster so weit konfiguriert, dass Sie ein Clusterdateisystem mit `GlusterFS` eingerichtet und CTDB für den Filesystem-Cluster konfiguriert haben. Was jetzt noch fehlt, ist, dass Sie die Benutzer der Domäne auf dem Cluster sehen, ihnen Rechte zuweisen und Freigaben zur Verfügung stellen können.

13.3.8.1 Bekanntmachen der Gruppen und Benutzer

Im Moment können Sie sich nur die Active-Directory-Benutzer und -Gruppen mit *wbinfo* anzeigen lassen, aber den Gruppen und Benutzern noch keine Rechte im Dateisystem zuweisen. Um auf Knoten den Gruppen und Benutzern Rechte geben zu können, müssen Sie dafür sorgen, dass die Gruppen und Benutzer über das ID-Mapping im System angezeigt werden. Dafür müssen Sie auf allen Knoten die Datei /etc/nsswitch wie in Listing 13.48 anpassen:

Listing 13.48 Änderungen an der Datei nsswitch.conf

```
passwd:        compat winbind
group:         compat winbind
```

> **Hinweis**
> Denken Sie daran, diese Änderungen an allen CTDB-Knoten des Clusters vorzunehmen.

Anschließend können Sie, ohne einen Dienst neu starten zu müssen, sich Ihre Gruppen und Benutzer mit *getent* auflisten lassen. Hier im Beispiel habe ich den Samba-Dienst ohne die Parameter *winbind enum users = yes* und *winbind enum groups = yes* konfiguriert. Wenn Sie diese Konfiguration übernommen haben, können Sie sich nicht alle Benutzer und Gruppen in einer Liste anzeigen lassen, sondern müssen die Benutzer und Gruppen einzeln abfragen, so wie Sie es in Listing 13.49 sehen:

Listing 13.49 Anzeigen der Benutzer und Gruppen

```
root@sambabuch-c2:~# getent passwd EXAMPLE\\ktom
EXAMPLE\ktom:*:1001106:1000513::/home/EXAMPLE/ktom:/bin/false
```

```
root@sambabuch-c2:~# getent group EXAMPLE\\datengruppe
EXAMPLE\datengruppe:x:1001104:
```

Nachdem Sie jetzt alle Benutzer und Gruppen sehen können, werden Sie im nächsten Schritt die Verzeichnisse und Freigaben einrichten.

Tipp

Wenn Sie nur eine Domäne haben und auch in Zukunft keine Vertrauensstellungen zu anderen Domänen aufbauen wollen, dann können Sie mit dem Parameter *winbind use default domain = yes* im globalen Konfigurationsbereich der Registry dafür sorgen, dass nur noch der Name der Benutzer oder Gruppen angezeigt wird ohne die davor gestellte Domäne.

13.3.8.2 Einrichten von Freigaben

Alle Verzeichnisse für Freigaben müssen immer im Clusterdateisystem erstellt werden, um die Funktionalität des Clusters zu nutzen. Im ersten Schritt sollen jetzt die Verzeichnisse angelegt und die Rechte für die Gruppe der `domain admins` vergeben werden. Hier im Beispiel wird lediglich die administrative Freigabe erstellt, um Ihnen den Vorgang auf dem Cluster zu zeigen. Alle weiteren Freigaben können Sie genau wie in Kapitel 9, «Zusätzliche Server in der Domäne», erstellen. In Listing 13.50 sehen Sie das Anlegen des Verzeichnisses und die Vergabe der Berechtigungen:

Listing 13.50 Anlegen des Verzeichnisses

```
root@sambabuch-c2:~# mkdir /glusterfs/admin-share

root@sambabuch-c2:~# chgrp 'EXAMPLE\domain admins' /glusterfs/admin-share/

root@sambabuch-c2:~# chmod 775 /glusterfs/admin-share/
```

Wichtig

Im Gegensatz zum einfachen Fileservern müssen Sie auf dem Cluster immer erst das Verzeichnis für die Freigabe einrichten, bevor Sie die Freigabe in der Registry eintragen. Wenn Sie zuerst die Freigabe einrichten, dann findet der Cluster das Verzeichnis nicht, und der Clusterdienst wird angehalten. Erst wenn Sie dann das Verzeichnis anlegen, wird der Dienst wieder gestartet.

Nachdem Sie das Verzeichnis angelegt haben, können Sie jetzt die Freigabe in die Registry des Clusters eintragen. Dafür haben Sie zwei Möglichkeiten: einmal direkt über das Dateisystem, so wie Sie es auch auf dem einfachen Fileserver erstellen, oder über Gluster direkt. Besonders wenn Sie den Gluster-Cluster und den CTDB-Cluster auf verschiedenen Systemen installiert haben, ist der Weg direkt über Gluster der bessere Weg, denn dann können Sie direkt auf den Gluster-Cluster zugreifen, ohne das Verzeichnis auf dem CTDB-Cluster mounten zu müssen. Für diese Art der Freigabe muss aber das *vfs*-Modul `glusterfs` auf Ihrem System vorhanden sein.

Im ersten Listing 13.51 sehen Sie die Einrichtung der Freigabe auf das gemountete Dateisystem:

Listing 13.51 Freigabe über das Dateisystem

```
root@sambabuch-c2:~# net conf addshare admin-share /glusterfs/admin-share \
                    writeable=y guest_ok=n "admin share auf dem Cluster"
root@sambabuch-c2:~# net conf setparm admin-share "browsable" "no"
```

In Listing 13.52 sehen Sie die Einrichtung der Freigabe direkt über Gluster:

Listing 13.52 Einrichten einer Freigabe über Gluster

```
root@sambabuch-c2:~# net conf addshare admin-share2 \
                    /glusterfs/admin-share2 writeable=y guest_ok=n\
                    "admin share auf dem Cluster"
root@sambabuch-c2:~# net conf setparm admin-share2 "vfs objects"\
                    "acl_xattr glusterfs"
root@sambabuch-c2:~# net conf setparm admin-share2 "glusterfs:volume"\
                    "gv1"
root@sambabuch-c2:~# net conf setparm admin-share2 "glusterfs:logfile"\
                    "/var/log/samba/glusterfs-gv1.log"
root@sambabuch-c2:~# net conf setparm admin-share2 "glusterfs:loglevel" "0"
root@sambabuch-c2:~# net conf setparm admin-share2 "glusterfs:volfile_server
    "\
                    "localhost"
root@sambabuch-c2:~# net conf setparm admin-share2 "kernel share modes"\
                    "no"
root@sambabuch-c2:~# net conf setparm admin-share2 "path"\
                    "/admin-share2"
```

Sollte das Share auf einem anderen Server liegen als demjenigen, auf dem der CTDB-Cluster läuft, müssen Sie den Servernamen hinter den Parameter *glusterfs:volfile_server* setzen.

 Hinweis
Bei dem Parameter *path* wird hier immer der Pfad relativ zum Volume angegeben und nicht der absolute Pfad auf dem Server.

Wenn Sie Freigaben direkt über Gluster bereitstellen wollen, müssen Sie in der Datei /etc/ctdb/ctdbd.conf auf allen Knoten unbedingt noch die Zeile aus Listing 13.53 hinzufügen. Denn ohne diese Zeile würde CTDB nach dem Verzeichnis für die Freigabe suchen, sie aber nicht finden, da das Verzeichnis auf einem anderen Server liegt. Der Dienst würde dann auf allen Knoten angehalten:

Listing 13.53 Erweiterung der Datei ctdbd.conf

```
CTDB_SAMBA_SKIP_SHARE_CHECK=yes
```

Freigaben mit shadow_copy2

Bei der Einrichtung des Clusters habe ich hier die Bricks mit LVM2 eingerichtet, um die Snapshots machen zu können. Jetzt will ich Ihnen zeigen, wie Sie die Snapshots zusammen mit der Freigabeoption *shadow_copy2* verwenden können. Denn gerade unter Windows können die Anwender damit gelöschte oder geänderte Dateien als Vorgängerversion wiederherstellen. Als Erstes soll eine neue Freigabe erstellt werden, Sie können aber auch eine der bestehenden Freigaben ergänzen. In Listing 13.54 sehen Sie die Freigabe mit den benötigten Parametern:

Listing 13.54 Freigabe mit shadow_copy2

```
[daten]
        comment = Mit shadow-copy2
        guest ok = no
        read only = no
        vfs objects = acl_xattr shadow_copy2 glusterfs
        glusterfs:volume = gv1
        glusterfs:logfile = /var/log/samba/glusterfs-gv1.log
        glusterfs:loglevel = 8
        glusterfs:volfile_server = cluster-01.example.net
        kernel share modes = no
        path = /daten
        shadow:snapdir = /.snaps
        shadow:basedir = /
        shadow:sort = desc
        shadow:snapprefix = ^S[A-Za-z0-9]*p$
        shadow:format = _GMT-%Y.%m.%d-%H.%M.%S
```

Einige der Parameter will ich an dieser Stelle näher erläutern:

- *shadow:snapdir = /.snaps*
  Das ist das Verzeichnis, in dem die Snapshots abgelegt werden. Es handelt sich dabei um ein virtuelles Verzeichnis, das Sie sich auch nicht auf der Kommandozeile mit *ls -a* anzeigen lassen können. Das Verzeichnis wird virtuell in alle Unterverzeichnisse des Volumes gelegt. Dort werden dann alle Snapshots angezeigt. Sie können aber immer mit *cd* in das Verzeichnis .snaps in jedem Unterverzeichnis wechseln und sich den Inhalt der Snapshots anzeigen lassen. So können Sie auch auf der Konsole Dateien aus dem Snapshot zurücksichern.

- *shadow:basedir = /*
  Der Pfad, an dem der Snapshot beginnt. Der Bezug ist immer auf das Volume angelegt. Da das Volume immer komplett im Snapshot abgebildet wird, muss hier immer der / stehen. Obwohl der Wert immer gleich ist, muss der Parameter mit angegeben werden.

- *shadow:sort = desc*
  Hierbei handelt es sich um die Sortierung der Einträge im Snapshot. Normalerweise werden die Einträge unsortiert im Snapshot abgelegt und auch angezeigt. Sie können die Einträge aber auch aufsteigend *asc* oder absteigend *desc* alphabetisch sortiert anzeigen lassen. Die Anzeige wird nur auf dem Client sortiert, der den Snapshot nutzt, nicht im Snapshot selbst.

- *shadow:snapprefix = ^S[A-Za-z0-9]*p$*
  Damit wird das Präfix des Snapshots festgelegt. Das Präfix muss bei dieser Konfiguration

mit einem «S» beginnen und mit einem «p» enden. Das bedeutet für Sie: Beim Erstellen eines Snapshots müssen Sie bei der Vergabe des Namens für den Snapshot darauf achten. Alle Snapshots, die nicht der Regel entsprechen, werden später auch nicht aufgelistet.

- *shadow:format = _GMT-%Y.%m.%d-%H.%M.%S*
  Das ist der Suffix des Snapshots. Bei der Einstellung in der Beispielfreigabe handelt es sich genau um den Suffix, der beim Erstellen eines Gluster-Snapshots vom System automatisch vergeben wird.

Wichtig

Denken Sie daran, dass Sie alle Snapshots, auf die Sie die Anwender zugreifen lassen wollen, auf jeden Fall aktivieren müssen.

Jetzt müssen Sie noch den Benutzern den Zugriff auf die Gluster-Snapshots gewähren. Dazu müssen Sie den in Listing 13.55 aufgeführten Parameter im Volume setzen:

Listing 13.55 Aktivieren der Snapshots für Windows-Benutzer

```
root@sambabuch-c1:~# gluster volume set gv1 features.uss enable
volume set: success
root@sambabuch-c1:~# gluster volume set gv1 features.show-snapshot-directory
    on
volume set: success
```

Anwender, die ein Linux-System als Desktop verwenden, können im Dateimanager einfach auf das Verzeichnis .snaps in allen Verzeichnissen der Freigabe zugreifen.

Anwender, die einen Windows-Client nutzen, starten den Dateimanager, klicken auf DIESER PC und dort mit der rechten Maustaste auf die verbundene Freigabe. Im Kontextmenü finden Sie dann den Eintrag VORGÄNGERVERSION WIEDERHERSTELLEN, so wie Sie es in Bild 13.2 sehen können.

Klicken Sie dann auf den Menüpunkt und es öffnet sich ein neues Fenster in dem dann alle vorhanden Snapshots angezeigt werden, so wie Sie es in Bild 13.3 sehen.

Ein Klick auf einen der Snapshots öffnet ein Dateimanagerfenster, aus dem dann die Benutzer die vorherige Version einer Datei auswählen und dann zurücksichern können. Ein Schreiben in den Snapshot ist dabei nicht möglich.

Hinweis

Selbstverständlich können Sie das VFS-Modul *shadow_copy2* auch mit einem über fuse gemounteten Volume verwenden.

Jetzt können Sie Ihren Cluster nutzen und Ihre Daten auf dem Cluster ablegen. Wenn Sie jetzt einen Ihrer Server für eine Wartung vom Netz nehmen müssen, werden Ihre Anwender das nicht mitbekommen, da alle Clients automatisch auf einen anderen Knoten schwenken.

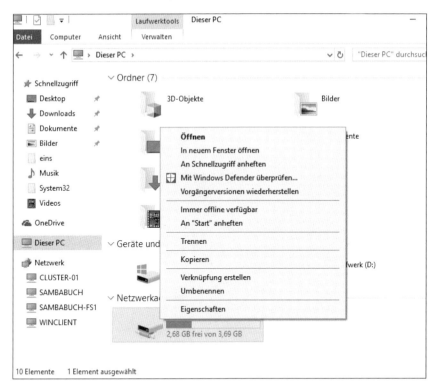

Bild 13.2 Kontextmenü für den Zugriff auf den Snapshot

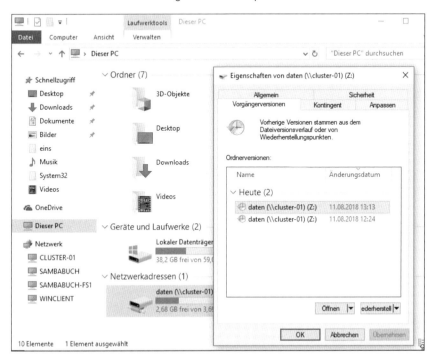

Bild 13.3 Auflisten der Snapshots

14 Schemaerweiterung

Sie benötigen zusätzliche Attribute im Active Directory? Dann müssen Sie das Schema Ihres Active Directorys erweitern. Darum soll es in diesem Kapitel gehen. In diesem Kapitel will ich auf die mögliche Erweiterung der Schemata im Samba4-AD eingehen. Es sollen einzelne Attribute zur Objektklasse *users* hinzugefügt werden.

Hinweis

In den vorherigen Auflagen des Buches bin ich auch noch auf die Schemaerweiterung mit dem Zarafa-Schema eingegangen. Leider gibt es dieses Schema so nicht mehr, und es ist damit in dieser Auflage des Buches auch nicht mehr vorhanden.

Durch die große Komplexität des Active Directorys ist die Erweiterung der Schemata in Samba4 nicht so trivial, wie Sie es vielleicht von `openLDAP` kennen. Sie sollten auf jeden Fall als Erstes eine Sicherung Ihres Domaincontrollers durchführen, der die FSMO-Rolle des Schemamasters hält. Sollte die Installation des Schemas fehlschlagen, ist es sehr aufwendig, das Originalschema wiederherzustellen. Meist müssen Sie dann das Active Directory aus der Sicherung wiederherstellen. Deshalb ist es besonders wichtig, dass Sie hier sehr sorgfältig arbeiten.

14.1 Vorbereitung der Installation

Prüfen Sie, wenn Sie mehrere Domaincontroller in Ihrer Domain besitzen, welcher der Domaincontroller der `Schemamaster` ist. In Listing 14.1 sehen Sie den Test:

Listing 14.1 Auffinden des Schemamasters

```
root@sambabuch:~# samba-tool fsmo show
SchemaMasterRole owner: CN=NTDS Settings,CN=SAMBABUCH,CN=Servers,\
  CN=Default-First-Site-Name,CN=Sites,CN=Configuration,DC=example,\
  DC=net
InfrastructureMasterRole owner: CN=NTDS Settings,CN=SAMBABUCH,\
  CN=Servers,CN=Default-First-Site-Name,CN=Sites,CN=Configuration,\
  DC=example,DC=net
```

```
RidAllocationMasterRole owner: CN=NTDS Settings,CN=SAMBABUCH,\
  CN=Servers,CN=Default-First-Site-Name,CN=Sites,CN=Configuration,\
  DC=example,DC=net
PdcEmulationMasterRole owner: CN=NTDS Settings,CN=SAMBABUCH,\
  CN=Servers,CN=Default-First-Site-Name,CN=Sites,CN=Configuration,\
  DC=example,DC=net
DomainNamingMasterRole owner: CN=NTDS Settings,CN=SAMBABUCH,\
  CN=Servers,CN=Default-First-Site-Name,CN=Sites,CN=Configuration,\
  DC=example,DC=net
DomainDnsZonesMasterRole owner: CN=NTDS Settings,CN=SAMBABUCH,\
  CN=Servers,CN=Default-First-Site-Name,CN=Sites,CN=Configuration,\
  DC=example,DC=net
ForestDnsZonesMasterRole owner: CN=NTDS Settings,CN=SAMBABUCH,\
  CN=Servers,CN=Default-First-Site-Name,CN=Sites,CN=Configuration,\
  DC=example,DC=net
```

■ 14.2 Zusätzliche Attribute erstellen

Oft geht es gar nicht darum, ganze Schemata in das Active Directory einzuspielen, sondern Sie benötigen lediglich zusätzliche Attribute für Ihre Benutzer. In diesem Abschnitt zeige ich Ihnen, wie Sie zusätzlich Attribute auf den Schemamaster in das Active Directory eintragen. Auch hier gilt: Sichern Sie erst Ihr Active Directory, bevor Sie die Attribute einspielen.

Testen Sie als Erstes, ob die Replikation zwischen den beiden Domaincontrollern funktioniert. Führen Sie die Tests auf jeden Fall in beide Richtungen aus.

In Listing 14.2 sehen Sie den Vorgang:

Listing 14.2 Testen der Replikation

```
root@sambabuch:~# samba-tool drs replicate sambabuch sambabuch-02 \
             dc=example,dc=net
Replicate from sambabuch-02 to sambabuch was successful.

root@sambabuch:~# samba-tool drs replicate sambabuch-02 sambabuch \
             dc=example,dc=net
Replicate from sambabuch to sambabuch-02 was successful.
```

Das Einspielen der Attribute wird in zwei Schritten durchgeführt. Erst werden die Attribute über ein .ldif-File eingespielt, und anschließend wird die Objektklasse über ein .ldif-File angepasst.

In Listing 14.3 sehen Sie den .ldif-File für die Attribute:

Listing 14.3 Inhalt den .ldif-Files für die Attribute

```
# File attrib.ldif
# => .name         = "String(Unicode)",
```

```
dn: CN=textAttribute,CN=Schema,CN=Configuration,DC=example,DC=net
changetype: add
objectClass: attributeSchema
attributeSyntax: 2.5.5.12
oMSyntax: 64
attributeID: 1.3.1.5.1.4.1.987654.1
lDAPDisplayName: textAttribute
adminDisplayName: textAttribute

# => .name        ="Boolean",
dn: CN=boolAttribute,CN=Schema,CN=Configuration,DC=example,DC=net
changetype: add
objectClass: attributeSchema
attributeSyntax: 2.5.5.8
oMSyntax: 1
attributeID: 1.3.1.5.1.4.1.987654.2
lDAPDisplayName: boolAttribute
adminDisplayName: boolAttribute

dn:
changetype: modify
add: schemaUpdateNow
schemaUpdateNow: 1
```

Beim ersten Attribut handelt es sich um ein Textattribut, das zweite ist ein Boolean-Attribut, in dem nur die Werte *TRUE* oder *FALSE* eingetragen werden können.

Welche Attribute es gibt und welche *attributeSyntax* und *attributeID* Sie zusätzlich verwenden können, finden Sie in den Quellpaketen von Samba, und zwar in der Datei source4/dsdb/schema/schema_syntax.c. Suchen Sie in der Datei nach dem Muster *static const struct dsdb_syntax dsdb_syntaxes*. Darunter finden Sie alle Attributinformationen.

In Listing 14.4 sehen Sie das .ldif-File für die Objektklasse:

Listing 14.4 Inhalt des .ldif-Files für die Objektklassen

```
# File class.ldif
dn: CN=User,CN=Schema,CN=Configuration,DC=example,DC=net
changetype: modify
add: mayContain
mayContain: textAttribute
mayContain: boolAttribute

dn:
changetype: modify
add: schemaUpdateNow
schemaUpdateNow: 1
```

Hier sehen Sie, dass die Objektklasse *User* um zwei zusätzliche Attribute erweitert werden soll. Durch die Option *mayContain* legen Sie fest, dass die Attribute später nicht allen Benutzern zugewiesen werden müssen.

Jetzt können Sie die beiden .ldif-Files einspielen. Listing 14.5 zeigt den kompletten Vorgang:

Listing 14.5 Einspielen der .ldif-Files

```
root@sambabuch:~# ldbmodify -H /var/lib/samba/private/sam.ldb \
                 --option="dsdb:schema update allowed=yes" \
                 --verbose < attrib.ldif
Modified CN=textAttribute,CN=Schema,CN=Configuration,DC=example,DC=net
Modified CN=boolAttribute,CN=Schema,CN=Configuration,DC=example,DC=net
Modified
Modified 3 records successfully


root@sambabuch:~# ldbmodify -H /var/lib/samba/private/sam.ldb \
                 --option="dsdb:schema update allowed=yes"\
                 --verbose < class.ldif
Modified CN=User,CN=Schema,CN=Configuration,DC=example,DC=net
Modified
Modified 2 records successfully
```

Nachdem Sie die Attribute und die Objektklasse angepasst haben, sollten Sie auf jeden Fall die Replikation erneut testen.

Jetzt soll einer der bestehenden Benutzer über ein .ldif-File die beiden neuen Objekte zugewiesen bekommen. In Listing 14.6 sehen Sie das .ldif-File für die Änderung des Benutzers:

Listing 14.6 Ändern eines Benutzers

```
#File user.ldif
dn: CN=pan tau,CN=Users,DC=example,DC=net
changetype: modify
add: textAttribute
textAttribute: Text zum neuen Attribute
-
add: boolAttribute
boolAttribute: TRUE
```

Beide Attribute werden beim Benutzer eingespielt. Beide Änderungen werden in dasselbe .ldif-File eingetragen. Die Attribute werden nur durch ein Minus in einer Zeile getrennt. In der Zeile dürfen sich keine weiteren Zeichen befinden, auch keine Leerzeichen. Der Wert bei dem Attribut *boolAttribute* muss unbedingt großgeschrieben werden, sonst kommt es beim Einspielen zu einer Fehlermeldung. Listing 14.7 zeigt die Änderung des Benutzers:

Listing 14.7 Änderung eines Benutzers

```
root@sambabuch:~# ldbmodify -H /var/lib/samba/private/sam.ldb user.ldif
Modified 1 records successfully
```

Jetzt können Sie sich die Eigenschaften des Benutzers so wie in Listing 14.8 anzeigen lassen:

Listing 14.8 Anzeigen des geänderten Benutzers

```
root@sambabuch:~# ldbsearch --url=/var/lib/samba/private/sam.ldb \
                 "cn=pan tau"
...
textAttribute: Text zum neuen Attribute
boolAttribute: TRUE
...
```

Wenn Sie sich die Attribute unter Windows ansehen wollen, starten Sie die Benutzerverwaltung aus den RSAT. Als Erstes müssen Sie im Menü ANSICHT die Option ERWEITERTE FEATURES aktivieren. Wenn Sie dann die Eigenschaften des gerade geänderten Benutzers öffnen, sehen Sie einen Karteireiter ATTRIBUT-EDITOR; dort können Sie nach den Attributen suchen und diese auch ändern. Bei den Benutzern, bei denen das Attribut nicht gesetzt ist, können Sie dieses hier auch das erste Mal mit einem Wert belegen. Jetzt können Sie Ihre Benutzer um eigene Attribute erweitern.

15 Sicherung der Datenbanken

Denken Sie immer auch an den Fall, dass mal etwas schiefgehen kann. Welche Konfigurationsdaten benötigen Sie unbedingt, um Ihr System wiederherstellen zu können? Deshalb beschäftigt sich dieses Kapitel mit der Sicherung und Wiederherstellung eines Domaincontrollers. Dazu gehören die LDAP-Datenbanken und die *tdb*-Datenbanken Ihres Systems sowie auch die Datei smb.conf.

In diesem Abschnitt geht es nicht um die Sicherung Ihrer Daten, sondern um die Sicherung und Wiederherstellung der Konfiguration des DCs. Wie können Sie die Informationen des LDAP und der anderen Datenbanken, die für den Betrieb der Domäne und des Samba4-Servers relevant sind, sichern? Denn auch hinsichtlich einer Disaster Recovery müssen Sie sich bei Samba4 mehr Gedanken machen als vielleicht noch bei Samba3.

■ 15.1 Sicherung der Datenbanken

In den Quellen von Samba finden Sie das Skript source4/scripting/bin/samba_backup. Mithilfe dieses Skripts können Sie alle relevanten Daten des Domaincontrollers sichern. Das Skript ist aber auf die Umgebung eines selbst compilierten Samba4 ausgelegt. Das Skript müssen Sie auf jeden Fall noch an Ihre Umgebung der Samba4-Installation anpassen. In Listing 15.1 sehen Sie das Skript für die Sicherung der Datenbanken mit den entsprechenden Anpassungen für diese Umgebung:

Listing 15.1 Skript zur Sicherung der Datenbanken

```
#!/bin/bash
#
# Copyright (C) Matthieu Patou <mat@matws.net> 2010-2011
#
# This program is free software; you can redistribute it and/or modify
# it under the terms of the GNU General Public License as published by
# the Free Software Foundation; either version 3 of the License, or
# (at your option) any later version.
#
# This program is distributed in the hope that it will be useful,
# but WITHOUT ANY WARRANTY; without even the implied warranty of
# MERCHANTABILITY or FITNESS FOR A PARTICULAR PURPOSE.  See the
```

```
# GNU General Public License for more details.
#
# You should have received a copy of the GNU General Public License
# along with this program.  If not, see <http://www.gnu.org/licenses/>.
#
SERVICE_NAME=samba-ad-dc

systemctl stop \$SERVICE_NAME > /dev/null 2>&1

s=$(/usr/sbin/samba -V)
version="$(echo $s |cut -d' ' -f2)"

mkdir -p /usr/local/backups/samba_$version
chmod 750 /usr/local/backups/samba_$version

FROMWHERE=/var/lib/samba
WHERE=/usr/local/backups/samba_$version
if [ -n "$1" ] && [ "$1" = "-h" -o "$1" = "--usage" ]; then
        echo "samba_backup [provisiondir] [destinationdir]"
        echo "Will backup your provision located in provisiondir\
              to archive stored in destinationdir"
        echo "Default provisiondir: $FROMWHERE"
        echo "Default destinationdir: $WHERE"
        exit 0
fi

[ -n "$1" -a -d "$1" ]&&FROMWHERE=$1
[ -n "$2" -a -d "$2" ]&&WHERE=$2

DIRS="private sysvol"
#Number of days to keep the backup
DAYS="90"
WHEN='date +%d%m%y'

if [ ! -d $WHERE ]; then
        echo "Missing backup directory $WHERE"
        exit 1
fi

if [ ! -d $FROMWHERE ]; then
        echo "Missing or wrong provision directory $FROMWHERE"
        exit 1
fi

cd \$FROMWHERE
for d in $DIRS;do
        relativedirname='find . -type d -name "$d" -prune'
        n='echo $d | sed 's/\\//_/g''
        if [ "$d" = "private" ]; then
                find $relativedirname -name "*.ldb.bak" -exec rm {} \;
                for ldb in 'find $relativedirname -name "*.ldb"'; do
                        tdbbackup $ldb
```

```
                        if [ $? -ne 0 ]; then
                                echo "Error while backuping $ldb"
                                exit 1
                        fi
                done
                tar cjf ${WHERE}/${n}.${WHEN}.tar.bz2  $relativedirname \
                    --exclude=*.ldb >/dev/null 2>&1
                if [ $? -ne 0 ]; then
                        echo "Error while archiving ${WHERE}/${n}.${WHEN}.tar
                            .bz2"
                        exit 1
                fi
                find $relativedirname -name "*.ldb.bak" -exec rm {} \;
        else
                tar cjf ${WHERE}/${n}.${WHEN}.tar.bz2  $relativedirname \
                    >/dev/null 2>&1
                if [ $? -ne 0 ]; then
                        echo "Error while archiving ${WHERE}/${n}.${WHEN}.tar
                            .bz2"
                        exit 1
                fi
        fi
done

/etc/init.d/samba-sernet-ad start > /dev/null 2>&1

find $WHERE -name "*.tar.bz2" -mtime +$DAYS -exec rm  {} \; > /dev/null 2>&1
```

Wichtig ist, dass Sie die drei Variablen *SERVICE_NAME*, *FROMWHERE* und *WHERE* richtig setzen. Achten Sie darauf, dass Sie das Verzeichnis, in dem die Datensicherung gespeichert werden soll, auch vor der Sicherung anlegen. Nach der lokalen Sicherung der Daten sollten Sie auch noch dafür sorgen, dass die Daten auch auf einen anderen Server kopiert werden, für den Fall, dass der Server vollständig ausfällt.

Im Verzeichnis /var/lib/samba/sysvol befinden sich neben den Unix-Dateisystemrechten auch ACLs, die nicht mit *tar* gesichert werden können, die aber für den ordnungsgemäßen Betrieb des Domaincontrollers wichtig sind. Diese ACLs können Sie mit dem Kommando *getfacl* sichern. In Listing 15.2 sehen Sie, wie Sie die ACLs sichern können.

Listing 15.2 Sichern der ACLs

```
root@sambabuch:/var/lib/samba#  getfacl -R sysvol/ \\
                   > /tdb-backup/sysvol-acl.back
```

Neben den .tdb-Dateien, der Freigabe sysvol und den ACLs sollten Sie auch die Konfigurationsdatei /etc/samba/smb.conf sichern.

Wenn Sie Ihre Freigaben nicht mehr in der Datei smb.conf verwalten, sollten Sie auf jeden Fall die Registry mit den entsprechenden Einträgen mit dem Kommando *net registry export hklm\\software\\samba /tdb-backup/share-reg.back* sichern. Damit haben Sie alle Daten gesichert, um einen ausgefallenen Domaincontroller wiederherstellen zu können.

15.2 Wiederherstellung der Datenbanken

Die folgenden Punkte sollten Sie für den Fall einer Wiederherstellung der Datenbank berücksichtigen. Eine Sache gilt es ganz besonders zu beachten:

Wichtig

Sollten Sie noch einen laufenden Domaincontroller haben, stellen Sie niemals die Daten eines Domaincontrollers aus dem Backup wieder her. Nehmen Sie den Server neu in die Domäne auf, damit sich die Daten dann von dem noch laufenden Domaincontroller automatisch replizieren. Eine Recovery der Daten würde die bestehenden Datenbanken auf anderen Domaincontrollern unbrauchbar machen, und die Domäne wäre im schlimmsten Fall verloren.

- Führen Sie niemals ein Upgrade auf eine neue Samba4-Version und die Wiederherstellung gleichzeitig durch.
- Verwenden Sie immer dieselbe IP-Adresse und denselben Hostnamen für das neue System. Anderenfalls bekommen Sie Probleme mit dem DNS und Kerberos.
- Verwenden Sie möglichst dieselbe Distribution wie bei dem alten Server, da die Pfade in den verschiedenen Distributionen oft unterschiedlich sind.

Bevor Sie an dieser Stelle weitermachen, noch mal der Hinweis: Es darf kein weiterer Domaincontroller mehr in der Domäne vorhanden sein!

Installieren Sie zuerst einen neuen Domaincontroller. Anschließend stoppen Sie den Samba4-Dienst und löschen die folgenden Dateien und Verzeichnisse so wie in Listing 15.3:

Listing 15.3 Löschen der Systemdateien

```
root@sambabuch:~# rm   /etc/samba/smb.conf
root@sambabuch:~# rm -rf /var/lib/samba/private
root@sambabuch:~# rm -rf /var/lib/samba/sysvol
```

Entpacken Sie die Datensicherungen in die Originalverzeichnisse wie in Listing 15.4:

Listing 15.4 Entpacken der Sicherung

```
root@sambabuch:~# tar -jxf samba4_private.{Timestamp}.tar.bz2 \
                  -C /var/lib/samba/
root@sambabuch:~# tar -jxf sysvol.{Timestamp}.tar.bz2 \
                  -C /var/lib/samba/
```

Stellen Sie die ACLs für das Verzeichnis sysvol so wieder her, wie Sie es in Listing 15.5 sehen:

Listing 15.5 Wiederherstellung der ACLs

```
root@sambabuch:~# /var/lib/samba# setfacl --restore=/tdb-backup/sysvol-acl.
    back
sysvol/: *,*
sysvol//example.net: *,*
sysvol//example.net/Policies: *,*
```

```
sysvol//example.net/Policies/{31B2F340-016D-11D2-945F-00C04FB984F9}: *,*
sysvol//example.net/Policies/{31B2F340-016D-11D2-945F-00C04FB984F9}/GPT.INI:
    *,*
sysvol//example.net/Policies/{31B2F340-016D-11D2-945F-00C04FB984F9}/MACHINE:
    *,*
sysvol//example.net/Policies/{31B2F340-016D-11D2-945F-00C04FB984F9}/USER: *,*
sysvol//example.net/Policies/{7774A3DB-4B0B-41F9-9359-D3782D9ED1B1}: *,*
sysvol//example.net/Policies/{7774A3DB-4B0B-41F9-9359-D3782D9ED1B1}/GPT.INI:
    *,*
sysvol//example.net/Policies/{7774A3DB-4B0B-41F9-9359-D3782D9ED1B1}/User: *,*
sysvol//example.net/Policies/{7774A3DB-4B0B-41F9-9359-D3782D9ED1B1}\
                   /User/Registry.pol: *,*
sysvol//example.net/Policies/{7774A3DB-4B0B-41F9-9359-D3782D9ED1B1}/Machine:
    *,*
sysvol//example.net/Policies/{6AC1786C-016F-11D2-945F-00C04FB984F9}: *,*
sysvol//example.net/Policies/{6AC1786C-016F-11D2-945F-00C04FB984F9}/GPT.INI:
    *,*
sysvol//example.net/Policies/{6AC1786C-016F-11D2-945F-00C04FB984F9}/MACHINE:
    *,*
sysvol//example.net/Policies/{6AC1786C-016F-11D2-945F-00C04FB984F9}/USER: *,*
sysvol//example.net/scripts: *,*
sysvol//example.net/scripts/alle.bat: *,
```

Bei der Sicherung der Datenbanken im Verzeichnis private wurde bei den ldb-Dateien immer die Endung .bak angehängt. Diese Endung müssen Sie jetzt wieder entfernen. In Listing 15.6 sehen Sie diesen Vorgang:

Listing 15.6 Entfernen Sie die Endung.
```
root@sambabuch:~# find /var/lib/samba/private -type f -name '*.ldb.bak' \
                 -print0 | while read -d $'\0' f ; do mv "$f" \
                 "${f%.bak}" ; done
```

Sollten Sie vergessen haben, die ACLs des Verzeichnisses sysvol zu sichern, können Sie die ACLs mit dem Kommando *samba-tool ntacl sysvolreset* wiederherstellen.

Natürlich können Sie auch einzelne Datenbanken wiederherstellen. Denken Sie nur daran, dass die verschiedenen Datenbanken oft Abhängigkeiten untereinander haben, die beachtet werden müssen.

Wenn Sie die Skripte zur Sicherung der AD-Datenbanken regelmäßig durchführen und auf einen anderen Server verschieben, sind Sie für den Fall eines Totalausfalls Ihrer Domäne gerüstet und können die Datenbanken wiederherstellen. Auf jeden Fall ist es eine gute Idee, immer mindestens zwei Domänencontroller in der Domäne zu haben.

Was ändert sich mit Samba-Version 4.9?

Ab der Samba-Version 4.9 brauchen Sie das Skript nicht mehr, denn dann können Sie die Datenbanken des Active Directory direkt mit dem *samba-tool*-Kommando sichern und auch ein Active Directory wiederherstellen. Mit dem Kommando *samba-tool domain backup online* können Sie einen Snapshot der Datenbanken erzeugen, den Sie dann bei einem Totalausfall der Domäne wieder einspielen können. Wenn Sie ein Domäne aus dem

Snapshot wieder herstellen wollen, müssen Sie sicherstellen, dass keiner der bisherigen Domaincontroller mehr läuft und auch nie wieder aktiviert werden kann. Denn sollte noch ein Domaincontroller aktiv sein oder nach dem Wiederherstellen der Domäne eingeschaltet werden, wird es zur Zerstörung der Datenbank durch falsche Replikation kommen.

Um eine Domäne wiederherzustellen, setzen Sie einen neuen Domaincontroller auf und spielen dann den Snapshot mit dem Kommando *samba-tool domain backup restore* wieder ein. Anschließend können Sie die anderen Domaincontroller neu in die Domäne aufnehmen.

16 Vertrauensstellungen

Bis zur Samba-Version 4.2 war es noch nicht möglich, Vertrauensstellungen zwischen zwei Active-Directory-Domänen einzurichten. Mit der Version 4.3 hat sich das geändert. Aber erst mit der Version 4.7 sind die Vertrauensstellungen so weit ausgereift, dass Sie sie nutzen können. Dabei ist es möglich, sowohl zwischen Samba-Domänen als auch zwischen Samba- und Windows-Domänen eine Vertrauensstellung einzurichten.

Wenn Sie mit Ihrer Domäne nicht alleine im Unternehmen sind, sondern mehrere Domänen parallel existieren, kann es gewünscht sein, dass sich die Benutzer aus beiden Domänen in der jeweils anderen Domäne anmelden können, um dort auf Ressourcen zugreifen zu können.

Damit Sie jetzt nicht alle Benutzer doppelt verwalten müssen, wurden die Vertrauensstellungen eingeführt. Über die Vertrauensstellungen können Benutzerkonten in die vertrauten Domänen weitergeleitet und dort genutzt werden.

Sie können die Benutzer aus der vertrauten Domäne zu Mitgliedern Ihrer Gruppen machen und so die Zugriffe auf Ressourcen in Ihrer Domäne steuern.

Vertrauensstellungen zwischen Domänen lassen sich damit schon verwalten. Vertrauensstellungen zwischen zwei Active Directory Trees, den sogenannten `Forest-Trusts`, werden auch unterstützt. Nur die Verbindung von mehreren Domänen in einem `Forest` wird noch nicht wirklich unterstützt.

Hinweis

Hier nochmal der Hinweis: Die Funktion der Vertrauensstellungen wurde erst mit der Samba-Version 4.8 nahezu vollständig implementiert. Sie müssen, wenn Sie eine Vertrauensstellung zwischen zwei Samba-Domänen einrichten wollen, alle Domaincontroller beider Domänen mindestens mit der Version 4.8 installiert haben. Noch nicht alle Funktionen sind sicher und zu 100 Prozent umgesetzt.

In diesem Kapitel werde ich die sicher und gut funktionierenden Trusts anhand einer Beispielkonfiguration beschreiben.

Bei den `Forest-Trusts` handelt es sich, wie unter Windows üblich, im Normalfall um bidirektionale transitive Vertrauensstellungen. Das heißt, Trusts gehen immer in beide Richtungen und werden auch an dritte Domänen weitergereicht.

Die `Domain-Trusts` unter Samba4 werden bei Samba unter dem Begriff `external trust` verwaltet. Ein Domain-Trust ist eine Verbindung zwischen zwei `NT-Style`-Domänen. Sie können einen Domain-Trust auch zwischen zwei Active-Directory-Domänen einrichten, diese Vertrauensstellung wäre dann aber nicht `transitiv`.

Was noch nicht geht

Hier sehen Sie eine Liste der Funktionen, die noch nicht umgesetzt sind.
- Eine Filterung der SIDs ist noch nicht möglich. Das heißt, es gibt nur ein vollständiges Vertrauen der Domänen.
- Vertrauensstellungen innerhalb eines Trees werden noch nicht unterstützt.

16.1 Vertrauensstellung zwischen zwei Forests

Sie wollen eine komplett neue Domäne in Ihrem Netzwerk implementieren, aber es gibt schon eine Active Directory-Domäne, und Sie wollen den Benutzern gegenseitig erlauben, die Ressourcen der anderen Domäne zu nutzen, sprich Benutzer aus Domäne «A» können sich an Clients der Domäne «B» anmelden. Da beide Domänen absolut unabhängig voneinander sind, spricht man hier von einem `Forest-Trust`. Diese Art der Vertrauensstellung funktioniert mit Samba4 schon recht gut. Sie können hier Vertrauensstellungen sowohl zwischen zwei Samba-Forests als auch zwischen einem Samba- und einem Windows-Forest einrichten und verwalten.

16.1.1 Die Einrichtung der Domänen

Installieren Sie als Erstes zwei Domaincontroller; welche Installationsart Sie verwenden, spielt keine Rolle. Sie können auch einfach einen neuen Domaincontroller in einer neuen Domäne einrichten und dann eine Vertrauensstellung zur bestehenden Domäne erstellen. Aus Gründen der Übersichtlichkeit werde ich hier zwei neue Domänen mit je einem Domaincontroller einrichten.

Wichtig

Damit die Trusts eingerichtet werden können, müssen Sie auf jeden Fall das Paket python-crypto installieren. Bei den Paketen gibt es zwei verschiedene Versionen; neben dem Paket python-crypto gibt es ein Paket mit dem Namen python3-crypto. Dieses Paket dürfen Sie nicht installieren, denn damit funktioniert der Vorgang nicht.

Damit Sie das Beispiel gut verfolgen können, sehen Sie in Tabelle 16.1 die Parameter, die ich für die Einrichtung verwendet habe:

Nachdem Sie beide Domaincontroller eingerichtet haben, können Sie jetzt erst ein paar Gruppen und Benutzer anlegen, mit denen später geprüft werden soll, ob der Trust zwischen den beiden Forests auch genutzt werden kann.

Tabelle 16.1 Übersicht über die verwendeten Parameter

DNS-Suffix	s1.example.net	s2.example.net
Realm	S1.EXAMPLE.NET	S2.EXAMPLE.NET
NetBIOS-Domainname	S1	S2
ADDC-Name	dom1-dc.s1.example.net	dom2-dc.s2.example.net
IP-Adresse	192.168.56.71	192.168.56.72
Art des Nameservers	BIND9_DLZ	BIND9_DLZ
DNS-search	s1.example.net	s2.example.net

16.2 Einrichten eines DNS-Proxys

Sie müssen dafür sorgen, dass beide Domaincontroller den Namen des Domaincontrollers aus der anderen Domäne auflösen können. Es reicht nicht, dass Sie die Hosts gegenseitig in die Datei /etc/hosts eintragen, denn die SRV-Records der Domänen müssen auch gegenseitig aufgelöst werden können, da sonst der Kerberos-Server der jeweils anderen Domäne nicht gefunden werden kann.

Sie können jetzt in den Domaincontrollern immer einen Domaincontroller der anderen Domäne als Forwarder eintragen, damit wäre dann aber keine Namensauflösung außerhalb Ihrer Domänen mehr möglich. Es sei denn, Sie tragen zwei Forwarder ein: einen für externe Adressen und einen jeweils für die andere Domäne. Der Nachteil dabei ist, dass die Auflösung von Namen erheblich länger dauern kann.

Die bessere Lösung ist hier auf jeden Fall ein DNS-Proxy, der die Anfragen aller Domaincontroller weiterleiten kann. Der DNS-Proxy wird dann bei allen Domaincontrollern als Forwarder eingetragen und nutzt selbst einen öffentlichen DNS-Server als Forwarder. Damit hier die Trusts auch eingerichtet werden können, werde ich an dieser Stelle beschreiben, wie Sie mit Debian einen DNS-Proxy mit Bind9 einrichten. Hier im Buch wird der neue DNS-Server die IP-Adresse 192.168.56.80 erhalten.

16.2.1 Installation und Konfiguration

Nach der Debian-Installation installieren Sie das Paket bind9 auf Ihrem System. Die Konfiguration des Bind-Servers finden Sie im Verzeichnis /etc/bind. Die Konfiguration des DNS-Servers unter Debian ist in mehrere Dateien unterteilt.

In Listing 16.1 sehen Sie die Einträge in der Datei /etc/bind/named.conf.options:

Listing 16.1 Einträge in der named.conf.options

```
forwarders {
    8.8.8.8;
    8.8.4.4;
        };
forward only;
dnssec-validation no;
dnssec-enable no;
allow-recursion { any; };
```

Das sind die beiden IP-Adressen, an die sämtliche Anfragen weitergeleitet werden, die nicht intern von einem der Domaincontroller aufgelöst werden können. Ohne die beiden Zeilen, die dnssec deaktivieren, funktioniert die Weiterleitung nicht. Diese Zeilen dürfen Sie auf gar keinen Fall vergessen.

Im nächsten Schritt werden jetzt die Forward-Zonen der beiden Samba-Domänen in die Datei /etc/bind/named.conf.local eingetragen.

In Listing 16.2 sehen Sie alle benötigten Einträge:

Listing 16.2 Einträge in der named.conf.local

```
zone "s1.example.net" in {
type forward;
forwarders { 192.168.56.71; };
};

zone "s2.example.net" in {
type forward;
forwarders { 192.168.56.72; };
};
```

Nach dem Neustart des DNS-Dienstes testen Sie, ob Sie von Ihrem Nameserver aus IP-Adressen im Internet auflösen und ob Sie beide Domaincontroller in den verschiedenen Samba-Domänen auflösen können. Erst wenn diese Konfiguration funktioniert, dürfen Sie mit der Umstellung der Domaincontroller fortfahren.

Wichtig

Sorgen Sie dafür, dass der DNS-Proxy seine eigene IP-Adresse als Nameserver in der Datei /etc/resolv.conf eingetragen hat. Sonst klappt die Auflösung der Namen zu den anderen beiden Domänen nicht.

16.2.2 Umstellung an den Domaincontrollern

Der Anpassung der Konfiguration der beiden Domaincontroller hängt davon ab, welchen DNS-Server Sie für Ihre Domaincontroller verwenden. Entweder Sie verwenden den internen DNS-Server oder den Bind9. In den folgenden beiden Abschnitten erkläre ich die Anpassung für beide Nameserver.

Verwendung des internen Nameservers

Damit die Domaincontroller jetzt auch den neuen DNS-Server als Forwarder verwenden, passen Sie die Datei /etc/samba/smb.conf auf beiden Domaincontrollern an. In Listing 16.3 sehen Sie die entsprechende Zeile:

Listing 16.3 Anpassung der Konfiguration mit dem internen Nameserver

```
forwarder = 192.168.56.80
```

Verwendung von Bind9 als Nameserver

Wenn Sie den Bind9 als Nameserver einsetzen, müssen Sie die Datei /etc/bind/named.conf.options wie in Listing 16.4 auf beiden Domaincontrollern anpassen:

Listing 16.4 Ein Testlisting

```
forwarders {
   192.168.56.80;
};
```

Anpassung auf beiden Domaincontrollern

Wenn Sie die Namensauflösung in der jeweils anderen Domäne auch nur über den Namens des Servers (ohne den Domain-Suffix) durchführen wollen, sorgen Sie dafür, dass der *search*-Eintrag in der Datei /etc/resolv.conf auf beide Domänen zeigt. In Listing 16.5 sehen Sie die neue resolv.conf des Domaincontrollers der Domäne s1.example.net:

Listing 16.5 Einträge in der resolv.conf

```
nameserver 192.168.56.80
search s1.example.net s2.example.net
```

Wichtig

Jetzt folgen die Tests der Namensauflösung und der Erreichbarkeit der Domaincontroller. Sollte nur einer der nachfolgenden Tests fehlschlagen, müssen Sie erst den Fehler beheben. Solange es auch nur einen Fehler gibt, können Sie die Vertrauensstellung nicht einrichten oder sie wird nicht funktionieren.

Testen Sie jetzt die Namensauflösung in den Domänen. Listing 16.6 zeigt die Tests für den Domaincontroller der Domäne s1.example.net:

Listing 16.6 Testen der Namensauflösung

```
root@dom1-dc:~# host dom2-dc.s2.example.net
dom2-dc.s2.example.net has address 192.168.56.72

root@dom1-dc:~# host -t srv _kerberos._tcp.s2.example.net
_kerberos._tcp.s2.example.net has SRV record 0 100 88 \
      dom2-dc.s2.example.net.

root@dom2-dc:~# host dom1-dc.s1.example.net
dom1-dc.s1.example.net has address 192.168.56.71

.root@dom2-dc:~# host -t srv _kerberos._tcp.s1.example.net
_kerberos._tcp.s1.example.net has SRV record 0 100 88 \
      dom1-dc.s1.example.net.
```

Besonders wichtig ist die Erreichbarkeit der SRV-Records der jeweils anderen Domäne, ohne diese Records können Sie keine Vertrauensstellung aufbauen. Testen Sie auch, ob Sie ein Kerberos-Ticket aus der anderen Domäne beziehen können. In Listing 16.7 sehen Sie diesen Vorgang:

Listing 16.7 Beziehen eines Kerberos-Tickets

```
root@dom2-dc:~# kinit administrator@S1.EXAMPLE.NET
administrator@S1.EXAMPLE.NET's Password:

root@dom2-dc:~#  klist
Credentials cache: FILE:/tmp/krb5cc_0
        Principal: administrator@S1.EXAMPLE.NET

  Issued                Expires              Principal
Aug 20 20:36:47 2018  Aug 21 06:36:47 2018  krbtgt/S1.EXAMPLE.NET\
                                                @S1.EXAMPLE.NET


root@dom2-dc:~# kinit administrator@S2.EXAMPLE.NET
administrator@S2.EXAMPLE.NET's Password:

root@dom2-dc:~# klist
Credentials cache: FILE:/tmp/krb5cc_0
        Principal: administrator@S2.EXAMPLE.NET

  Issued                Expires              Principal
Aug 20 20:37:09 2018  Aug 21 06:37:09 2018  krbtgt/S2.EXAMPLE.NET\
                                                @S2.EXAMPLE.NET

root@dom1-dc:~# kinit administrator@S1.EXAMPLE.NET
administrator@S1.EXAMPLE.NET's Password:
root@dom1-dc:~# klist
Credentials cache: FILE:/tmp/krb5cc_0
        Principal: administrator@S1.EXAMPLE.NET

  Issued                Expires              Principal
Aug 20 20:39:33 2018  Aug 21 06:39:33 2018  krbtgt/S1.EXAMPLE.NET\
                                                @S1.EXAMPLE.NET
root@dom1-dc:~# kinit administrator@S2.EXAMPLE.NET
administrator@S2.EXAMPLE.NET's Password:
root@dom1-dc:~# klist
Credentials cache: FILE:/tmp/krb5cc_0
        Principal: administrator@S2.EXAMPLE.NET

  Issued                Expires              Principal
Aug 20 20:39:44 2018  Aug 21 06:39:44 2018  krbtgt/S2.EXAMPLE.NET\
                                                @S2.EXAMPLE.NET
```

Hier sehen Sie, dass auf dem Domaincontroller der Domäne s1 ein Ticket für den Administrator aus der Domäne s2 bezogen wurde und umgekehrt.

Hinweis

Achten Sie bei der Anforderung des Tickets auf die Großschreibung des Realm.

16.3 Einrichten der Vertrauensstellungen

Nachdem Sie alle Vorbereitungen getroffen haben, können Sie jetzt die Vertrauensstellungen einrichten. In Listing 16.8 sehen Sie als Erstes den Vorgang auf dem Domaincontroller der Domäne s1:

Listing 16.8 Einrichten des Trusts in der Domäne s1

```
root@dom1-dc:~# samba-tool domain trust create s2 --type=forest \
            --direction=both --create-location=both \
            -U administrator@S2.EXAMPLE.NET
LocalDomain Netbios[S1] DNS[s1.example.net] SID[S-1-5-21-\
            1398214743-4266910565-1437516694]
RemoteDC Netbios[DOM2-DC] DNS[dom2-dc.s2.example.net] \
            ServerType[PDC,GC,LDAP,DS,KDC,TIMESERV,CLOSEST,\
            WRITABLE,GOOD_TIMESERV,FULL_SECRET_DOMAIN_6]
Password for [administrator@S2.EXAMPLE.NET]:
RemoteDomain Netbios[S2] DNS[s2.example.net] SID[S-1-5-21-\
            3671335996-540521132-4020595477]
Creating remote TDO.
Remote TDO created.
Setting supported encryption types on remote TDO.
Creating local TDO.
Local TDO created
Setting supported encryption types on local TDO.
Setup local forest trust information...
Namespaces[2] TDO[s2.example.net]:
TLN: Status[Enabled]           DNS[*.s2.example.net]
DOM: Status[Enabled]           DNS[s2.example.net] \
   Netbios[S2] SID[S-1-5-21-3671335996-540521132-4020595477]
Setup remote forest trust information...
Namespaces[2] TDO[s1.example.net]:
TLN: Status[Enabled]           DNS[*.s1.example.net]
DOM: Status[Enabled]           DNS[s1.example.net] \
   Netbios[S1] SID[S-1-5-21-1398214743-4266910565-1437516694]
Validating outgoing trust...
OK: LocalValidation: DC[\\dom2-dc.s2.example.net] CONNECTION\
   [WERR_OK] TRUST[WERR_OK] VERIFY_STATUS_RETURNED
Validating incoming trust...
OK: RemoteValidation: DC[\\dom1-dc.s1.example.net] CONNECTION\
   [WERR_OK] TRUST[WERR_OK] VERIFY_STATUS_RETURNED
Success.
```

Mit dem Kommando wurde eine gegenseitige Vertrauensstellung eingerichtet. Jetzt können Sie auf beiden Domaincontrollern der beiden Domänen die Vertrauensstellung überprüfen. Listing 16.9 zeigt den Test von beiden Domaincontrollern:

Listing 16.9 Testen der Vertrauensstellung

```
root@dom1-dc:~# samba-tool domain trust show s2
LocalDomain Netbios[S1] DNS[s1.example.net] SID[S-1-5-21-\
              1398214743-4266910565-1437516694]
```

```
TrusteDomain:

NetbiosName:    S2
DnsName:        s2.example.net
SID:            S-1-5-21-3671335996-540521132-4020595477
Type:           0x2 (UPLEVEL)
Direction:      0x3 (BOTH)
Attributes:     0x8 (FOREST_TRANSITIVE)
PosixOffset:    0x00000000 (0)
kerb_EncTypes:  0x18 (AES128_CTS_HMAC_SHA1_96,\
                AES256_CTS_HMAC_SHA1_96)
Namespaces[2] TDO[s2.example.net]:
TLN: Status[Enabled]             DNS[*.s2.example.net]
DOM: Status[Enabled]             DNS[s2.example.net] Netbios\
          [S2] SID[S-1-5-21-3671335996-540521132-4020595477]

root@dom1-dc:~# samba-tool domain trust list
Type[Forest]   Transitive[Yes] Direction[BOTH] Name[s2.example.net]

root@dom2-dc:~# samba-tool domain trust show s1
LocalDomain Netbios[S2] DNS[s2.example.net] SID[S-1-5-21-\
          3671335996-540521132-4020595477]
TrusteDomain:

NetbiosName:    S1
DnsName:        s1.example.net
SID:            S-1-5-21-1398214743-4266910565-1437516694
Type:           0x2 (UPLEVEL)
Direction:      0x3 (BOTH)
Attributes:     0x8 (FOREST_TRANSITIVE)
PosixOffset:    0x00000000 (0)
kerb_EncTypes:  0x18 (AES128_CTS_HMAC_SHA1_96,AES256_CTS\
                _HMAC_SHA1_96)
Namespaces[2] TDO[s1.example.net]:
TLN: Status[Enabled]             DNS[*.s1.example.net]
DOM: Status[Enabled]             DNS[s1.example.net] \
   Netbios[S1] SID[S-1-5-21-1398214743-4266910565-1437516694]
```

Ein weiterer Test ist die Überprüfung, ob die Vertrauensstellung noch gültig ist. Dazu sehen Sie in Listing 16.10 wieder die Beispiele für die Überprüfung in beide Richtungen:

Listing 16.10 Überprüfung der Gültigkeit der Vertrauensstellung

```
root@dom1-dc:~# samba-tool domain trust validate s2 -U \
          administrator@S2.EXAMPLE.NET
LocalDomain Netbios[S1] DNS[s1.example.net] SID[S-1-5-21-\
          1398214743-4266910565-1437516694]
LocalTDO Netbios[S2] DNS[s2.example.net] SID[S-1-5-21-\
          3671335996-540521132-4020595477]
OK: LocalValidation: DC[\\dom2-dc.s2.example.net] CONNECTION\
          [WERR_OK] TRUST[WERR_OK] VERIFY_STATUS_RETURNED
OK: LocalRediscover: DC[\\dom2-dc.s2.example.net] CONNECTION\
          [WERR_OK]
```

```
RemoteDC Netbios[DOM2-DC] DNS[dom2-dc.s2.example.net] ServerType\
            [PDC,GC,LDAP,DS,KDC,TIMESERV,CLOSEST,WRITABLE,\
            GOOD_TIMESERV,FULL_SECRET_DOMAIN_6]
Password for [administrator@S2.EXAMPLE.NET]:
OK: RemoteValidation: DC[\\dom1-dc.s1.example.net] CONNECTION\
            [WERR_OK] TRUST[WERR_OK] VERIFY_STATUS_RETURNED
OK: RemoteRediscover: DC[\\dom1-dc.s1.example.net] CONNECTION\
            [WERR_OK]

root@dom2-dc:~# samba-tool domain trust validate s1 -U \
            administrator@S1.EXAMPLE.NET
LocalDomain Netbios[S2] DNS[s2.example.net] SID[S-1-5-21-\
            3671335996-540521132-4020595477]
LocalTDO Netbios[S1] DNS[s1.example.net] SID[S-1-5-21-\
            1398214743-4266910565-1437516694]
OK: LocalValidation: DC[\\dom1-dc.s1.example.net] CONNECTION\
            [WERR_OK] TRUST[WERR_OK] VERIFY_STATUS_RETURNED
OK: LocalRediscover: DC[\\dom1-dc.s1.example.net] CONNECTION\
            [WERR_OK]
RemoteDC Netbios[DOM1-DC] DNS[dom1-dc.s1.example.net] ServerType\
            [PDC,GC,LDAP,DS,KDC,TIMESERV,CLOSEST,WRITABLE,\
            GOOD_TIMESERV,FULL_SECRET_DOMAIN_6]
Password for [administrator@S1.EXAMPLE.NET]:
OK: RemoteValidation: DC[\\dom2-dc.s2.example.net] CONNECTION\
            [WERR_OK] TRUST[WERR_OK] VERIFY_STATUS_RETURNED
OK: RemoteRediscover: DC[\\dom2-dc.s2.example.net] CONNECTION\
            [WERR_OK]
```

Aber was ist mit den Benutzern? Der Sinn einer Vertrauensstellung ist es ja, die Ressourcen und Benutzer über die Domänengrenze hinweg nutzen zu können. Dazu gehört auch, dass Sie Benutzern und Gruppen aus der vertrauten Domäne Rechte im Dateisystem geben können und dass sich die Benutzer in beiden Domänen an Arbeitsstationen anmelden können.

Wichtig

Jetzt soll getestet werden, ob die Benutzer aus der anderen Domäne auch gesehen werden. Im Gegensatz zu den älteren Samba4 Versionen können Sie nicht mehr alle Benutzer der vertrauten Domäne mit *wbinfo –domain=<domäne> -u* anzeigen lassen. Nur einzelne Benutzer können Sie noch testen. Der Grund ist der, dass die Auflistung der gesamten Benutzer unter Umständen nicht die gesamten Benutzer und Gruppen anzeigt. Aus diesem Grund wurde diese Funktion deaktiviert. Die Aktionen *wbinfo -u* und *wbinfo -g* sollten Sie nicht mehr nutzen, denn diese Optionen werden in einer der nächsten Samba-Versionen nicht mehr vorhanden sein. Nutzen Sie das Kommando *samba-tool user list*, um sich alle Benutzer anzeigen zu lassen.

Im nächsten Test wird die Auflösung der Benutzernamen aus den beiden Domänen über Winbind getestet. Sehen Sie dazu Listing 16.11:

Listing 16.11 Testen mit wbinfo

```
root@dom1-dc:~# wbinfo --all-domains
BUILTIN
S1
S2

root@dom1-dc:~# wbinfo --own-domain
S1

root@dom1-dc:~# wbinfo --trusted-domains
BUILTIN
S1
S2

root@dom1-dc:~# wbinfo --online-status
BUILTIN : online
S1 : online
S2 : online

root@dom1-dc:~# wbinfo -n s1\\u1-dom1
S-1-5-21-1398214743-4266910565-1437516694-1106 SID_USER (1)

root@dom1-dc:~# wbinfo -n s2\\u1-dom2
S-1-5-21-3671335996-540521132-4020595477-1105 SID_USER (1)
```

Die einzelnen Test geben dabei die folgenden Ergebnisse:

- *wbinfo –all-domains*
  Hier werden alle Domänen die der Domaincontroller kennt aufgelistet.
- *wbinfo –own-domain*
  Die eigene Domäne ohne vertraute und vertrauende Domänen.
- *wbinfo –trusted-domains*
  Alle vertrauten und vertrauende Domänen. Hier fällt auf, dass auch die eigen Domäne angezeigt wird. Das ist auch richtig so, denn die Domäne vertraut der anderen.
- *wbinfo –online-status*
  Zeigt den Status an, ob die Domänen alle erreichbar sind. Hier wird die Kommunikation mit dem Domaincontroller der Domänen getestet.
- *wbinfo -n s1*
  u1-dom1
  Hier wird die SID eines Benutzers aus der eigenen Domäne abgerufen.
- *wbinfo -n s2*
  u1-dom2
  Abfrage eines Benutzers aus der anderen Domäne.

Erst wenn alle Tests das entsprechende Ergebnis zeigen, können Sie mit dem nächsten Schritt fortfahren.

Wenn Sie sich die Eigenschaften der Benutzer und Gruppen der anderen Domäne anzeigen lassen wollen, gehen Sie so vor wie in Listing 16.12:

Listing 16.12 Liste aller Benutzer

```
root@dom1-dc:~# samba-tool user list -H 'ldap://dom2-dc -U s2\administrator'
Password for [S2\administrator]:
u1-dom2
Administrator
krbtgt
dns-dom2-dc
Guest

root@dom1-dc:~# wbinfo -i 's2\u1-dom2'
S2\u1-dom2:*:3000019:3000020:::/home/S2/u1-dom2:/bin/false
```

Ab der Samba Version 4.8 können Sie auch noch die Option *--verbose* zusammen mit *wbinfo --trusted-domains* verwenden, um weitere Informationen zu bekommen. Listing 16.13 zeigt die Ausgabe:

Listing 16.13 Zusätzliche Option --verbose

```
root@dom1-dc:~# wbinfo --trusted-domains --verbose
Domain Name     DNS Domain         Trust Type  Transitive  In   Out
BUILTIN                            Local
S1              s1.example.net     RWDC
S2              s2.example.net     Forest      Yes         Yes  Yes

root@dom2-dc:~# wbinfo --trusted-domains --verbose
Domain Name     DNS Domain         Trust Type  Transitive  In   Out
BUILTIN                            Local
S2              s2.example.net     RWDC
S1              s1.example.net     Forest      Yes         Yes  Yes
```

Hier können Sie auf einen Blick alle Informationen zu den Vertrauensstellungen sehen.

Mit *wbinfo -a <Benutzer>* können Sie die Authentifizierung testen. Die Authentifizierung eines Benutzers lässt sich aus beiden Domänen testen. In Listing 16.14 sehen Sie ein Beispiel dafür:

Listing 16.14 Authentifizierung eines Benutzer

```
root@dom1-dc:~# wbinfo -a 's1\u1-dom1'
Enter s1\u1-dom1's password:
plaintext password authentication succeeded
Enter s1\u1-dom1's password:
challenge/response password authentication succeeded

root@dom1-dc:~# wbinfo -a 's2\u1-dom2'
Enter s2\u1-dom2's password:
plaintext password authentication succeeded
Enter s2\u1-dom2's password:
challenge/response password authentication succeeded
```

Hier werden beide möglichen Authentifizierungsmethoden geprüft. Beide sollten für jeden Benutzer in jeder Domäne funktionieren. Einen weiteren Test für die Erreichbarkeit und die Authentifizierung der Domänen via `NETLOGON` sehen Sie in Listing 16.15:

Listing 16.15 Überprüfung der NETLOGON-Verbindung

```
root@dom1-dc:~# wbinfo --ping-dc
checking the NETLOGON for domain[S1] dc connection to "dom1-dc.s1.example.net
    " succeeded

root@dom1-dc:~# wbinfo --ping-dc --domain=S2
checking the NETLOGON for domain[S2] dc connection to "dom2-dc.s2.example.net
    " succeeded
```

Nachdem Sie die Vertrauensstellungen eingerichtet haben, müssen Sie jetzt auf den Domaincontrollern die Einstellungen aus Listing 16.16 an der Datei /etc/nsswitch.conf vornehmen, um danach die Benutzer aus beiden Domänen auflisten zu können:

Listing 16.16 Änderung der nsswitch.conf

```
passwd:         compat winbind
group:          compat winbind
```

Jetzt können Sie sich mit dem Kommando *getent* die Benutzer aus den beiden Domänen anzeigen lassen. In Listing 16.17 sehen Sie diesen Vorgang auf einem der beiden Domaincontroller:

Listing 16.17 Tests mit getent

```
root@dom1-dc:~# getent passwd s1\\u1-dom1
S1\u1-dom1:*:3000018:100::/home/S1/u1-dom1:/bin/false
root@dom1-dc:~# getent passwd s2\\u1-dom2
S2\u1-dom2:*:3000019:3000020::/home/S2/u1-dom2:/bin/false
```

■ 16.4 Der Windows-Client

Was ist denn jetzt mit den Windows-Clients, und wie sehen die Vertrauensstellungen unter Windows in den RSAT aus? Unter Windows werden die Vertrauensstellungen genauso abgebildet wie in einer reinen Windows-Umgebung. In den RSAT gibt es ein spezielles Werkzeug für die Verwaltung der Vertrauensstellungen.

In Bild 16.1 sehen Sie die auf den beiden Domaincontrollern erstellte Vertrauensstellung. Sie sehen hier die Ansicht auf die Domäne s1. Die Vertrauensstellung geht in beide Richtungen. Jetzt können Sie das Login mit den Benutzern aus den beiden Domänen testen. Bei der Anmeldung müssen Sie jetzt immer den Namen der Domäne vor den Benutzer setzen.

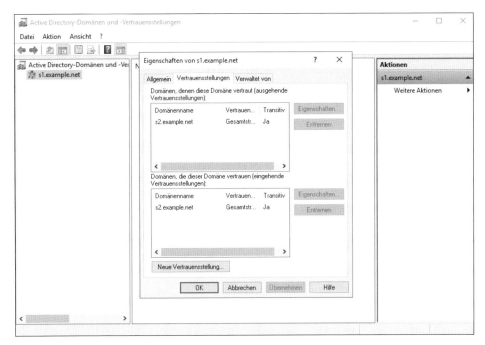

Bild 16.1 Anzeige der Vertrauensstellungen

16.5 Der Linux-Client

Auch Linux-Clients können in der Umgebung aus Vertrauensstellungen genutzt werden. Im Gegensatz zu den Domaincontrollern müssen Sie hier nicht die Samba-Version 4.3 verwenden, sondern können auf die Version der Distribution zurückgreifen. Aber die Konfiguration müssen Sie so anpassen, dass der Client die IDs der Benutzer aus beiden Domänen mappen kann. In Listing 16.18 sehen Sie den Inhalt der globalen Konfiguration des Linux-Clients in der smb.conf:

Listing 16.18 Die Datei smb.conf auf dem Client

```
[global]
     workgroup = s1
     realm = S1.EXAMPLE.NET
     security = ADS
     winbind refresh tickets = Yes
     template shell = /bin/bash
     idmap config * : range = 10000 - 19999
     idmap config S1 : backend = rid
     idmap config S1 : range =  1000000 - 1999999
     idmap config S2 : backend = rid
     idmap config S2 : range =  10000000 - 19999999
```

Hier sehen Sie, dass für beide Domänen ein ID-Mapping eingerichtet wurde und dass die Bereiche sich nicht überschneiden. Das ist wichtig, denn sonst könnte es zu Konflikten bei den IDs kommen. Nach dem Join in die Domäne können Sie testen, ob beide Domänen für den Client erreichbar sind und wie deren Status ist. Listing 16.19 zeigt diese Tests:

Listing 16.19 Test der Vertrauensstellung auf dem Client

```
root@dom1-c1:~# net ads join -U administrator
Enter administrator's password:
Using short domain name -- S1
Joined 'DOM1-C1' to dns domain 's1.example.net'

root@dom1-c1:~# wbinfo -p
Ping to winbindd succeeded

root@dom1-c1:~# wbinfo -m
BUILTIN
DOM1-C1
S1
S2

root@dom1-c1:~# wbinfo --online-status
BUILTIN : online
DOM1-C1 : online
S1 : online
S2 : online

root@dom1-c1:~# net rpc trustdom list -Uadministrator
Enter administrator's password:
Trusted domains list:

S2    S-1-5-21-3671335996-540521132-4020595477

Trusting domains list:

S2    S-1-5-21-3671335996-540521132-4020595477
```

Beide Domänen sind nach dem Join erreichbar und *online*. Jetzt können Sie testen, ob die Benutzer aus beiden Domänen verfügbar sind. Sollte eine der Domänen den Status *offline* haben, stoppen Sie den Winbind und löschen Sie den Cache mit dem Kommando *net cache flush*. Starten Sie anschließend den Winbind wieder, dann sollte der Status auf *online* stehen. Diese Tests sehen Sie in Listing 16.20. Im Gegensatz zum Domaincontroller können Sie den Test mit *wbinfo -u --domain=<domäne>* auf den Client durchführen:

Listing 16.20 Testen der Benutzer vom Client

```
root@dom1-c1:~# wbinfo -u --domain=s1
S1\u1-dom1
S1\dns-dom1-dc
S1\krbtgt
```

```
S1\guest
S1\s2$
S1\administrator

root@dom1-c1:~# wbinfo -u --domain=s2
S2\u1-dom2
S2\administrator
S2\krbtgt
S2\s1$
S2\dns-dom2-dc
S2\guest

root@dom1-c1:~# wbinfo -n s1\\u1-dom1
S-1-5-21-1398214743-4266910565-1437516694-1106 SID_USER (1)

root@dom1-c1:~# wbinfo -n s2\\u1-dom2
S-1-5-21-3671335996-540521132-4020595477-1105 SID_USER (1)
```

Damit ist auch der Linux-Client in der Lage, die Benutzer aus beiden Domänen zu erkennen. Fehlt noch die Einbindung in die lokale Benutzerdatenbank über den NSS. Dazu passen Sie die Datei /etc/nsswitch.conf wie in Listing 16.21 an:

Listing 16.21 Anpassung der Datei nsswitch.conf

```
passwd:         compat winbind
group:          compat winbind
```

Anschließend können Sie die Benutzer und Gruppen beider Domänen mit *getent* abfragen, so wie Sie es in Listing 16.22 sehen:

Listing 16.22 Abfragen der Benutzer mit getent

```
root@dom1-c1:~# getent passwd s1\\u1-dom1
S1\u1-dom1:*:1001106:1000513::/home/S1/u1-dom1:/bin/bash

root@dom1-c1:~# getent passwd s2\\u1-dom2
S2\u1-dom2:*:10001105:10000513::/home/S2/u1-dom2:/bin/bash

root@dom1-c1:~# getent group s1\\dom1-gruppe
S1\dom1-gruppe:x:1001108:

root@dom1-c1:~# getent group s2\\dom2-gruppe
S2\dom2-gruppe:x:10001106:
```

Jetzt können Sie sowohl eine Gruppe oder einem Benutzer aus der Domäne *s1* als auch der Domäne *s2* Rechte an einem Eintrag im Dateisystem geben. In Listing 16.23 sehen Sie ein Beispiel für die Vergabe der Berechtigungen. Ich habe hier einem Ordner eine Gruppe aus der Domäne *s2* zugewiesen und als Besitzer des Ordners einen Benutzer aus der Domäne *s1* eingetragen:

Listing 16.23 Vergabe von Rechten

```
root@dom1-c1:~# mkdir /daten

root@dom1-c1:~# chgrp s2\\dom2-gruppe /daten

root@dom1-c1:~# chown s1\\u1-dom1 /daten

root@dom1-c1:~# ls -ld /daten
drwxr-xr-x 2 S1\u1-dom1 S2\dom2-gruppe 4096 Aug 21 18:03 /daten
```

Damit ist die Einrichtung der Vertrauensstellung auf den Domaincontrollern abgeschlossen, und Sie können jetzt die Clients testen. Jetzt wäre es schön, wenn man Benutzer und Gruppen der anderen Domäne zu der Gruppe hinzufügen könnte. Leider geht das noch nicht mit der Version 4.8. Das wird erst mit der Version 4.9 funktionieren.

> **Hinweis**
>
> Die folgenden Zuweisungen von Benutzern und Gruppen zu einer Gruppe aus einer vertrauten Domäne funktioniert erst mit der Samba Version 4.9.

Wenn Sie versuchen, diese Aufgabe über RSAT oder mit dem Kommando *samba-tool group addmembers dom1-gruppe u1-dom2* durchzuführen, wird das nicht funktionieren. Die Gruppenmitgliedschaft kann nur über die SID des Benutzers oder der Gruppe geregelt werden. Listing 16.24 zeigt den Vorgang für einen Benutzer und eine Gruppe:

Listing 16.24 Gruppenmitglieder aus einer vertrauten Domäne

```
root@dom1-dc:~# wbinfo --name-to-sid 'S2\u1-dom2'
S-1-5-21-3671335996-540521132-4020595477-1105 SID_USER (1)

root@dom1-dc:~# wbinfo --name-to-sid 'S2\dom2-gruppe'
S-1-5-21-3671335996-540521132-4020595477-1106 SID_DOM_GROUP (2)

root@dom1-dc:~# samba-tool group listmembers dom1-gruppe
u1-dom1

root@dom1-dc:~# samba-tool group addmembers dom1-gruppe \
S-1-5-21-3671335996-540521132-4020595477-1105
Added members to group dom1-gruppe

root@dom1-dc:~# samba-tool group addmembers dom1-gruppe \
S-1-5-21-3671335996-540521132-4020595477-1106
Added members to group dom1-gruppe

root@dom1-dc:~# samba-tool group listmembers dom1-gruppe
u1-dom1
S-1-5-21-3671335996-540521132-4020595477-1105
S-1-5-21-3671335996-540521132-4020595477-1106
```

So können Sie die Gruppenmitgliedschaften auch über die Grenze der Domänen hinweg verwalten.

Was ist noch neu in Samba 4.9?

Unter Windows wird beim Eintragen eines Benutzers in eine Gruppe der vertrauenden Domäne ein `foreignSecurityPrincipal` erzeugt, um die Benutzer zentral verwalten zu können. Bei der Samba-Version 4.9 wird ebenfalls ein `foreignSecurityPrincipal` automatisch erzeugt und kann in der Benutzerverwaltung der RSAT kontrolliert werden.

Mit dem Kommando *samba-tool group *members* können Benutzer aus anderen Domänen besonders gekennzeichnet werden, sodass sie sofort erkennbar sind.

Leider ist auch hier noch nicht alles umgesetzt, was auf einem Windows-System mit den Vertrauensstellungen möglich ist. Die folgenden Funktionen fehlen noch:

- Beide Seiten der Vertrauensstellung müssen vollständig vertrauen. Das bedeutet, die Domänen können sich gegenseitig administrative Rechte zuweisen.
- Eine selektive Authentifizierung zwischen den Domänen wird noch nicht unterstützt. Sie können diese Einstellungen zwar vornehmen, aber der KDC und winbind werden die Einstellungen im Moment noch ignorieren.
- Es können immer noch nur `Forest-Trusts` eingerichtet werden. Eine Verwaltung von Vertrauensstellungen von mehreren Domänen in einem Baum ist noch nicht möglich.

16.6 Verwaltung von Namespaces

Mit den `Namespaces` hat Microsoft eine Möglichkeit eingerichtet, einen oder mehrere zusätzliche `Domain-Suffixe` für Benutzer anzulegen. Das ist immer dann sinnvoll, wenn die Benutzer sich mit ihrem vollständigen `User Principal Name` (UPN) anmelden müssen und dieser auf Grund der Domänenstruktur sehr lang ist. Normalerweise setzt sich der UPN aus dem Benutzernamen und dem Domänennamen zusammen. Bezugnehmend auf das hier im Buch verwendete Beispiel wäre das für die Domäne *s1* der UPN `u1-dom1@S1.EXAMPLE.NET` und für Domäne *s2* der UPN `u1-dom2@S2.EXAMPLE.NET`. Um die Anmeldung für den Benutzer einfacher zu machen, können Sie einen zusätzlichen Namespace für beide Domänen einrichten. Um bei meinem Beispiel zu bleiben, wäre das für die Domäne *s1* der Namespace *s1.com* und für die Domäne *s2* der Namespace *s2.com*. Der Anmeldename für die entsprechenden Benutzer wäre dann `u1-dom1.s1.com` und `u1-dom2.s2.com`. Auf der Webseite von Microsoft finden Sie unter *https://technet.microsoft.com/en-us/library/cc772007.aspx* weitere Informationen und erfahren, wie Sie die Namespaces unter Windows verwalten.

Leider ist es, auch in der Samba-Version 4.8, noch nicht möglich, Benutzer oder Gruppen aus der trusted Domain einer Gruppe zuzuweisen. Ob das mit der Version 4.9 möglich sein wird, steht noch nicht fest.

16.7 Einrichtung von Namespaces

Auf einem Samba-Domaincontroller können Sie die Namespaces über das Kommando *samba-tool* verwalten. Als Erstes sehen Sie in Listing 16.25 den Namespace, der durch die Vertrauensstellung eingerichtet wurde:

Listing 16.25 Standard-Namespace

```
root@dom1-dc:~# samba-tool domain trust namespaces
LocalDomain Netbios[S1] DNS[s1.example.net] SID[S-1-5-21-1398214743\
        -4266910565-1437516694]
Own forest trust information...
Namespaces[2] TDO[s1.example.net]:
TLN: Status[Enabled]                DNS[*.s1.example.net]
DOM: Status[Enabled]                DNS[s1.example.net] Netbios[S1] \
        SID[S-1-5-21-1398214743-4266910565-1437516694]
Stored uPNSuffixes attributes[0]:
Stored msDS-SPNSuffixes attributes[0]:

oot@dom2-dc:~# samba-tool domain trust namespaces
LocalDomain Netbios[S2] DNS[s2.example.net] SID[S-1-5-21-3671335996\
        -540521132-4020595477]
Own forest trust information...
Namespaces[2] TDO[s2.example.net]:
TLN: Status[Enabled]                DNS[*.s2.example.net]
DOM: Status[Enabled]                DNS[s2.example.net] Netbios[S2] \
        SID[S-1-5-21-3671335996-540521132-4020595477]
Stored uPNSuffixes attributes[0]:
Stored msDS-SPNSuffixes attributes[0]:
```

Hier sehen Sie, dass derzeit jede der beiden Domänen einen Namespace besitzt, und zwar den, der bei der Einrichtung der Vertrauensstellung aus dem Domänennamen generiert wurde. Jetzt soll auf beiden Domaincontrollern ein zusätzlicher Namespace eingerichtet werden. Den Vorgang sehen Sie in Listing 16.26:

Listing 16.26 Einrichten eines zusätzlichen Namespaces

```
root@dom1-dc:~# samba-tool domain trust namespaces --add-upn-suffix=s1.com
LocalDomain Netbios[S1] DNS[s1.example.net] SID[S-1-5-21-1398214743-\
        4266910565-1437516694]
Own forest trust information...
Namespaces[2] TDO[s1.example.net]:
TLN: Status[Enabled]                DNS[*.s1.example.net]
DOM: Status[Enabled]                DNS[s1.example.net] Netbios[S1] \
        SID[S-1-5-21-1398214743-4266910565-1437516694]
Stored uPNSuffixes attributes[0]:
Stored msDS-SPNSuffixes attributes[0]:
Update uPNSuffixes attributes[1]:
TLN:                                DNS[*.s1.com]
Update msDS-SPNSuffixes attributes[0]:
Stored forest trust information...
Namespaces[3] TDO[s1.example.net]:
TLN: Status[Enabled]                DNS[*.s1.example.net]
DOM: Status[Enabled]                DNS[s1.example.net] Netbios[S1] \
        SID[S-1-5-21-1398214743-4266910565-1437516694]
TLN: Status[Enabled]                DNS[*.s1.com]

root@dom2-dc:~# samba-tool domain trust namespaces --add-upn-suffix\
        =s2.com
```

```
        LocalDomain Netbios[S2] DNS[s2.example.net] SID[S-1-5-21-3671335996-\
                540521132-4020595477]
        Own forest trust information...
        Namespaces[2] TDO[s2.example.net]:
        TLN: Status[Enabled]                    DNS[*.s2.example.net]
        DOM: Status[Enabled]                    DNS[s2.example.net] Netbios[S2] \
                SID[S-1-5-21-3671335996-540521132-4020595477]
        Stored uPNSuffixes attributes[0]:
        Stored msDS-SPNSuffixes attributes[0]:
        Update uPNSuffixes attributes[1]:
        TLN:                                    DNS[*.s2.com]
        Update msDS-SPNSuffixes attributes[0]:
        Stored forest trust information...
        Namespaces[3] TDO[s2.example.net]:
        TLN: Status[Enabled]                    DNS[*.s2.example.net]
        DOM: Status[Enabled]                    DNS[s2.example.net] Netbios[S2] \
                SID[S-1-5-21-3671335996-540521132-4020595477]
        TLN: Status[Enabled]                    DNS[*.s2.com]
```

Damit die jeweils andere Domäne den zusätzlichen Namespace kennt, muss dieser dort noch bekannt gemacht werden. In Listing 16.27 sehen Sie die entsprechenden Kommandos auf den beiden Domaincontrollern:

Listing 16.27 Bekanntmachen des neuen Namespace

```
    root@dom1-dc:~# samba-tool domain trust namespaces --refresh=store S2
    LocalDomain Netbios[S1] DNS[s1.example.net] SID[S-1-5-21-1398214743-\
            4266910565-1437516694]
    LocalTDO Netbios[S2] DNS[s2.example.net] SID[S-1-5-21-3671335996-\
            540521132-4020595477]
    Fresh forest trust information...
    Namespaces[3] TDO[s2.example.net]:
    TLN: Status[Enabled]        DNS[*.s2.example.net]
    DOM: Status[Enabled]        DNS[s2.example.net] Netbios[S2] \
            SID[S-1-5-21-3671335996-540521132-4020595477]
    TLN: Status[Enabled]                    DNS[*.s2.com]
    Stored forest trust information...
    Namespaces[3] TDO[s2.example.net]:
    TLN: Status[Disabled-New]       DNS[*.s2.com]
    TLN: Status[Enabled]            DNS[*.s2.example.net]
    DOM: Status[Enabled]                    DNS[s2.example.net] Netbios[S2] \
            SID[S-1-5-21-3671335996-540521132-4020595477]

    root@dom2-dc:~# samba-tool domain trust namespaces --refresh=store S1
    LocalDomain Netbios[S2] DNS[s2.example.net] SID[S-1-5-21-3671335996-\
            540521132-4020595477]
    LocalTDO Netbios[S1] DNS[s1.example.net] SID[S-1-5-21-1398214743-\
            4266910565-1437516694]
    Fresh forest trust information...
    Namespaces[3] TDO[s1.example.net]:
    TLN: Status[Enabled]            DNS[*.s1.example.net]
    DOM: Status[Enabled]            DNS[s1.example.net] Netbios[S1] \
```

```
              SID[S-1-5-21-1398214743-4266910565-1437516694]
    TLN: Status[Enabled]          DNS[*.s1.com]
    Stored forest trust information...
    Namespaces[3] TDO[s1.example.net]:
    TLN: Status[Disabled-New]     DNS[*.s1.com]
    TLN: Status[Enabled]          DNS[*.s1.example.net]
    DOM: Status[Enabled]          DNS[s1.example.net] Netbios[S1] \
              SID[S-1-5-21-1398214743-4266910565-1437516694]
```

Wenn Sie sich jetzt die Namespaces noch einmal wie in Listing 16.25 auflisten lassen, werden Sie den zusätzlichen Namespace der Domänen auf beiden Seiten sehen. In den RSAT können Sie jetzt für die Benutzer den UPN in der Benutzerverwaltung umstellen. In Bild 16.2 sehen Sie das entsprechende Fenster mit der Auswahl.

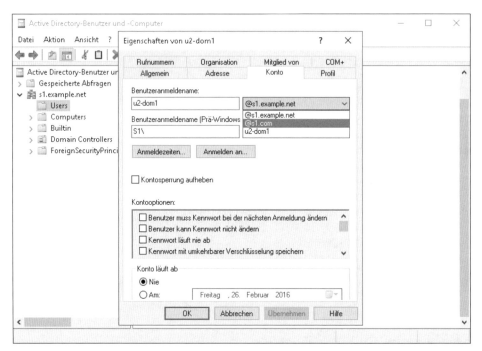

Bild 16.2 Auswahl des UPN

Anschließend kann der Benutzer sich an den Windows-Client mit dem neuen UPN anmelden.

Die hier in diesem Kapitel vorgestellten Möglichkeiten liegen noch weit hinter dem, was in einer reinen Microsoft Windows-Umgebung möglich ist. Aber mit jeder Samba-Version werden die Funktionen weiter ausgebaut. Wenn Sie auf die Vertrauensstellungen angewiesen sind, sollten Sie auf jeden Fall stet die aktuelle Entwicklung beobachten und immer die aktuellste Version von Samba einsetzen.

17 Samba4 über die Kommandozeile verwalten

Obwohl die Administration von Samba4 weitgehend über die RSAT stattfinden kann, gibt es immer wieder Umstände, bei denen eine Administration über die Kommandozeile einfacher und schneller ist. Für die Verwaltung der Domäne stehen hierfür verschiedene Kommandos zur Verfügung. In diesem Kapitel sollen diese Kommandos anhand von Beispielen erklärt werden. Auch das Thema Skripting für administrative Aufgaben ist ein Thema in diesem Kapitel.

Viele Aufgaben innerhalb der Domäne oder auf Fileservern lassen sich auch über die Kommandozeile steuern. In den vorherigen Kapiteln habe ich immer wieder die Administration über die Kommandozeile durchgeführt. In diesem Kapitel geht es darum, diese Kommandos zusammenzufassen und weitere Optionen der Kommandos zu besprechen und anhand von Beispielen zu erklären. Im ersten Abschnitt geht es um das Kommando *samba-tool*. Hier werde ich einige Funktionen ansprechen, die bis jetzt im Buch noch nicht verwendet wurden, aber durchaus bei der Administration oder Fehlersuche hilfreich sein können. Ich werde hier nicht alle möglichen Optionen erwähnen, sondern mich auf die wichtigen beschränken. Meist handelt es sich um Optionen, die ich in den letzten Jahren schon öfter verwendet habe und die mir oft dabei geholfen haben, Fehler zu finden und zu beseitigen.

Das Kommando *net* soll hier ebenfalls etwas genauer betrachtet werden. Weitere Beispiele für die Administration sollen Ihnen helfen, die Administration auf der Kommandozeile effektiver durchzuführen.

Dann gibt es noch die verschiedenen *smb*-Kommandos wie *smbstatus* und *smbclient*, die hier anhand von Beispielen erklärt werden.

Im letzten Abschnitt in diesem Kapitel wird sich alles um die Administration über Skripte drehen. Gerade bei der Benutzerverwaltung kann das sehr wichtig werden. Einzelne Änderungen an Benutzern lassen sich schnell über die RSAT regeln, aber wenn Sie bei sehr vielen Benutzern die gleichen Änderungen durchführen müssen, ist es sinnvoller, dies über Skripte zu automatisieren. Auch das Anlegen einer größeren Anzahl von Benutzern, wenn Sie zum Beispiel die Benutzerinformationen aus einem anderen System über CSV-Dateien erhalten haben, soll hier ein Thema sein.

17.1 Das Kommando samba-tool

Das Kommando *samba-tool* dient zur Verwaltung der Domäne. Hierbei geht es nicht nur um die Verwaltung der Gruppen, Benutzer und des DNS-Servers, so wie es im Buch bis zu diesem Punkt verwendet wurde, sondern auch darum, bestimmte Tests an der Datenbank und den ACLs durchführen zu können. Auch lassen sich bestimmte Fehler in der Datenbank des Active Directory mit dem Kommando *samba-tool* beheben.

17.1.1 samba-tool dbcheck

Das Subkommando *dbcheck* dient zur Überprüfung und Reparatur der Active-Directory-Datenbanken. Eine einfache Überprüfung der Datenbank können Sie mit dem Kommando *samba-tool dbcheck* ohne weitere Parameter auf jedem Domaincontroller durchführen. In Listing 17.1 sehen Sie einen Test:

Listing 17.1 Eine einfache Überprüfung der Datenbank

```
root@sambabuch:~# samba-tool dbcheck
Checking 236 objects
Checked 236 objects (0 errors)
```

Sie können den Test noch durch die Option *-v* erweitern, dann bekommen Sie noch zusätzlich eine Liste aller geprüften Objekte angezeigt.

Eine weitere interessante Option ist *--cross-nsc*. Dabei wird nicht nur die Hauptdatenbank durchsucht, sondern auch die untergeordneten Datenbanken wie die des DNS oder auch gelöschte Objekte. Zusammen mit der Option *-v* haben Sie die Möglichkeit zu sehen, ob es zu einem Objekt noch gelöschte Einträge gibt. In Listing 17.2 sehen Sie einen Test mit der Option *--cross-ncs* ohne die Option *-v* und einmal mit der Option *-v*, wobei ich die Anzeige über *grep* auf den zweiten Domaincontroller einschränke:

Listing 17.2 Test mit der Option cross-nsc

```
root@sambabuch:~# samba-tool dbcheck --cross-ncs
Checking 3497 objects
Checked 3497 objects (0 errors)

root@sambabuch:~# samba-tool dbcheck --cross-ncs -v | grep -i sambabuch-03
Checking object CN=NTDS Settings,CN=SAMBABUCH-03,CN=Servers,\\
                CN=Default-First-Site-Name,\\
                CN=Sites,CN=Configuration,DC=example,DC=net
Checking object CN=NTDS Settings\\0ADEL:672d0a4f-cf92-4383-ad5b-da88ab12d477
    ,\\
                CN=SAMBABUCH-03\\0ADEL:86603b0c-8a34-4032-b207-00f5484011bb
                    ,\\
                CN=Servers,CN=Default-First-Site-Name,CN=Sites,\\
                CN=Configuration,DC=example,DC=net
Checking object CN=SAMBABUCH-03\\0ADEL:86603b0c-8a34-4032-b207-00f5484011bb
    ,\\
                CN=Servers,CN=Default-First-Site-Name,CN=Sites,\\
```

```
                    CN=Configuration,DC=example,DC=net
Checking object CN=SAMBABUCH-03,CN=Servers,CN=Default-First-Site-Name,\\
                    CN=Sites,CN=Configuration,DC=example,DC=net
Checking object DC=sambabuch-03,DC=example.net,CN=MicrosoftDNS,\\
                    DC=DomainDnsZones,DC=example,DC=net
Checking object DC=sambabuch-03.,DC=example.net,CN=MicrosoftDNS,\\
                    DC=DomainDnsZones,DC=example,DC=net
Checking object CN=RID Set,CN=SAMBABUCH-03,OU=Domain Controllers,DC=example
    ,\\
                    DC=net
Checking object CN=SAMBABUCH-03,OU=Domain Controllers,DC=example,DC=net
Checking object CN=SAMBABUCH-03\\0ADEL:ccc49466-1bbc-4c30-a923-530be0976620
    ,\\
                    CN=Deleted Objects,DC=example,DC=net
```

Im Test in Listing 17.2 sehen Sie, dass im Vergleich zum Test in Listing 17.1 ohne *--cross-ncs* sehr viel mehr Objekte überprüft werden, da jetzt alle Datenbanken getestet werden. Im zweiten Test werden jetzt alle Einträge zum zweiten Domaincontroller sambabuch-03 angezeigt. In den *NTDS Settings* finden Sie unter anderem die Information, ob der Domaincontroller auch als Global Catalog eingerichtet ist. Sie sehen die DNS-Einträge und die Verwaltung der RIDs auf dem Domaincontroller. An den Einträgen, die *0ADEL* enthalten, sehen Sie, dass der Domaincontroller auch in der Liste der gelöschten Objekte auftaucht, und zwar gleich an mehreren Stellen. Daran können Sie erkennen, dass ich den Domaincontroller einmal aus der Domäne entfernt habe und er immer noch als gelöschtes Objekt verwaltet wird.

Fehler, die bei dieser Prüfung auftreten, können Sie über die Option *--fix* reparieren. Auch den vorher angezeigten gelöschten Domaincontroller können Sie so endgültig entfernen.

17.1.2 samba-tool drs

Mit dem Subkommando *drs* können Sie die Replikation der Active-Directory-Datenbanken prüfen und anstoßen. In regelmäßigen Abständen sollten Sie die Replikation des Active Directory zwischen allen Domaincontrollern prüfen und diese reparieren, falls Fehler in der Replikation auftreten. Das Testen der Replikation sollte immer dann durchgeführt werden, wenn Sie einen neuen Domaincontroller zur Domäne hinzufügen. Dabei sollten Sie testen, dass wenn Sie neue Objekte auf einem beliebigen Domaincontroller einrichten, diese auch auf alle Domaincontroller repliziert werden. Das Gleiche gilt für geänderte Objekte, auch da müssen alle Änderungen auf alle Domaincontroller übertragen werden.

In Listing 17.3 sehen Sie noch einmal einen einfachen Test der Replikation auf einem der Domaincontroller. Sie sollten diesen Test immer auf allen Domaincontrollern durchführen:

Listing 17.3 Testen der Replikation

```
root@sambabuch:~# samba-tool drs showrepl
Default-First-Site-Name\SAMBABUCH
DSA Options: 0x00000001
DSA object GUID: c2424f33-9ec3-425a-acbe-4a10a9e1757f
```

```
        DSA invocationId: 580c94ef-ad82-4f00-a0a0-b6ed20af3ab2

        ==== INBOUND NEIGHBORS ====

        CN=Configuration,DC=example,DC=net
                Default-First-Site-Name\SAMBABUCH-02 via RPC
                        DSA object GUID: 47484465-a005-45ba-a6a4-9b456c3635f1
                        Last attempt @ Tue Aug 21 21:04:57 2018 CEST was successful
                        0 consecutive failure(s).
                        Last success @ Tue Aug 21 21:04:57 2018 CEST

        DC=example,DC=net
                Default-First-Site-Name\SAMBABUCH-02 via RPC
                        DSA object GUID: 47484465-a005-45ba-a6a4-9b456c3635f1
                        Last attempt @ Tue Aug 21 21:04:57 2018 CEST was successful
                        0 consecutive failure(s).
                        Last success @ Tue Aug 21 21:04:57 2018 CEST

        DC=ForestDnsZones,DC=example,DC=net
                Default-First-Site-Name\SAMBABUCH-02 via RPC
                        DSA object GUID: 47484465-a005-45ba-a6a4-9b456c3635f1
                        Last attempt @ Tue Aug 21 21:04:57 2018 CEST was successful
                        0 consecutive failure(s).
                        Last success @ Tue Aug 21 21:04:57 2018 CEST

        DC=DomainDnsZones,DC=example,DC=net
                Default-First-Site-Name\SAMBABUCH-02 via RPC
                        DSA object GUID: 47484465-a005-45ba-a6a4-9b456c3635f1
                        Last attempt @ Tue Aug 21 21:04:57 2018 CEST was successful
                        0 consecutive failure(s).
                        Last success @ Tue Aug 21 21:04:57 2018 CEST

        CN=Schema,CN=Configuration,DC=example,DC=net
                Default-First-Site-Name\SAMBABUCH-02 via RPC
                        DSA object GUID: 47484465-a005-45ba-a6a4-9b456c3635f1
                        Last attempt @ Tue Aug 21 21:04:57 2018 CEST was successful
                        0 consecutive failure(s).
                        Last success @ Tue Aug 21 21:04:57 2018 CEST

        ==== OUTBOUND NEIGHBORS ====

        CN=Configuration,DC=example,DC=net
                offsite\RODC-01 via RPC
                        DSA object GUID: ab4da5a2-2755-45b4-9d83-1dec1f869477
                        Last attempt @ Tue Aug 21 20:45:13 2018 CEST was successful
                        0 consecutive failure(s).
                        Last success @ Tue Aug 21 20:45:13 2018 CEST

        CN=Configuration,DC=example,DC=net
                Default-First-Site-Name\SAMBABUCH-02 via RPC
                        DSA object GUID: 47484465-a005-45ba-a6a4-9b456c3635f1
                        Last attempt @ NTTIME(0) was successful
```

```
                0 consecutive failure(s).
                Last success @ NTTIME(0)

DC=example,DC=net
        offsite\RODC-01 via RPC
                DSA object GUID: ab4da5a2-2755-45b4-9d83-1dec1f869477
                Last attempt @ Tue Aug 21 20:45:13 2018 CEST was successful
                0 consecutive failure(s).
                Last success @ Tue Aug 21 20:45:13 2018 CEST

DC=example,DC=net
        Default-First-Site-Name\SAMBABUCH-02 via RPC
                DSA object GUID: 47484465-a005-45ba-a6a4-9b456c3635f1
                Last attempt @ NTTIME(0) was successful
                0 consecutive failure(s).
                Last success @ NTTIME(0)

DC=ForestDnsZones,DC=example,DC=net
        offsite\RODC-01 via RPC
                DSA object GUID: ab4da5a2-2755-45b4-9d83-1dec1f869477
                Last attempt @ Tue Aug 21 20:45:13 2018 CEST was successful
                0 consecutive failure(s).
                Last success @ Tue Aug 21 20:45:13 2018 CEST

DC=ForestDnsZones,DC=example,DC=net
        Default-First-Site-Name\SAMBABUCH-02 via RPC
                DSA object GUID: 47484465-a005-45ba-a6a4-9b456c3635f1
                Last attempt @ NTTIME(0) was successful
                0 consecutive failure(s).
                Last success @ NTTIME(0)

DC=DomainDnsZones,DC=example,DC=net
        offsite\RODC-01 via RPC
                DSA object GUID: ab4da5a2-2755-45b4-9d83-1dec1f869477
                Last attempt @ Tue Aug 21 20:45:13 2018 CEST was successful
                0 consecutive failure(s).
                Last success @ Tue Aug 21 20:45:13 2018 CEST

DC=DomainDnsZones,DC=example,DC=net
        Default-First-Site-Name\SAMBABUCH-02 via RPC
                DSA object GUID: 47484465-a005-45ba-a6a4-9b456c3635f1
                Last attempt @ NTTIME(0) was successful
                0 consecutive failure(s).
                Last success @ NTTIME(0)

CN=Schema,CN=Configuration,DC=example,DC=net
        offsite\RODC-01 via RPC
                DSA object GUID: ab4da5a2-2755-45b4-9d83-1dec1f869477
                Last attempt @ Tue Aug 21 20:45:13 2018 CEST was successful
                0 consecutive failure(s).
                Last success @ Tue Aug 21 20:45:13 2018 CEST
```

```
        CN=Schema,CN=Configuration,DC=example,DC=net
                Default-First-Site-Name\SAMBABUCH-02 via RPC
                        DSA object GUID: 47484465-a005-45ba-a6a4-9b456c3635f1
                        Last attempt @ NTTIME(0) was successful
                        0 consecutive failure(s).
                        Last success @ NTTIME(0)

        ==== KCC CONNECTION OBJECTS ====

        Connection --
                Connection name: 5c9d196a-5638-4c25-a2b6-ea84f394b5c9
                Enabled         : TRUE
                Server DNS name : sambabuch-02.example.net
                Server DN name  : CN=NTDS Settings,CN=SAMBABUCH-02,\
                CN=Servers,CN=Default-First-Site-Name,CN=Sites,\
                CN=Configuration,DC=example,DC=net
                        TransportType: RPC
                        options: 0x00000001
        Warning: No NC replicated for Connection!
```

Alle Tests müssen immer mit dem Status *was successful* abschließen.

Hinweis

Wenn Sie den Test auf einem neuen Domaincontroller durchführen, kann es sein, das der *OUTBOUND NEIGHBORS*-Test keine Ergebnisse anzeigt, da auf diesem Domaincontroller noch keine Änderungen durchgeführt wurden, die repliziert werden mussten. Erst wenn Sie gezielt eine Änderung auf diesem Domaincontroller durchführen, wird an der Stelle die Replikation aufgelistet.

Sie können die Replikation auch von Hand anstoßen, um sie zu testen. In Listing 17.4 sehen Sie zwei Replikationen. Beim ersten Kommando wird von DC sambabuch-02 auf den DC sambabuch repliziert. Beim zweiten Kommando wird die Richtung umgekehrt:

Listing 17.4 Erzwungene Replikation

```
    root@sambabuch:~# samba-tool drs replicate sambabuch sambabuch-02 \
                dc=example,dc=net
    Replicate from sambabuch-02 to sambabuch was successful.

    root@sambabuch:~# samba-tool drs replicate sambabuch-02 sambabuch \
                dc=example,dc=net
    Replicate from sambabuch to sambabuch-02 was successful
```

Wichtig

Im Gegensatz zu den meisten Linux-Kommandos, wo erst die Quelle und dann das Ziel angegeben wird, müssen Sie hier erst das Ziel und dann die Quelle angeben.

Auch hier sehen Sie, dass die Replikation in beide Richtungen funktioniert hat. Sollte die Replikation hier in eine Richtung nicht funktionieren, testen Sie als Erstes, ob die lokalen Datenbanken konsistent sind und ob die Zeit auf allen Domaincontrollern identisch ist. Prüfen Sie, ob die Namensauflösung funktioniert und ob auf allen Domaincontrollern die eigene IP-Adresse als DNS-Server eingetragen ist.

17.1.3 samba-tool dsacl

Mit diesem Subkommando können Sie die Zugriffsrechte auf ein Objekt im Active Directory verändern. Wenn Sie zum Beispiel einem Benutzer das Recht geben wollen, in einer bestimmten OU neue Objekte anzulegen, dann benötigen Sie dieses Subkommando. Ich empfehle hier aber auf jeden Fall die grafische Verwaltung der Zugriffsrechte, da sie erheblich einfacher ist.

Aus diesem Grund werde ich hier nicht weiter auf dieses Subkommando eingehen.

17.1.4 samba-tool fsmo

Mit diesem Subkommando können Sie die FSMO-Rollen der Domäne auflisten, übertragen oder neu generieren. Im Normalfall sollten Sie die Rollen immer transferieren. In Kapitel 7, «Verwaltung von Domaincontrollern», habe ich den Vorgang der Übertragung genau beschrieben. Dort finden Sie auch eine Beschreibung der Aufgaben der einzelnen Rollen und welche Rollen unbedingt auf demselben Domaincontroller liegen sollten.

17.1.5 samba-tool gpo

Mit diesem Subkommando können Sie Gruppenrichtlinien verwalten. Sie können neue leere Gruppenrichtlinienobjekte erzeugen, Gruppenrichtlinien mit OUs verknüpfen und auf einfache Art und Weise feststellen, welche Gruppenrichtlinien für einen Benutzer wirksam werden. Wie schon bei den ACLs für Objekte ist es aber hier angebracht, die Gruppenrichtlinien über die RSAT zu verwalten.

17.1.6 samba-tool group

Mit diesem Subkommando können Sie Gruppen im Active Directory verwalten. Seit der Samba-Version 4.2 können Sie Gruppenobjekte damit auch sofort in einer bestimmten OU anlegen. Da ich bei den Skripten später diese Option verwenden werde, will ich Ihnen an dieser Stelle anhand eines Beispiels zeigen, wie Sie Gruppen auch mit erweiterten Optionen anlegen können.

Listing 17.5 zeigt Ihnen das entsprechende Kommando:

Listing 17.5 Anlegen einer Gruppe mit weiteren Optionen

```
root@sambabuch:~# samba-tool group add --groupou=ou=sambabuch \
                --description="För alle Mitarbeiter" alle
```

Sie sehen hier, dass der Name der OU immer relativ zum Naming Context gesetzt wird. Im Beispiel darf *dc=example,dc=net* nicht angegeben werden. Setzen Sie den Naming Context hinter die OU, kommt es zu einer Fehlermeldung.

17.1.7 samba-tool ldapcmp

Mit diesem Subkommando vergleichen Sie zwei LDAP-Datenbanken auf zwei Servern miteinander. Wichtig ist hier, dass die Objekte identisch sind. Gerade bei der Überprüfung der Objekte in der Domäne und bei der Konfiguration kann es zu zeitlichen Abweichungen beim Änderungsdatum kommen. Sie können aber über Filter bestimmte Attribute bei der Überprüfung außen vor lassen. In Listing 17.6 sehen Sie die möglichen Tests:

Listing 17.6 Vergleich zweier LDAP-Datenbanken

```
root@sambabuch-02:~# samba-tool ldapcmp ldap://sambabuch ldap:\
                    //sambabuch-02 domain --filter=msDS-NcType,\
                    serverState,whenChanged

* Comparing [DOMAIN] context...

* Objects to be compared: 236

* Result for [DOMAIN]: SUCCESS


root@sambabuch-02:~#  samba-tool ldapcmp ldap://sambabuch ldap:\
                    //sambabuch-02 configuration --filter=\
                    msDS-NcType,serverState,subrefs,whenChanged

* Comparing [CONFIGURATION] context...

* Objects to be compared: 1625

* Result for [CONFIGURATION]: SUCCESS


root@sambabuch-02:~# samba-tool ldapcmp ldap://sambabuch \
                    ldap://sambabuch-02   schema

* Comparing [SCHEMA] context...

* Objects to be compared: 1552

* Result for [SCHEMA]: SUCCESS


root@sambabuch-02:~# samba-tool ldapcmp ldap://sambabuch \
                    ldap://sambabuch-02   dnsforest

* Comparing [DNSFOREST] context...
```

```
* Objects to be compared: 22

* Result for [DNSFOREST]: SUCCESS
```

Alle Vergleichstests wurden an dieser Stelle erfolgreich abgeschlossen. Die entsprechende LDAP-Datenbank finden Sie im Verzeichnis /var/lib/samba/privat/sam.ldb.d.

17.1.8 samba-tool ntacl

Mit diesem Subkommando können Sie die ACLs aller Dateien und Verzeichnisse auf dem Server auslesen, und zwar vollständig inklusive aller gesetzten Flags. Zur Anzeige der ACLs empfehle ich Ihnen aber, über den Windows-Dateimanager zu gehen. Doch das Subkommando ist sehr wichtig, um die ACLs der Freigabe sysvol zu testen und eventuell zu reparieren.

17.1.9 samba-tool sites

Mit diesem Subkommando können Sie Standorte einrichten und entfernen. Da zu den Standorten immer auch IP-Subnetze gehören, empfehle ich Ihnen, die Standorte über die RSAT zu verwalten.

17.1.10 samba-tool user

Mit diesem Subkommando können Sie Benutzer verwalten. Beim Anlegen von Benutzern können Sie hier auch zusätzliche Attribute sowie eine bestimmte OU, in der der Benutzer angelegt werden soll, angeben. Da auch das ein Punkt im Abschnitt der Skripte ist, zeige ich Ihnen in Listing 17.7 ein Beispiel mit zusätzlichen Optionen:

Listing 17.7 Anlegen eines Benutzers mit zusätzlichen Optionen

```
root@sambabuch-02:~# samba-tool user create katie Pa55word \
                    --must-change-at-next-login \
                    --userou=ou=sambabuch
User 'katie' created successfully
```

Wenn Sie sich die Hilfe zu *samba-tool user create –help* anzeigen lassen, werden Sie dort sehen, dass Sie weitere Attribute direkt beim Anlegen des Benutzers vergeben können. Interessant werden diese Parameter, wenn Sie über ein Skript Benutzer aus einer CSV-Datei erstellen wollen, denn dann können Sie den Benutzern sofort alle Werte zu den gewünschten Attributen übergeben.

> **Wichtig**
>
> Wenn Sie zusätzlich zum Benutzernamen ein Passwort angeben wollen, ist die Reihenfolge der Parameter wichtig. Als Erstes muss der Benutzername angeben werden, dann das Passwort und dann alle anderen Optionen.

17.1.11 Zusammenfassung

Sie sehen, mit dem Kommando *samba-tool* können Sie sehr viele Aufgaben in der Domäne durchführen. Das Tool ist mit das wichtigste Werkzeug auf Ihren Domaincontrollern. Einige der Subkommandos werden aber nur von Entwicklern benötigt oder sollten nicht mehr verwendet werden. Die Aufgaben einiger Subkommandos lassen sich sehr viel einfacher mit den RSAT unter Windows erledigen. Eine gute Mischung beider Wege hilft Ihnen, Ihre Administration effektiv zu gestalten.

17.2 Das Kommando net

Das Kommando net wird für Aufgaben auf den Fileservern benötigt. Es hat eine lange Liste an Subkommandos. Viele Aufgaben der Subkommandos können über andere Programme und Kommandos einfacher und besser abgedeckt werden. Deshalb werde ich mich an dieser Stelle nur mit den Subkommandos befassen, die Ihnen zusätzliche Informationen oder Möglichkeiten bieten.

17.2.1 net rpc

Das Subkommando ist ein Kommando für die Verwaltung von Servern, die Mitglied einer Samba4-Domäne sind, die im klassischen Stil aus Samba und openLDAP eingerichtet wurde. Auch mit Samba ist diese Art der Domäne noch möglich. Denken Sie nur daran, dass Windows 10 nur mit sehr viel Aufwand noch Mitglied einer NT-Style-Domain werden kann.

17.2.2 net ads

Dieses Subkommando ist das Gegenstück zu *rpc*, nur dass Sie mit *ads* Server in der Active-Directory-Domäne verwalten können. Das Subkommando wird zur Verwaltung der Mitgliedschaft der Fileserver und Linux-Clients in einer Active-Directory-Domäne verwendet. Mit dem Subkommando *net ads join* können Sie Maschinen zur Domäne hinzufügen, mit *net ads leave* aus einer Domäne entfernen oder mit *net ads testjoin* den derzeitigen Zustand hinsichtlich der Mitgliedschaft in der Domäne testen.

Wenn Sie sich die Hilfe zu *net ads --help* auflisten lassen, werden Sie dort weitere Möglichkeiten für das Subkommando finden. In Listing 17.8 sehen Sie eine Auswahl an Kommandos, die Ihnen weitere Informationen zur Domäne geben:

Listing 17.8 Weitere Möglichkeiten von net ads

```
root@sambabuch:~# net ads status -k -S sambabuch
objectClass: top
objectClass: person
objectClass: organizationalPerson
objectClass: user
objectClass: computer
cn: SAMBABUCH
instanceType: 4
whenCreated: 20180716190928.0Z
uSNCreated: 3662
name: SAMBABUCH
objectGUID: 020bc9eb-ada2-4e54-8e7a-3406fb23da4d
...

root@sambabuch:~# net ads lookup -k -S sambabuch
Information for Domain Controller: 192.168.56.31

Response Type: LOGON_SAM_LOGON_RESPONSE_EX
GUID: c2987f87-b323-40c0-9840-a897450e39a6
Flags:
        Is a PDC:                                       yes
        Is a GC of the forest:                          yes
        Is an LDAP server:                              yes
        Supports DS:                                    yes
        Is running a KDC:                               yes
        Is running time services:                       yes
        Is the closest DC:                              yes
        Is writable:                                    yes
        Has a hardware clock:                           yes
        Is a non-domain NC serviced by LDAP server:     no
        Is NT6 DC that has some secrets:                no
        Is NT6 DC that has all secrets:                 yes
        Runs Active Directory Web Services:             no
        Runs on Windows 2012 or later:                  no
Forest:                 example.net
Domain:                 example.net
Domain Controller:      sambabuch.example.net
Pre-Win2k Domain:       EXAMPLE
Pre-Win2k Hostname:     SAMBABUCH
Server Site Name :              Default-First-Site-Name
Client Site Name :              Default-First-Site-Name
NT Version: 5
LMNT Token: ffff
LM20 Token: ffff
```

Beim ersten Beispiel, *net ads status -k | less*, sehen Sie eine lange Liste an Informationen zur Domäne. Unter anderem werden hier alle Berechtigungen angezeigt, die an Objekte im Active Directory vergeben sind. Das ist immer eine erste Anlaufstelle, wenn Sie nach zusätzlichen Rechten an Objekten suchen wollen. Die Liste der Informationen ist sehr lang, deshalb habe ich hier nur den Anfang der Ergebnisse gezeigt.

Im zweiten Beispiel zeigt *net ads lookup -k -S sambabuch-dc2* den Status des angegebenen Domaincontrollers. Hier können Sie sehr schnell sehen, ob es sich bei dem Domaincontroller um den Domaincontroller mit der FSMO-Rolle PDC-Master handelt oder ob auf dem Domaincontroller auch ein Global Catalog liegt.

Das dritte Beispiel, *net ads info -k -S sambabuch-dc2*, zeigt Informationen zur Domäne, zu der dieser Domaincontroller gehört.

17.2.3 net status

Mit diesem Subkommando können Sie sich die aktuellen Verbindungen und die momentan verbundenen Freigaben anzeigen lassen. In Listing 17.9 sehen Sie Beispiele für die beiden möglichen Optionen:

Listing 17.9 Anzeige der Verbindungen

```
root@sambabuch-fs1:~# net status sessions
PID   Username      Group         Machine
------------------------------------------------------------
688   ktom          domain users  192.168.56.221 ...
```

So werden Ihnen die Verbindungen auf allen Fileservern angezeigt. Haben Sie einen CTDB-Cluster im Einsatz, sehen Sie auf allen Knoten die identische Liste der Verbindungen, denn in einem Cluster werden die Verbindungen zum Cluster auf allen Knoten verwaltet.

17.2.4 Zusammenfassung

Die Liste der Subkommandos zu *net* ist erheblich länger als die hier von mir angesprochenen Beispiele. Viele der Subkommandos sind entweder für alte NT-Style-Domains oder werden durch andere Kommandos wie *samba-tool* abgedeckt.

Die Kommandos für die Verwaltung der Registry finden Sie in Abschnitt 10.2, «Konfiguration über die Registry».

■ 17.3 Die smb-Kommandos

Bei den Kommandos *samba-tool* und *net* handelt es sich um Kommandos, die für die Verwaltung von Servern gedacht sind. Neben diesen Kommandos gibt es noch die smb-Kommandos, mit deren Hilfe sich auf allen Mitgliedern der Domäne Informationen sammeln und Zugriffe auf Server ausführen lassen. In diesem Abschnitt will ich Ihnen die wichtigsten *smb*-Kommandos anhand von Beispielen erklären.

17.3.1 smbclient

Mit dem Kommando *smbclient* kann jeder Benutzer Informationen über die Freigaben und Drucker eines Servers in der Domäne abfragen. Dabei ist sowohl eine authentifizierte als auch eine anonyme Abfrage möglich. Informationen über Freigaben, bei denen der Parameter *browsable = no* gesetzt ist, werden aber nicht angezeigt. Die Authentifizierung kann dabei sowohl über Benutzername und Passwort stattfinden als auch über ein Kerberos-Ticket. In Listing 17.10 sehen Sie beide Vorgänge:

Listing 17.10 Abfrage eines Servers in der Domäne

```
root@sambabuch-fs1:~# smbclient -L sambabuch-fs1
lp_load_ex: changing to config backend registry
Enter administrator@EXAMPLE.NET's password:

        Sharename       Type      Comment
        ---------       ----      -------
        IPC$            IPC       IPC Service (Samba 4.8.3-Debian)
        reg-freigabe    Disk      Eine Freigabe in der Registry
        firma           Disk
Reconnecting with SMB1 for workgroup listing.

        Server          Comment
        ---------       -------

        Workgroup       Master
        ---------       -------
        EXAMPLE         SAMBABUCH-FS1

root@sambabuch-fs1:~# kinit administrator

administrator@EXAMPLE.NET's Password:
root@sambabuch-fs1:~# smbclient -L sambabuch-fs1 -k
lp_load_ex: changing to config backend registry

        Sharename       Type      Comment
        ---------       ----      -------
        IPC$            IPC       IPC Service (Samba 4.8.3-Debian)
        reg-freigabe    Disk      Eine Freigabe in der Registry
        firma           Disk
Reconnecting with SMB1 for workgroup listing.

        Server          Comment
        ---------       -------

        Workgroup       Master
        ---------       -------
        EXAMPLE         SAMBABUCH-FS1
```

Beide Kommandos zeigen das gleiche Ergebnis, nur wird im zweiten Beispiel die Authentifizierung über das bei der Anmeldung des Benutzers vergebene Kerberos-Ticket durchgeführt.

Jetzt will der Benutzer auf eine Freigabe auf dem Server zugreifen, und zwar mit den Rechten des Administrators. Dazu kann er sich mittels des Kommandos *smbclient* am Server als Administrator authentifizieren und dann auf die Daten zugreifen. In Listing 17.11 sehen Sie diesen Vorgang:

Listing 17.11 Anmeldung an einem Server

```
stka@linux-client:~$ smbclient //sambabuch-fs1/reg-freigabe \
                    -U administrator
Enter EXAMPLE\administrator's password:
Try "help" to get a list of possible commands.
smb: \> ls
  .                         D        0  Thu Jul 26 18:52:02 2018
  ..                        D        0  Tue Aug  7 20:11:17 2018

  7158264 blocks of size 1024. 5004956 blocks available

smb: \> mkdir daten

smb: \> ls
  .                         D        0  Thu Aug 23 20:18:29 2018
  ..                        D        0  Tue Aug  7 20:11:17 2018
  daten                     D        0  Thu Aug 23 20:18:29 2018

  7158264 blocks of size 1024. 5004972 blocks available

smb: \> showconnect
//sambabuch-fs1/reg-freigabe

smb: \> quit
```

Mit dem ersten Schritt wird die Verbindung zum Server hergestellt. Dann wird der Inhalt des Verzeichnisses aufgelistet und ein neues Verzeichnis angelegt. Mit *quit* verlassen Sie die *smb*-Sitzung.

Wenn Sie häufiger eine Verbindung zu einem Server über *smbclient* herstellen müssen, können Sie die Anmeldeinformationen auch in einer Datei in Ihrem Heimatverzeichnis ablegen und dann bei der Anmeldung auf diese Datei verweisen.

Hinweis

Wenn Sie eine Datei mit Ihren Anmeldeinformationen anlegen, achten Sie darauf, dass die Rechte auf 600 gesetzt sind, sodass niemand anders die Daten aus der Datei auslesen kann.

In Listing 17.12 sehen Sie ein Beispiel für eine Datei mit Authentifizierungsdaten:

Listing 17.12 Datei zur Authentifizierung

```
username = administrator
password = geheim!123
```

Anschließend können Sie, so wie in Listing 17.13 zu sehen, die Anmeldeinformationen direkt aus der Datei lesen:

Listing 17.13 Anmelden über eine Login-Datei

```
stka@linux-client:~\$ smbclient //sambabuch-fs01/reg-freigabe \\
                         -A ~/.admlogin
```

Mit den Kommandos *put* und *get* können Sie dann auch Daten aus Ihrem aktuellen lokalen Verzeichnis auf den Server kopieren und herunterladen. Wollen Sie mehrere Dateien über Jokerzeichen gleichzeitig herunter- oder hochladen, gibt es dafür die Kommandos *mput* und *mget*. Das Kommando *smbclient* können Sie im Grunde wie ein FTP-Kommando verwenden. In Listing 17.14 sehen Sie einige Beispiele für diese Aktionen:

Listing 17.14 Daten auf den und vom Server laden

```
stka@linux-client:~\$ ls
datei1.txt  datei2.txt  datei3.txt  datei4.txt  datei.txt

EXAMPLE\stka@linux-client:~\$ smbclient //cluster-01/admin-share \\
                         -A ~/.admlogin

smb: \> put datei.txt
putting file datei.txt as \\datei.txt (0,2 kb/s) (average 0,2 kb/s)

smb: \> mput datei?.*
Put file datei2.txt? y
putting file datei2.txt as \\datei2.txt (0,3 kb/s) (average 0,3 kb/s)
Put file datei1.txt? y
putting file datei1.txt as \\datei1.txt (0,2 kb/s) (average 0,3 kb/s)
Put file datei4.txt? y
putting file datei4.txt as \\datei4.txt (0,2 kb/s) (average 0,3 kb/s)
Put file datei3.txt? y
putting file datei3.txt as \\datei3.txt (0,2 kb/s) (average 0,2 kb/s)

smb: \> get datei.txt
getting file \\datei.txt of size 17 as datei.txt (2,8 KiloBytes/sec) \
          (average 2,6 KiloBytes/sec)

smb: \> mget datei?.txt
Get file datei2.txt? y
getting file \\datei2.txt of size 17 as datei2.txt (2,4 KiloBytes/sec) \
          (average 2,5 KiloBytes/sec)
Get file datei1.txt? y
getting file \datei1.txt of size 17 as datei1.txt (3,3 KiloBytes/sec) \
          (average 2,7 KiloBytes/sec)
Get file datei4.txt? y
getting file \datei4.txt of size 17 as datei4.txt (3,3 KiloBytes/sec) \
          (average 2,8 KiloBytes/sec)
Get file datei3.txt? y
getting file \datei3.txt of size 17 as datei3.txt (2,8 KiloBytes/sec) \
          (average 2,8 KiloBytes/sec)
```

Aber das Kommando *smbclient* kann noch mehr. Sie können damit auch den Inhalt einer ganzen Freigabe als .tar-File sichern. In Listing 17.15 sehen Sie diesen Vorgang:

Listing 17.15 Sichern einer Freigabe

```
stka@linux-client:~$ smbclient //sambabuch-fs01/reg-freigabe \
                    -A ~/.admlogin -Tc admin.tar
            directory \\daten\\
         17 (    2,8 kb/s) \\datei2.txt
         17 (    4,2 kb/s) \\datei.txt
         17 (    4,2 kb/s) \\datei1.txt
         17 (    4,2 kb/s) \\datei4.txt
         17 (    4,2 kb/s) \\datei3.txt
       6656 ( 1625,0 kb/s) \\admin2.tar
tar: dumped 7 files and directories
Total bytes written: 9728
```

Natürlich können Sie die Sicherung der Daten auch wiederherstellen – siehe Listing 17.16:

Listing 17.16 Wiederherstellung der Daten

```
stka@linux-client:~\$ smbclient //sambabuch-fs01/reg-freigabe -A ~/.admlogin

smb: \\> rm dat*
smb: \\> ls
  .                                   D        0  Thr Aug 23 16:28:42 2018
  ..                                  D        0  Fri Aug 23 13:55:29 2018
  daten                               D        0  Thr Aug 23 19:53:25 2018

               60480 blocks of size 32768. 59440 blocks available
smb: \\> put admin.tar

smb: \\> quit

stka@linux-client:~\$ smbclient //sambabuch-fs01/reg-freigabe \
                     -A ~/.admlogin -Tx admin.tar
restore directory \\daten\\
restore tar file \\datei2.txt of size 17 bytes
restore tar file \\datei.txt of size 17 bytes
restore tar file \\datei1.txt of size 17 bytes
restore tar file \\datei4.txt of size 17 bytes
restore tar file \\datei3.txt of size 17 bytes
restore tar file \\admin2.tar of size 6656 bytes
tar: restored 7 files and directories

stka@linux-client:~\$ smbclient //sambabuch-fs01/reg-freigabe \\
                     -A ~/.admlogin

smb: \\> ls
  .                                   D        0  Wen Aug 22 16:51:07 2018
  ..                                  D        0  Fri Aug 15 13:55:29 2018
  daten                               D        0  Fri Aug 24 15:53:25 2018
  datei2.txt                          N       17  Fri Aug 24 16:34:11 2018
```

```
datei.txt                          N        17  Fri Aug 24 16:34:11 2018
datei1.txt                         N        17  Fri Aug 24 16:34:12 2018
datei4.txt                         N        17  Fri Aug 24 16:34:12 2018
datei3.txt                         N        17  Fri Aug 24 16:34:13 2018
admin2.tar                         N      6656  Fri Aug 24 16:42:39 2018

            60480 blocks of size 32768. 59436 blocks available
```

So können Sie mithilfe des Kommandos *smbclient* ein Backup Ihrer Freigabe auf einem anderen System ablegen. In der Manpage zu *smbclient* finden Sie weitere Möglichkeiten, das Backup mittels Tar durchzuführen.

17.3.2 smbstatus

Mit dem Kommando *smbstatus* können Sie sich den aktuellen Verbindungsstatus aller Clients anzeigen lassen. Hier sehen Sie jede Verbindung zum Server und alle Zugriffe auf Freigaben sowie alle geöffneten Dateien. Auch können Sie sehen, welches Protokoll in welcher Version für die Verbindung verwendet wird und ob die Verbindung verschlüsselt ist oder nicht. Mit dem Parameter *-u username* können Sie die Liste der Verbindungen nach bestimmten Benutzern durchsuchen. Dann sehen Sie alle Zugriffe und Verbindungen des entsprechenden Benutzers auf dem Server.

17.3.3 smbtree

Mit dem Kommando *smbtree* können Sie sich eine Übersicht über alle in Ihrem Netz existenten Domänen und Arbeitsgruppen verschaffen. Dabei werden alle aktiven Mitglieder angezeigt und zusätzlich alle nicht versteckten Freigaben und Drucker. Das kann sehr sinnvoll sein, um zum Beispiel Namenskonflikte durch fremde Systeme herauszufinden. In Listing 17.17 sehen Sie einen Ausschnitt aus meinem Netz:

Listing 17.17 Baumansicht aller Domänen

```
stka@linux-client:~$ smbtree
EXAMPLE
    \\SAMBABUCH-FS1                  Samba 4.8.3-Debian
        \\SAMBABUCH-FS1\firma
        \\SAMBABUCH-FS1\reg-freigabe Eine Freigabe in der Registry
        \\SAMBABUCH-FS1\IPC$         IPC Service (Samba 4.8.3-Debian)
    \\LINUX-CLIENT                   Samba 4.7.6-Ubuntu
```

17.3.4 Zusammenfassung

Wie Sie sehen, ist es sinnvoll, sich ausgiebig mit den *smb*-Kommandos zu beschäftigen, denn all diese Kommandos helfen Ihnen sehr oft bei der Fehlersuche in der Domäne und können sehr gut in Skripten eingebunden werden, um immer wiederkehrende Aufgaben abzuarbeiten.

17.4 Skripte

An dieser Stelle möchte ich Ihnen zeigen, wie Sie Änderungen an Objekten und das Anlegen von Benutzern über Skripte durchführen. Nicht immer bezieht sich eine Änderung nur auf einen Benutzer oder Sie müssen mehr als nur einen Benutzer anlegen. Dann ist es hilfreich, wenn Sie diesen Vorgang mit einem Skript durchführen können.

Wichtig

Wenn Sie die Skripte aus diesem Kapitel in Ihre Umgebung übernehmen, testen Sie sie auf jeden Fall in einer Testumgebung, bevor Sie sie in Ihr Produktivsystem übernehmen. Ich habe die Skripte hier in meiner Umgebung geschrieben und getestet, was aber nicht heißt, dass die Skripte auch in Ihrer Umgebung ohne weitere Anpassungen sofort fehlerfrei funktionieren. Auch ging es mir bei den Skripten hauptsächlich um die Funktion und nicht darum, alle möglichen Fehler abzufangen. Darum sollten Sie die Skripte auf jeden Fall vorher testen!

Bei allen Skripten habe ich in den Downloadversionen die Kommandos, die letztendlich die Änderungen durchführen, alle mit einem *echo* am Anfang der Zeile abgesichert. Wenn Sie die Skripte ausprobieren wollen, müssen Sie nach dem Testen das *echo* am Anfang der Zeile entfernen.

Ich weiß, dass gerade beim Schreiben von Shell-Skripten die Meinungen oft weit auseinander gehen, was das perfekte Shell-Skript ist und was alles an Fehlern und Eventualitäten abgefangen werden muss.

Alle Skripte, die ich Ihnen hier zeige, funktionieren, solange Sie diese genau für den Zweck verwenden, für den ich sie geschrieben habe. Natürlich lassen sich Skripte immer verbessern, sicherer machen und schneller machen. Hier geht es aber darum, Ihnen überhaupt erst einmal einen Weg zu zeigen, wie Sie administrative Aufgaben mit der Hilfe von Skripten lösen können.

17.4.1 Anlegen von Benutzern

Die Benutzer sollen mit *samba-tool user* angelegt werden. Die Informationen, die Sie dort übergeben können, können Sie sich über die Hilfe zu *samba-tool user create --help* anzeigen lassen.

Als Beispiel werde ich hier im Buch die Parameter aus Tabelle 17.1 verwenden. Für die Parameter, für die in der Tabelle *n/a* angegeben ist, gibt es entweder keine Werte, da diese Parameter lediglich einen bestimmten Wert setzen wie zum Beispiel bei der Option *–must-change-at-next-login*, oder die Attribute erscheinen nicht im LDAP, sondern werden in der secrets.tdb abgelegt. Wie die vollständige Kommandozeile aussehen muss, sehen Sie in Listing 17.18:

Listing 17.18 Anlegen eines Benutzers mit zusätzlichen Attributen

```
root@sambabuch:~# samba-tool user create khobbit Pa55word \
          --must-change-at-next-login \
```

Tabelle 17.1 Verwendete Parameter beim Anlegen der Benutzer

Parameter	Wert	Attribut
--must-change-at-next-login	n/a	n/a
--userou=ou=	ou=sambabuch	dn
--surname=	Hobbit	sn
--given-name=	Katie	givenName
--home-drive=	H:	homeDrive
--home-directory=	\\sambabuch-fs1\users\khobbit	homeDirectory
--profile-path=	\\sambabuch-fs1\profile\khobbit	profilePath
--mail-address=	khobbit@example.net	mail
--use-username-as-cn	n/a	cn
LOGINNAME	khobbit	dn
PASSWORT	Pa55word	n/a

```
    --userou=ou=sambabuch --surname=Hobbit \
    --given-name=Katie --home-drive=H: \
    --home-directory="\\sambabuch-fs1\users\khobbit" \
    --profile-path="\\sambabuch-fs1\profile\khobbit" \
    --mail-address=khobbit@example.net \
    --use-username-as-cn
User 'khobbit' created successfully
```

Wenn Sie jetzt mehrere Benutzer anlegen wollen, benötigen Sie erst eine CSV-Datei, in der alle Informationen für die Benutzer abgelegt sind.

In Listing 17.19 sehen Sie die Datei, mit der Sie neue Benutzer mit denselben Parametern anlegen wie beim Testbenutzer:

Listing 17.19 Aufbau einer CSV-Datei

```
#user-ou;surname;given-name;home-drive;home-directory;\
profil-path;mail-address;LOGNAME;PASSWORT
ou=sambabuch;u2-s;u2-g;H:;\\\\sambabuch-fs1\\users\\verw-u2;\
   \\\\sambabuch-fs1\\profile\\verw-u2\\;u2@example.net;u2;Pa55word;
ou=sambabuch;u3-s;u3-g;H:;\\\\sambabuch-fs1\\users\\verw-u3;\
   \\\\sambabuch-fs1\\profile\\verw-u3\\;u3@example.net;u3;Pa55word;
ou=sambabuch;u4-s;u4-g;H:;\\\\sambabuch-fs1\\users\\verw-u4;\
   \\\\sambabuch-fs1\\profile\\verw-u4\\;u4@example.net;u4;Pa55word;
ou=sambabuch;u5-s;u5-g;H:;\\\\sambabuch-fs1\\users\\verw-u5;\
   \\\\sambabuch-fs1\\profile\\verw-u5\\;u5@example.net;u5;Pa55word;
```

Wichtig

Achten Sie darauf, alle Zeilen mit einem Semikolon abzuschließen, denn sonst wird das letzte Element von *cut* nicht ausgewertet.

Sie sehen hier, dass die Parameter wie *--use-username-as-cn* nicht in der CSV-Datei erscheinen. Diese Parameter benötigen keinen Wert und können somit im Skript an das Kommando einfach angehängt werden. In Listing 17.20 sehen Sie das Skript, das die Datei auswertet und die Benutzer alle anlegt.

Listing 17.20 Anlegen von Benutzern aus einer CSV-Datei

```bash
#!/bin/bash

#Pruefen ob eine Datei uebergeben wurde
if [ \$# -ne 1 ]
then
        echo "usage: \$0 <csv-Datei>"
        exit 1
fi
CSV_DATEI=\$1
#Oeffnen der Datei zum Lesen
exec 3< \$CSV_DATEI
# Erste Zeile einlesen
HEADER=\$(line <&3)
#Erste Zeile als Ueberschrift anzeigen
echo \$HEADER
#Anzahl der Felder ermitteln
ARG_ANZAHL=\$( echo "\$HEADER" | awk -F\\; '{print NF}')
#Fuer jede Zeile durchlaufen
while read LINE <&3
do
        #Alle Argumente einer Zeile in ein Array schreiben
        for((i=1; i<\$ARG_ANZAHL; i++))
        do
                USER_ARRAY[\$i]=\$(echo \$LINE | cut -d\\; -f"\$i")
        done
#Anlegen des Benutzers
samba-tool user create  \${USER_ARRAY[8]} \${USER_ARRAY[9]} \
            --must-change-at-next-login \
            --use-username-as-cn\
            --userou=${USER_ARRAY[1]} \
            --surname=${USER_ARRAY[2]} \\
            --given-name=${USER_ARRAY[3]} \
            --home-drive=${USER_ARRAY[4]} \
            --home-directory=${USER_ARRAY[5]} \
            --profile-path=${USER_ARRAY[6]} \
            --mail-address=${USER_ARRAY[7]}}
    done
```

Dieses Skript passt genau auf die CSV-Datei aus Listing 17.19. Wenn Sie andere Parameter übergeben wollen, müssen Sie das Skript nach Ihren Bedürfnissen anpassen.

Wichtig

Beim Anlegen von Benutzern über die Kommandozeile werden die Heimatverzeichnisse der Benutzer zwar zugewiesen, aber nicht angelegt. Das Anlegen der Heimatverzeichnisse auf dem Fileserver müssen Sie von Hand durchführen.

17.4.2 Ändern von Benutzern

Nicht immer geht es darum, neue Benutzer anzulegen, sondern darum, bestehende Benutzer zu ändern. Einzelne Änderungen bei einzelnen Benutzern kann man über die RSAT schnell durchführen, aber wenn Sie bestimmte Attribute bei allen oder mehreren Benutzern ändern wollen, ist ein Skript der bessere Weg. Das Skript in Listing 17.21 zeigt, wie Sie ein Attribut bei mehreren Benutzern verändern können:

Listing 17.21 Ändern mehrerer Benutzer

```
#!/bin/bash

# Hier wird eine temporöre Datei erzeugt
CHANGE_DATEI=\$(mktemp)
USER_DATEI=\$(mktemp)
# Hier muss Ihr Suffix stehen
SUFFIX="dc=example,dc=net"
# Funktion zum Abfangen von STRG+C
CTRL_C()\{
echo
echo "Signal STRG+C erhalten "
echo -n  "Skript beenden (j/n) : "
read
if [[ \$REPLY = "j"  ]]
then
  rm \$CHANGE_DATEI \$USER_DATEI
  exit 9
fi
\}

#Funktion för die Pausen im Skript
pause()\{ echo Weiter mit RETURN; read; \}

trap 'CTRL_C' 2

# Einlesen des Startpunkts der Suche
# nach Benutzern, die geöndert werden sollen
while [ -z "\$START_OU" ]
do
  clear
  echo
  echo -n "Bitte Startpunkt der Suche eingeben (EXIT für Ende) : "
  read START_OU
done
```

```
if [ "\$START_OU" = "EXIT" ]
then
  clear
  rm \$CHANGE_DATEI \$USER_DATEI
  exit 0
fi
START_OU=\$(echo \$START_OU | awk '\{print tolower(\$START_OU)\}')
# Eine önderung ab dem Suffix wörde Systembenutzer öndern
# Deshalb wird das unterbunden
if [ "\$START_OU" = "\$SUFFIX" ]
then
  echo ----------------------------------------
  echo "\$START_OU ist gleich \$SUFFIX"
  echo "Das wörde auch Systembenutzer betreffen"
  echo "Dieses wird nicht unterstötzt"
  echo ----------------------------------------
  pause
  rm \$CHANGE_DATEI \$USER_DATEI
  exit 1
fi
# Hier wird gepröft, ob der Startpunkt existiert
START_OU_J=\$(ldbsearch --url=/var/lib/samba/private/sam.ldb |\\
           grep -i  "dn: \$START_OU")
if [ -z "\$START_OU_J" ]
then
  echo ----------------------------------------------------------
  echo "\$START_OU ist nicht vorhanden oder falsch geschrieben !"
  echo ----------------------------------------------------------
  pause
  rm \$CHANGE_DATEI \$USER_DATEI
  exit 2
fi
echo
echo Das ist der Startpunkt der Suche:   \$START_OU
echo

#Schreiben aller gefundenen Benutzer in eine Datei
ldbsearch --url=/var/lib/samba/private/sam.ldb -b \$START_OU\\
        objectclass=user attr dn  | grep ^dn  > \$USER_DATEI
# An dieser Stelle muss eine göltige .ldif-Datei
# mit den eingetragenen önderungen angegeben werden
while [ -z "\$LDIF_DATEI" ]
do
  echo
  echo -n " Bitte LDIF-Datei angeben : "
  read LDIF_DATEI
done

if [ -e "\$LDIF_DATEI" ]
then
        echo ----------------------------------------
        echo "Datei ist \$CHANGE_DATEI"
```

```
    echo -----------------------------------------------
#öffnen der Datei mit alle Benutzern zum Lesen
        exec 3< \$USER_DATEI
        while read LINE <&3
        do
           echo Zeile = \$LINE
           echo ------------------
           #Der Benutzer wird geschrieben
           echo \$LINE >> \$CHANGE_DATEI
           #Jetzt wird die önderung angehöngt
           cat \$LDIF_DATEI >> \$CHANGE_DATEI
        done
        exec 3>&-
fi
while [ true ]
do
unset WAHL
unset LDIF_AENDERUNG
unset LDIF_UEBER
clear
cat <<EOT
---------------------------------------------------------
önderungen direkt ins Active Directory schreiben......(1)

önderungen in eine Datei schreiben. ..................(2)

Nichts machen und Skript verlassen....................(3)

---------------------------------------------------------
EOT
while [ -z "\$WAHL" ]
do
  echo -n "Bitte wöhlen Sie (1/2/3) :"
  read WAHL
done
# Je nach Auswahl werden die önderungen direkt in das AD geschrieben
# oder in einer Datei gespeichert
case "\$WAHL" in
1)
  ldbmodify -H /var/lib/samba/private/sam.ldb \$CHANGE_DATEI
  rm \$CHANGE_DATEI \$USER_DATEI
  exit 0;;
2)
  while [ -z "\$LDIF_AENDERUNG" ]
  do
    echo
    echo -n "Dateiname für die önderungen angeben : "
    read LDIF_AENDERUNG
# Wenn die Datei vorhanden ist, wird gewarnt
    if [ -f "\$LDIF_AENDERUNG" ]
    then
      while [ -z "\$LDIF_UEBER" ]
```

```
      do
        echo
        echo -n "Datei \$LDIF_AENDERUNG existiert! überschreiben (j/n) : "
        read LDIF_UEBER
        LDIF_UEBER=\$(echo \$LDIF_UEBER | tr 'A-Z' 'a-z')
      done
      if [ "\$LDIF_UEBER" = "n" ]
      then
        echo "Datei wird nicht überschrieben"
        pause
        continue 2
      else
        if [ \$LDIF_UEBER = "j" ]
        then
          cat \$CHANGE_DATEI > \$LDIF_AENDERUNG
          echo "Datei geschrieben "
          pause
          exit 0
        else
          echo "Falsche Auswahl, nur j/n möglich"
          pause
          continue
        fi
      fi
    fi
  done
  cat \$CHANGE_DATEI > \$LDIF_AENDERUNG
  echo "Datei geschrieben "
  pause
  exit 0
  ;;
3)
  rm \$CHANGE_DATEI \$USER_DATEI
  exit 5;;
*)
  echo " Falsche Auswahl!"
  pause
  continue
esac
done
rm \$CHANGE_DATEI \$USER_DATEI
```

Im ersten Teil des Skripts wird der Startpunkt der Suche nach Benutzern festgelegt. Dabei wird das Ändern von Benutzern direkt ab dem Suffix Ihres Active Directorys abgefangen, da Sie damit auch die Systembenutzer in cn=users,$SUFFIX ändern würden, und das sollten Sie nie über ein Skript durchführen. Das Betätigen von (STRG)+(C) wird über das Kommando *trap* abgefangen.

Nachdem der Startpunkt festgelegt und geprüft wurde, müssen Sie eine Datei angeben, in der alle gefundenen Benutzerobjekte gespeichert werden. Diese Datei wird später für die Erstellung der endgültigen LDIF-Datei zur Änderung der Benutzer benötigt. Ist die Datei vorhanden, wird sie überschrieben.

Anschließend müssen Sie die .ldif-Datei mit den zu ändernden Attributen übergeben. In Listing 17.22 sehen Sie ein Beispiel für die .ldif-Datei:

Listing 17.22 Ldif-Datei mit Attributen

```
changetype: modify
add: description
description: Ein Benutzer
-
replace: wWWHomePage
wWWHomePage: www.firma.de
-
replace: profilePath
profilePath: \\\\sambabuch-fs1\\profile\\\%username\%
```

Im Anschluss erscheint ein Menü, in dem Sie auswählen können, ob Sie die Änderungen direkt via *ldbmodify* einspielen oder lieber in eine Datei speichern wollen. Wenn Sie die Daten erst in eine Datei schreiben, können Sie die Änderungen später von Hand in das Active Directory einspielen.

Ich habe hier bewusst das Profilverzeichnis der Benutzer geändert, um zu testen, was mit der Windows-Variablen *%username%* beim Einspielen der Änderung passiert. Die Änderung wird übernommen, in den RSAT steht dann bei den geänderten Benutzern für den Profilpfad *%username%*, aber der Wert wird intern richtig umgesetzt, das Profilverzeichnis wird richtig auf dem Server erzeugt, und der Benutzer kann das Profil schreiben und lesen.

17.4.3 Entfernen von gelöschten Objekten

Wenn Sie eine größere Anzahl an gelöschten Objekten in Ihrer Datenbank finden und diese alle entfernen wollen, können Sie das auch über Skripte durchführen. Dabei müssen Sie zwischen den Objekten in der Datenbank und den gelöschten DNS-Einträgen unterscheiden, da sich die Objekte in verschiedenen Datenbankteilen befinden. Sie können die Objekte entweder über das Kommando *ldbmodify* mit der Option *changetype: delete* löschen oder aber über das Kommando *ldbdel*. Das Löschen der Objekte mit *ldbmodify* geht zwar erheblich schneller, scheint aber nicht alle Objekte richtig zu löschen. Gerade bei DNS-Einträgen musste ich das leider feststellen. Aus diesem Grund zeigen ich Ihnen hier beide Lösungen.

17.4.3.1 Löschen mit ldbdel

In Listing 17.23 sehen Sie ein Skript, mit dessen Hilfe Sie als gelöscht markierte Objekte mittels *ldbdel* löschen können:

Listing 17.23 Löschen mit ldbdel

```
#!/bin/bash
# Funktion zum Abfangen von STRG+C
CTRL_C()\{
echo
echo "Signal STRG+C erhalten "
```

```
  echo -n  "Skript beenden (j/n) : "
  read
  if [[ \$REPLY = "j"  ]]
  then
    rm \$CHANGE_DATEI
    exit 9
  fi
\}

DEL_OBJ=\$(mktemp)
DEL_DNS=\$(mktemp)
OBJ_SUFFIX="dc=example,dc=net"
DNS_SUFFIX="dc=DomainDnsZones,dc=example,dc=net"
COUNTER_OBJ=1
COUNTER_DNS=1

ldbsearch --url=/var/lib/samba/private/sam.ldb -b \$OBJ_SUFFIX \\
          --show-deleted | grep ^dn: | grep 0ADEL > \$DEL_OBJ
ldbsearch --url=/var/lib/samba/private/sam.ldb -b \$DNS_SUFFIX \\
          --show-deleted | grep ^dn: | grep 0ADEL > \$DEL_DNS
echo -------------------------------------------
echo "Löschen aller als gelöscht markierten Objekte"
echo -------------------------------------------
echo
exec 3< \$DEL_OBJ
while read LINE <&3
do
  echo \$LINE
  ldbdel --url=/usr/lib/samba/privat/sam.ldb "\$LINE"
  echo "Eintrag \$COUNTER_OBJ gelöscht"
  COUNTER_OBJ=\$((COUNTER_OBJ+1))
done
exec 3>&-
echo
echo -------------------------------------------------
echo "Löschen aller als gelöscht markierten DNS-Einträge"
echo -------------------------------------------------
echo
exec 3< \$DEL_DNS
while read LINE <&3
do
  echo \$LINE
  ldbdel --url=/usr/lib/samba/privat/sam.ldb "\$LINE"
  echo "Eintrag \$COUNTER_DNS gelöscht"
  COUNTER_DNS=\$((COUNTER_DNS+1))
done
exec 3>&-
rm \$DEL_OBJ \$DEL_DNS
```

Tipp

Schreiben Sie an den Anfang der Zeile, in der die Objekte gelöscht werden, ein *echo*, um das Skript zu testen. Dann wird das Skript zwar komplett ausgeführt, aber das eigentliche Löschen wird nur als Kommando angezeigt. Erst wenn Sie sich sicher sind, dass alles funktioniert, entfernen Sie das *echo* wieder.

17.4.3.2 Löschen mit ldbmodify

Wenn Sie sehr viele Objekte löschen wollen, dann ist die Lösung mit *ldbmodify* erheblich schneller. Deshalb möchte ich Ihnen in Listing 17.24 dazu eine Variante zeigen:

Listing 17.24 Löschen mit ldbmodify

```
#!/bin/bash

# Funktion zum Abfangen von STRG+C
CTRL_C()\{
echo
echo "Signal STRG+C erhalten "
echo -n  "Skript beenden (j/n) : "
read
if [[ \$REPLY = "j"  ]]
then
  rm \$DEL_OBJ \$DEL_DNS
  exit 9
fi
\}


DEL_OBJ=\$(mktemp)
DEL_DNS=\$(mktemp)
OBJ_SUFFIX="dc=example,dc=net"
DNS_SUFFIX="dc=DomainDnsZones,dc=example,dc=net"
COUNTER_OBJ=1
COUNTER_DNS=1

ldbsearch --url=/var/lib/samba/private/sam.ldb -b \$OBJ_SUFFIX\\
        --show-deleted | grep ^dn: | grep 0ADEL | \\
        awk '\{ printf "\%s\\nchangetype: delete\\n\\n", \$0\}' >> \
            $DEL_OBJ
ldbsearch --url=/var/lib/samba/private/sam.ldb -b \$DNS_SUFFIX\\
        --show-deleted | grep ^dn: | grep 0ADEL |\\
        awk '\{ printf "\%s\\nchangetype: delete\\n\\n", \$0\}' >> \
            $DEL_DNS
echo --------------------
cat \$DEL_OBJ
echo --------------------
cat \$DEL_DNS
echo --------------------
echo -----------------------------------------------
```

```
echo "Löschen aller als gelöscht markierten Objekte"
echo ------------------------------------------------
echo
ldbmodify --url=/usr/lib/samba/privat/sam.ldb "\$LINE"
echo
echo ------------------------------------------------
echo "Löschen aller als gelöscht markierten DNS-Einträge"
echo ------------------------------------------------
echo
ldbmodify --url=/usr/lib/samba/privat/sam.ldb "\$LINE"
rm \$DEL_OBJ \$DEL_DNS
```

Tipp
Testen Sie beide Skripte, und setzen Sie vor das Ausführen der Änderung das Kommando *time*, dann sehen Sie den Unterschied der Laufzeit.

■ 17.5 Fazit zur Kommandozeile

Wie Sie in diesen Beispielen sehen, lassen sich sehr viele administrative Aufgaben über die Kommandozeile durchführen. Auch das Schreiben von Skripten kann die Administration vereinfachen. Denken Sie nur immer daran, Ihre Skripte zu testen und Skripte nicht gleich in Ihrem Produktivsystem einzusetzen. Hier ein paar Tipps für die Vorgehensweise:

- Lesen Sie immer die Hilfe zu den Kommandos aus der verwendeten Samba-Version, da sich die Kommandos der unterschiedlichen Versionen unterscheiden.
- Bei Skripten setzen Sie ein *echo* vor die eigentliche Änderung am Active Directory, um sich vor Ausführung der Änderung anzeigen zu lassen, was genau passiert.
- Wenn Sie Daten in eine Datei schreiben, lassen Sie sich den Inhalt der Dateien auflisten, bevor Sie die Änderungen ins System übernehmen.
- Testen Sie alles immer erst in einer Testumgebung.

Wenn Sie alle diese Tipps beherzigen, können Sie über die Skripte Ihr System effektiv administrieren.

Selbstverständlich gibt es noch viel mehr Möglichkeiten, das Active Directory über Skripte zu administrieren. Dieses Kapitel soll lediglich Anregungen und Lösungen für bestimmte Problemstellungen aufzeigen. Nehmen Sie die Skripte auch als Vorlage für eigene Skripte.

18 Die Migration einer bestehenden Domäne

In vielen Fällen werden Sie nicht die Möglichkeit haben, Ihre Domäne «auf einer grünen Wiese» einzurichten. Sie haben meist eine bestehende Umgebung, die Sie migrieren wollen oder müssen. Es kann sich dabei sowohl um eine vielleicht veraltete Windows-Umgebung als auch um eine alte Samba3-Umgebung handeln. Ich erkläre in diesem Kapitel die verschiedenen Migrationsarten und zeige Ihnen, worauf Sie besonders achten müssen.

18.1 Migration von Samba

Nicht immer starten Sie mit einer neuen Domäne. In den meisten Fällen werden Sie von einer Samba3-Domäne auf eine Samba4-Domäne migrieren wollen. In diesem Abschnitt geht es genau um dieses Thema. Dabei müssen Sie zwischen zwei Szenarien unterscheiden: Einmal kann der Samba3-PDC mit dem `tdb`-Backend arbeiten oder Sie haben eine Kombination aus Samba3 und openLDAP.

Im ersten Teil dieses Kapitels geht es um die Umstellung einer Samba3-Domäne, die mit dem `tdb`-Backend arbeitet.

Im zweiten Teil sehen wir uns die Migration einer Samba3-Domäne mit openLDAP als Datenbank-Backend an.

Bei der Migration gibt es immer zwei Wege, die Sie gehen können: Da wäre einmal eine `In Place`-Migration, also auf demselben Server, auf dem der Samba3-Dienst läuft, oder aber eine Migration auf eine neue Maschine. Die Migration auf eine neue Maschine ist immer der In-Place-Migration vorzuziehen, da Sie dann immer noch die Möglichkeit haben, die alte Domäne wiederherzustellen. Hier soll nur die Migration auf eine neue Maschine besprochen werden.

Ein weiterer Punkt, den Sie berücksichtigen müssen, ist die Umstellung der Windows-Clients. Nach der Migration von Samba3 auf Samba4 können sich die Benutzer direkt wieder an ihren Maschinen anmelden, ein `Rejoin` der Maschinen ist nicht notwendig. Nur wenn die Maschinen einmal von einer Samba3- auf eine Samba4-Domäne umgestellt worden sind, gibt es keinen Weg mehr zurück.

Hinweis

Ein Zurück in eine Samba3-Domäne ist mit den Workstations nicht mehr möglich, da in der Registry bestimmte Schlüssel gesetzt sind, sodass nur noch die Mitgliedschaft in einer Active-Directory-Domäne möglich ist. Wollen Sie also zurück in die Samba3-Domäne, müssen Sie die Clients neu installieren. Wenn Sie die Möglichkeit haben, testen Sie die Migration vorher in einem virtuellen Netz.

Wichtig

Bei der Migration auf einen neuen Server müssen Sie darauf achten, dass Sie den alten Samba3-PDC sofort nach der Migration abschalten. Bei der Migration wird die gesamte Konfiguration übernommen, auch die NetBIOS-Namen des Servers. Wenn Sie also den alten PDC nicht vom Netz nehmen, kommt es anschließend zu einem Adressenkonflikt.

18.1.1 Migration einer tdb-Backend-Domäne

Beim Thema Migration soll es hier nur um die Migration der Benutzerverwaltung gehen, nicht um die Migration etwaiger Daten auf dem Server. Wenn Sie auf Ihrem Samba3-PDC auch Freigaben eingerichtet haben, empfiehlt es sich, diese auf einen eigenen Fileserver zu migrieren, um dem Problem des ID-Mappings aus dem Weg zu gehen.

18.1.1.1 Vorbereiten der Migration

Setzen Sie einen neuen Samba4-Server auf, der als neuer Domaincontroller eingerichtet werden soll. Stellen Sie die benötigten Informationen zusammen, die Sie für die Einrichtung der AD-Domäne brauchen.

Zu den Informationen gehören der Domänenname, der Realm für den Kerberos und die DNS-Informationen. Führen Sie an dieser Stelle auf gar keinen Fall das Provisioning durch. Erst müssen die Datenbanken vom Samba3-Server kopiert werden.

Sammeln Sie alle Informationen des alten Servers, und prüfen Sie die Benutzer, Gruppen und Hosts in der alten Domäne. Erstellen Sie sich eine Liste, um später zu prüfen, ob alle Objekte übernommen wurden. Führen Sie eine Sicherung durch.

Die Datei smb.conf auf dem Samba3-Server sollte die in Listing 18.1 aufgeführten Parameter enthalten:

Listing 18.1 Parameter in der Datei smb.conf

```
[global]
        workgroup = sambadom
        domain master = yes
        domain logons = yes
        netbios name = samba3
        os level = 99
        wins support = yes
```

```
        winbind enum users = yes
        winbind enum groups = yes
```

Sie sehen hier, dass der Samba3-Server durch den Parameter *wins support = yes* auch als WINS eingerichtet ist. Sollte der PDC bis zu diesem Zeitpunkt nicht der WINS-Server in der Domäne sein, ist es sinnvoll, den Server vor der Migration zum WINS-Server zu machen. Dadurch wird bei der Migration die WINS-Datenbank gleich ausgelesen und in die neue Domäne übernommen.

Prüfen Sie mit *pdbedit -Lv administrator*, ob Ihr Administrator den *RID=500* hat. Wenn dies nicht der Fall ist, dann müssen Sie unbedingt den RID mit dem Kommando *pdbedit -U 500 -u administrator* anpassen, da es sonst bei der Migration zu Fehlermeldungen kommt.

Prüfen Sie, ob Sie für alle Gruppen die Sie migrieren wollen ein `Groupmapping` angelegt haben. Denn nur die Posix-Gruppen, die zusätzlich ein Groupmapping besitzen, werden bei der Migration in das Active Directory übernommen. Denn nur diese Gruppen haben die SID, die für die Migration zwingend erforderlich ist.

18.1.1.2 Kopieren aller benötigten Daten

Jetzt müssen Sie die Datenbanken und die Datei `smb.conf` des Samba3-Servers auf den neuen Samba4-Server kopieren. In Listing 18.2 sehen Sie den Kopiervorgang:

Listing 18.2 Kopieren aller benötigten Daten

```
root@samba3:~# scp /etc/samba/smb.conf root@192.168.56.81:/root/samba3/
root@192.168.56.81's password:
smb.conf

root@samba3:~# scp -r /var/lib/samba root@192.168.56.81:/root/samba3/
root@192.168.56.81's password:
secrets.tdb
share_info.tdb
schannel_store.tdb
group_mapping.tdb
wins.tdb
account_policy.tdb
wins.dat
passdb.tdb
registry.tdb

root@samba3:~# scp /etc/group root@192.168.56.81:/root/samba3/
root@192.168.56.81's password:
group
```

Wie Sie sehen, sind das alles `.tdb`-Dateien. Jetzt haben Sie alle Daten der alten Domäne auf den neuen Server kopiert. Passen Sie anschließend die kopierte Version der `smb.conf` hinsichtlich des NetBIOS-Namens an die neue Umgebung an.

Hinweis

Wenn Sie den NetBIOS-Namen der Domäne ändern, ändern Sie damit die Adresse der Domäne. Damit können dann die Clients die Domäne nicht mehr finden, und Sie müssen alle Clients neu in die Domäne aufnehmen. Das wäre dann keine Migration mehr.

In den meisten Fällen wollen Sie die alten Namen behalten. Dann müssen Sie an dieser Stelle nichts ändern. Die Datei /etc/group benötigen Sie, um die Gruppenzugehörigkeiten wiederherstellen zu können.

18.1.1.3 Migration der Datenbanken

Jetzt kommt der Schritt, in dem Sie die Migration starten. Für die Migration kommt wieder das Kommando *samba-tool* zum Einsatz. In Listing 18.3 sehen Sie diesen Vorgang:

Listing 18.3 Start der Migration

```
root@samba4:~# samba-tool domain classicupgrade \
        --dbdir=/root/samba3/samba \
        --use-xattrs=yes --realm=example.net \
        /root/samba3/smb.conf
Reading smb.conf
Provisioning
Exporting account policy
Exporting groups
Ignoring group 'samba3alle' S-1-5-21-244948763-3797424407-11963266-1005\
        listed but then not found: Unable to enumerate group members,\
        (-1073741722,No such group)
Ignoring group 'Domainadmins' S-1-5-21-244948763-3797424407-11963266-512\
        listed but then not found: Unable to enumerate group members,\
        (-1073741722,No such group)
Ignoring group 'Domainhosts' S-1-5-21-244948763-3797424407-11963266-515\
        listed but then not found: Unable to enumerate group members,\
        (-1073741722,No such group)
Ignoring group 'Domainusers' S-1-5-21-244948763-3797424407-11963266-513\
        listed but then not found: Unable to enumerate group members,\
        (-1073741722,No such group)
Ignoring group 'samba3buch' S-1-5-21-244948763-3797424407-11963266-1003\
        listed but then not found: Unable to enumerate group members,\
        (-1073741722,No such group)
Ignoring group 'samba3verw' S-1-5-21-244948763-3797424407-11963266-1004\
        listed but then not found: Unable to enumerate group members,\
        (-1073741722,No such group)
Ignoring group 'Domainguests' S-1-5-21-244948763-3797424407-11963266-514\
        listed but then not found: Unable to enumerate group members,\
        (-1073741722,No such group)
Exporting users
  Skipping wellknown rid=500 (for username=administrator)
Ignoring group memberships of 'samba3ktom' S-1-5-21-244948763-\
        3797424407-11963266-1002:\
```

```
                Unable to enumerate group memberships, \
            (-1073741724,No such user)
    Ignoring group memberships of 'samba3stka' S-1-5-21-244948763-\
            3797424407-11963266-1001:\
                Unable to enumerate group memberships, \
            (-1073741724,No such user)
    Ignoring group memberships of 'samba3win7\$' S-1-5-21-244948763-\
            3797424407-11963266-1006:\
                Unable to enumerate group memberships, \
            (-1073741724,No such user)
Next rid = 1007
Exporting posix attributes
Reading WINS database
Looking up IPv4 addresses
Looking up IPv6 addresses
Setting up share.ldb
Setting up secrets.ldb
Setting up the registry
Setting up the privileges database
Setting up idmap db
Setting up SAM db
Setting up sam.ldb partitions and settings
Setting up sam.ldb rootDSE
Pre-loading the Samba 4 and AD schema
Adding DomainDN: DC=example,DC=net
Adding configuration container
Setting up sam.ldb schema
Setting up sam.ldb configuration data
Setting up display specifiers
Modifying display specifiers
Adding users container
Modifying users container
Adding computers container
Modifying computers container
Setting up sam.ldb data
Setting up well known security principals
Setting up sam.ldb users and groups
Setting up self join
Setting acl on sysvol skipped
Adding DNS accounts
Creating CN=MicrosoftDNS,CN=System,DC=example,DC=net
Creating DomainDnsZones and ForestDnsZones partitions
Populating DomainDnsZones and ForestDnsZones partitions
Setting up sam.ldb rootDSE marking as synchronized
Fixing provision GUIDs
A Kerberos configuration suitable for Samba 4 has been generated at \
        /var/lib/samba/private/krb5.conf
Setting up fake yp server settings
Once the above files are installed, your Samba4 server will \
    be ready to use
Admin password:      gzQPi>p),Bh@EC
Server Role:         active directory domain controller
```

```
Hostname:              samba3
NetBIOS Domain:        SAMBADOM
DNS Domain:            example.net
DOMAIN SID:            S-1-5-21-244948763-3797424407-11963266
Importing WINS database
Importing Account policy
Importing idmap database
Cannot open idmap database, Ignoring: [Errno 2] No such file or directory
Importing groups
Group already exists sid=S-1-5-21-244948763-3797424407-11963266-512,\
    groupname=Domainadmins existing_groupname=Domain Admins, Ignoring.
Group already exists sid=S-1-5-21-244948763-3797424407-11963266-515,\
    groupname=Domainhosts existing_groupname=Domain Computers, Ignoring.
Group already exists sid=S-1-5-21-244948763-3797424407-11963266-513,\
    groupname=Domainusers existing_groupname=Domain Users, Ignoring.
Group already exists sid=S-1-5-21-244948763-3797424407-11963266-514,\
    groupname=Domainguests existing_groupname=Domain Guests, Ignoring.
Importing users
Adding users to groups
```

Tipp

Das Passwort für den Administrator der neuen Domäne müssen Sie sich nicht merken. Sie können direkt nach der Migration als Benutzer root das Passwort des Administrators mit dem Kommando *samba-tool user setpassword administrator* neu setzen.

Es wurden alle Daten aus der alten Domäne übernommen. Die Meldungen mit dem Hinweis *Unable to enumerate group members* können Sie ignorieren. Das sind lediglich Hinweise, dass die RIDs der Benutzer nicht in UIDs umgesetzt werden können. Die Migration ist trotzdem erfolgreich.

18.1.1.4 Testen der Benutzer und Gruppen

Wenn Sie jetzt die Benutzer und Gruppen überprüfen, werden Sie feststellen, dass zwar alle Benutzer und Gruppen vorhanden sind, aber die Gruppenmitgliedschaften der Benutzer nicht übernommen wurden. Das sehen Sie in Listing 18.4:

Listing 18.4 Alle Gruppen ohne Mitglieder

```
root@samba4:~# samba-tool group list
.
.
.
Domain Users
Replicator
IIS_IUSRS
samba3alle
samba3buch
samba3verw
```

```
DnsAdmins
Guests
Users

root@samba4:~# samba-tool user list
Administrator
samba3ktom
samba3stka
krbtgt
Guests

root@samba4:~# samba-tool group listmembers samba3alle
```

Die Übernahme der Mitglieder aus der Datei /etc/group in die neuen Gruppen ist so auch nicht möglich. Während der Migration wird die Datei /etc/group nicht ausgewertet. Diese Datei haben Sie ja vorher schon auf den neuen Samba4-Server kopiert. Bevor Sie jetzt das nachfolgende Skript erstellen und ausführen, bereinigen Sie die Kopie der Datei group, sodass nur noch die Gruppen übrig bleiben, die auch Mitglieder haben und die migriert wurden. Mit dem Skript aus Listing 18.5 können Sie die Mitglieder der Gruppen auswerten und in die neuen Gruppen auf dem DC eintragen:

Listing 18.5 Übernahme der Gruppenmitglieder

```
# Datei group als Parameter uebergeben
cat \$1 | awk -F: '
\$3>1000 {
        printf("/usr/bin/samba-tool group addmembers \
               \%s \%s\\n", \$1, \$4);
}' | /bin/sh
```

Wenn Sie jetzt erneut die Mitgliederliste der Gruppen prüfen, werden Sie wie in Listing 18.6 sehen, dass alle Mitglieder wieder den Gruppen hinzugefügt wurden:

Listing 18.6 Vollständige Gruppenliste

```
root@samba4:~# samba-tool group listmembers samba3alle
samba3ktom
samba3stka
```

Mit diesem Schritt ist die Migration der Benutzer und Gruppen aus der Samba3-Domäne abgeschlossen. Wenn sich jetzt ein Benutzer an einer Arbeitsstation in der Domäne anmeldet, wird er sich sofort am neuen Domaincontroller anmelden. Denken Sie daran, dass eine Workstation, die einmal in die neue Domäne gewechselt ist, nicht ohne Weiteres in die alte Domäne zurück kann. Testen Sie die Umgebung ausgiebig, bevor Sie alle Clients endgültig umstellen.

18.1.2 Migration der Benutzer und Gruppen aus einem openLDAP

Bei der Migration aus einem openLDAP gehen Sie nicht viel anders vor als bei der Migration aus den .tdb-Dateien. Das Kommando *samba-tool domain classicupgrade* liest aus der Datei smb.conf des Samba3-Servers die Adresse des openLDAP-Servers aus, verbindet sich mit dem Server, liest alle Konten aus dem openLDAP aus und legt diese im neuen AD an.

Auch hier müssen Sie gewisse Vorarbeiten erledigen, bevor die eigentliche Migration stattfinden kann.

18.1.2.1 Doppelte SIDs und Benutzername == Gruppenname

Zunächst müssen Sie prüfen, ob doppelte SIDs in Ihrem openLDAP vorhanden sind. Sollte das der Fall sein, müssen Sie die SIDs vor der Migration ändern. Sollte es doppelte SIDs geben, erhalten Sie während der Migration die Fehlermeldung aus Listing 18.7:

Listing 18.7 Fehlermeldung bei doppelter SID

```
ERROR(<class 'samba.provision.ProvisioningError'>): \
    uncaught exception - ProvisioningError: Please \
    remove duplicate user sid entries before upgrade.
```

Für die Prüfung auf doppelte SIDs können Sie das Python-Skript aus Listing 18.8 einsetzen:

Listing 18.8 Skript zum Auffinden doppelter SIDs

```
#!/usr/bin/python
# A quick and dirty python script that checks for \
  duplicate SIDs using slapcat.

import os
 data = os.popen("slapcat | grep sambaSID", 'r')
line = []

def anydup(thelist):
        dups = list(set([x for x in thelist if \
        thelist.count(x) > 1]))
        for i in dups:
                print "Duplicate id: ", i

for each_line in data:
        line.append(each_line.strip())

anydup(line)
```

Nachdem Sie sicher sind, dass es keine doppelten SIDs in Ihrem LDAP-Baum gibt, müssen Sie noch prüfen, ob es Gruppen gibt, die genauso heißen wie ein Benutzer. Sollte das der Fall sein, erhalten Sie während der Migration die Fehlermeldung aus Listing 18.9:

Listing 18.9 Fehlermeldung bei gleichem Benutzer- und Gruppennamen

```
ERROR(<class 'samba.provision.ProvisioningError'>): \
    uncaught exception -ProvisioningError: Please \
    remove common user/group names before upgrade
```

Stellen Sie auch hier sicher, dass alle Gruppen, die Sie migrieren wollen, die Samba-Attribute im LDAP eingetragen haben, denn ohne dieses Attribut haben die Gruppen keine SID und werden nicht migriert.

18.1.2.2 Kopieren der benötigten Daten

Auch hier müssen Sie die .tdb-Dateien und die smb.conf-Datei wieder auf den neuen Server kopieren. In den .tdb-Dateien befinden sich jetzt keine Benutzerinformationen, aber die gesamte Konfiguration des Samba3-Servers.

Diese wollen Sie komplett auf den neuen Server migrieren. Die Datei /etc/group benötigen Sie hier nicht, da die Mitgliedschaften in den Gruppen im openLDAP verwaltet werden. In Listing 18.10 sehen Sie wieder das Kopieren der Daten:

Listing 18.10 Kopieren der Daten für die Migration

```
root@openldap:~# scp -r /var/lib/samba root@192.168.123.82:\
                /root/samba3/
root@192.168.56.82's password:
secrets.tdb
share_info.tdb
schannel_store.tdb
group_mapping.tdb
wins.tdb
account_policy.tdb
passdb.tdb
registry.tdb

root@openldap:~# scp /etc/samba/smb.conf root@192.168.56.82:\
                /root/samba3/
root@192.168.56.82's password:
smb.conf
```

Sie sehen hier, dass keine Dateien vom openLDAP-Server kopiert werden müssen. Bei der Migration wird der Kontakt zum LDAP-Server über die Einträge in der smb.conf hergestellt. Das Passwort für den LDAP-Admin befindet sich in der Datei secrets.tdb.

18.1.2.3 Start der Migration

Jetzt können Sie mit der Migration beginnen. In Listing 18.11 sehen Sie die Migration mit dem Kommando *samba-tool*:

Listing 18.11 Migration der Daten aus dem openLDAP

```
root@samba4:~# samba-tool domain classicupgrade --dbdir=/root/samba3/samba \\
               --use-xattrs=yes --realm=example.net /root/samba3/smb.conf
Reading smb.conf
Provisioning
Exporting account policy
Exporting groups
Exporting users
  Skipping wellknown rid=500 (for username=administrator)
```

```
Ignoring group memberships of 'skania' S-1-5-21-2364478241-1785271800\
        -285767775-21002: Unable to enumerate group memberships, \
        (-1073741596,NT_STATUS_INTERNAL_DB_CORRUPTION)
Ignoring group memberships of 'ktom' S-1-5-21-2364478241-1785271800\
        -285767775-21004: Unable to enumerate group memberships, \
        (-1073741596,NT_STATUS_INTERNAL_DB_CORRUPTION)
Ignoring group memberships of 'ptau' S-1-5-21-2364478241-1785271800\
        -285767775-21006: Unable to enumerate group memberships, \
        (-1073741596,NT_STATUS_INTERNAL_DB_CORRUPTION)
Next rid = 21016
Exporting posix attributes
Reading WINS database
Cannot open wins database, Ignoring: [Errno 2] No such file or directory: \
    '/root/samba3/samba/wins.dat'
Looking up IPv4 addresses
Looking up IPv6 addresses
Setting up share.ldb
Setting up secrets.ldb
Setting up the registry
Setting up the privileges database
Setting up idmap db
Setting up SAM db
Setting up sam.ldb partitions and settings
Setting up sam.ldb rootDSE
Pre-loading the Samba 4 and AD schema
Adding DomainDN: DC=example,DC=net
Adding configuration container
Setting up sam.ldb schema
Setting up sam.ldb configuration data
Setting up display specifiers
Modifying display specifiers
Adding users container
Modifying users container
Adding computers container
Modifying computers container
Setting up sam.ldb data
Setting up well known security principals
Setting up sam.ldb users and groups
Setting up self join
Setting acl on sysvol skipped
Adding DNS accounts
Creating CN=MicrosoftDNS,CN=System,DC=example,DC=net
Creating DomainDnsZones and ForestDnsZones partitions
Populating DomainDnsZones and ForestDnsZones partitions
Setting up sam.ldb rootDSE marking as synchronized
Fixing provision GUIDs

A Kerberos configuration suitable for Samba 4 has been generated at \
        /var/lib/samba/private/krb5.conf
Setting up fake yp server settings
Once the above files are installed, your Samba4 server will be ready to use
Admin password:        jODFpCjX=8mE99P6(S)eDh#
```

```
Server Role:           active directory domain controller
Hostname:              samba4
NetBIOS Domain:        SAMBA3
DNS Domain:            example.net
DOMAIN SID:            S-1-5-21-2364478241-1785271800-285767775
Importing WINS database
Importing Account policy
Importing idmap database
Importing groups
Group already exists sid=S-1-5-21-2364478241-1785271800-285767775-512,\
    groupname=domainadmins existing_groupname=Domain Admins, Ignoring.
Group already exists sid=S-1-5-21-2364478241-1785271800-285767775-513,\
    groupname=domainusers existing_groupname=Domain Users, Ignoring.
Group already exists sid=S-1-5-21-2364478241-1785271800-285767775-514,\
    groupname=domainguests existing_groupname=Domain Guests, Ignoring.
Group already exists sid=S-1-5-21-2364478241-1785271800-285767775-515,\
    groupname=domainhosts existing_groupname=Domain Computers, \
    Ignoring.
Importing users
Adding users to groups
```

Tipp

Das neue Passwort für den Administrator der neuen Domäne müssen Sie sich nicht merken, Sie können das Passwort als Benutzer root mit dem Kommando *samba-tool user setpassword administrator* neu setzen.

Damit ist die Migration aus dem LDAP abgeschlossen. Bevor Sie den neuen Server als Domaincontroller in Betrieb nehmen, schalten Sie den alten Server ab, da es sonst zu NetBIOS-Adressenkonflikten kommt.

18.1.2.4 Testen der neuen Domäne

Auch hier sollten Sie ausgiebig testen, ob alle Benutzer und Gruppen übernommen wurden. In Listing 18.12 sehen Sie die entsprechenden Tests:

Listing 18.12 Testen der Benutzer und Gruppen

```
root@samba4:~# samba-tool user list
Administrator
krbtgt
skania
Guest
ktom
ptau

root@samba4:~# samba-tool group list
Allowed RODC Password Replication Group
Enterprise Read-Only Domain Controllers
.
```

```
.
.
Domain Users
Replicator
IIS_IUSRS
samba3alle
samba3buch
samba3verw
DnsAdmins
Guests
Users

root@samba4:~# samba-tool group listmembers samba3alle
ktom
ptau
skania
```

Wie Sie hier sehen, werden jetzt alle Gruppenmitgliedschaften direkt übernommen, da sie im LDAP verwaltet wurden und nicht mehr in der Datei /etc/group. Damit ist auch diese Migration abgeschlossen.

■ 18.2   Migration eines Windows-Servers

In diesem Abschnitt geht es darum, einen alten Windows-Domänencontroller auf Samba4 zu migrieren. Sie können alle Windows-Domaincontroller von Windows 2000 bis Windows Server 2008 R2 direkt auf Samba4 migrieren.

Hier in diesem Beispiel soll die Migration anhand eines Windows Server 2003 beschrieben werden.

> **Tipp**
> Räumen Sie Ihr Windows Active Directory vor der Migration auf. Entfernen Sie nicht mehr benötigte Gruppen und Benutzer. Alle Fehler, die Sie nicht beheben, übernehmen Sie auf die neuen Domaincontroller, was im schlimmsten Fall dazu führt, dass die Migration scheitert.

Prüfen Sie in der Ereignisanzeige, ob dort noch Fehler auf Probleme im Active Directory hinweisen. Sollten Sie dort noch ungeklärte Fehler finden, beheben Sie diese auf jeden Fall vor der Migration.

Sorgen Sie dafür, dass auf dem DNS-Server im AD eine Reverse-Zone vorhanden ist, da diese für die Replikation der DCs benötigt wird. Installieren Sie einen Samba4-Server, und nehmen Sie ihn so wie in Kapitel 7, «Verwaltung von Domaincontrollern» , beschrieben in die bestehende Domäne als DC auf.

18.2.1 DNS-Einträge erstellen und prüfen

Starten Sie jetzt den DNS-Manager auf dem letzten Windows-Server, und fügen Sie den Samba4-Server als DNS-Server zur Domäne hinzu. Prüfen Sie, ob auch eine Reverse-Zone auf dem Samba4-Server erzeugt wurde.

Wenn das nicht der Fall ist, legen Sie eine neue Reverse-Zone auf dem Samba4-Server an. Anschließend führen Sie das Kommando *samba_dnsupdate –all-names –verbose* aus. Dabei werden alle Informationen zwischen den beiden DNS-Servern ausgetauscht. Interessant sind die ersten beiden Meldungen, die Sie in Listing 18.13 sehen:

Listing 18.13 Prüfen der DNS-Einträge
```
Skipping PDC entry (SRV _ldap._tcp.pdc._msdcs.${DNSDOMAIN}\
                ${HOSTNAME} 389) as we are not a PDC

Skipping PDC entry (SRV _ldap._tcp.pdc._msdcs.${DNSFOREST}\
                ${HOSTNAME} 389) as we are not a PDC
```

Hier sehen Sie, dass der Samba4-Server noch nicht die FSMO-Rolle PDC-Master besitzt. Außerdem sind auch alle anderen FSMO-Rollen noch auf dem Windows-Server vorhanden. Diese müssen noch auf den Samba4-Server migriert werden.

18.2.2 Global Catalog umziehen

Bevor Sie die Rollen übergeben können, müssen Sie als Erstes den Global Catalog auf den neuen Samba4-Server verschieben und ihn anschließend vom Windows-Server entfernen. Der Global Catalog ist für die Domäne sehr wichtig, da dort alle Informationen für alle Objekte abgelegt sind. Auch benötigen einige der FSMO-Rollen zwingend den Global Catalog. Vergessen Sie daher auf keinen Fall, den Umzug des Global Catalogs durchzuführen.

Bevor Sie den Global Catalog vom Windows-Server entfernen, prüfen Sie, ob der Samba4-Server diese Funktion übernommen hat. In den NTDS-SETTINGS muss der Haken bei GLOBAL CATALOG gesetzt sein.

Entfernen Sie den Global Catalog über das Werkzeug ACTIVE DIRECTORY BENUTZER UND COMPUTER indem Sie bei dem Windows-Server in den NTDS-SETTINGS den Haken bei GLOBAL CATALOG entfernen. In Bild 18.1 sehen Sie die Einstellung. Jetzt ist der Samba4-Server der Global-Catalog-Server.

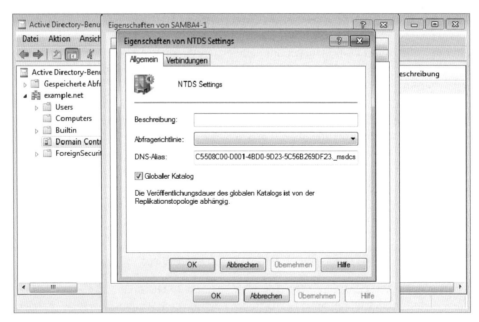

Bild 18.1 Einstellung des Global Catalog

18.2.3 Übertragung der FSMO-Rollen

Bevor Sie die FSMO-Rollen übertragen, prüfen Sie auf dem Samba4-Server, welcher Server in der Domäne die Rollen hält. In Listing 18.14 sehen Sie diesen Test mit den entsprechenden Ergebnissen:

Listing 18.14 Testen der FSMO-Rollen

```
root@samba4:/etc# samba-tool fsmo show
InfrastructureMasterRole owner: CN=NTDS Settings,CN=SERVER2003,\
    CN=Servers,CN=Default-First-Site-Name,CN=Sites,CN=Configuration,\
    DC=example,DC=net
RidAllocationMasterRole owner: CN=NTDS Settings,CN=SERVER2003,\
    CN=Servers,CN=Default-First-Site-Name,CN=Sites,CN=Configuration,\
    DC=example,DC=net
PdcEmulationMasterRole owner: CN=NTDS Settings,CN=SERVER2003,\
    CN=Servers,CN=Default-First-Site-Name,CN=Sites,CN=Configuration,\
    DC=example,DC=net
DomainNamingMasterRole owner: CN=NTDS Settings,CN=SERVER2003,\
    CN=Servers,CN=Default-First-Site-Name,CN=Sites,\
    CN=Configuration,DC=example,DC=net
SchemaMasterRole owner: CN=NTDS Settings,CN=SERVER2003,\
    CN=Servers,CN=Default-First-Site-Name,CN=Sites,\
    CN=Configuration,DC=example,DC=net
DomainDnsZonesMasterRole owner: CN=NTDS Settings,CN=SERVER2003,\
    CN=Servers,CN=Default-First-Site-Name,CN=Sites,\
    CN=Configuration,DC=example,DC=net
```

```
ForestDnsZonesMasterRole owner: CN=NTDS Settings,CN=SERVER2003,\
    CN=Servers,CN=Default-First-Site-Name,CN=Sites,\
    CN=Configuration,DC=example,DC=net
```

Alle FSMO-Rollen werden noch auf dem Windows-Server gehalten. Jetzt können Sie die Rollen auf den Samba4-Server übernehmen. In Listing 18.15 sehen Sie, wie die Rollen übernommen werden:

Listing 18.15 Übernahme der FSMO-Rollen

```
root@samba4:/etc# samba-tool fsmo transfer --role=all
FSMO transfer of 'rid' role successful
FSMO transfer of 'pdc' role successful
FSMO transfer of 'naming' role successful
FSMO transfer of 'infrastructure' role successful
FSMO transfer of 'schema' role successful
FSMO transfer of 'domaindns' role successful
FSMO transfer of 'forestdns' role successful
```

Es werden gleich alle Rollen auf den Samba4-Server verschoben. Ein weiterer Test zeigt dann wie in Listing 18.16, dass der Samba4-Server jetzt alle FSMO-Rollen hält:

Listing 18.16 Erneuter Test der FSMO-Rollen

```
root@samba4:/etc# samba-tool fsmo show
InfrastructureMasterRole owner: CN=NTDS Settings,CN=SAMBA4,CN=Servers,\
    CN=Default-First-Site-Name,CN=Sites,CN=Configuration,DC=example,\
    DC=net
RidAllocationMasterRole owner: CN=NTDS Settings,CN=SAMBA4,CN=Servers,\
    CN=Default-First-Site-Name,CN=Sites,CN=Configuration,DC=example,\
    DC=net
PdcEmulationMasterRole owner: CN=NTDS Settings,CN=SAMBA4,CN=Servers,\
    CN=Default-First-Site-Name,CN=Sites,CN=Configuration,DC=example,\
    DC=net
DomainNamingMasterRole owner: CN=NTDS Settings,CN=SAMBA4,CN=Servers,\
    CN=Default-First-Site-Name,CN=Sites,CN=Configuration,DC=example,\
    DC=net
SchemaMasterRole owner: CN=NTDS Settings,CN=SAMBA4,CN=Servers,\
    CN=Default-First-Site-Name,CN=Sites,CN=Configuration,DC=example,\
    DC=net
DomainDnsZonesMasterRole owner: CN=NTDS Settings,CN=SAMBA4,CN=Servers,\
    CN=Default-First-Site-Name,CN=Sites,CN=Configuration,DC=example,\
    DC=net
ForestDnsZonesMasterRole owner: CN=NTDS Settings,CN=SAMBA4,CN=Servers,\
    CN=Default-First-Site-Name,CN=Sites,CN=Configuration,DC=example,\
    DC=net
```

18.2.4 Prüfen der Gruppenrichtlinien

Als Letztes bleibt noch zu prüfen, ob alle Gruppenrichtlinien vom Windows-DC auf den Samba4-DC übertragen wurden.

Dazu lassen Sie sich die Gruppenrichtlinien auf dem Samba4-DC wie in Listing 18.17 anzeigen:

Listing 18.17 Auflistung der Gruppenrichtlinie

```
root@samba4:/etc# samba-tool gpo listall
GPO            : {31B2F340-016D-11D2-945F-00C04FB984F9}
display name   : Default Domain Policy
path           : \example.net\sysvol\example.net\Policies\
                    {31B2F340-016D-11D2-945F-00C04FB984F9}
dn             : CN={31B2F340-016D-11D2-945F-00C04FB984F9},\
                    CN=Policies,CN=System,DC=example,DC=net
version        : 65539
flags          : NONE

GPO            : {4E93D4F2-C21F-49A0-A299-A4DD59CA0F75}
display name   : systemsteuerung
path           : \example.net\SysVol\example.net\Policies\
                    {4E93D4F2-C21F-49A0-A299-A4DD59CA0F75}
dn             : CN={4E93D4F2-C21F-49A0-A299-A4DD59CA0F75},\
                    CN=Policies,CN=System,DC=example,DC=net
version        : 65536
flags          : NONE

GPO            : {6AC1786C-016F-11D2-945F-00C04fB984F9}
display name   : Default Domain Controllers Policy
path           : \example.net\sysvol\example.net\Policies\
                    {6AC1786C-016F-11D2-945F-00C04fB984F9}
dn             : CN={6AC1786C-016F-11D2-945F-00C04fB984F9},\
                    CN=Policies,CN=System,DC=example,DC=net
version        : 1
flags          : NONE
```

Die Anzeige der Gruppenrichtlinie bezieht sich nur auf die Einträge in der Datenbank. Sie müssen die Dateien noch vom Windows-Domaincontroller auf den Samba-Server kopieren. Sie finden die Dateien für die Gruppenrichtlinien auf dem Windows-Server in der Freigabe **SYSVOL**. Die Verzeichnisstruktur ist identisch mit der des Samba4-Servers. Wie Sie die Daten kopieren, ob über `winscp` oder über den Umweg eines USB-Sticks, ist Ihnen überlassen. Wichtig ist nur, dass Sie anschließend die Rechte in der Sysvol-Freigabe mit dem Kommando *samba-tool ntacl sysvolreset* auf dem Samba4 neu setzen.

Jetzt ist der Samba4-Server zusätzlicher Domaincontroller und hat alle wichtigen Funktionen der alten Domäne übernommen. Am einfachsten entfernen Sie den Windows-Domaincontroller aus der Domäne, indem Sie den Windows-Domaincontroller einfach herunterfahren und anschließend auf dem Samba4-Domaincontroller das Kommando *samba-tool domain demote –remove-other-dead-server=server2003* entfernen. Damit werden auch alle DNS-Einträge des alten Servers entfernt.

Jetzt können Sie weitere Samba4-Domaincontroller in Ihre Domäne aufnehmen.

19 Samba4 als Printserver

Selbstverständlich kann ein Samba4-Server auch als Printserver in Ihrem Netz zum Einsatz kommen. Da Samba4 wie schon Samba3 das `Common Unix Printing System` (CUPS) verwendet, können Sie über einen Printserver mit Samba4 sowohl Windows- als auch Linux-Clients mit Netzwerkdruckern versorgen. Ein Schwerpunkt in diesem Kapitel liegt auf der von Microsoft eingesetzten Methode `Point'n'Print` zur Installation der Druckertreiber auf den Windows-Clients.

Auch die Funktion des Printservers kann Samba4 wieder übernehmen. Da die File- und Printservices direkt aus Samba3 übernommen wurden, hat sich bei der Konfiguration eines Printservers nichts geändert.

Sie können über einen zentralen Printserver in der Domäne die Drucker in Ihrer Domäne verwalten und die Druckertreiber an die Clients verteilen, genau wie bei einem Windows-Printserver. Sie können die Treiber bis zur Version 3 bereitstellen – das sind Treiber bis Windows 7. Die Treiber für Windows 8 und Windows 10 sind Treiber der Version 4. Diese werden momentan von Samba noch nicht unterstützt. Windows 8 und Windows 10 können aber auch mit den Treibern der Version 3 arbeiten, denn nicht alle Druckerhersteller liefern bereits Druckertreiber in der Version 4 für ihre Drucker.

Den Printserver sollten Sie, wenn es möglich ist, immer auf einem eigenen Server oder aber auf einem Fileserver installieren und nicht auf einem Domaincontroller. Sie sollten auch immer dafür sorgen, dass das Verzeichnis `/var` eine eigene Partition ist, denn dort wird das `Spooling` der Druckaufträge gespeichert. Dadurch vermeiden Sie, dass Ihr Server aufgrund zu vieler oder großer Druckaufträge keinen Platz mehr auf der Root-Partition hat und eventuell dadurch abstürzt oder keine Dienste mehr bereitstellen kann.

19.1 Vorbereitungen

Damit Sie überhaupt Drucker über Samba4 bereitstellen können, müssen Sie das CUPS-Drucksystem installieren. Denn CUPS verwaltet die Drucker und sendet die Druckaufträge dorthin. Samba nutzt die Drucker im CUPS, um sie den Windows-Clients zur Verfügung zu stellen. Alle Drucker müssen daher zuerst unter CUPS installiert werden, damit Samba sie erkennen kann.

19.1.1 Privilegien für die Druckerverwaltung

Um Druckertreiber verwalten zu können, gab es bei älteren Samba-Versionen den Parameter *printer admin = user,@gruppe* in der Datei smb.conf. Diesen Parameter gibt es heute so nicht mehr; die Rechte zur Verwaltung von Druckern hängen heute an einem Windows-Privileg. Diese Privilegien geben Benutzern oder Gruppen Systemrechte.

Welche Gruppen und Benutzer welche Systemprivilegien besitzen, können Sie sich wie in Listing 19.1 anzeigen lassen:

Listing 19.1 Liste der zugewiesenen Privilegien

```
root@sambabuch-fs1:~# net rpc rights list accounts -Uadministrator -S
    sambabuch-fs1
Enter administrator's password:
BUILTIN\Print Operators
No privileges assigned

BUILTIN\Account Operators
No privileges assigned

BUILTIN\Backup Operators
No privileges assigned

BUILTIN\Server Operators
No privileges assigned

EXAMPLE\domain admins
SeDiskOperatorPrivilege

BUILTIN\Administrators
SeMachineAccountPrivilege
SeTakeOwnershipPrivilege
SeBackupPrivilege
SeRestorePrivilege
SeRemoteShutdownPrivilege
SePrintOperatorPrivilege
SeAddUsersPrivilege
SeDiskOperatorPrivilege
SeSecurityPrivilege
SeSystemtimePrivilege
SeShutdownPrivilege
SeDebugPrivilege
SeSystemEnvironmentPrivilege
SeSystemProfilePrivilege
SeProfileSingleProcessPrivilege
SeIncreaseBasePriorityPrivilege
SeLoadDriverPrivilege
SeCreatePagefilePrivilege
SeIncreaseQuotaPrivilege
SeChangeNotifyPrivilege
SeUndockPrivilege
SeManageVolumePrivilege
```

```
SeImpersonatePrivilege
SeCreateGlobalPrivilege
SeEnableDelegationPrivilege

Everyone
No privileges assigned
```

Ein Benutzer oder eine Gruppe, der bzw. die später die Druckertreiber auf dem Server installieren können soll, muss das Privileg *SePrintOperatorPrivilege* auf dem zukünftigen Printserver besitzen. Dieses Privileg müssen Sie erst noch vergeben. Am besten ist es, wenn Sie dieses Privileg der Gruppe der Domänenadmins geben, da in den meisten Fällen die Mitglieder dieser Gruppe die Printserver verwalten werden.

In Listing 19.2 sehen Sie, wie Sie dieses Privileg an die Gruppe vergeben und anschließend prüfen, ob das Privileg auch richtig gesetzt wurde:

Listing 19.2 Vergabe des Privilegs SePrintOperatorPrivilege

```
root@sambabuch-fs1:~# net rpc rights grant 'example\Domain Admins'
    SePrintOperatorPrivilege -Uadministrator -S sambabuch-fs1
Enter administrator's password:
Successfully granted rights.

root@sambabuch-fs1:~# net rpc rights list 'example\Domain Admins' -U
    administrator -S sambabuch-fs1
Enter administrator's password:
SePrintOperatorPrivilege
SeDiskOperatorPrivilege
```

Erst mit diesem Privileg ist die Gruppe der Domänenadministratoren berechtigt, die Druckertreiber von einem Windows-Client aus auf dem Printserver zu installieren.

19.2 Vorbereitungen des CUPS-Drucksystems

Wenn Sie CUPS auf einem Linux-System installieren, ist CUPS immer nur als lokaler Printserver eingerichtet. Damit später der Samba-Server auf den Printserver zugreifen kann, die Benutzer drucken können und Sie als Administrator CUPS von Ihrem Arbeitsplatz aus administrieren können, muss CUPS erst so konfiguriert werden, dass der Dienst über das Netz erreichbar ist. CUPS wird über eine zentrale Konfigurationsdatei verwaltet. Diese Datei müssen Sie als Erstes anpassen. Die Datei für die Konfiguration von CUPS ist die Datei /etc/cups/cupsd.conf. In Listing 19.3 sehen Sie die Änderungen, die Sie durchführen müssen:

Listing 19.3 Änderung an der Datei cupsd.conf

```
Listen 192.168.56.41:631

# Restrict access to the server...
<Location />
  Order allow,deny
  Allow From 192.168.56.*
</Location>
# Restrict access to the admin pages...
<Location /admin>
  Order allow,deny
  Allow From 192.168.56.*
</Location>
# Restrict access to configuration files...
<Location /admin/conf>
  AuthType Default
  Require user @SYSTEM
  Order allow,deny
  Allow From 192.168.56.*
</Location>
```

Die geänderten Einträge haben dabei die folgenden Bedeutungen:

- **Listen 192.168.56.41:631**
  Hier geben Sie die IP-Adresse und den Port an, auf denen der Server auf Anfragen antwortet. So können Sie bei einem Server mit mehreren IP-Adressen gezielt eine IP-Adresse auswählen, auf der der Printserver antworten soll.

- **<Location />**
  Die *<Location />* ist der Zugang für alle Zugriffe auf den CUPS-Printserver. Sie müssen hier alle Clients eintragen, die Zugriff auf den Printserver haben sollen, sonst kann kein Benutzer auf den Server zugreifen. Sie können hier die verschiedensten Kombinationen für die IP-Adressen eingeben.

- **<Location /admin>**
  Das ist der Bereich für die Administration des CUPS-Servers. Hier sollten Sie den Zugriff auf Ihren Arbeitsplatz beschränken. Die Zeile *Allow From ...* können Sie auch mehrfach in einen Abschnitt eintragen. Dadurch können Sie auch mehreren IP-Adressen den Zugriff gewähren.

- **<Location /admin/conf>**
  Auch den Zugriff auf die Konfigurationsdateien müssen Sie freigeben. Damit können Sie später die Konfigurationsdateien des Printservers auch über das Webfrontend von CUPS bearbeiten.

Nachdem Sie CUPS konfiguriert haben, müssen Sie den Dienst mit dem Kommando *systemctl restart cups* neu starten, um die Änderungen wirksam werden zu lassen.

Jetzt können Sie mit einem Browser über *https://sambabuch-fs1.example.net:631* auf den CUPS-Server zugreifen und Ihre Drucker dort einrichten.

Hinweis

Die Konfiguration des CUPS kann in der Standardkonfiguration nur vom Benutzer root durchgeführt werden. Beim Anlegen eines neuen Druckers müssen Sie sich deshalb mit der root-Kennung des Printservers anmelden.

19.3 Einrichten der Freigaben

Für den Printserver benötigen Sie zwei Freigaben auf Ihrem Printserver: zum einen die Freigabe printers und zum anderen die Freigabe print$. Die Freigabe printers ist die Freigabe, in der die Druckaufträge gespoolt werden, und in der Freigabe print$ werden die Druckertreiber für die Netzwerkinstallation abgelegt.

Die Freigabe printers

Für die Freigabe printers müssen Sie als Erstes ein Verzeichnis für das Spooling anlegen und dann die entsprechende Freigabe einrichten.

In Listing 19.4 sehen Sie die einzelnen Schritte:

Listing 19.4 Einrichtung der Freigabe printers

```
root@sambabuch-fs1:~# mkdir /var/spool/samba
root@sambabuch-fs1:~# chmod 1777 /var/spool/samba/
root@sambabuch-fs1:~# net conf addshare printers /var/spool/samba/ \
                     writeable=y guest_ok=n "Druckerspooling"
root@sambabuch-fs1:~# net conf setparm printers "browsable" "yes"
root@sambabuch-fs1:~# net conf setparm printers "printable" "yes"
root@sambabuch-fs1:~# net conf setparm printers "create mask" "0700"
```

Abhängig davon, welche Distribution Sie verwenden, ist das Verzeichnis /var/spool/samba bereits vorhanden. Achten Sie aber darauf, dass die Rechte korrekt gesetzt sind. Da das Verzeichnis dem Benutzer root gehört, müssen Sie others auch alle Rechte an dem Verzeichnis geben. Damit nicht jeder Benutzer einfach die Druckaufträge anderer Benutzer löschen kann, sollten Sie in der Freigabe printers den Parameter *create mask = 0700* setzen. Jetzt hat nur der Besitzer eines Druckauftrags Rechte an dem Eintrag. Zusätzlich wurde im Beispiel das sticky Bit bei den Rechten gesetzt. Mit dieser Einstellung kann nur noch der Besitzer einer Datei in dem Verzeichnis diese löschen.

Tipp

Wollen Sie eine gewisse Zeit keine Druckaufträge an dem Printserver annehmen, setzen Sie den Parameter *printable* auf den Wert *no*. Dann werden für alle Drucker, die über den Printserver verwaltet werden, keine Druckaufträge mehr angenommen.

Die gesetzten Rechte sehen jetzt so aus wie in Listing 19.5:

Listing 19.5 Rechte am Verzeichnis /var/spool/samba

```
root@sambabuch-fs1:~# ls -ld /var/spool/samba/
drwxrwxrwt 2 root root 4096 Jul 19 11:40 /var/spool/samba/
```

Ohne den Parameter *browsable = yes* wären die Drucker später in der Netzwerkumgebung der Clients nicht sichtbar, und ein Benutzer könnte sich nicht mit den Druckern verbinden.

Die Freigabe print$

Die Druckertreiber müssen in einer von Windows fest vorgegebenen Verzeichnisstruktur abgelegt werden. Dieses Verzeichnis mit der entsprechenden Struktur wurde bei der Installation der Samba4-Pakete bereits mit angelegt. Sie finden die Struktur unter /var/lib/samba/drivers.

In dem Verzeichnis finden Sie verschiedene Unterverzeichnisse, die nach verschiedenen Systemarchitekturen benannt sind. Im Moment sind diese Verzeichnisse noch leer. Beim späteren Einspielen der Druckertreiber werden dort weitere Unterverzeichnisse für die verschiedenen Treiberversionen angelegt. Die Unterverzeichnisse haben die Nummern der entsprechenden Treiberversion. Sie müssen jetzt nur die entsprechende Freigabe wie in Listing 19.6 anlegen:

Listing 19.6 Einrichtung der Freigabe print$

```
root@sambabuch-fs1:~# net conf addshare 'print$' \
                     /var/lib/samba/printers/ \
                     writeable=y guest_ok=n "Druckertreiber"

root@sambabuch-fs1:~# net conf setparm 'print$' \
                     "create mask" "0775"

root@sambabuch-fs1:~# net conf setparm 'print$' \
                     "inherit permissions" "yes"

root@sambabuch-fs1:~# chgrp -R 'EXAMPLE\domain admins' \
                     /var/lib/samba/printers/

root@sambabuch-fs1:~# chmod -R g+w /var/lib/samba/printers/
```

Über den Parameter *create mask = 0775* stellen Sie sicher, dass bei allen Dateien, die später auf den Server kopiert werden, das Execute-Recht gesetzt ist. Einige Treiber benötigen dieses Recht, um die Installation auf dem Client durchführen zu können. Einige Hersteller von Druckern kopieren ihre Treiber in Unterverzeichnisse. Der Parameter *inherit permissions = yes* sorgt dann dafür, dass die Rechte auch in den Unterverzeichnissen richtig gesetzt sind.

Damit die Domänenadministratoren auch später das Recht haben, die Treiber auf den Server hochzuladen, setzen Sie die Gruppe der domain admins als Besitzer für alle Verzeichnisse ab /var/lib/samba/printers ein und geben der Gruppe das Schreibrecht an den Verzeichnissen.

19.3.1 Einrichten eines Druckers mit CUPS

Verbinden Sie sich jetzt über einen Browser mit Ihrem Printserver, geben Sie dafür in Ihrem Browser die URL *https://sambabuch-fs1:631* ein. Anstelle des Hostnamens können Sie auch die IP-Adresse verwenden.

Wichtig ist auf jeden Fall, dass Sie den Port mit angeben, um die Verbindung aufzubauen. Als Protokoll sollten Sie sofort *https* verwenden, da die Konfiguration des Printservers nur über *https* möglich ist. In Bild 19.1 sehen Sie die erste Seite des Webfrontends.

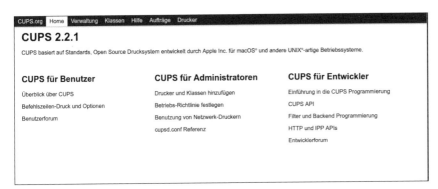

Bild 19.1 Startseite von Cups

Klicken Sie anschließend auf den Karteireiter VERWALTUNG und dann auf den Link DRUCKER HINZUFÜGEN. Daraufhin erscheint ein Anmeldefenster, dort melden Sie sich als root an. Anschließend erscheint das Fenster aus Bild 19.2.

Bild 19.2 Einrichten der Schnittstelle

Wählen Sie dort den für Ihren Drucker entsprechenden Anschluss aus, und klicken Sie anschließend auf WEITER. Im nächsten Fenster geben Sie die Anschlusswerte für Ihren Drucker an, so wie Sie es in Bild 19.3 sehen.

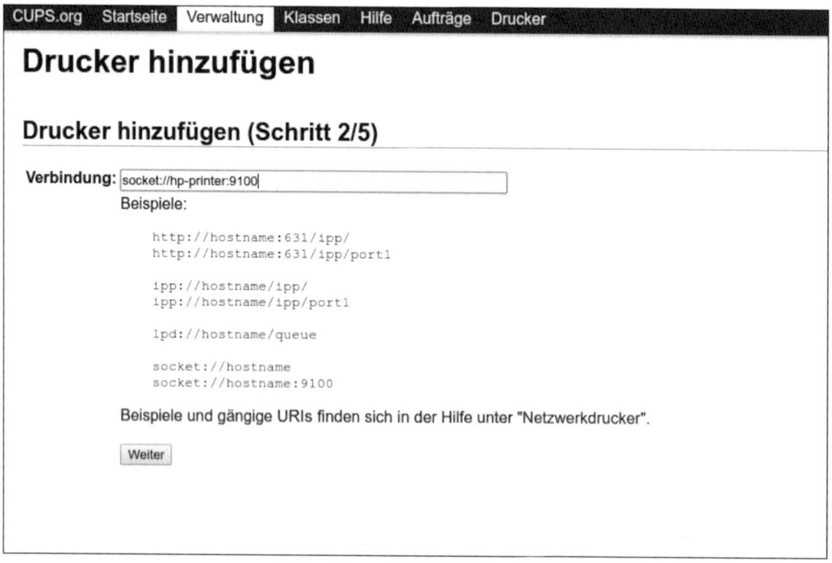

Bild 19.3 Anschlusswerte für den Drucker

Klicken Sie anschließend auf WEITER. Dann gelangen Sie auf die nächste Seite, auf der Sie den Namen für den Drucker festlegen. Dieser Name ist später für die Zuweisung des Treibers wichtig. Geben Sie den Drucker auf jeden Fall frei. In Bild 19.4 sehen Sie die Einstellungen auf dieser Seite.

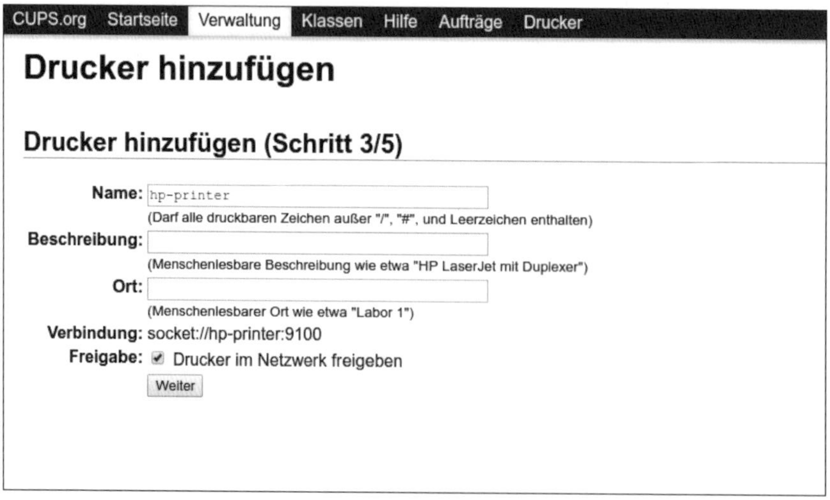

Bild 19.4 Vergabe des Namens

Hinweis
Sollten Sie für Ihren Drucker eine PPD-Datei besitzen, können Sie sie an dieser Stelle auf den Server hochladen.

Nach einem Klick auf WEITER gelangen Sie in die Auswahl für den Hersteller.

Tipp
Wenn Sie den Drucker nur von Windows aus verwenden wollen, können Sie hier den Druckertyp RAW auswählen.

Windows-Systeme brauchen immer einen lokalen Treiber für den Drucker, der die Daten für den entsprechenden Drucker vorbereitet. Dann muss diese Aufgabe nicht noch einmal von CUPS durchgeführt werden.

Nur wenn Sie sowohl mit Windows- als auch mit Linux-Clients auf den Drucker zugreifen, müssen Sie einen Treiber für Ihren Drucker installieren.

Nachdem Sie den Hersteller ausgewählt haben, klicken Sie auf WEITER. Auf der nächsten Seite wählen Sie das entsprechende Druckermodell für Ihren Drucker aus und klicken anschließend auf DRUCKER HINZUFÜGEN.

Sie kommen dann auf eine Seite, die abhängig ist von dem Drucker, den Sie installiert haben. Hier können Sie verschiedene druckerspezifische Einstellungen vornehmen. Nachdem Sie diese Einstellungen vorgenommen haben, klicken Sie auf STANDARDEINSTELLUNGEN FESTLEGEN. Damit schließen Sie die Einrichtung Ihres Druckers ab.

Nach ein paar Sekunden kommen Sie dann auf die Statusseite Ihres neuen Druckers. Bild 19.5 zeigt diese Übersicht.

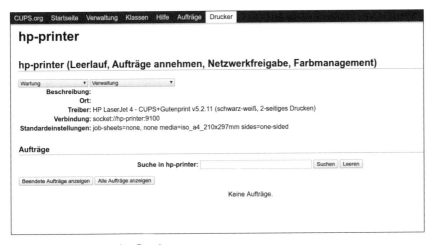

Bild 19.5 Statusseite des Druckers

Damit ist die Einrichtung des Druckers unter CUPS abgeschlossen. Da Samba in regelmäßigen Abständen bei CUPS abfragt, ob neue Drucker bereitstehen, werden Sie nach einiger Zeit Ihren Drucker mit dem Kommando *smbclient* sehen können. Listing 19.7 zeigt diese Anzeige:

Listing 19.7 Auflisten der Drucker mit smbclient

```
root@sambabuch-fs1:~# smbclient -L sambabuch-fs1
lp_load_ex: changing to config backend registry
Enter EXAMPLE\root's password:
Anonymous login successful

        Sharename       Type      Comment
        ---------       ----      -------
        IPC$            IPC       IPC Service (Samba 4.8.3-Debian)
        hp-printer      Printer
        reg-freigabe    Disk      Eine Freigabe in der Registry
        firma           Disk
        print$          Disk      Druckertreiber
Reconnecting with SMB1 for workgroup listing.
Anonymous login successful

        Server          Comment
        ---------       -------
        SAMBABUCH-FS1   Samba 4.8.3-Debian
        WINCLIENT

        Workgroup       Master
        ---------       -------
        EXAMPLE         SAMBABUCH-FS1
```

Wenn Sie hier Ihren Drucker sehen, dann können Sie mit dem nächsten Schritt fortfahren.

Hinweis

Sollte der Drucker nicht sofort auftauchen, haben Sie etwas Geduld. Es kann ein paar Minuten dauern, bis der Drucker aufgelistet wird.

■ 19.4 Hochladen der Druckertreiber

Besorgen Sie sich als Erstes die Druckertreiber für Ihren Drucker. Sollten die Treiber gepackt sein, dann müssen Sie sie zunächst entpacken. Die Druckertreiber lassen sich am einfachsten über einen Windows-Client hochladen. Dazu melden Sie sich an einem Client als Domänenadministrator an. Dieser hat über die Gruppe der Domänenadministratoren das entsprechende Privileg. Starten Sie das Programm `Druckverwaltung`. In Bild 19.6 sehen Sie das Programm direkt nach dem ersten Aufruf:

19.4 Hochladen der Druckertreiber

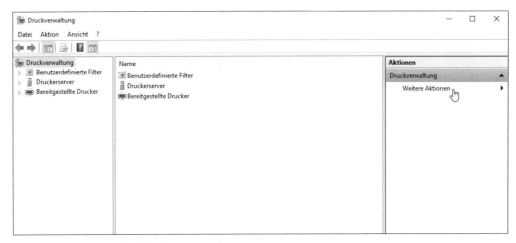

Bild 19.6 Erster Zugriff auf die Druckverwaltung

Unter dem Punkt DRUCKERSERVER sehen Sie im Moment nur das lokale System. Hier müssen Sie als Erstes Ihren Printserver eintragen. Klicken Sie mit der rechten Maustaste auf DRUCKERSERVER und dann auf SERVER HINZUFÜGEN/ENTFERNEN. Fügen Sie Ihren Printserver hinzu. Speichern Sie die Einstellung. Anschließend sehen Sie so wie in Bild 19.7 Ihren Druckerserver in der Liste.

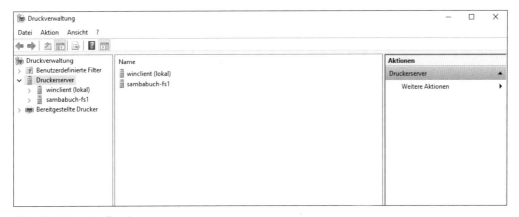

Bild 19.7 Liste der Druckerserver

Wenn Sie jetzt einen Treiber auf den Printserver hochladen wollen, klicken Sie mit der rechten Maustaste auf den Menüpunkt TREIBER Ihres Printservers und anschließend auf TREIBER HINZUFÜGEN.

 Wichtig
Sollte dieser Punkt ausgegraut oder nicht vorhanden sein, überprüfen Sie, ob Sie das Privileg *SePrintOperatorPrivilege* für den gerade angemeldeten Benutzer oder einer Gruppe, in der er Mitglied ist, gesetzt haben.

Dann startet ein Assistent, der Sie durch die Treiberinstallation führt. Halten Sie die entpackten Druckertreiber für Ihren Drucker bereit. Der Assistent wird alle benötigten Dateien auf Ihren Printserver hochladen.

Sollte das Hochladen mit einer Fehlermeldung abgebrochen werden, prüfen Sie die Dateisystemrechte auf dem Printserver in der Freigabe print$.

Wichtig

Wenn Sie Treiber direkt aus Windows 10 hochladen wollen, wird dieser Versuch mit einer Fehlermeldung quittiert, da alle Treiber, die Windows 10 mitbringt, in der Version 4 vorliegen. Diese Treiber werden von Samba im Moment noch nicht unterstützt.

Nachdem Sie den Treiber hochgeladen haben, sehen Sie ihn in der Druckverwaltung unter dem Punkt TREIBER. Sollten Sie den Treiber nicht sehen, aktualisieren Sie die Ansicht der Druckverwaltung.

Wenn Sie jetzt wieder auf den Menüpunkt DRUCKER klicken, werden Sie feststellen, dass dem Drucker noch kein Treiber zugeordnet wurde.

Die Zuordnung können Sie sowohl von Windows aus durchführen als auch auf der Konsole des Printservers selbst. Ich werde Ihnen im nächsten Abschnitt beide Möglichkeiten zeigen.

■ 19.5 Zuordnung des Druckertreibers

Damit die Windows-Clients später eine Point'n'Print-Treiber-Installation durchführen können, muss der Druckertreiber noch dem entsprechenden Drucker zugeordnet werden. Ohne diese Zuordnung wird zwar der Drucker auf dem Printserver gefunden, aber der entsprechende Druckertreiber kann bei der Point'n'Print-Treiber-Installation durch den Benutzer nicht gefunden werden.

Zuordnung unter Windows

Suchen Sie Ihren Drucker und klicken Sie mit der rechten Maustaste auf den Drucker und öffnen Sie die EIGENSCHAFTEN des Druckers. Nach dem Klicken wird sich ein Fenster öffnen, in dem Ihnen mitgeteilt wird, dass kein Druckertreiber installiert ist. An dieser Stelle müssen Sie unbedingt auf NEIN klicken, denn sonst wird der Druckertreiber lokal auf Ihrem PC installiert und nicht auf dem Printserver dem Drucker zugeordnet. Jetzt öffnen sich die Eigenschaften des Druckers. Klicken Sie hier auf den Karteireiter ERWEITERT. In diesem Karteireiter haben Sie jetzt die Möglichkeit, einen Druckertreiber auszuwählen. In Bild 19.8 sehen Sie das Fenster mit der Auswahl des vorher hochgeladenen Druckertreibers.

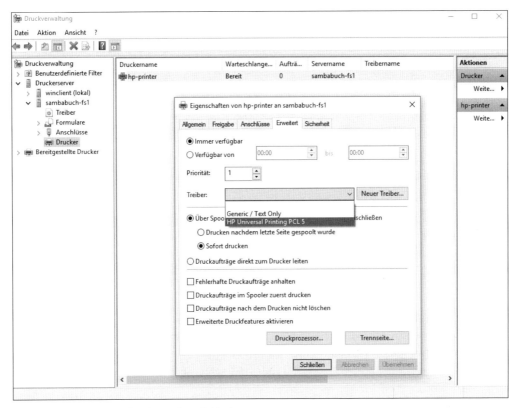

Bild 19.8 Zusätzlichen Druckertreiber einbinden

Nachdem Sie auf ÜBERNEHMEN geklickt haben, öffnet sich ein neues Fenster, in dem Sie gefragt werden, ob Sie dem Drucker vertrauen. Prüfen Sie, ob der Name des Printservers korrekt ist, und klicken Sie auf TREIBER INSTALLIEREN. Jetzt haben Sie den Druckertreiber dem Drucker zugewiesen. Aktualisieren Sie die Ansicht Ihres Druckers, und Sie werden, so wie in Bild 19.9, die Zuordnung des Druckers sehen.

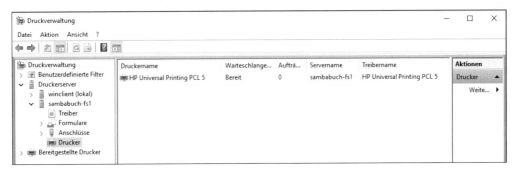

Bild 19.9 Zugeordneter Treiber

Jetzt ist der Drucker einsatzbereit.

Zuweisung auf der Kommandozeile

Als Erstes müssen Sie den genauen Namen des Druckers und des Druckertreibers kennen. Dazu suchen Sie mit dem Kommando *smbclient* auf dem Server nach dem Drucker. In Listing 19.8 sehen Sie die Suche:

Listing 19.8 Suche des Druckers mittels smbclient

```
root@sambabuch-fs1:~# smbclient -L sambabuch-fs1
lp_load_ex: changing to config backend registry
Enter EXAMPLE\root's password:
Anonymous login successful

        Sharename       Type        Comment
        ---------       ----        -------
        IPC$            IPC         IPC Service (Samba 4.8.3-Debian)
        hp-printer      Printer
        reg-freigabe    Disk        Eine Freigabe in der Registry
        firma           Disk
        print$          Disk        Druckertreiber
```

Der Name des Druckers, der jetzt mit einem Treiber verbunden werden soll, lautet *hp-printer*. Jetzt müssen Sie noch den genauen Namen des Treibers für diesen Drucker kennen.

Alle Treiber, die Sie auf dem Printserver installiert haben, können Sie sich mit dem Kommando *rpcclient* auflisten lassen. In Listing 19.9 sehen Sie das Ergebnis des Kommandos:

Listing 19.9 Liste aller installierten Druckertreiber

```
root@sambabuch-fs1:~#   rpcclient sambabuch-fs1 -Uadministrator -c '
     enumdrivers'
Enter EXAMPLE\administrator's password:

[Windows x64]
Printer Driver Info 1:
     Driver Name: [HP Universal Printing PCL 5]
```

Jetzt müssen Sie den Druckertreiber dem Drucker zuweisen, so wie Sie es in Listing 19.10 sehen:

Listing 19.10 Zuweisung des Druckertreibers

```
root@sambabuch-fs1:~# rpcclient sambabuch-fs1 -U administrator \\
                -c 'setdriver "hp-printer" "HP Universal Printing PCL
                    5" '
Enter administrator's password:

Successfully set hp-printer to driver HP Universal Printing PCL 5.
```

Überprüfen Sie auf jeden Fall, ob der Treiber dem Drucker ordnungsgemäß zugeordnet wurde. Listing 19.11 zeigt die Prüfung der Zuordnung:

Listing 19.11 Überprüfung der Zuordnung

```
root@sambabuch-fs1:~# rpcclient sambabuch-fs1 -Uadministrator \\
                    -c 'enumprinters'
Enter administrator's password:

        flags:[0x800000]
        name:[\\\\SAMBABUCH-FS1\\hp-printer]
        description:[\\\\SAMBABUCH-FS1\\hp-printer,HP Universal Printing PCL
            5,hp-printer]
        comment:[hp-printer]
```

Damit ist der Druckertreiber dem Drucker zugeordnet, und jeder Benutzer der Domäne kann sich mit dem Drucker verbinden und den Treiber für sich installieren, ohne über weitere Rechte im System verfügen zu müssen. Die Verbindung zum Drucker müssen die Benutzer jetzt aber noch von Hand herstellen.

19.6 Verbinden mit dem Drucker

Melden Sie sich jetzt als Benutzer (nicht als Administrator) an einem Windows-Client an, und starten Sie den Explorer. Suchen Sie nach Ihrem Printserver. Der freigegebene Drucker wird Ihnen unterhalb des Printservers angezeigt. Klicken Sie mit der rechten Maustaste auf den Drucker, und es erscheint ein Kontextmenü, in dem Sie auf VERBINDEN klicken. Jetzt wird der Druckertreiber vom Server installiert.

Wichtig

Seit Windows Vista werden Druckertreiber oft von Microsoft signiert. Diese Treiber können auch weiterhin ohne Probleme vom Printserver installiert werden. Das Problem ist aber, dass nicht signierte Treiber nur noch vom Administrator installiert werden können. Wenn Sie solche nicht signierten Druckertreiber zusammen mit Windows 7, Windows 8 oder Windows 10 einsetzen wollen, können Sie über eine Gruppenrichtlinie für Ihre Windows-Clients dieses Verhalten abschalten.

19.7 Gruppenrichtlinien für Drucker

Jeder Benutzer kann sich jetzt selbstständig mit Druckern auf dem Printserver verbinden und die Treiber dafür installieren. Aber in den meisten Fällen ist es nicht gewollt, dass sich Benutzer selber mit einem Drucker verbinden. Vielmehr möchten Sie den Benutzern beim Anmelden die Drucker zuweisen. Am einfachsten geht dies über Gruppenrichtlinien. In diesem Abschnitt geht es darum, die verschiedenen Gruppenrichtlinien einzurichten und den Benutzern und Computern zuzuweisen.

19.7.1 Gruppenrichtlinien für unsignierte Druckertreiber

Wie schon im letzten Abschnitt beschrieben, kann es Ihnen passieren, dass Sie nur unsignierte Treiber für Ihren Drucker erhalten. Diese Treiber lassen sich nur als Administrator installieren. Sie können dieses Verhalten über die folgende Gruppenrichtlinie abschalten.

Im ersten Schritt müssen Sie dafür sorgen, dass alle Ihre Windows-Clients sich in einer OU Ihres Active Directorys befinden, die mit Gruppenrichtlinien verknüpft werden kann. Dem Container *cn=Computers* können Sie keine Gruppenrichtlinie zuordnen. Nachdem Sie Ihre Clients verschoben haben, können Sie jetzt eine Gruppenrichtlinie mit dem Programm *Gruppenrichtlinienverwaltung* anlegen.

Erzeugen Sie eine neue Gruppenrichtlinie, vergeben Sie einen Namen und klicken Sie dann im Kontextmenü auf BEARBEITEN. Suchen Sie auf der linken Seite den Punkt für die Drucker COMPUTERKONFIGURATION–>ADMINISTRATIVE VORLAGEN–>DRUCKER und klicken dann auf der rechten Seite auf POINT-AND-PRINT-EINSCHRÄNKUNGEN. Diese Gruppenrichtlinie müssen Sie aktivieren und die Einstellungen wie in Bild 19.10 anpassen.

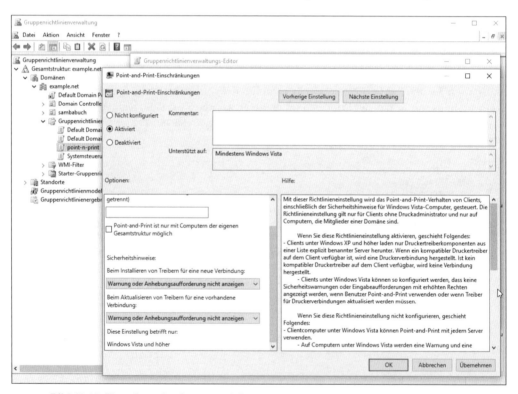

Bild 19.10 Einstellung der Gruppenrichtlinie

Bestätigen Sie die Einstellung mit einem Klick auf OK. Verknüpfen Sie jetzt die Gruppenrichtlinie mit der OU, in der Sie Ihre Windows-Clients abgelegt haben.

Den Eintrag *Authorized Users* als Berechtigte können Sie so übernehmen. Nachdem Sie die Gruppenrichtlinie verknüpft haben, kann jetzt jeder Benutzer auch die nicht signierten Treiber auf einem Windows-Client installieren.

19.7.2 Gruppenrichtlinie für die Druckerzuweisung

Jetzt müssen Sie noch eine Gruppenrichtlinie erstellen, die den entsprechenden Benutzern die Drucker zuweist. Dazu erstellen Sie als Erstes wieder ein leeres Gruppenrichtlinienobjekt, das Sie anschließend mit dem Gruppenrichtlinieneditor bearbeiten.

Im Gruppenrichtlinieneditor öffnen Sie die Benutzergruppenrichtlinien, wie in Bild 19.11 gezeigt.

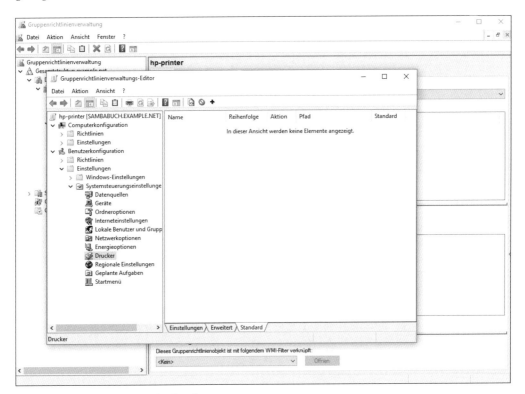

Bild 19.11 Gruppenrichtlinie für Drucker

Wenn Sie das Fenster für die Einstellung der Druckerzuweisung sehen, klicken Sie auf das Plussymbol im Menü am oberen Rand. Daraufhin öffnet sich ein neues Fenster, in dem Sie jetzt Ihren Drucker eintragen.

Bild 19.12 zeigt die Einstellungen für den zuvor angelegten Drucker. Speichern Sie die Einstellungen mit einem Klick auf OK, und schließen Sie den Gruppenrichtlinieneditor.

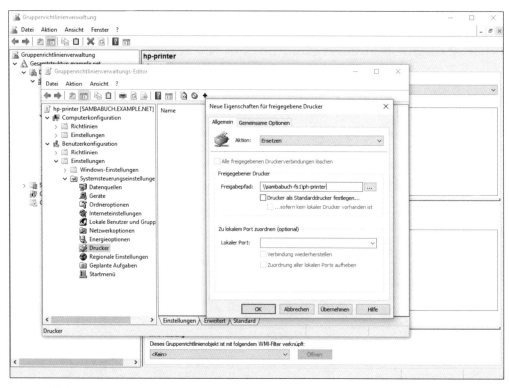

Bild 19.12 Einrichten der Gruppenrichtlinie

Jetzt können Sie noch die Berechtigung für die Gruppenrichtlinie anpassen, wenn Sie diesen Drucker nur Mitgliedern einer bestimmten Gruppe zuordnen wollen. Sollen alle Benutzer Ihrer Domäne diesen Drucker zugewiesen bekommen, können Sie den Eintrag *Authenticated Users* an dieser Stelle belassen.

Jetzt müssen Sie die Gruppenrichtlinie nur noch mit einer OU verknüpfen. Anschließend erhalten alle Benutzer, die sich neu anmelden, den neuen Drucker bei der Anmeldung zugewiesen. So können Sie jetzt alle Drucker in Ihrem Netz über Gruppenrichtlinien verwalten.

20 WINS und Samba4

Obwohl Active Directory und auch Samba4 auf NetBIOS komplett verzichten können, wollen oder müssen Sie NetBIOS in Ihrem Netzwerk weiter betreiben. Solange Sie nur ein Subnetz betreiben, können die NetBIOS-Namen ausschließlich über Broadcasts aufgelöst werden. Doch wenn Ihr Netz entweder eine größere Anzahl an Clients hat oder sich über mehrere, durch Router verbundene Subnetze erstreckt, dann geht das nicht mehr mit Broadcasts. Wenn Sie Ihr Netz von Broadcasts entlasten wollen oder mehrere Subnetze überbrücken müssen, dann kommen Sie nicht um einen WINS-Server herum, der die NetBIOS-Namen auflöst. Deshalb geht es in diesem Kapitel um das Einrichten eines WINS-Servers unter Samba4.

In einer Windows-Umgebung wird auch heute noch sehr oft NetBIOS zur Adressierung der Clients, Server und Dienste benutzt. Auf dem `Masterbrowser`, der alle per Broadcast übermittelten Clientinformationen sammelt, werden alle Adressen und Dienste eines NetBIOS-Clients verwaltet. Der Masterbrowser verteilt diese Informationen alle 15 Minuten per Broadcast. Der `Computersuchdienst` auf den Rechnern in der Domäne greift diese Informationen ab und füllt so die Netzwerkumgebung.

Wenn Sie jetzt also NetBIOS deaktivieren oder aufgrund von Subnetting in Ihrem physischen Netz nicht alle Clients, Server und Dienste über Broadcasts erreichbar sind, dann bleibt die Netzwerkumgebung auf den Clients leer oder nur teilweise gefüllt. Da ja Broadcasts nicht über Router weitergeleitet werden, wird ein Client immer nur die Maschinen und Dienste in der Netzwerkumgebung sehen, die sich in seinem IP-Netz befinden.

Damit die NetBIOS-Namensauflösung aber auch über Netzgrenzen hinweg funktioniert, wurde `WINS (Windows Internet Naming Service)` eingeführt. Bei WINS handelt es sich um einen Dienst, der in etwa mit DNS vergleichbar ist.

Sie können WINS nicht nur sinnvoll einsetzen, um NetBIOS-Adressen über Netzwerkgrenzen hinweg aufzulösen, sondern auch, um die Broadcasts zu reduzieren.

Das schaffen Sie dadurch, dass Sie allen Clients in Ihrer Domäne einen WINS-Server zuordnen und sich dann alle Clients bei diesem WINS-Server mit ihren IP-Adressen und den Diensten, die sie bereitstellen, anmelden.

Wenn Sie dann noch den Client so konfigurieren, dass für eine NetBIOS-Namensauflösung immer erst der WINS-Server gefragt wird und dass nur in dem Fall, dass dieser die NetBIOS-Adresse nicht auflösen kann, auf Broadcasts zurückgegriffen wird, dann reduzieren Sie die Broadcasts in Ihrem Netz noch einmal.

Mit Samba3 war es nur möglich, einen WINS-Server je Domäne einzurichten. Die Replikation der WINS-Datenbank war nicht möglich. Mit Samba4 wurde an der Replikation der WINS-Datenbank gearbeitet. Aus Samba4 wurde der WINS-Teil dann als eigenes Projekt herausgelöst und als `samba4wins` für Samba3 bereitgestellt. So war es möglich, in einer Samba3-Domäne einen zusätzlichen Dienst für WINS einzurichten und die Datenbank zu replizieren.

Da bei Samba4 der Prozess des WINS ein Prozess des Domaincontrollers ist, müssen Sie die WINS-Server grundsätzlich immer auf einem Domaincontroller einrichten. Sie können den WINS nicht auf einem Samba4-Fileserver einrichten.

20.1 Einrichten des Knotentyps

Für die Namensauflösung gibt es dabei drei Möglichkeiten. Sie kann entweder über Broadcasts, die Datei `LMhosts` oder über WINS stattfinden. Ob jetzt ein Client über Broadcasts oder WINS oder gar über eine `LMhosts`-Datei die Namensauflösung durchführt, hängt von dem `Knotentyp` ab, der am Client konfiguriert wurde.

Hier sehen Sie die möglichen Knotentypen:

- **B-Knoten (Broadcast) (0x1)**
  Wenn auf dem Client der B-Knoten eingestellt ist, wird ausnahmslos mit Broadcasts gearbeitet. Es gibt einen etwas veränderten B-Knoten von Microsoft. Dieser arbeitet zusammen mit einer `LMhosts`-Datei. Ist die Abfrage über einen Broadcast nicht erfolgreich, schaut der Client, ob er den Namen über die `LMhosts` auflösen kann.

- **P-Knoten (Peer-to-Peer) (0x2)**
  Bei diesem Knotentyp finden alle Namensauflösungen grundsätzlich nur über einen konfigurierten WINS-Server statt. Sollte der WINS-Server nicht erreichbar sein, können auch keine Namen mehr aufgelöst werden – auch dann nicht, wenn der Host oder Dienst sich im selben Subnetz befinden.

- **M-Knoten (gemischt) (0x4)**
  Beim M-Knoten handelt es sich um eine Kombination aus B-Knoten und P-Knoten. Es wird zuerst eine Namensauflösung über Broadcast versucht. Erst wenn diese fehlschlägt, wird die Namensauflösung über einen WINS-Server versucht.

- **H-Knoten (hybrid) (0x8)**
  Auch der H-Knoten ist eine Kombination aus B-Knoten und P-Knoten, nur dass bei diesem Knotentyp zuerst die Namensauflösung über einen WINS-Server versucht wird. Erst wenn die Namensauflösung über den WINS-Server fehlschlägt, wird die Namensauflösung über Broadcasts verwendet.

Hinweis

Die Zahlen hinter den Knotentypen geben den Hex-Wert an, der für den entsprechenden Knotentyp in der Registry abgelegt wird.

Der einfachste Weg, den passenden Knotentyp auf Ihren Clients einzustellen, führt über einen DHCP-Server. Alle aktuellen DHCP-Server verfügen über die Möglichkeit, Knotentypen zu verteilen.

Haben Sie keinen DHCP-Server, können Sie den Knotentyp auch direkt an Ihren Clients über den Registrierungs-Editor ändern. Starten Sie hierfür den REGISTRIERUNGS-EDITOR, und gehen Sie im Baum des Hives HKEY_LOCAL_MACHINE hinunter bis SYSTEM –> SERVICES –> NETBT –> PARAMETERS. Auf der rechten Seite sehen Sie dann den Schlüssel DHCPNODETYPE. Sollte der Schlüssel nicht vorhanden sein, können Sie ihn durch einen Rechtsklick auf der rechten Seite des Fensters anlegen.

Wählen Sie als Typ einen DWORD-WERT (32BIT) aus. Als BASIS wählen Sie HEX aus und tragen dann den gewünschten Typ als Zahlenwert ein. Die Änderung wird sofort nach dem Speichern aktiv. In Bild 20.1 sehen Sie einen entsprechenden Ausschnitt der Registry.

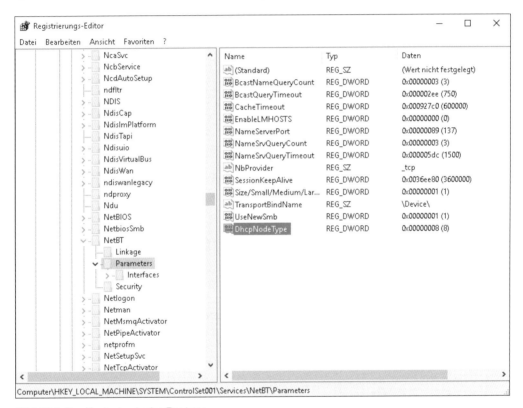

Bild 20.1 Der Knotentyp in der Registry

Jetzt wird der Client immer erst den WINS-Server zur Namensauflösung befragen, wenn Sie einen WINS-Server in der IP-Konfiguration des Clients eingetragen haben. Bevor Sie aber bei den Clients den WINS-Server eintragen, muss der WINS-Server selbst erst konfiguriert werden.

20.2 Konfiguration des WINS-Servers

Damit ein einzelner WINS-Server nicht zum Single Point of Failure wird, soll hier auch der WINS-Server auf zwei Domaincontrollern eingerichtet werden, die sich dann gegenseitig replizieren.

Auf einem Domaincontroller die zusätzliche Aufgabe des WINS-Servers einzurichten, ist sehr einfach. Sie müssen nur in der smb.conf in der *[global]*-Section die Zeile *wins support = yes* eintragen. Sie müssen auch den Samba-Server nicht neu starten. Der Server übernimmt dann automatisch diese Funktion.

Sehen können Sie das daran, dass Sie im Verzeichnis /var/lib/samba/privat die Datei wins_config.ldb und im Verzeichnis /var/lib/samba die Datei wins.ldb haben. Die Datei wins_config.ldb dient zur Konfiguration des WINS-Servers, und die Datei wins.ldb ist die eigentliche WINS-Datenbank.

Hinweis
Wenn die entsprechenden Dateien nicht vorhanden sind, können Sie den Domaincontroller-Dienst einmal neu starten, dann sind die Dateien auf jeden Fall vorhanden. Je nachdem, wie viele Clients Sie im Netz haben, kann es etwas länger dauern, bis die Dateien automatisch erzeugt werden.

Wie Sie sehen, wird die gesamte Konfiguration mittels einer Datenbank durchgeführt. Genau diese Datenbank muss für die Replikation des WINS angepasst werden.

20.3 Einrichten der Replikation

Nachdem Sie zwei Domaincontroller eingerichtet und den WINS-Support aktiviert haben, können Sie jetzt mit der Einrichtung der Replikation beginnen. Als Erstes erstellen Sie eine .ldif-Datei, in der Sie die in Listing 20.1 aufgelisteten Zeilen eintragen:

Listing 20.1 ldif-Datei für die Konfiguration

```
dn: CN=sambabuch-02,CN=PARTNERS
objectClass: wreplPartner
address: 192.168.56.32
```

Diese Datei spielen Sie jetzt wie in Listing 20.2 in die Konfigurationsdatenbank ein:

Listing 20.2 Eintragen des Replikationspartners

```
root@sambabuch:~# cd /var/lib/samba/private/

root@sambabuch:/var/lib/samba/private# ldbadd -H wins_config.ldb \
           /root/wins.ldif
Added 1 records successfully
```

Hinweis

In vielen Anleitungen zu samba4wins steht, dass Sie die Datei wins_conf.ldb mit dem Kommando *ldbedit* öffnen sollen, um den Replikationspartner einzutragen. Da die Datei im Moment noch keine Einträge enthält, die editierbar sind, klappt das an dieser Stelle noch nicht. Sie müssen den Eintrag über eine .ldif-Datei in die Datenbank bringen.

Sie sehen hier, dass auf dem Domaincontroller *sambabuch* der Domaincontroller *sambabuch-02* mit seiner IP-Adresse als Replikationspartner eingetragen wurde. Für den zweiten Domaincontroller, *sambabuch-02*, erstellen Sie eine eigene .ldif-Datei mit dem Namen und der IP-Adresse des Domaincontrollers *sambabuch* und spielen sie dann dort ein.

Nachdem Sie die ldif-Datei eingespielt haben, können Sie für weitere Änderungen die Datenbanken jetzt direkt mit dem Kommando *ldbedit* wie in Listing 20.3 öffnen:

Listing 20.3 Öffnen der Datenbank mit ldbedit

```
root@sambabuch:/var/lib/samba/private# ldbedit -H wins_config.ldb -a

# editing 1 records
# record 1
dn: CN=sambabuch-02,CN=PARTNERS
address: 192.168.56.32
objectClass: wreplPartner
distinguishedName: CN=sambabuch-02,CN=PARTNERS
```

Hier können Sie jetzt Anpassungen durchführen, wenn sich zum Beispiel die IP-Adresse ändert.

20.4 Backup und Recovery der WINS-Daten

Auch die WINS-Datenbanken sollten Sie in regelmäßigen Abständen sichern. Denken Sie daran, sowohl die Konfigurationsdatenbank als auch die eigentliche WINS-Datenbank zu sichern. Um die Konfigurationsdatenbank zu sichern, gehen Sie so vor wie in Listing 20.4:

Listing 20.4 Sichern der Konfigurationsdatenbank

```
root@sambabuch:/var/lib/samba/private# ldbsearch -d 0 -H wins_config.ldb \
        "objectClass=*" > /root/wins-config.ldif
```

Auch die eigentliche WINS-Datenbank sollten Sie sichern. In Listing 20.5 sehen Sie das Sichern der Datenbank:

Listing 20.5 Sichern der WINS-Datenbank

```
root@sambabuch:/var/lib/samba# ldbsearch -d 0 -H wins.ldb \
        "objectClass=*" > /root/wins-datenbank.ldif
```

Wollen oder müssen Sie die Datenbank oder die Konfiguration irgendwann einmal zurückspielen, dann können Sie das mit dem Kommando *ldbadd* tun.

Achten Sie darauf, dass *ldbadd* die bestehende Datenbank oder Konfiguration nicht überschreibt. Sorgen Sie dafür, dass die entsprechende Datei in dem Verzeichnis nicht vorhanden ist.

Bevor Sie das Backup einspielen, stellen Sie sicher, dass der Dienst nicht läuft. Erst dann sollten Sie das Backup so wie in Listing 20.6 einspielen:

Listing 20.6 Einspielen des Backups

```
root@sambabuch:~# cd /var/lib/samba4
root@sambabuch:/var/lib/samba# ldbadd -d 0 -H wins.ldb < \
        /root/wins-datenbank.ldif

root@sambabuch:~# cd /var/lib/samba4/privat
root@sambabuch:/var/lib/samba/private# ldbadd -d 0 \
        -H wins_config.ldb < \
        /root/wins-config.ldif
```

Sie müssen nicht immer beide Datenbanken einspielen, Sie können sie unabhängig voneinander wiederherstellen.

Jetzt haben Sie in Ihrem Netzwerk zwei Domaincontroller, die zusätzlich den Dienst als WINS-Server übernehmen.

■ 20.5 Testen der WINS-Server

Mit dem Kommando *nmblookup* können Sie jetzt die beiden WINS-Server abfragen und so testen, ob die Auflösung der NetBIOS-Namen von beiden Servern durchgeführt werden kann. In Listing 20.7 sehen Sie die Tests:

Listing 20.7 Testen der beiden WINS-Server

```
root@sambabuch:~# nmblookup -R -U 192.168.56.99 WINCLIENT
querying WIN7 on 192.168.56.99
192.168.56.99 WINCLIENT<00>

root@sambabuch-02:~# nmblookup -R -U 192.168.56.99 WINCLIENT
querying WIN7 on 192.168.56.99
192.168.56.99 WINCLIENT<00>
```

Wie Sie sehen, kann der Name *WINCLIENT* von beiden Servern aufgelöst werden. Wollen Sie prüfen, welcher Rechner in der Domain der Masterbrowser ist, können Sie das so tun wie in Listing 20.8:

Listing 20.8 Suche nach dem Masterbrowser

```
root@sambabuch:~# nmblookup -U 192.168.123.99 -R 'EXAMPLE#1B'
querying EXAMPLE on 192.168.56.99
192.168.56.41 EXAMPLE<1b>

root@sambabuch:~# nmblookup -T -M EXAMPLE
sambabuch-fs1.example.net, 192.168.56.41 EXAMPLE<1d>
```

Im ersten Beispiel wird nach dem entsprechenden Hex-Wert *1B* für den Masterbrowser gesucht, und im zweiten Beispiel wird der Name des Masterbrowsers gleich in den DNS-Namen aufgelöst.

Jetzt haben Sie zwei WINS-Server in Ihrem Netz laufen und somit eine Redundanz des Dienstes hergestellt. Da die Replikation nicht über Broadcasts, sondern direkt über die IP-Adressen der Server erfolgt, können die WINS-Server jetzt auch in verschiedenen IP-Subnetzen stehen. Die NetBIOS-Namensauflösung ist damit immer gewährleistet.

21 Einrichtung von ssh

Damit Sie noch ein Beispiel haben, wie Sie Ihren Samba4-Domaincontroller auch in Ihrer Linux-Umgebung als Authentifizierungsquelle nutzen können, soll am Beispiel von ssh ein Single Sign-on eingerichtet werden.

Durch die Domäne haben Sie eine Möglichkeit geschaffen, die Authentifizierung zentral zu steuern. Da liegt es nahe, diese Authentifizierungsquelle auch dahingehend zu nutzen, dass beim Anmelden an unterschiedlichen Diensten auch kein Passwort mehr gefordert ist, sodass ein Single Sign-on zwischen den Systemen und den unterschiedlichen Diensten möglich ist.

Am Beispiel von ssh soll jetzt ein Single Sign-on zu dem Fileserver eingerichtet werden. Anschließend soll es möglich sein, dass sich ein Benutzer an einem Linux-Client anmeldet, an dem er automatisch bei der Anmeldung ein Kerberos `Ticket Granting Ticket` (TGT) bekommt, sodass er ohne weitere Passworteingabe eine Verbindung zum Fileserver per ssh herstellen kann.

■ 21.1 Einrichtung des ssh-Servers

Damit der ssh-Server auch in der Lage ist, mit den Kerberos-Tickets eine Authentifizierung durchzuführen, müssen Sie auf dem Fileserver die Datei /etc/ssh/sshd_config so wie in Listing 21.1 anpassen:

Listing 21.1 Anpassung der Datei sshd_config

```
# GSSAPI options
GSSAPIAuthentication yes
GSSAPICleanupCredentials yes
GSSAPIKeyExchange yes
GSSAPIStoreCredentialsOnRekey yes
```

Nach den Anpassungen müssen Sie den ssh-Server neu starten, damit die Änderungen angewendet werden. Das ist schon alles, was Sie am ssh-Server ändern müssen.

21.2 Einrichten des Clients

Auf der Clientseite müssen Sie dafür sorgen, dass sich neben dem Benutzer auch der Host über Kerberos authentifizieren kann. Dazu müssen Sie eine /etc/krb5.keytab-Datei erzeugen. Die Datei können Sie am einfachsten direkt auf dem Client mit dem Kommando *net ads keytab create -U administrator* erzeugen. In Listing 21.2 sehen Sie einen ersten Versuch, diese Datei zu erstellen:

Listing 21.2 Erster Versuch die keytab-Datei zu erstellen
```
root@sambabuch-fs1:~# net ads keytab create   -U administrator

Warning: "kerberos method" must be set to a keytab \
method to use keytab functions.
Enter administrator's password:
```

Die Warnung zeigt, dass Sie noch den Parameter *kerberos method = secrets and keytab* in der globalen Konfiguration der smb.conf setzen müssen. Erst wenn Sie diesen Parameter gesetzt haben, können Sie die keytab-Datei ohne diese Warnung erzeugen und nutzen.

Jetzt gibt es zwei Möglichkeiten, den ssh-Client zu konfigurieren. Entweder erstellen Sie als Administrator eine zentrale Konfiguration für einen oder alle Server in Ihrem Netz oder jeder Benutzer erstellt eine eigene Konfiguration in seinem Heimatverzeichnis. Hier will ich den Weg über die zentrale Konfigurationsdatei /etc/ssh/ssh_config gehen. Passen Sie die Datei so wie in Listing 21.3 an:

Listing 21.3 Anpassung der Datei ssh_config
```
      GSSAPIAuthentication yes
      GSSAPIDelegateCredentials yes
      GSSAPIKeyExchange yes
      GSSAPIRenewalForcesRekey yes
      GSSAPITrustDNS yes
```

Außerdem müssen Sie den winbind noch anpassen. Erstellen Sie hierfür die Datei /etc/security/pam_winbind.conf mit dem Inhalt aus Listing 21.4:

Listing 21.4 winbind und ssh
```
 krb5_auth = yes
 krb5_ccache_type = FILE
```

Jetzt können alle Benutzer an diesem Client auf alle für Kerberos konfigurierten Server per ssh zugreifen, ohne erneut ein Passwort eingeben zu müssen.

22 Firewall und Sicherheit

Mit Samba4 wird das ganze Spektrum an Diensten nötig, die auch ein Microsoft-AD benötigt. Alle diese Dienste benötigen auch einen entsprechenden Port auf dem Server, über den sie angesprochen werden können. Damit Sie eventuell Ihre Server selbst oder aber Teile Ihres Netzes mit Firewalls schützen können, soll es in diesem Kapitel darum gehen, welche Ports Sie auf einem Domaincontroller oder einem Dateiserver in Ihrer Firewall öffnen müssen. Ein weiterer Aspekt, den ich in diesem Kapitel ansprechen möchte, ist die Absicherung eines Samba-Servers in einer Domäne.

22.1 Firewall

Anders als bei Samba3 müssen Sie bei Samba4 einen etwas größeren Aufwand treiben, was Firewalls betrifft, denn es werden zusätzliche Ports für die Kommunikation benötigt. Sie müssen unterscheiden, ob Ihr Samba4-Server als Domaincontroller oder als Fileserver betrieben wird. Davon ist abhängig, welche Ports Sie öffnen müssen. Sie werden sehen, dass Sie für einen Fileserver weniger Ports öffnen müssen als für einen Domaincontroller, aber das gilt nur für die Ports, die von außen angesprochen werden. Ein Fileserver muss aber mit dem Domaincontroller kommunizieren können und benötigt hierfür erheblich mehr Ports als für den Zugriff von außen auf dem Fileserver.

22.1.1 Ports auf einem Domaincontroller

Anfangen will ich hier mit dem Domaincontroller. Da der Domaincontroller die Dienste LDAP, Kerberos, Global Catalog und DNS bereitstellen muss, müssen Sie hier auch die meisten Ports für den Zugriff von außen öffnen. In der Tabelle 22.1 sehen Sie, welche Ports für einen Domaincontroller geöffnet werden müssen.

Alle Ports können Sie mit dem Kommando *netstat* oder auf neueren Distributionen mit *ss* auflisten lassen. Da der Domaincontroller auch für IPv6 konfiguriert wurde, werden die Dienste auch über IPv6 bereitgestellt. Denken Sie daran, wenn Sie IPv6 verwenden, IPv6 in die Firewall zu implementieren.

Tabelle 22.1 Verwendete Ports auf einem Domaincontroller

Service	Port	Protocol
DNS	53	tcp/udp
Kerberos	88	tcp/udp
End Point Mapper (DCE/RPC Locator Service)	135	tcp
NetBIOS-Nameservice	137	tcp
NetBIOS-Datagramm	138	tcp
NetBIOS-Session	139	tcp
LDAP	389	tcp/udp
Kerberos kpasswd	464	tcp/udp
SMB over TCP	445	tcp
LDAPS (nur, wenn "tls enabled = yes")	636	tcp
Dynamic RPC Ports bis Windows 2003	1024 – 5000	tcp
Dynamic RPC Ports nach Windows 2003	49152 – 65535	tcp
Global Catalog	3268	tcp
Global Catalog SSL (nur, wenn "tls enabled = yes")	3269	tcp
Multicast DNS	5353	tcp/udp

22.1.2 Ports auf einem Fileserver

Auf einem Fileserver ist die Liste der benötigten Ports erheblich übersichtlicher, aber das gilt nur für die Ports, die ein Client für den Zugriff von außen benötigt. Da der Fileserver aber auch Mitglied der Domäne ist und somit auch die Dienste des Domaincontrollers nutzt, müssen Sie die Ports für den Zugriff auf den Domaincontroller nach außen öffnen. In Tabelle 22.2 sehen Sie alle Ports, die für einen Fileserver für den Zugriff von außen geöffnet sein müssen.

Tabelle 22.2 Verwendete Ports auf einem Fileserver

Service	Port	Protocol
End Point Mapper (DCE/RPC Locator Service)	135	tcp
NetBIOS-Nameservice	137	tcp
NetBIOS-Datagramm	138	tcp
NetBIOS-Session	139	tcp
SMB over TCP	445	tcp

Auch hier können Sie sich die verwendeten Ports wieder mit dem Kommando *netstat* oder *ss* anzeigen lassen. Die Verwendung der Ports stimmt mit der von Windows überein, da bei Samba4 alle Dienste des AD umgesetzt wurden. Die Anzahl der geöffneten smb-Ports ist abhängig von den Verbindungen zum Fileserver, da für jede Verbindung ein eigener smb-Prozess gestartet wird.

Durch die vielen Ports, die auf einem Domaincontroller geöffnet werden müssen, um den Mitgliedern der Domäne den Zugriff auf alle Dienste zu ermöglichen, macht es kaum Sinn, dort eine Firewall direkt auf dem Domaincontroller einzusetzen. Nur auf dem Fileserver können Sie darüber nachdenken, eine Firewall lokal einzurichten. Denken Sie dann aber daran, ein Firewall für alle verwendeten Protokolle (IPv4 und/oder IPv6) einzurichten. Denn wenn Sie nur eine Tür schließen, können Angreifer immer noch über die andere Tür Ihr System angreifen. Sie sollten immer nur die Protokolle aktiviert haben, die Sie auch in Ihrem Netz einsetzen. Um Ihnen ein kleines Beispiel für eine Firewall zu geben, habe ich in Listing 22.1 mal ein `iptables`-Skript erstellt, um IPv4 auf einem Fileserver abzusichern. Wie bei allen Skripten gilt auch hier, nehmen Sie das Skript als Grundlage und passen Sie das Skript an Ihre Umgebung an:

Listing 22.1 IPv4-Firewall-Skript

```bash
#!/bin/bash
# Grundsaetzliche Policies
iptables -F
iptables -P INPUT DROP
iptables -P FORWARD ACCEPT
iptables -P OUTPUT ACCEPT

# Erlaube Loopback
iptables -A INPUT -i lo -j ACCEPT
iptables -A OUTPUT -o lo -j ACCEPT

# Erlaube three way handshake
# för statefull inspection
iptables -A INPUT -m state --state ESTABLISHED,RELATED -j ACCEPT

# Verwerfe SYN Pakete
iptables -A INPUT -p tcp ! --syn -m state --state NEW -j DROP
iptables -I INPUT -m conntrack --ctstate NEW \
         -p tcp ! --syn -j DROP

# Verwerfe fragmentierte Pakete
iptables -A INPUT -f -j DROP

# Verwerfe XMAS Pakete
iptables -A INPUT -p tcp --tcp-flags ALL ALL -j DROP

# Verwerfe alle NULL Pakete
iptables -A INPUT -p tcp --tcp-flags ALL NONE -j DROP

# Verwerfe Spoof Pakete
for SPOOF in 224.0.0.0/4 240.0.0.0/5 240.0.0.0/5 0.0.0.0/8 \
             239.255.255.0/24 255.255.255.255; do
    iptables -A INPUT -d ${SPOOF} -j DROP
done
for SPOOF in 10.0.0.0/8 169.254.0.0/16 172.16.0.0/12 \
             127.0.0.0/8 192.168.0.0/24 224.0.0.0/4 \
             240.0.0.0/5 0.0.0.0/8 ; do
```

```
        iptables -A INPUT -s ${SPOOF} -j DROP
done

# Einfacher Schutz vor Spoofing
iptables -I INPUT -m conntrack --ctstate NEW,INVALID -p tcp \
        --tcp-flags SYN,ACK SYN,ACK -j REJECT \
        --reject-with tcp-reset

# Einfacher DDoS-Schutz
iptables -A INPUT -p tcp -m tcp --tcp-flags SYN,ACK,FIN,RST \
        RST -m limit --limit 1/s -j ACCEPT

# Verwerfe alle ungöltigen Pakete
iptables -A INPUT -m state --state INVALID -j DROP
iptables -A FORWARD -m state --state INVALID -j DROP
iptables -A OUTPUT -m state --state INVALID -j DROP

# Einfacher Schutz vor Portscannern
# Angreifende IP wird för 24 Stunden gesperrt
#   (3600 x 24 = 86400 Sekunden)
iptables -A INPUT -m recent --name portscan --rcheck \
        --seconds 86400 -j DROP
iptables -A FORWARD -m recent --name portscan --rcheck \
        --seconds 86400 -j DROP

# Freigeben der IP nach 24 Stunden
iptables -A INPUT -m recent --name portscan --remove
iptables -A FORWARD -m recent --name portscan --remove

# Erlaube ICMP
iptables -A INPUT -p icmp --icmp-type 3 -j ACCEPT
iptables -A INPUT -p icmp --icmp-type 8 -j ACCEPT
iptables -A INPUT -p icmp --icmp-type 8 -j LOG \
        --log-level debug --log-prefix "PING IP_TABLES:"
iptables -A INPUT -p icmp --icmp-type 11 -j ACCEPT
iptables -A INPUT -p icmp --icmp-type 12 -j ACCEPT

# Schutz vor Bruteforce-SSH-Angriffen
iptables -A INPUT -p tcp -m tcp --dport 22 -m state \
        --state NEW -m recent --set --name SSH --rsource
iptables -A INPUT -p tcp -m tcp --dport 22 -m recent \
        --rcheck --seconds 30 --hitcount 4 --rttl --name SSH \
        --rsource -j REJECT --reject-with tcp-reset
iptables -A INPUT -p tcp -m tcp --dport 22 -m recent --rcheck \
        --seconds 30 --hitcount 3 --rttl --name SSH --rsource \
        -j LOG --log-prefix "SSH brute force "
iptables -A INPUT -p tcp -m tcp --dport 22 -m recent --update \
        --seconds 30 --hitcount 3 --rttl --name SSH --rsource \
        -j REJECT --reject-with tcp-reset
iptables -A INPUT -p tcp -m tcp --dport 22 -m state --state NEW \
        -m recent --update --seconds 600 --hitcount 3  --rttl \
        --name SSH -j DROP
```

```
# Maximal 10 Verbindungen über Port 445 von einer IP
iptables -A INPUT -p tcp -m tcp --syn --dport 445 -m connlimit \
         --connlimit-above 10 -j REJECT --reject-with tcp-reset

# Erlaube SMB
iptables -A INPUT -p tcp -m tcp --dport 445 -j ACCEPT

# Erlaube SSH
iptables -A INPUT -p tcp -m tcp --dport 22 -j ACCEPT

# Erlaube Ping
iptables -A OUTPUT -p icmp -m icmp --icmp-type 8 -j ACCEPT
```

Neben dem Schutz der eigentlichen Ports habe ich hier noch ein paar zusätzliche Schutzmaßnahmen eingebunden. Übernehmen Sie das Skript bitte nicht 1:1 auf Ihren Fileserver, sondern prüfen Sie, welche der Einstellungen für Sie sinnvoll sind und funktionieren.

22.2 Sicherheit

Bei dem Thema Sicherheit auf einem Samba-Server müssen Sie immer zwei verschiedene Komponenten im Blick behalten: zum einen die Sicherheit des Betriebssystems und zum anderen die Sicherheit des Samba-Dienstes. Es nutzt nichts, wenn Sie Ihren Samba-Dienst komplett absichern, aber ein Angreifer über die Konfiguration Ihres Betriebssystems den Server angreifen kann.

22.2.1 Absichern des Betriebssystems

In der folgenden Übersicht möchte ich Ihnen grundlegende Kriterien zum sicheren Betrieb eines Linux-Systems geben, auf dem Sie anschließend den Samba-Server, egal ob Domaincontroller oder Fileserver, installieren wollen.

- Verwenden Sie auf allen Servern immer dieselbe Distribution und schaffen Sie sich keinen Distributionszoo. Eine einheitliche Distribution ist erheblich einfacher zu warten. Updates werden auf allen Systemen gleich eingespielt, und Sie müssen nicht für jeden Server eigene Update-Regeln erstellen.

- Verwenden Sie auf allen Server dieselbe Quelle für Ihre Samba-Pakete. Wenn Sie die Pakete aus direkt aus der Distribution verwenden wollen, machen Sie das auf allen Servern. Keine gute Idee ist es, auf Produktivsystemen die Samba-Pakete direkt aus den Quellen zu installieren. Denn dann haben Sie immer auch die gesamte Entwicklungsumgebung auf dem Server. Auch kann es Ihnen passieren, dass nach einem System-Update Ihr Samba-Server nicht mehr funktioniert, weil sich beim Update eine Library verändert hat. Wenn Sie Samba direkt aus den Quellen einsetzen wollen, dann bauen Sie sich eigene Pakete und stellen diese am besten über ein eigenes Repository für Ihre Server zur Verfügung.

- Deaktivieren Sie nicht benötigte Protokolle. Wenn Sie jetzt oder in naher Zukunft kein IPv6 einsetzen werden, deaktivieren Sie das Protokoll auf Ihren Servern.
- Verfahren Sie immer nach der Regel: eine Maschine, ein Dienst. Das heißt, ein Domaincontroller ist ein Domaincontroller und niemals gleichzeitig auch Fileserver. Im Zeitalter der Virtualisierung sollte das immer möglich sein.
- Partitionieren Sie Ihr System sinnvoll. Dadurch sorgen Sie dafür, dass ein DDoS-Angriff, der darauf abzielt, über sehr viele Log-Einträge die Platte zu 100 % zu füllen, sein Ziel erreicht. Die folgenden Partitionen sollten Sie mindestens auf Ihren Samba-Servern einrichten. In der Übersicht sehen Sie auch, dass ich einige der Partitionen als *read-only (ro)* gekennzeichnet habe. Dadurch können Angreifer im normalen Betrieb keine Daten auf den Partitionen ablegen. Sie müssen dann nur bei einem Update die entsprechenden Partitionen *read-write* mounten.
  - / (rw)
  - /boot (ro)
  - /usr (ro)
  - /var /rw)
  - /tmp (rw,noexec)
  - /home (rw)

Diese Überlegungen sollten Sie auf jeden Fall in Ihre Planung aufnehmen.

22.2.2 Absichern des Samba-Dienstes

Bei der Absicherung des Samba-Dienstes geht es hauptsächlich um die Absicherung eines Fileservers. Wenn Sie einen Domaincontroller immer auf dem aktuellen Stand halten, das Betriebssystem sicher konfigurieren und keine weiteren Dienste auf dem Server installieren, habe Sie schon dafür gesorgt, dass Ihr Domaincontroller relativ sicher ist. Eine 100%ige Sicherheit werden Sie niemals erreichen.

Auf einem Fileserver gibt es aber ein paar Punkte, die Sie in Ihre Überlegungen einfließen lassen sollten. Die folgenden Dinge können die Sicherheit Ihres Samba-Dienstes erhöhen:

- Wenn die Maschine mehrere Netzwerkkarten besitzt, überlegen Sie, ob der Samba-Dienst sich auf alle Netzwerkkarten binden soll. Wenn das nicht der Fall ist, können Sie die Bindung des Samba-Dienstes mit den Parametern *interfaces = <device/ip-adr>* und *bind interfaces only = yes* einschränken.
- Benötigen Sie wirklich noch NetBIOS in Ihrem Netzwerk? Das Protokoll wird nur dafür verwendet, um Anwendern die Server und Freigaben in der Netzwerkumgebung darzustellen. Wenn Sie alle Freigaben mit *browsable = no* angelegt haben, können Ihre Anwender sie auch nicht mehr in der Netzwerkumgebung sehen. Dann können Sie das Protokoll auch deaktivieren. Spätestens bei einer Umstellung auf IPv6 werden Sie diese Informationen verlieren, da NetBIOS nicht zusammen mit IPv6 funktioniert. Um NetBIOS und den dazugehörigen Port 139 zu deaktivieren, fügen Sie die Parameter aus Listing 22.2 in die [global]-Section Ihrer smb.conf oder die Registry ein:

Listing 22.2 Parameter für die Deaktivierung von NetBIOS

```
disable netbios = yes
smb ports = 445
```

- Verweigern Sie den Zugriff für alte Betriebssysteme wie Windows XP. Dadurch, dass ältere Betriebssysteme wie Windows XP und ältere Samba-Versionen vor 3.2 nur die SMB-Protokolle < 2.1 unterstützen, können Sie diese alten Clients über die Parameter aus Listing 22.3 ausschließen:

Listing 22.3 Deaktivieren alter SMB-Versionen

```
client ipc min protocol = smb2_10
client min protocol = smb2_10
```

Alle diese Punkte zusammen mit einer lokalen Firewall auf dem Fileserver sorgen dafür, dass Sie Ihren Fileserver sicherer in Ihrem Netzwerk betreiben können.

23 Hilfe zur Fehlersuche

Sehr häufig wurde ich nach der letzten Auflage des Buches gefragt, ob ich nicht ein Kapitel zum Thema Fehlersuche in eine neue Auflage bringen kann. Das will ich dann an dieser Stelle, nicht nur für die Fragesteller, tun.

Was habe ich mir für dieses Kapitel überlegt? Es gibt sehr viele Fehler, die bei der Installation und Konfiguration von Samba an den unterschiedlichen Stellen passieren können. Diese Fehler können verschiedene Ursachen haben. Zum einen, dass Sie etwas falsch verstanden oder etwas vergessen haben – passiert mir auch immer mal wieder. Da kommt dann oft so ein Satz wie: Das habe ich doch schon 100 Mal gemacht, warum soll ich das nachlesen? Oft sind das Fehler, die deshalb schwer zu finden sind, weil: Ich hab doch alles richtig gemacht. Dann lesen Sie die Fehlermeldung und fangen an zu suchen und zu überlegen. Für diese Fehler will ich Ihnen hier Hilfen anbieten. Ich werde alle Dienste noch einmal konfigurieren, die gängigen Fehler machen (Ich hoffe, ich treffe alle) und dann die Fehlermeldungen hier einstellen und Ihnen zeigen, wie Sie mithilfe der Fehlermeldungen die Fehler finden.

Dann gibt es die Fehler, die manchmal direkt nach der Installation und dem ersten Start auftauchen und nicht aufgrund von falschen Konfigurationen entstanden sind. Manche dieser Fehler brauchen oft nur etwas Zeit, wie zum Beispiel die Replikation der Datenbank, bis sie sich von ganz alleine beheben. Das sind die Fehler, die einfach mit einer Tasse Kaffee behoben werden können. Auch diese Fehler werde ich versuchen, mithilfe von Fehlermeldungen zu erklären. Aber wie das so manchmal ist, wenn man auf einen Fehler wartet oder ihn gar provozieren will, tritt er bestimmt nicht auf.

Die dritte Art von Fehlern sind die, die Ihnen im laufenden Betrieb das Leben schwer machen können. Diese Fehler kommen oft dadurch zustande, dass entweder Hardware defekt ist oder jemand eine IP-Adresse vergeben hat, die schon reserviert war. Schön sind auch NetBIOS-Fehler, die dadurch entstehen, dass private Windows-Systeme ins Netz gehängt werden und plötzlich ein Adresskonflikt bei den NetBIOS-Namen auftritt. Auch da werde ich versuchen, so viel wie möglich abzudecken. Aber genug der Vorrede – lassen Sie uns beginnen.

23.1 Installations- und Konfigurationsfehler

Wer kennt das nicht? Schnell noch einen neuen Server aufsetzen, der im Netz schon gestern benötigt wurde, oder einen neuen Domaincontroller für den neuen Standort in die Domäne bringen, und dann passiert es unweigerlich: Es kommt zu Fehlern. Jetzt muss es noch schneller gehen als sonst und der Fehler möglichst schnell behoben werden.

23.1.1 Der erste Domaincontroller

Nachdem Sie den Rechner für den ersten Domaincontroller mit den Repositories Ihrer Wahl installiert haben, kann es mit dem `Provisioning` losgehen. Direkt beim Starten des Provisionings gibt es einen Fehler: Der `Realm` wird nicht mit einer Voreinstellung angezeigt, so wie Sie es in Listing 23.1 sehen:

Listing 23.1 Der Realm wird nicht vorgegeben.

```
root@addc-01:~# samba-tool domain provision
Realm:
```

An dieser Stelle sollten Sie das Provisioning auf jeden Fall abbrechen, denn die Werte für den `Realm` und die `Domäne` sollten schon als Voreinstellung erscheinen. Diese Einstellungen werden aus dem Hostname des Systems ermittelt. Testen Sie anschließend den Hostname wie in Listing 23.2:

Listing 23.2 Testen des Hostnames

```
root@addc-01:~# hostname
addc-01
root@addc-01:~# hostname -f
hostname: Name or service not known
```

Was ist hier passiert? Kontrollieren Sie die Datei /etc/hostname und /etc/hosts, ob das System in beiden Dateien denselben Namen hat. Passen Sie den Namen eventuell an. Wenn Sie die Datei /etc/hostname ändern, müssen Sie anschließend das Kommando *hostname -F /etc/hostname* ausführen. Wenn Sie anschließend eine neue Konsole öffnen, werden Sie den geänderten Hostnamen im Prompt sehen. Ändern Sie den Namen in der Datei /etc/hosts, ist der neue Name direkt nach dem Speichern der Datei korrekt auflösbar. Testen Sie den Namen erneut. Erst wenn das Ergebnis so ist wie in Listing 23.3, können Sie die Provisionierung erneut starten:

Listing 23.3 Erneuter Test des Hostname

```
root@addc-01:~# hostname
addc-01
root@addc-01:~# hostname -f
addc-01.example.net
```

Jetzt sehen Sie den FQDN des Systems, aus dem dann bei der Provisionierung die entsprechenden Informationen gezogen werden. Da Sie im Moment nur auf Debian und Distributionen, die auf Debian basieren, den Domaincontroller installieren können, kann es sein, dass Sie jetzt in den nächsten Fehler laufen. Nachdem Sie alle Informationen inklusive des Passworts für den Administrator eingegeben haben, kann es zu einer Python-Fehlermeldung kommen, wie Sie sie in Listing 23.4 sehen:

Listing 23.4 Python-Fehler nach Admin-Passwort

```
ERROR(<class 'samba.provision.ProvisioningError'>): Provision \
failed - ProvisioningError: guess_names: 'realm =' was not \
specified in supplied /etc/samba/smb.conf.  Please remove the \
smb.conf file and let provision generate it
```

Wenn Sie Samba-Pakete aus der Distribution oder die Pakete von Louis van Belle installieren, wird immer eine Datei /etc/samba/smb.conf angelegt. Diese Datei ist aber für den Betrieb als standalone-Server eingerichtet. Diese Datei müssen Sie auf jeden Fall löschen, da bei der Provisionierung eine eigene smb.conf für den Domaincontroller erzeugt wird. Nach dem Löschen der Datei können Sie den nächsten Versuch starten. Jetzt wird die Provisionierung durchlaufen.

Nachdem Sie alle Rechte für den Bind9 geprüft und den Bind9 einmal neu gestartet haben, testen Sie den Start aller Dienste, indem Sie den Rechner neu starten. Anschließend prüfen Sie mit *ps ax | grep samba* und stellen fest, alle Dienste laufen. Jetzt prüfen Sie die Namensauflösung und stellen fest, der Name des Domaincontrollers lässt sich, so wie Sie es in Listing 23.5 sehen, nicht auflösen:

Listing 23.5 Fehler beim ersten Test der Namensauflösung

```
root@addc-01:~# host addc-01
Host addc-01 not found: 3(NXDOMAIN)
root@addc-01:~# host addc-01.example.net
Host addc-01.example.net not found: 3(NXDOMAIN)
```

Prüfen Sie, ob Sie die IP-Adresse des Domaincontrollers als Nameserver in Ihre Systemkonfiguration eingetragen haben. Testen Sie das, indem Sie entweder in die Datei /etc/resolv.conf schauen oder bei Ubuntu 18.04 über das Kommando *systemd-resolve show*. Passen Sie die Einstellung so an, dass die eigene IP als Nameserver eingetragen ist. Haben Sie mehrere IP-Adressen auf Ihrem System eingetragen, überlegen Sie, ob alle Adressen für Clients erreichbar sind und ob die Dienste auf allen IP-Adressen verfügbar sein sollen. Der Domaincontroller trägt alle IP-Adressen, die das System besitzt, in den DNS ein. Wenn jetzt eine der IP-Adressen nicht erreichbar ist, kann es sein, dass der Domaincontroller für die Clients gar nicht oder oft nur langsam erreichbar ist. Das Problem tritt dann aber nicht immer auf, da der Bind9 die IP-Adressen via Round-Robin an die Clients verteilt und sich dadurch die Reihenfolge, wie die IPs an die Clients vergeben werden, immer wieder ändert. Bekommt jetzt ein Client mehrfach die falsche IP als Erste in der Liste, werden die Anmeldung und alle anderen Kontakte unter Umständen sehr langsam. Sie können dieses Problem mit zwei Zeilen in der smb.conf beseitigen. In Listing 23.6 sehen Sie die Einträge, die Sie in der *[global]*-Section vornehmen müssen:

Listing 23.6 Festlegen des Interfaces
```
interfaces = 192.168.56.66
bind interfaces only = yes
```

Vergessen Sie im Anschluss nicht, die nicht benötigten IP-Adressen aus dem DNS zu entfernen. Beim Testen des Kerberos stellen Sie fest, dass die Vergabe des Tickets sehr lange dauert. Die Abfrage des Passworts kommt direkt nach Drücken von RETURN. Die Namensauflösung des SRV-Records des Kerberos-Servers funktioniert, und die Datei /etc/krb5.conf ist auch vorhanden und hat den richtigen Inhalt. Dann ist es sehr wahrscheinlich, dass Sie vergessen haben, in der Datei /etc/hosts den Eintrag auf die IP-Adresse *127.0.1.1* zu entfernen. Sobald Sie den Eintrag entfernen, wird die Abfrage des Kerberos wieder schneller beantwortet. Da der Eintrag in der /etc/hosts bei der Installation des Systems erstellt wird und immer auf den FQDN des Systems zeigt, wird bei einer Anfrage an den Kerberos-Server immer erst versucht, den Server über die IP *127.0.1.1* zu erreichen. Daher die Zeitverzögerung.

Beim Testen des LDAP-Servers wollen Sie das Protokoll *ldaps* anstelle von *ldap* verwenden und bekommen dabei die Fehlermeldung aus Listing 23.7:

Listing 23.7 Fehler bei der Verwendung von ldaps
```
root@addc-01:~# ldbsearch -H ldaps://addc-01 "cn=administrator" -k yes
TLS failed to missing crlfile  - with 'tls verify peer =
    as_strict_as_possible'
Failed to connect to ldap URL 'ldaps://addc-01' - LDAP client internal error:
    NT_STATUS_INVALID_PARAMETER_MIX
Failed to connect to 'ldaps://addc-01' with backend 'ldaps': LDAP client
    internal error: NT_STATUS_INVALID_PARAMETER_MIX
Failed to connect to ldaps://addc-01 - LDAP client internal error:
    NT_STATUS_INVALID_PARAMETER_MIX
```

Auch eine Anmeldung ohne Kerberos, aber mit *-U Administrator* führt zur selben Fehlermeldung. Das ist kein Fehler, sondern so gewollt. Seit dem Badlog-Bug ist die Verwendung von *ldaps* gesperrt. Eine verschlüsselte Anfrage an den LDAP-Server können Sie nur noch mit ldap zusammen mit Kerberos durchführen. Der Grund ist der, dass bei der Verwendung von *ldap* selbstsignierte Zertifikate verwendet werden. Über diese Zertifikate ist ein Man in the middle-Angriff möglich. Deshalb wurde diese Möglichkeit deaktiviert. Wollen Sie trotzdem *ldaps* als Protokoll für die Verbindung zum LDAP-Server verwenden, müssen Sie in der smb.conf die Zeile *ldap server require strong auth = no*. Wollen Sie eigene Zertifikate erstellen und diese einsetzen, finden Sie unter *https://wiki.samba.org/index.php/Configuring_LDAP_over_SSL_(LDAPS)_on_a_Samba_AD_DC* die benötigten Informationen.

Nach erfolgreichem Einrichten des ersten Domaincontrollers können Sie die Benutzer am Windows-Client anmelden, aber die Zeit der Clients wird nicht gesetzt, obwohl Sie den Zeitserver eingerichtet haben und er auch gestartet ist. Das deutet darauf hin, dass der NTP nicht auf den Socket im Verzeichnis /var/lib/samba/ntp_signd zugreifen kann. Prüfen Sie, ob die Gruppe *ntp* das Read- und Execute-Recht am Ordner besitzt, denn nur dann kann der NTP auf den Socket zugreifen. Setzen Sie die Gruppe *ntp* als besitzende Gruppe, und starten Sie den Dienst neu.

23.1.2 Der zweite Domaincontroller

Nachdem der erste Domaincontroller läuft, geht es nun darum zu sehen, was alles passieren kann, wenn Sie während der Installation und Konfiguration Schritte überspringen, vergessen oder nicht korrekt ausführen. Auch hier gilt: Nehmen Sie sich Zeit, dass diese Dinge nicht passieren.

Auch der zweite Domaincontroller soll mit dem Bind9 als DNS-Server eingerichtet werden. Nachdem Sie alle benötigten Pakete installiert und die Grundkonfiguration durchgeführt haben, können Sie das Join starten. Wenn es dabei zu der Fehlermeldung aus Listing 23.8 kommt, haben Sie einen falschen DNS-Server eingetragen. Denken Sie daran, beim Join muss die IP-Adresse eines aktiven Domaincontrollers der Domäne eingetragen sein:

Listing 23.8 Falsch eingetragener DNS-Server

```
root@addc-02:~# samba-tool domain join example.net DC \
            --realm=example.net --dns-backend=BIND9_DLZ \
            -Uadministrator
Finding a writeable DC for domain 'example.net'
ERROR(<type 'exceptions.NameError'>): uncaught exception - \
     global name 'NTSTATUSError' is not defined
```

Nachdem Sie den richtigen DNS-Server eingetragen haben, starten Sie das Join noch einmal.

Jetzt starten Sie den Bind9 und stellen fest, dass die Active-Directory-Zonen nicht als *writeable* im Log erscheinen. Das wird daran liegen, dass Sie die Rechte auf den Verzeichnissen nicht geprüft haben. Im Gegensatz zum ersten Domaincontroller werden bei den weiteren Domaincontrollern die Rechte nicht richtig gesetzt. Prüfen Sie alle Rechte und starten Sie dann den Bind9 neu.

Nachdem Sie den zweiten Domaincontroller komplett installiert und konfiguriert haben, starten Sie den Server neu. Nach dem Neustart prüfen Sie, ob alle SRV-Records vorhanden sind. Dabei stellen Sie fest, dass auf dem ersten Domaincontroller die SRV-Records des zweiten Domaincontrollers fehlen. Als Erstes sollten Sie jetzt eine Zeitlang warten und dann erneut prüfen, ob die Einträge vorhanden sind. Ist das nicht der Fall, prüfen Sie, ob auf beiden Domaincontrollern das Paket dnsutils installiert ist. Das Paket wird dringend benötigt. Ohne das Paket funktioniert auch das automatische Eintragen der Clients in den DNS nicht fehlerfrei.

Sollte das Paket installiert sein, die Namensauflösung auf beiden Domaincontrollern funktionieren und nur die SRV-Records fehlen, können Sie mit den Schritten aus Listing 23.9 die Einträge auf dem Domaincontroller erstellen, auf dem sie fehlen:

Listing 23.9 Erstellen der fehlenden CNAME-Records

```
root@addc-01:/etc/bind# ldbsearch -H \
            /var/lib/samba/private/sam.ldb ö
            '(invocationid=*)' --cross-ncs objectguid
# record 1
dn: CN=NTDS Settings,CN=ADDC-01,CN=Servers,CN=Default-\
            First-Site-Name,CN=Sites,CN=Configuration,\
            DC=example,DC=net
```

```
        objectGUID: 6df82c43-00d8-45ea-9907-1bc2f49f7cc3

        # record 2
        dn: CN=NTDS Settings,CN=ADDC-02,CN=Servers,CN=Default-\
                First-Site-Name,CN=Sites,CN=Configuration,\
                DC=example,DC=net
        objectGUID: f93525aa-7b23-4c78-b6eb-51ed34f6dc7c


        root@addc-01:/etc/bind# host -t CNAME \
                f93525aa-7b23-4c78-b6eb-51ed34f6dc7c.\
                _msdcs.example.net
        Host f93525aa-7b23-4c78-b6eb-51ed34f6dc7c._msdcs.example.net \
                not found: 3(NXDOMAIN)


        root@addc-01:/etc/bind# samba-tool dns add addc-01 \
                _msdcs.example.net f93525aa-7b23-4c78-b6eb-51ed34f6dc7c \
                CNAME ADDC-02.example.net
```

Mit dem ersten Kommando suchen Sie nach den *objectGUID* aller Domaincontroller. Sollte an dieser Stelle nur einer der Domaincontroller auftauchen, sollten Sie die gesamte Installation des entsprechenden Domaincontrollers wiederholen, denn dann sind die Probleme so, dass Sie diese nicht von Hand beheben können. Prüfen Sie dann auf jeden Fall erneut alle Schritte, die Sie durchgeführt haben.

Mit dem zweiten Kommando testen Sie, ob ein *CNAME*-Record für jeden *objectGUID* vorhanden ist. Wie Sie sehen, fehlt der Eintrag für den zweiten Domaincontroller auf dem ersten Domaincontroller. Mit dem dritten Kommando können Sie den Eintrag erstellen. Nach einem Neustart (am besten beider Domaincontroller) ist das Problem behoben, und alle SRV-Records können auf allen Domaincontrollern aufgelöst werden.

23.1.3 Replikation der SYSVOL-Freigabe

Auch bei der Einrichtung der Replikation der SYSVOL-Freigabe kommt es gelegentlich zu Konfigurationsfehlern, die ich in diesem Abschnitt ansprechen möchte.

Nachdem Sie auf dem Domaincontroller, der die FSMO-Rollen hält, den xinetd und den rsync-Server eingerichtet haben, wollen Sie die Verbindung zwischen den beiden Domaincontrollern testen. Sie starten auf dem zweiten Domaincontroller das rsync-Kommando und erhalten dabei die Fehlermeldung aus Listing 23.10:

Listing 23.10 Fehler bei ersten rsync

```
    root@addc-02:~# rsync --dry-run -XAavz --delete-after \
            --password-file=/etc/samba/rsync.pass \
            rsync://sysvol-repl@addc-01/sysvol/ \
            /var/lib/samba/sysvol/

    rsync: safe_read failed to read 1 bytes [Receiver]: \
            Connection reset by peer (104)
```

```
rsync error: error in rsync protocol data stream
            (code 12) at io.c(285) [Receiver=3.1.2]
```

Wenn Sie gleichzeitig das Log vom ersten Domaincontroller geöffnet haben und dabei keine Fehlermeldung sehen, kommen erst gar keine Daten bei dem Dienst an. Die Verbindung wird schon vorher abgebrochen. Wenn Sie keine Firewall haben, die die Verbindung verbieten könnte, prüfen Sie, ob Sie bei der Konfiguration des xinetd die korrekte IP-Adresse eingetragen haben. Denn wenn der xinetd die Verbindung schon unterdrückt, kann der Rsync-Server auch keine Fehlermeldung ausgeben. Ein weiterer möglicher Fehler ist der, dass Sie die Berechtigungen für die Datei, in der sich das Passwort für die Replikation befindet, auf dem zweiten Domaincontroller nicht richtig gesetzt haben. Die Rechte müssen auf *600* gesetzt sein. Da ist die Fehlermeldung dann aber auch sehr eindeutig wie Listing 23.11:

Listing 23.11 Falsche Rechte an der Passwortdatei

```
root@addc-02:~# rsync --dry-run -XAavz --delete-after \
                --password-file=/etc/samba/rsync.pass \
                rsync://sysvol-repl@addc-01/sysvol/ \
                /var/lib/samba/sysvol/

ERROR: password file must not be other-accessible
rsync error: syntax or usage error (code 1) at \
authenticate.c(196) [Receiver=3.1.2]
```

Der nächste Fehler deutet eindeutig auf einen Fehler auf der Rsync-Server Seite hin. In Listing 23.12 sehen Sie erst die Fehlermeldung auf dem Rsync-Client und dann einen Auszug aus dem Log-File des Rsync-Servers:

Listing 23.12 Fehler auf der Serverseite

```
root@addc-02:~# rsync --dry-run -XAavz --delete-after \
                --password-file=/etc/samba/rsync.pass \
                rsync://sysvol-repl@addc-01/sysvol/ \
                /var/lib/samba/sysvol/

@ERROR: auth failed on module sysvol
rsync error: error starting client-server protocol \
(code 5) at main.c(1666) [Receiver=3.1.2]


Sep 06 20:19:38 addc-01 rsyncd[2460]: name lookup failed for \
                192.168.56.67: Name or service not known
Sep 06 20:19:38 addc-01 rsyncd[2460]: connect from UNKNOWN \
                (192.168.56.67)
Sep 06 20:19:38 addc-01 rsyncd[2460]: secrets file must not \
                be other-accessible (see strict modes option)
Sep 06 20:19:38 addc-01 rsyncd[2460]: auth failed on module \
                sysvol from UNKNOWN (192.168.56.67) for \
                sysvol-repl: ignoring secrets file
```

Bei den Fehlermeldungen auf dem Server sehen Sie den eigentlichen Fehler für die fehlgeschlagene Replikation. Auch hier sind die Rechte der Passwortdatei nicht auf *600* gesetzt.

Die ersten beiden Zeilen zeigen einen Fehler, der nicht unmittelbar mit der Replikation zu tun hat, den Sie aber auf jeden Fall noch beheben sollten, wenn Sie diesen Fehler sehen. Die Reverse-Namensauflösung funktioniert nicht für den Domaincontroller. Sie sollten auf jeden Fall die Reverse-Namensauflösung für beide Domaincontroller einrichten. Wenn Sie jetzt die Replikation erneut testen, sehen Sie auf dem Rsync-Client die Einträge, die repliziert werden, und auf dem Rsync-Server die Meldungen aus Listing 23.13:

Listing 23.13 Erfolgreiche Replikation auf dem Rsync-Server

```
Sep 06 20:30:50 addc-01 rsyncd[2540]: connect from \
                addc-02.example.net (192.168.56.67)
Sep 06 20:30:50 addc-01 rsyncd[2540]: rsync on sysvol/ \
                from sysvol-repl@addc-02.example.net \
                (192.168.56.67)
Sep 06 20:30:50 addc-01 rsyncd[2540]: building file list
Sep 06 20:30:50 addc-01 rsyncd[2540]: sent 1384 bytes  \
                received 69 bytes  total size 40
```

Das sind die Fehler, die während der Installation und Konfiguration der Domaincontroller am häufigsten auftreten. Meine Erfahrung der letzten Jahre zeigt aber, dass in 80 % aller Fälle immer der DNS die größte Fehlerquelle ist. Wenn Sie also eine Domäne neu aufsetzen und mehrere Domaincontroller einrichten und auf Probleme stoßen, prüfen Sie als Erstes alles, was mit der Namensauflösung zu tun hat. Dazu gehören nicht nur die DNS-Server, sondern auch die Dateien /etc/hosts und /etc/hostname.

23.1.4 Der Fileserver

Auch bei der Einrichtung eines Fileservers gibt es Fallstricke, die dafür sorgen, dass der Fileserver gar nicht startet oder er seine Dienste nicht bereitstellt. An dieser Stelle will ich Ihnen zeigen, was bei der Einrichtung eines Fileservers so alles passieren kann. Ich werde dabei nicht mehr auf die Installation der Pakete eingehen, hier geht es dann nur noch um die Konfiguration des Dienstes. Dabei spielt es keine Rolle, auf welcher Distribution Sie den Fileserver eingerichtet habe.

Als Erstes sollten Sie immer die Grundkonfiguration des Fileservers durchführen. Das heißt, Sie konfigurieren nur den globalen Bereich und führen den join in die Domäne aus. Erst wenn das gelungen ist, konfigurieren Sie die Freigaben. Nachdem Sie smb.conf vorbereitet haben, starten Sie den ersten Versuch, den Server in die Domäne zu integrieren. Dabei erhalten Sie die Meldung aus Listing 23.14:

Listing 23.14 Erster Versuch des join

```
root@fs-01:~# net ads join -U administrator
Enter administrator's password:
Failed to join domain: failed to lookup DC \
      info for domain 'EXAMPLE' over rpc: \
      {Operation Failed} The requested operation \
      was unsuccessful.
```

Der Domaincontroller konnte nicht gefunden werden. Testen Sie, ob Sie den Namen des Domaincontrollers auflösen und ob Sie den Namen des Domaincontrollers mit einem Ping erreichen können. In diesem Fall kann der Name nicht aufgelöst werden. Ein Blick in die Datei /etc/resolv.conf zeigt, dass kein Domaincontroller als Nameserver eingetragen ist. Sorgen Sie dafür, dass mindestens ein Domaincontroller als Nameserver in Ihrer Konfiguration eingetragen ist. Besser ist es, wenn Sie zwei Domaincontroller als Nameserver eintragen. So kann der zweite Domaincontroller die Rolle des Nameservers übernehmen, wenn der erste Domaincontroller ausfällt oder kurzzeitig vom Netz genommen werden muss. Gerade Fileserver sollten immer mindestens zwei Nameserver eingetragen haben, damit ihr Dienst auch bei Ausfall eines Nameservers noch funktioniert. Wenn Sie die IP-Adresse mindestens eines Domaincontrollers als Nameserver eingetragen haben und dann beim join die Fehlermeldung aus Listing 23.15 erhalten:

Listing 23.15 Weiterer Fehler beim join

```
root@fs-01:~# net ads join -U administrator
Enter administrator's password:
Using short domain name -- EXAMPLE
Joined 'FS-01' to dns domain 'example.net'
No DNS domain configured for fs-01. Unable to perform DNS Update.
DNS update failed: NT_STATUS_INVALID_PARAMETER
```

Sollten Sie die Datei /etc/hosts überprüfen, ob der richtige FQDN mit der richtigen IP-Adresse eingetragen ist. Nur wann ist der FQDN korrekt? Immer dann, wenn das Kommando *hostname -f* den erwarteten Wert zurückgibt. Nachdem Sie den Eintrag in der /etc/hosts so wie in Listing 23.16 angepasst haben, können Sie erneut versuchen, den Fileserver in die Domäne zu bringen:

Listing 23.16 Die korrekte Datei /etc/hosts

```
127.0.0.1          localhost
192.168.56.68      fs-01.example.net   fs-01

# The following lines are desirable for IPv6 capable hosts
::1     ip6-localhost ip6-loopback
fe00::0 ip6-localnet
ff00::0 ip6-mcastprefix
ff02::1 ip6-allnodes
ff02::2 ip6-allrouters
```

Sollte es jetzt zu der Fehlermeldung aus Listing 23.17 kommen, liegt der Fehler nicht am Fileserver, sondern es gibt Probleme auf dem DNS-Server mit dem dynamischen Update:

Listing 23.17 Fehler beim dynamischen Update

```
root@fs-01:~# net ads join -U administrator
Enter administrator's password:
Using short domain name -- EXAMPLE
Joined 'FS-01' to dns domain 'example.net'
DNS Update for fs-01.example.net failed: ERROR_DNS_UPDATE_FAILED
DNS update failed: NT_STATUS_UNSUCCESSFUL
```

Testen Sie als Erstes auf den Domaincontrollern, ob das dynamische Update funktioniert. Führen Sie hierzu das Kommando *samba_dnsupdate –verbose –all-names* aus. Dabei sehen Sie eine Ausgabe aller Einträge des DNS-Servers. In Listing 23.18 sehen Sie einen Ausschnitt der Ausgabe, wichtig ist die Fehlermeldung am Ende:

Listing 23.18 Fehler beim dns-update

```
root@addc-01:~# samba_dnsupdate --verbose --all-names
IPs: ['192.168.56.66']
force update: A addc-01.example.net 192.168.56.66
force update: NS example.net addc-01.example.net
force update: NS _msdcs.example.net addc-01.example.net
force update: A example.net 192.168.56.66
...
update failed: NOTAUTH
Failed nsupdate: 2
Failed update of 29 entries
```

Hier scheint das Update der DNS-Einträge nicht zu funktionieren. Um diesen Fehler zu beheben, gehen Sie so vor wie in Listing 23.19:

Listing 23.19 Fehlerbehebung des dns-update

```
root@addc-01:~# samba_upgradedns --dns-backend=BIND9_DLZ
Reading domain information
DNS accounts already exist
No zone file /var/lib/samba/bind-dns/dns/EXAMPLE.NET.zone
DNS records will be automatically created
DNS partitions already exist
dns-addc-01 account already exists
...

root@addc-01:~# systemctl restart bind9
```

Anschließend sollte das Kommando *samba_dnsupdate –verbose –all-names* ohne Fehler durchlaufen. Prüfen Sie das Update auf allen Domaincontrollern und beheben Sie gegebenenfalls den Fehler auf anderen Domaincontrollern.

Sollte das nicht der Fall sein und Sie erhalten am Ende die Fehlermeldung *update failed: NOTAUTH*, dann stimmt etwas mit der Authentifizierung des Bind9 über Kerberos am Active Directory nicht. Prüfen Sie, ob Sie die Zeile aus Listing 23.20 in der Datei /etc/bind/named.conf.options korrekt eingetragen haben:

Listing 23.20 Kerberos-Authentifizierung für den Bind9

```
tkey-gssapi-keytab "/var/lib/samba/private/dns.keytab";
```

Wenn der Eintrag vorhanden ist, kann es noch sein, dass der Bind9-User die keytab-Datei nicht lesen kann. Prüfen Sie die Berechtigungen, und setzen Sie die Rechte. Damit sollte der Fehler dann auch behoben sein.

Jetzt können Sie erneut das `join` am Fileserver durchführen. Erst wenn die Ausgabe des Kommandos so ist, wie Sie es in Listing 23.21 sehen, dann können Sie weiter testen:

Listing 23.21 Erfolgreiches Join

```
root@fs-01:~# net ads join -U administrator
Enter administrator's password:
Using short domain name -- EXAMPLE
Joined 'FS-01' to dns domain 'example.net'

root@fs-01:~# net ads testjoin
Join is OK
```

Nachdem Sie die Datei /etc/nsswitch.conf für die Verwendung von Winbind angepasst haben, stellen Sie fest, dass der Benutzer zwar mit *wbinfo -i <ad-user>* angezeigt wird, aber das Mapping auf die UID nicht zu funktionieren scheint, so wie Sie es in Listing 23.22 sehen:

Listing 23.22 Kein ID-Mapping

```
root@fs-01:~# wbinfo -n test-u1
S-1-5-21-831035265-3946242641-4171447920-1408 SID_USER (1)

root@fs-01:~# wbinfo -i test-u1
failed to call wbcGetpwnam: WBC_ERR_DOMAIN_NOT_FOUND
Could not get info for user test-u1

root@fs-01:~# getent passwd test-u1
-
```

Diese Fehlermeldung ist leider absolut irreführend. Die Domäne ist da, das zeigt das Auflisten der Benutzer mit *wbinfo -n test-u1*. Auch ein *wbinfo -p* ist erfolgreich. Der Winbind scheint zu laufen, und die Domäne ist erreichbar. Dann kann es nur an den Einstellungen für das ID-Mapping in der smb.conf liegen. In Listing 23.23 sehen Sie die momentanen Einstellungen für das ID-Mapping in der Datei:

Listing 23.23 Einstellungen für das ID-Mapping

```
idmap config * : range = 10000 - 19999
idmap config EXAMPLE : backend = rid
idmap config EXAMPLE : range =  1000 - 1999
```

Hier sehen Sie, dass die *range* für die Domäne *EXAMPLE* zu klein gewählt wurde. Die UID errechnet sich aus dem RID des Benutzers, im Falle des Benutzers *test-u1* die *1408*, plus dem ersten Wert aus der *range*, also der *1000*. Daraus entsteht ein Wert von *2408*. Dieser Wert liegt außerhalb der *range* von *1999*. Somit kann der Benutzer nicht mehr gemappt werden. Wenn Sie den Bereich angeben, achten Sie darauf, den Wert groß genug zu wählen. Besonders wenn Sie eine Migration von Samba3 mit openLDAP durchgeführt haben, kann der RID schon mal einen Wert von größer 100000 haben. Nachdem Sie den Bereich angepasst haben, stoppen Sie den Winbind, führen das Kommando *net cache flush* aus und starten dann den Winbind neu.

Ein anderer Fehler bei der Konfiguration des ID-Mappings ist der, dass Sie den zweiten Wert kleiner angeben als den ersten Wert. Dann wird zwar der Benutzer mit *wbinfo -i <ad-user>* eventuell angezeigt, aber die UID passt nicht zu dem RID des Benutzers. Prüfen Sie also immer bei einem Benutzer, ob die Werte der UID mit dem RID übereinstimmen.

Das sind die größten Fehler und Probleme, die beim Hinzufügen eines Fileservers oder auch eines Linux-Clients passieren können. Damit ist jetzt der Fileserver Mitglied der Domäne.

■ 23.2   Fehler im laufenden Betrieb

Frage nicht, ob dein System ausfallen kann, sondern frage: Wann wird mein System ausfallen und warum? Nur wenn Sie auf Fehler im System vorbereitet sind, können Sie zu dem Zeitpunkt, an dem wirklich ein Fehler auftritt, richtig reagieren.

Um möglichst schnell auf Fehler reagieren zu können, benötigen Sie auf jeden Fall ein Monitoring, das für Ihre Umgebung passend ist. Ein «Monitoring by User», sprich Sie reagieren erst, wenn sich ein Mitarbeiter oder Kunde meldet, ist nicht der richtige Weg für ein Monitoring. An dieser Stelle im Buch geht es nicht um die Einrichtung eines Monitorings, denn das ist nicht die Intention dieses Buches. Hier soll es darum gehen, dass Sie die Fehlermeldungen, die Ihnen das System gibt, verstehen und angemessen darauf reagieren können.

Alle Fehler werde ich an dieser Stelle nicht ansprechen können, da manche Fehler nur schwer zu reproduzieren sind.

23.2.1   Fehler bei der Replikation

Sie stellen im laufenden Betrieb fest, dass Benutzer, die Sie auf dem Domaincontroller «A» anlegen, auf dem Domaincontroller «B» nicht aufgelistet werden. Ein Benutzer, den Sie auf Domaincontroller «B» anlegen, wird aber auf dem Domaincontroller «A» aufgelistet. Daraufhin versuchen Sie, die Replikation per Hand durchzuführen, und erhalten dabei die Fehlermeldung aus Listing 23.24:

Listing 23.24 Fehler in der Replikation

```
root@addc-01:/tmp# samba-tool drs replicate addc-02 addc-01 dc=example,dc=net
ERROR(<class 'samba.drs_utils.drsException'>): DsReplicaSync \
    failed - drsException: DsReplicaSync failed \
    (58, 'WERR_BAD_NET_RESP')
  File "/usr/lib/python2.7/dist-packages/samba/netcmd/drs.py", \
    line 389, in run
    drs_utils.sendDsReplicaSync(server_bind, server_bind_handle, \
    source_dsa_guid, NC, req_options)
  File "/usr/lib/python2.7/dist-packages/samba/drs_utils.py", \
    line 87, in sendDsReplicaSync
    raise drsException("DsReplicaSync failed %s" % estr)
```

Egal von welchem der beiden Domaincontroller aus Sie die Replikation versuchen, immer kommt dieselbe Fehlermeldung. Drehen Sie die Richtung, klappt die Replikation. Es sieht so aus, als wenn die Datenbank nicht mehr wachsen kann, denn Benutzer werden nicht mehr vollständig angezeigt. Dass bei der Replikation beide Domaincontroller richtig reagieren und kommunizieren, sehen Sie daran, dass das Kommando *samba-tool drs showrepl* keinen Fehler anzeigt.

Prüfen Sie jetzt, ob Sie noch freien Speicher auf der Festplatte haben. Denn wenn auf einem Domaincontroller kein Platz mehr verfügbar ist, kann die Datenbank nicht wachsen, und somit können auch keine neuen Objekte angelegt werden. Sorgen Sie dafür, dass wieder genug freier Festplattenplatz vorhanden ist. Starten Sie den Samba-Dienst neu und testen Sie die Replikation erneut. Jetzt sollte die Replikation wieder vollständig durchlaufen und alle Benutzer auf allen Domaincontrollern vorhanden sein.

Tipp
Um das Problem besser in den Griff zu bekommen, kann es sinnvoll sein, für das Verzeichnis, in dem sich Ihre Datenbanken befinden, eine eigene Partition einzurichten. Auch sollten Sie immer einen Blick auf den «Füllstand» Ihres Systems haben.

23.2.2 Berechtigungsprobleme bei den ACLs

Nachdem Sie eine neue GPO erzeugt haben, testen Sie die Berechtigungen für die Einträge in der Freigabe SYSVOL für die GPOs. Dabei erhalten Sie die Ausgabe aus Listing 23.25:

Listing 23.25 Testen der Berechtigungen der GPOs

```
root@addc-01:~# samba-tool gpo aclcheck
ERROR(runtime): uncaught exception - (3221225506, \
    '{Access Denied} A process has requested access to an object \
    but has not been granted those access rights.')
  File "/usr/lib/python2.7/dist-packages/samba/netcmd/__init__.py", \
    line 176, in _run
    return self.run(*args, **kwargs)
  File "/usr/lib/python2.7/dist-packages/samba/netcmd/gpo.py", \
    line 1148, in run
    fs_sd = conn.get_acl(sharepath, security.SECINFO_OWNER | \
    security.SECINFO_GROUP | security.SECINFO_DACL, \
    security.SEC_FLAG_MAXIMUM_ALLOWED)
```

Dabei handelt es sich um keinen Fehler, denn für die Abfrage der Berechtigungen der GPOs müssen Sie sich authentifizieren, ohne Authentifizierung bekommen Sie hier keine korrekte Ausgabe. Ein erneuter Versuch mit Authentifizierung führt zu der Ausgabe aus Listing 23.26:

Listing 23.26 Erneuter Test mit Authentifizierung

```
root@addc-01:~# samba-tool gpo aclcheck -Uadministrator
Password for [EXAMPLE\administrator]:
ERROR: Invalid GPO ACL O:DAG:DAD:PAI(A;OICI;0x001f01ff;;;DA)\
(A;OICI;0x001f01ff;;;EA)(A;OICIIO;0x001f01ff;;;CO)\
(A;OICI;0x001f01ff;;;DA)(A;OICI;0x001f01ff;;;SY)\
(A;OICI;0x001200a9;;;ED)(A;OICI;0x001200a9;;;S-1-5-21-1129951053-\
411964844-750776748-1105)(A;OICI;0x001200a9;;;DC) on path \
```

```
(example.net\Policies\{B30A27B8-8221-42B7-BA9F-BC6D2E9D7227}), \
should be O:DAG:DAD:PAR(A;OICI;0x001f01ff;;;DA)\
(A;OICI;0x001f01ff;;;EA)(A;OICIIO;0x001f01ff;;;CO)\
(A;OICI;0x001f01ff;;;DA)(A;OICI;0x001f01ff;;;SY)\
(A;OICI;0x001200a9;;;ED)(A;OICI;0x001200a9;;;S-1-5-21-\
1129951053-411964844-750776748-1105)(A;OICI;0x001200a9;;;DC)
```

Ein Test mit *samba-tool ntacl sysvolcheck* führt zur selben Fehlermeldung. Bei diesem Fehler handelt es sich um einen Hinweis auf einen Fehler in den Berechtigungen der hier aufgeführten GPO. Wobei die GPO hier mit ihrer ID und nicht mit ihrem Namen aufgeführt wird. Der Fehler, der hier auftritt, wird hier genau beschrieben. Es wird eine bestimmte ACL erwartet, nämlich *O:DAG:DAD:PAR*, aber gesetzt ist *O:DAG:DAD:PAI*. Der Unterschied ist lediglich, dass *PAI* gesetzt ist, aber *PAR* erwartet wird. Was bedeutet das? Dazu müssen wir die Meldung etwas weiter zerlegen: *O:DA* zeigt an, dass es sich um Rechte für den Besitzer, in diesem Fall die Gruppe Domain Admins handelt. Dann wird die besitzende Gruppe mit *G:DA*, wiederum die Domain Admins, angegeben. Dann kommen die BerechtigungenDACLs *D:PAI*, die gesetzt sind. Das bedeutet *P* (Protect against inheriting) *AI* (Automatically propagate the ACL to child object). Erwartet wird aber die Berechtigungen *AR*. Aber *AR* bedeutet das Gleiche wie *AI*. Nur wird hier noch geprüft, ob das Dateisystem die automatische Propagierung der ACLs auch unterstützt, was alle Dateisysteme unter Linux können. Das Ganze ist also kein Fehler, sondern nur eine Warnung. Bis zur Version 4.8 besteht der Bug immer noch. Die Meldung ist nicht schön, aber kein Fehler. Wenn Sie die Warnung und somit die Rechte beheben wollen, können Sie das mit dem Kommando *samba-tool ntacl sysvolreset* erledigen. Aber immer, wenn Sie eine GPO editieren, wird die Warnung wieder auftauchen.

23.2.3 Ungleiche Zeit auf den Domaincontrollern

Sie stellen fest, dass beim Anlegen Benutzer nicht auf einen Ihrer Domaincontroller repliziert werden. Sie testen daher die Replikation auf dem Domaincontroller, der die neuen Objekte nicht erhalten hat, so wie Sie es in Listing 23.27 sehen, und stellen fest, dass die Replikation dann zu funktionieren scheint, aber das Objekt wird trotzdem nicht aufgelistet:

Listing 23.27 Replikation auf dem defekten DC

```
root@addc-02:~# samba-tool drs replicate addc-02 \
             addc-01 dc=example,dc=net
Replicate from addc-01 to addc-02 was successful.
```

Im nächsten Schritt testen Sie die Replikation auf dem Domaincontroller, auf dem Sie das Objekt, das nicht repliziert wird, angelegt haben. Dabei erhalten Sie die Fehlermeldung aus Listing 23.28:

Listing 23.28 Replikation auf intakten DC

```
root@addc-01:~# samba-tool drs replicate addc-02 \
             addc-01 dc=example,dc=net
Failed to bind - LDAP client internal error: \
```

```
                NT_STATUS_TIME_DIFFERENCE_AT_DC
Failed to connect to 'ldap://addc-02' with backend \
              'ldap': LDAP client internal error: \
                NT_STATUS_TIME_DIFFERENCE_AT_DC
ERROR(ldb): LDAP connection to addc-02 failed -\
              LDAP client internal error: \
                NT_STATUS_TIME_DIFFERENCE_AT_DC
```

Wie Sie an der Meldung sehen, scheint die Zeit auf dem Domaincontroller, der das Objekt nicht erhalten hat, nicht mehr zu stimmen. Prüfen Sie die Zeit, setzen die Zeit neu und ergründen Sie, warum der Domaincontroller nicht mehr die korrekte Zeit hat. Gründe hierfür können sein:

- Der Zeitserver, der in Ihrem Netz läuft, funktioniert nicht mehr oder ist nicht erreichbar.
- Sie synchronisieren die Zeit direkt mit einem Zeitserver im Internet, aber Ihre Firewall wurde umkonfiguriert und der Port für den NTP-Dienst geschlossen.
- Prüfen Sie, ob der Dienst *systemd-timesyncd.service* auf dem Server läuft. Sollte das nicht der Fall sein, starten Sie den Dienst neu und überprüfen Sie, ob der Dienst aufgrund eines Fehlers auf Ihrem Domaincontroller ausgefallen ist.

Nach der Behebung des Fehlers funktioniert die Replikation wieder wie gewohnt.

Aber warum ist die Zeit so wichtig? Alle Dienste des Active Directory werden über Kerberos abgesichert. Bei der Kommunikation zwischen zwei durch Kerberos abgesicherten Systemen darf der Zeitunterschied nicht größer als 5 Minuten sein, sonst klappt die Kommunikation nicht. Wenn Sie ein neues Objekt anlegen, dann wird nur die lokale Zeit benötigt. Erst bei der Replikation wird die Zeit zwischen den Domaincontrollern relevant. Da klappt dann die Replikation nicht. Aber warum war die Replikation auf dem defekten Domaincontroller dann erfolgreich? Der defekte Domaincontroller hat keine Änderungen und will somit auch keine übertragen, und daher kommt es gar nicht bis zu dem Punkt, wo die Zeit relevant wird.

Sie sehen, die hier von mir im Buch erklärten Fehler lassen sich alle über die Meldungen zurückverfolgen und beheben. Lesen Sie die Fehlermeldungen, und prüfen Sie Ihre Logs, und Sie werden Fehler einfacher finden.

24 Jetzt alles zusammen

In den vorherigen Kapiteln wurden die einzelnen Schritte nahezu unabhängig voneinander bearbeitet. In diesem Kapitel soll es darum gehen, eine komplette Domäne für ein kleines Unternehmen zu erstellen. Der Schwerpunkt liegt hier auf der Dokumentation und der Sicherung der Konfigurationen. Nachdem Sie in den vorigen Kapiteln gesehen haben, wie die einzelnen Aufgaben mit Samba4 realisierbar sind, möchte ich Ihnen jetzt anhand eines fiktiven Unternehmens die komplette Realisierung einer Domäne erklären. Ich werde hier keine Beschreibungen mehr zu den einzelnen Techniken geben, sondern nur noch Überlegungen zur Vorgehensweise anstellen.

Trotzdem soll es so sein, dass Sie mit diesem Workshop in der Lage sind, die einzelnen Schritte genau nachzuvollziehen. Hier geht es nicht nur um die technische Realisierung, auch die Planung der Umgebung soll Einfluss nehmen.

Ich werde immer wieder an den verschiedensten Stellen darauf hinweisen, welche Informationen Sie in eine entsprechende Dokumentation aufnehmen sollten und welche Dateien bei der Konfiguration verändert und gesichert werden sollten. Wie Sie letztendlich die Sicherung der Konfigurationsdateien vornehmen, ist egal: Hauptsache, Sie denken daran, Konfigurationsdateien zu sichern und Vorgänge zu dokumentieren.

In diesem Kapitel geht es hauptsächlich um die Dokumentation der Dienste und nicht um Verwaltung in allen Einzelheiten. Dieses Kapitel soll die zusammenhängende Installation aller Systeme und Dienste zeigen.

24.1 Das Unternehmen

Die Firma Wernersen, ein führendes Unternehmen im Gas-, Wasser- und Schwimmbadbau, möchte ihre alte IT-Umgebung, die aus ein paar alten Windows-7-Rechnern besteht, auf ein modernes Konzept mit zentraler Benutzer- und Ressourcenverwaltung umstellen. Um Lizenzkosten zu sparen, sollen alle Server unter Linux zusammen mit Samba4 laufen. Die Mitarbeiter sollen neue PCs mit Windows 10 erhalten. Im Unternehmen sind 82 Mitarbeiter beschäftigt.

Tabelle 24.1 zeigt die Abteilungen des Unternehmens.

Tabelle 24.2 gliedert die Bereiche des Unternehmens auf.

Die folgenden Anforderungen an die neue Umgebung wurden gestellt:

Tabelle 24.1 Abteilungen in der Firma Wernersen

Abteilung	Anzahl der Mitarbeiter	Anzahl der PCs
Geschäftsleitung	2	3
Verwaltung	10	10
Kundendienst	15	3
Neubauinstallation	55	3

Tabelle 24.2 Bereiche in der Firma Wernersen

Bereich	Anzahl der Mitarbeiter	Anzahl der PCs
Lohn und Gehalt	2	2
Personal	2	2
Vertrieb	4	4
Rechnungswesen	2	2

- Es sollen zwei Domaincontroller eingerichtet werden. Da ein Cluster für die Daten verwendet werden soll, ist die Verwendung des Bind9 als DNS-Server unumgänglich, da der interne DNS-Server kein Round-Robin unterstützt.
- Für die Daten soll ein Cluster-Fileserver eingerichtet werden.
- Ein zusätzlicher einfacher Fileserver soll als Printserver eingerichtet werden.
- Alle Benutzer erhalten ihr eigenes Heimatverzeichnis auf dem Cluster.
- Jede Abteilung hat ein Verzeichnis, auf das alle aus der Abteilung ändernd zugreifen dürfen. Die anderen Abteilungen erhalten hier keine Rechte.
- Auf den Datenbereich der Geschäftsleitung darf niemand außer der Geschäftsleitung zugreifen.
- Jeder Bereich aus der Abteilung Verwaltung bekommt zusätzlich einen eigenen Datenbereich. In diesem Datenbereich dürfen Mitarbeiter des eigenen Bereichs schreiben. Die Mitarbeiter der anderen Bereiche der Verwaltung dürfen hier lesen.
- Es soll noch ein Verzeichnis geben, auf das alle Benutzer des gesamten Unternehmens lesend und schreibend zugreifen dürfen.
- Die Geschäftsleitung soll auf allen Verzeichnissen das Leserecht haben.
- Die Benutzerprofile sollen auf dem Cluster liegen.
- Die Verbindung zu den Freigaben und Druckern soll ausschließlich über Gruppenrichtlinien realisiert werden.
- Einrichtung der folgenden Gruppenrichtlinien:
  - Abschalten der Systemsteuerung für alle Benutzer
  - Auf den Computern der Bereiche Lohn und Gehalt und Personal soll der letzte Benutzername im Anmeldefenster nicht angezeigt werden.
  - Bei einer gesperrten Sitzung soll es keine Anzeige geben, welcher Benutzer gerade angemeldet ist und die Sitzung gesperrt hat.
  - Alle benötigten Drucker und Freigaben sollen über Gruppenrichtlinien bereitgestellt werden, wobei es für jede Abteilung nur eine Gruppenrichtlinie geben soll, die sowohl die Drucker als auch die Freigaben bereitstellt.

- Es gibt folgende Drucker:
  - einen für Personal und Lohn und Gehalt
  - einen für die Geschäftsleitung
  - einen für den Vertrieb und das Rechnungswesen
  - einen für den Kundendienst
  - einen für die Abteilung Neubauinstallation

24.2 Planung des Active Directorys

Als Erstes müssen Sie sich Gedanken machen, wie Sie das Active Directory strukturieren wollen. Hier müssen Sie gleich darüber nachdenken, für welche Bereiche Sie eventuell Gruppenrichtlinien einrichten müssen. In unserem Beispiel kann die Struktur recht einfach aufgebaut werden, da die Abteilungen nicht übergreifend tätig sind und keine Projektgruppen existieren, die sich aus verschiedenen Abteilungen zusammensetzen.

Planen Sie für alle Objekte, die Sie im AD anlegen wollen, einen einheitlichen Namensstandard. Das gilt sowohl für Server und Clients als auch für Benutzer und Gruppen.

Auch bei den Gruppenrichtlinien sollten Sie mit eindeutigen Namen arbeiten. Denken Sie immer daran, dass Sie sich auch in einem Jahr noch im System zurechtfinden wollen.

Für das Beispielunternehmen habe ich den Namensstandard wie in Tabelle 24.3 festgelegt:

Tabelle 24.3 Namensstandard

Objekt	Standard	Beispiel
Benutzer	1. Buchstabe Vorname plus Nachname	Peter Müller (pmüller)
Gruppen	Abteilungsname oder Funktion	Neubauinstallation
Domaincontroller	dc-##	dc-01
Fileserver	fs-##	fs-01
Printserver	ps-##	ps-01
Cluster	cluster-##	cluster-01
Clients	<zwei Buchstaben der Abteilung>-##	gl-01
Gruppenrichtlinien	Aufgabe der Gruppenrichtlinie	LW-Verwaltung
Freigaben	Verwendungszweck	Verwaltung

Halten Sie den Namensstandard wie alle anderen Konfigurationsinformationen in einer Dokumentation fest. Nur so können Sie Ihr Netz später schnell und einfach erweitern und finden auch später alles, ohne groß suchen zu müssen. Vor der Installation müssen Sie sich Gedanken über den DNS-Namensraum machen, denn dadurch legen Sie auch den Namen für die NetBIOS-Domäne und den Kerberos-Realm fest. Legen Sie die IP-Adressbereiche für Server und Clients und eventuell auch für Router fest, und dokumentieren Sie sie. Alle Passwörter, die Sie bei der Installation verwenden, sollten Sie aufschreiben und sicher verwahren. Der letzte Schritt Ihres Projekts sollte auf jeden Fall das Ändern aller administrativen Passwörter sein.

Informationen für die Dokumentation

- DNS-Namensraum
  wernersen.lokal
- Kerberos-Realm
  WERNERSEN.LOKAL
- NetBIOS-Name der Domäne
  WERNERSEN
- Name des ersten Domaincontrollers
  dc-01
- Name des zweiten Domaincontrollers
  dc-02
- Name des ersten Fileservers
  fs-01
- IP-Adressbereiche der Domaincontroller
  192.168.58.200 bis 192.168.58.210
- IP-Adressbereiche der Fileserver
  192.168.58.211 bis 192.168.58.230
- IP-Adressbereiche der Cluster
  192.168.58.231 bis 192.168.58.250
- IP-Adressbereiche für das Heartbeat-Netzwerk
  192.168.59.231 bis 192.168.59.250
- IP-Adressbereiche der Clients
  192.168.123.170 bis 192.168.123.229
- IP-Adressbereiche der Drucker
  192.168.123.230 192.168.123.249

Achten Sie bei der Verteilung der IP-Adressbereiche darauf, genügend Adressen für weitere Systeme aus den verschiedenen Kategorien freizuhalten. Denken Sie daran, wenn Sie Cluster einrichten, dass Sie dann immer ein eigenes Netz für die Kommunikation der Knoten aus den Clustern bereitstellen.

■ 24.3   Installation des ersten Domaincontrollers

Zu Beginn sollen die beiden Domaincontroller installiert und konfiguriert werden. Dazu werden zwei Systeme mit der gewünschten Distribution installiert. Installieren Sie die Samba-Pakete und die Bind9-Pakete für die Domaincontroller auf beiden Systemen. Im Anschluss daran starten Sie das Provisioning. Alle wichtigen, in der Vorbereitung geplanten Informationen wurden aus der Grundkonfiguration des Servers herausgelesen und während des Provisionings in das Active Directory übernommen. Auch die Einstellungen für den DNS-Namensraum wurden übernommen. Stellen Sie sicher, dass der Bind9 auf alle Datenbanken des Active Directory zugreifen kann. Jetzt müssen Sie noch dafür sorgen, dass der Dienst des Domaincontrollers aktiviert wird, sodass der Dienst auch bei jedem Neustart gestartet wird. Je nachdem, über welchen Weg Sie Samba installiert haben, wählen Sie dafür den entsprechenden Weg. Dann können Sie den Domaincontroller das erste Mal starten. Testen Sie die Erreichbarkeit des Domaincontrollers.

Sorgen Sie jetzt dafür, dass der Domaincontroller sich selbst als Nameserver für alle DNS-Anfragen verwendet. Testen Sie auch, ob Anfragen ins Internet an den Forwarder weitergeleitet werden. Erst wenn die Namensauflösung vollständig funktioniert, dürfen Sie mit dem nächsten Schritt weitermachen.

Testen Sie den DNS-Server, indem Sie den Namen des Domaincontrollers auflösen. Kopieren Sie dann die Datei /var/lib/samba/private/krb5.conf in das Verzeichnis /etc. Fordern Sie mit dem Kommando *kinit* ein Kerberos-Ticket an.

24.4 Einrichtung des Zeitservers

Für den Zeitserver der Domäne soll der erste Domaincontroller als Zeitserver konfiguriert werden. In Listing 24.1 sehen Sie noch einmal die Konfigurationsdatei für den Zeitserver:

Listing 24.1 Konfiguration des Zeitservers

```
server 127.127.1.0
fudge  127.127.1.0 stratum 10
server 0.pool.ntp.org   iburst prefer
server 1.pool.ntp.org   iburst prefer
driftfile /var/lib/ntp/ntp.drift
logfile /var/log/ntp
ntpsigndsocket /var/lib/samba/ntp_signd/
restrict default kod nomodify notrap nopeer mssntp
restrict 127.0.0.1
restrict 0.pool.ntp.org mask 255.255.255.255 nomodify notrap nopeer noquery
restrict 1.pool.ntp.org mask 255.255.255.255 nomodify notrap nopeer noquery
```

Vergessen Sie vor dem Neustart des Dienstes nicht, die Rechte an dem Verzeichnis /var/lib/samba/ntp_signd anzupassen, da sonst der ntp nicht auf den Socket des Samba-Servers zugreifen kann.

Informationen für die Dokumentation des ersten Domaincontrollers

- Alle zusätzlich installierten Pakete
- Die vergebene IP-Adresse und der NetBIOS-Name
- Eventuell vorhandene Router
- Forwarder für den DNS
- Zugangsdaten für das SerNet-Konto, wenn Sie die SerNet-Pakete verwenden

Nach Abschluss der Installation zu sichernde Dateien:

- Listen der Repositories, wenn Sie spezielle Quellen wie die SerNet-Pakete eingetragen haben

- Die Konfiguration der Netzwerkkarten
- Erstmalige Sicherung der Datenbanken
- /etc/samba/smb.conf
- /var/lib/samba/private/krb5.conf
- /etc/ntp.conf

Damit ist die Konfiguration des ersten Domaincontrollers abgeschlossen, und Sie können mit der Installation und Konfiguration des zweiten Domaincontrollers, inklusive der Replikation, beginnen.

24.5 Installation des zweiten Domaincontrollers

Bereiten Sie den zweiten Domaincontroller für die Installation der Samba- und Bind9-Pakete vor, und installieren Sie anschließend einen Domaincontroller. Führen Sie jetzt noch kein `join` durch, vorher müssen Sie die DNS-Einträge auf dem ersten Domaincontroller erstellen.

Damit Sie den zweiten Domaincontroller in die Domäne aufnehmen können, sollte dieser auch über den Domain-eigenen DNS-Server, in diesem Fall den ersten Domaincontroller, auflösbar sein. Bevor Sie den zweiten Domaincontroller in die Domäne bringen, müssen Sie zunächst den Nameserver auf dem ersten Domaincontroller anpassen. Bei der Installation des Nameservers wird keine `Reverse-Lookupzone` angelegt. Da Sie diese aber benötigen, können Sie in diesem Schritt die Zone gleich mit anlegen. In Listing 24.2 sehen Sie alle Kommandos für die Erweiterung des Nameservers auf dem ersten Domaincontroller:

Listing 24.2 dns-Erweiterung

```
root@dc-01:~# kinit administrator
administrator@WERNERSEN.LOKAL's Password:

root@dc-01:~# samba-tool dns zonecreate dc-01 58.168.192.in-addr.arpa -k yes
Zone 58.168.192.in-addr.arpa created successfully

root@dc-01:~# samba-tool dns add dc-01 58.168.192.in-addr.arpa 200 PTR\\
          dc-01.wernersen.lokal -k yes
Record added successfully

root@dc-01:~# samba-tool dns add dc-01 58.168.192.in-addr.arpa 201 PTR\\
          dc-02.wernersen.lokal -k yes
Record added successfully

root@dc-01:~# samba-tool dns add dc-01 wernersen.lokal dc-02\\
          A 192.168.58.201 -k yes
Record added successfully
```

Hier wurde jetzt die neue Zone angelegt, der Reverse-Eintrag für den ersten Domaincontroller zur neuen Zone hinzugefügt und die Einträge in der Forward- und Reverse-Lookupzone für den zweiten Domaincontroller erstellt. Testen Sie, ob Sie die Namen und IP-Adressen der beiden Domaincontroller auflösen können.

Jetzt können Sie den neuen Domaincontroller zur Domäne hinzufügen. Kopieren Sie anschließend die Datei /var/lib/samba/private/krb5.conf in das Verzeichnis /etc. Prüfen Sie wieder die Berechtigungen für den Bind9. Gerade bei einem zweiten Domaincontroller kommt es oft dazu, dass die Rechte nicht korrekt gesetzt werden.

Passen die Netzwerkkonfiguration des zweiten Domaincontrollers so an, dass seine eigene IP-Adresse als DNS-Server verwendet wird. Tragen Sie niemals die IP-Adresse des anderen Domaincontrollers als DNS-Server ein. Sollte der erste Domaincontroller ausfallen, kann der zweite Domaincontroller dann keine Namen mehr auflösen. Selbst wenn der Dienst auf dem zweiten Domaincontroller fehlerfrei läuft, wäre die Funktion des Domaincontrollers nicht mehr gegeben. Nach dem Neustart des Netzwerkdienstes sollten Sie testen, ob die Namensauflösung in der Domäne auch auf dem zweiten Domaincontroller funktioniert. Erst wenn die Namensauflösung fehlerfrei funktioniert, dürfen Sie weitermachen. Führen Sie jetzt die Tests aus dem Kapitel 7, «Verwaltung von Domaincontrollern», durch, um sicher zu sein, dass die Replikation der Datenbank funktioniert und die SRV-Einträge für beide Server vorhanden sind. Damit ist die Konfiguration des zweiten Domaincontrollers abgeschlossen. Im nächsten Schritt soll jetzt die Replikation der sysvol-Freigabe zwischen den beiden Domaincontrollern eingerichtet werden.

Informationen für die Dokumentation des zweiten Domaincontrollers

- Alle zusätzlich installierten Pakete
- Vergebene IP-Adressen und der NetBIOS-Name
- Eventuell vorhandene Router
- Forwarder für den DNS
- Standort des Servers

Nach Abschluss der Installation zu sichernde Dateien:

- Repository-Listen
- Netzwerkkonfiguration
- /etc/samba/smb.conf

24.5.1 Replikation der Freigabe sysvol

Für die Replikation der Freigabe sysvol verfahren Sie so wie in Abschnitt 7.3. Da immer der erste Domaincontroller alle FSMO-Rollen der Domäne hält, müssen Sie hier auch den ersten Domaincontroller als Master für die Replikation einrichten. In Listing 24.3 sehen Sie die Datei/etc/xinetd.d/rsync:

Listing 24.3 Konfiguration des rsync für xinetd

```
service rsync
{
    disable          = no
    only_from        = 192.168.58.201
    socket_type      = stream
    wait             = no
    user             = root
    server           = /usr/bin/rsync
    server_args      = --daemon
    log_on_failure  += USERID
}
```

Achten Sie darauf, dass Sie nur dem zweiten Domaincontroller das Recht für die Replikation einräumen. In Listing 24.4 sehen Sie die Datei /etc/rsyncd.conf:

Listing 24.4 Inhalt der Konfigurationsdatei rsyncd.conf

```
[sysvol]
path = /var/lib/samba/sysvol/
comment = Samba sysvol
uid = root
gid = root
read only = yes
auth users = sysvol-repl
secrets file = /etc/samba/rsync.secret
```

Hinweis

Passen Sie die Datei /etc/samba/rsync.secret an Ihre Umgebung an, und achten Sie darauf, dass die Rechte so gesetzt sind, dass außer dem `root` niemand die Datei öffnen kann.

Nachdem Sie alle Konfigurationsdateien angepasst haben, können Sie anschließend den xinetd neu starten. Prüfen Sie mit *tail -30 /var/log/syslog*, ob der `xinetd` auch ohne Fehler gestartet wurde. Ist das der Fall, sehen Sie mit *ss -tlp | grep rsync*, dass der `rsyncd`-Port jetzt offen ist.

Der zweite Domaincontroller ist lediglich ein Client für die Replikation, und Sie müssen hier keinen `rsyncd` konfigurieren. Das Paket rsync müssen Sie aber auch hier installieren, um den zweiten Domaincontroller als Replikationspartner konfigurieren zu können.

Legen Sie die Datei /etc/samba/rsync.pass an. In der Datei darf nur das Passwort des Replikationsbenutzers stehen. Achten Sie auch hier darauf, dass nur der Benutzer `root` die Datei öffnen kann. Erstellen Sie ein Skript, das dann später über den Cron aufgerufen wird, um die Gruppenrichtlinien zu replizieren. In Listing 24.5 sehen Sie das Skript:

Listing 24.5 Skript zur Replikation der Sysvol-Freigabe

```
#!/bin/bash
rsync   -XAavz --delete-after --password-file=/etc/samba/rsync.pass \
        rsync://sysvol-repl@dc-01/sysvol/ /var/lib/samba/sysvol/
```

Stellen Sie sicher, dass das Skript ausführbar ist. Tragen Sie anschließend das Skript in die Cron-Tab des Benutzers `root` ein. Die Häufigkeit, in der das Skript ausgeführt werden soll, ist abhängig davon, wie oft Sie neue Gruppenrichtlinien erstellen oder ändern.

Wichtig

Damit nicht später ein Administrator aus Versehen doch versucht, Änderungen auf einem anderen Domaincontroller als dem ersten durchzuführen, sollten Sie die sysvol- und netlogon-Freigaben auf den anderen Domaincontrollern immer mit dem Parameter *read only = yes* schützen. So sind Sie sicher, dass niemand auf eine der Freigaben schreiben kann.

Nachdem beide Domaincontroller konfiguriert wurden, können Sie jetzt einen Windows-Client in die Domäne aufnehmen und die RSAT installieren. Der Rechner soll zur Geschäftsleitung gehören und erhält daher den NetBIOS-Namen *gl-03*. Anschließend geht es dann mit der Konfiguration der Active-Directory-Struktur weiter.

Informationen für die Dokumentation der Replikation

- Alle zusätzlich installierten Pakete für die Replikation, sowohl auf dem ersten als auch auf dem zweiten Domaincontroller
- IP-Adressen der Systeme, die an der Replikation teilnehmen dürfen
- Funktion der Replikationspartner (Master oder Slave)
- Hostname und IP-Adresse des Windows-Clients mit den RSAT
- Das Skript für die Replikation
- Die Häufigkeit für die Replikation

Nach Abschluss der Installation zu sichernde Dateien:

- /etc/xinetd.d/rsync auf dem ersten Domaincontroller
- /etc/rsyncd.conf auf dem ersten Domaincontroller
- /etc/samba/rsync.secret auf dem ersten Domaincontroller
- /etc/samba/rsync.pass auf dem zweiten Domaincontroller
- die crontab des Benutzers `root` auf dem zweiten Domaincontroller
- das Skript zur Ausführung der Replikation

■ 24.6 Konfiguration von GlusterFS

Die Heimatverzeichnisse, Profile und auch alle anderen Daten der Benutzer sollen in einem aus zwei Knoten bestehenden Cluster gespeichert werden. Da keine Snapshots des Clusters verwendet werden sollen, können Sie die Bricks ohne LVM einrichten.

Passen Sie als Nächstes die Netzwerkkonfiguration aller Knoten des Clusters an. Jeder Knoten benötigt zwei Netzwerkkarten, wobei sich eine der Karten im Produktiv- und die andere im Heartbeat-Netz befinden muss. Wichtig ist hier, dass Sie einen der beiden Domaincontroller als DNS-Server eintragen, da Sie sonst den Cluster nicht in die Domäne aufnehmen können. Tragen Sie die Heartbeat-IP-Adressen aller Knoten in die Datei /etc/hosts auf allen Knoten ein. Listing 24.6 zeigt die Datei für den ersten Knoten:

Listing 24.6 Einträge in der Datei /etc/hosts

```
192.168.58.231   fs-01.wernersen.lokal sambabuch-c2
192.168.59.231   knoten-1.wernersen.lokal knoten-1
192.168.59.232   knoten-2.wernersen.lokal knoten-2
```

Der Grund für die Namensauflösung über die Datei /etc/hosts und nicht über einen DNS-Server ist der, dass beim Ausfall des DNS-Server die Knoten ihre Namen nicht mehr auflösen könnten. Dann würden alle Knoten im Cluster ihren Dienst einstellen, und der Cluster wäre nicht mehr erreichbar.

Installieren Sie die aktuelle Gluster-Software für die von Ihnen verwendete Distribution von *http://download.gluster.org/pub/gluster/glusterfs/LATEST/*. Verwenden Sie hier nicht die in der Distribution mitgelieferten Versionen, da diese meist älter sind. Nachdem Sie die Pakete installiert haben, müssen Sie die Knoten miteinander bekannt machen. Listing 24.7 zeigt die Kommandos für alle Knoten:

Listing 24.7 Bekanntmachen der Knoten

```
root@fs-01:~# gluster peer probe knoten-2
peer probe: success.

root@fs-02:~# gluster peer probe knoten-1
peer probe: success.
```

Anschließend partitionieren und formatieren Sie die Festplatten für die Bricks auf den Knoten. Erzeugen Sie jetzt den Mountpoint, mounten den Brick und tragen das Mounten in die Datei /etc/fstab ein. Listing 24.8 zeigt Ihnen alle Schritte:

Listing 24.8 Mounten der Bricks

```
root@fs-01:~# mkdir /gluster

root@fs-01:~# systemctl restart glusterfs-server.service

root@fs-01:~# mount /dev/sda1 /gluster
root@fs-01:~# echo /dev/sda1 /gluster xfs defaults 0 0 >> /etc/fstab

root@fs-01:~# mkdir /gluster/brick
```

Nachdem Sie auf beiden Knoten die Partition gemountet haben, können Sie jetzt das Gluster-Volume erstellen und das Volume mounten. In Listing 24.9 können Sie alle Schritte zu diesem Vorgang verfolgen:

Listing 24.9 Erstellen und Mounten des Volumes

```
root@fs-01:~# gluster volume create gv1 replica 2 \
        knoten-1:/gluster/brick knoten-2:/gluster/brick
```

```
volume create: gv1: success: please start the volume to access data

root@fs-01:~# gluster volume start gv1
volume start: gv1: success

root@fs-01:~# gluster volume info

Volume Name: gv1
Type: Replicate
Volume ID: c5967d68-0295-49fb-b99d-3cadefd3791e
Status: Started
Number of Bricks: 1 x 2 = 2
Transport-type: tcp

Bricks:
Brick1: knoten-1:/gluster/brick
Brick2: knoten-2:/gluster/brick
Options Reconfigured:
performance.readdir-ahead: on

root@fs-01:~# mkdir /glusterfs
root@fs-01:~# mount -t glusterfs knoten-1:/gv1 /glusterfs

root@fs-02:~# mkdir /glusterfs
root@fs-02:~# mount -t glusterfs knoten-2:/gv1 /glusterfs
```

Um später bei einem Neustart der Systeme das Gluster-Volume korrekt zu mounten, erstellen Sie ein Start-Skript für den systemd im Verzeichnis /etc/systemd/system. Achten Sie darauf, dass sich der Name für das Skript aus dem Mountpoint und dem Suffix *mount* zusammensetzen muss, da sonst das Skript beim Start nicht korrekt ausgeführt wird. In Listing 24.10 sehen Sie das Skript, das Sie auf beiden Knoten erstellen müssen:

Listing 24.10 Skript zum Mounten des Volumes

```
[Unit]
Description = Data dir
After=network.target glusterfs-server.service
Required=network-online.target

[Mount]
What=knoten-1:/gv1
Where=/glusterfs
Type=glusterfs
Options=defaults,acl

[Install]
WantedBy=multi-user.target
```

Um das Skript zu aktivieren, müssen Sie das Skript im Systemd einbinden. In Listing 24.11 sehen Sie das Aktivieren des Skripts und wie Sie das Skript von Hand ausführen können:

Listing 24.11 Aktiveren und Ausführen des Skripts

```
root@fs-01:~# systemctl enable glusterfs.mount
Created symlink /etc/systemd/system/multi-user.target.wants/\
        glusterfs.mount ■ /etc/systemd/system/glusterfs.mount.

root@fs-01:~# systemctl start glusterfs.mount
```

Diese Schritte müssen Sie auf beiden Knoten des Clusters ausführen. Nach diesen Schritten ist der Gluster-Aktiv-aktiv-Cluster eingerichtet. Jetzt können Sie Daten in das Volume schreiben, und die Daten werden immer auf beiden Knoten gespeichert.

Informationen für die Dokumentation des Clusters

- Alle zusätzlich installierten Pakete und eingebundenen Repositories
- Vergebene IP-Adressen für alle Netzwerkkarten
- Name für die Cluster-Knoten
- Mountpoints für das Brick und das Volume
- Einträge in der Datei /etc/fstab
- Die Systemd-Skripte

Nach Abschluss der Installation zu sichernde Dateien:

- Repository-Listen
- /etc/hosts
- Die Netzwerkkonfiguration
- Das Systemd-Skript

24.7 Konfiguration von CTDB

Nachdem Gluster auf beiden Knoten eingerichtet wurde, kann jetzt CTDB konfiguriert werden. Installieren Sie die benötigten Samba-Pakete auf beiden Knoten. Erstellen Sie die DNS-Einträge für die virtuellen IP-Adressen der beiden Knoten, und prüfen Sie, ob der Name des Clusters richtig aufgelöst wird, sodass beide IP-Adressen angezeigt werden. In Listing 24.12 sehen Sie alle dafür benötigten Kommandos:

Listing 24.12 Eintragen der DNS-Informationen

```
root@dc-01:~# kinit administrator
administrator@WERNERSEN.LOKAL's Password:

root@dc-01:~# samba-tool dns add dc-01 wernersen.lokal cluster-01\
        A 192.168.58.231 -k yes
Record added successfully

root@dc-01:~# samba-tool dns add dc-01 wernersen.lokal cluster-01\
        A 192.168.58.232 -k yes
```

```
Record added successfully

root@dc-01:~# samba-tool dns add dc-01 58.168.192.in-addr.arpa\
          231 PTR cluster-01.wernersen.lokal -k yes
Record added successfully

root@dc-01:~# samba-tool dns add dc-01 58.168.192.in-addr.arpa\
          232 PTR cluster-01.wernersen.lokal -k yes
Record added successfully

root@fs-01:~# host cluster-01
cluster-01.wernersen.lokal has address 192.168.58.231
cluster-01.wernersen.lokal has address 192.168.58.232
```

Erst wenn Sie auf beiden Knoten die Namen und IP-Adressen auflösen können, können Sie mit der Konfiguration des CTDB-Clusters fortfahren. Für CTDB wird eine Konfigurationsdatei erstellt. Der Standardpfad für die Konfigurationsdatei ist /etc/ctdb/ctdbd.conf.

Die Konfiguration ist dann wieder identisch, unabhängig von dem Weg, wie Sie Samba und CTDB installiert haben. Öffnen Sie jetzt die Datei /etc/ctdb/ctdbd.conf mit einem Editor, und passen Sie die Parameter aus Listing 24.13 an Ihre Umgebung an:

Listing 24.13 Einträge in der Konfigurationsdatei ctdbd.conf

```
# Do NOT run CTDB without a recovery lock file unless you know exactly
# what you are doing.
CTDB_RECOVERY_LOCK=/glusterfs/ctdb.lock

# List of nodes in the cluster.  Default is below.
CTDB_NODES=/etc/ctdb/nodes

# List of public addresses for providing NAS services.  No default.
CTDB_PUBLIC_ADDRESSES=/etc/ctdb/public_addresses
```

In Listing 24.14 sehen Sie den Inhalt der Dateien nodes und public_addresses. Beide Dateien müssen auf beiden Knoten identisch erstellt werden:

Listing 24.14 Einträge in den Konfigurationsdateien

```
# /etc/ctdb/nodes
192.168.59.231
192.168.59.232

# /etc/ctdb/public_addresses
192.168.58.231/24 eth1
192.168.58.232/24 eth1
```

Anschließend können Sie den CTDB-Dienst auf beiden Knoten starten. Warten Sie, bis der Status den Wert *OK* zeigt; erst dann können Sie den Samba-Dienst konfigurieren: Prüfen Sie, ob die von Ihnen in der Datei /etc/ctdb/public_addresses eingetragenen IP-Adressen auf die Netzwerkkarten verteilt wurden. Verwenden Sie dafür das Kommando *ip a l* so wie in Listing 24.15:

Listing 24.15 Prüfen der IP-Adressen

```
root@fs-02:~# ip a l eth1
 3: eth1: <BROADCAST,MULTICAST,UP,LOWER_UP> mtu 1500 qdisc pfifo_fast\
        state UP group default qlen 1000
    link/ether 08:00:27:2f:1f:79 brd ff:ff:ff:ff:ff:ff
    inet 192.168.58.212/24 brd 192.168.58.255 scope global eth1
       valid_lft forever preferred_lft forever
    inet 192.168.58.231/24 brd 192.168.58.255 scope global secondary eth1
       valid_lft forever preferred_lft forever
    inet6 fe80::a00:27ff:fe2f:1f79/64 scope link
       valid_lft forever preferred_lft forever

root@fs-01:~# ip a l eth1
 3: eth1: <BROADCAST,MULTICAST,UP,LOWER_UP> mtu 1500 qdisc pfifo_fast\
        state UP group default qlen 1000
    link/ether 08:00:27:92:f8:57 brd ff:ff:ff:ff:ff:ff
    inet 192.168.58.211/24 brd 192.168.58.255 scope global eth1
       valid_lft forever preferred_lft forever
    inet 192.168.58.232/24 brd 192.168.58.255 scope global secondary eth1
       valid_lft forever preferred_lft forever
    inet6 fe80::a00:27ff:fe92:f857/64 scope link
       valid_lft forever preferred_lft forever
```

Jetzt läuft der CTDB-Cluster, und Sie können im nächsten Schritt den Start des Samba- und Winbind-Dienstes über CTDB einrichten.

24.8 Konfiguration von Samba

Nachdem Sie den ersten Teil der Konfiguration von CTDB abgeschlossen haben, können Sie jetzt den Samba-Dienst über die Registry konfigurieren. Als Erstes müssen Sie auf allen Knoten die Datei /etc/samba/smb.conf mit dem Inhalt aus Listing 24.16 erstellen:

Listing 24.16 Einstellungen in der smb.conf

```
[global]
        clustering = yes
        include = registry
```

Das ist alles, was in der Datei smb.conf auf einem Cluster eingetragen wird. Sämtliche weiteren Konfigurationen müssen in der Registry vorgenommen werden. Führen Sie die Kommandos für die Konfiguration aus Listing 24.17 aus, um den Samba-Dienst zu konfigurieren:

Listing 24.17 Konfiguration der Registry

```
root@fs-01:~# net conf setparm global "workgroup" "wernersen"

root@fs-01:~# net conf setparm global "netbios name" "cluster-01"
```

```
root@fs-01:~# net conf setparm global "security" "ads"

root@fs-01:~# net conf setparm global "realm" "WERNERSEN.LOKAL"

root@fs-01:~# net conf setparm global "idmap config *:range" \
                                       "10000-19999"

root@fs-01:~# net conf setparm global "idmap config wernersen:backend" \
                                       "rid"

root@fs-01:~# net conf setparm global "idmap config wernersen:range" \
                                       "1000000-1999999"

root@fs-01:~# net conf setparm global "store dos attributes" "yes"

root@fs-01:~# net conf setparm global "map acl inherit" "yes"

root@fs-01:~# net conf setparm global "vfs objects" "acl_xattr"
```

Bevor Sie den Cluster in die Domäne aufnehmen, müssen Sie noch die Datei /etc/krb.conf auf beide Knoten kopieren. Testen Sie anschließend mit dem Kommando *net conf list* auf allen Knoten, ob die Konfiguration identisch ist. Wenn das der Fall ist, können Sie den Cluster in die Domäne aufnehmen, so wie Sie es in Listing 24.18 sehen:

Listing 24.18 Join in die Domäne

```
root@fs-01:~# net ads join -U administrator
Enter administrator's password:
Using short domain name -- WERNERSEN
Joined 'CLUSTER-01' to dns domain 'wernersen.lokal'
Not doing automatic DNS update in a clustered setup.

root@fs-01:~# net ads testjoin
Join is OK

root@fs-02:~# net ads testjoin
Join is OK
```

Wenn Sie die Samba-Pakete aus den Repositories der Distribution oder von den SerNet-Paketen installiert haben, sorgen Sie jetzt dafür, dass die Dienste smbd, nmbd und winbindd beim Systemstart nicht automatisch gestartet werden, denn das Starten der Dienste soll jetzt CTDB übernehmen. Listing 24.19 zeigt die Kommandos; ersetzen Sie *dienst-skript* durch den Namen Ihrer Startskripte:

Listing 24.19 Stoppen der Samba-Dienste

```
root@fs-01:~# systemctl stop smbd

root@fs-01:~# systemctl stop nmbd

root@fs-01:~# systemctl stop winbind
```

```
root@fs-02:~# systemctl disable smbd

root@fs-02:~# systemctl disable nmbd

root@fs-02:~# systemctl disable winbind
```

Jetzt können Sie in der Datei /etc/ctdb/ctdbd.conf die Samba-Dienste aktivieren. Passen Sie diese Datei so an wie in Listing 24.20. Bei den Skripten müssen Sie Ihre Skriptnamen eingeben:

Listing 24.20 Starten der Samba-Dienste über CTDB

```
CTDB_MANAGES_SAMBA=yes

CTDB_MANAGES_WINBIND=yes

CTDB_SERVICE_WINBIND="winbind"

CTDB_SERVICE_NMB="nmbd"

CTDB_SERVICE_SMB="smbd"
```

Starten Sie den CTDB-Dienst neu, und warten Sie, bis der Status wieder *OK* zeigt. Damit Sie an die Benutzer und Gruppen aus dem Active Directory Rechte vergeben können, müssen Sie noch auf beiden Knoten die Datei /etc/nsswitch.conf wie in Listing 24.21 anpassen:

Listing 24.21 Anpassung der nsswitch.conf

```
passwd:       compat winbind
group:        compat winbind
```

Jetzt ist der Cluster einsatzbereit, und die Freigaben und Berechtigungen können gemäß den Vorgaben eingerichtet werden.

Informationen für die Dokumentation von CTDB

- Alle zusätzlich installierten Pakete und eingebundenen Repositories
- Virtuelle IP-Adressen aller Knoten
- Name für den Cluster im DNS
- Konfiguration der Registry

Nach Abschluss der Installation zu sichernde Dateien:

- Die Dateien nodes und public_addresses
- Die Konfiguration des Samba-Diensts mit *net conf list > smb.back*
- Die Datei /etc/ctdb/ctdbd.conf
- Die Datei /etc/nsswitch.conf

24.9 Einrichten der administrativen Freigaben

Im ersten Schritt werden die Freigaben für die Heimatverzeichnisse der Benutzer und die Freigabe für die serverbasierten Profilverzeichnisse eingerichtet. Listing 24.22 zeigt alle benötigten Kommandos:

Listing 24.22 Freigaben für Heimat- und Profilverzeichnisse

```
root@fs-01:~# mkdir /glusterfs/home

root@fs-01:~# net conf addshare users /glusterfs/home writeable=y \
              guest_ok=n "Heimatverzeichnisse"

root@fs-01:~# net conf setparm users "browsable" "no"

root@fs-01:~# chgrp 'WERNERSEN\\domain admins' /glusterfs/home/

root@fs-01:~# chmod 775 /glusterfs/home/

root@fs-01:~# mkdir /glusterfs/profile

root@fs-01:~# net conf addshare profile /glusterfs/profile writeable=y \
              guest_ok=n "Profilverzeichnisse"

root@fs-01:~# net conf setparm profile "browsable" "no"

root@fs-01:~# chgrp 'WERNERSEN\\domain users' /glusterfs/profile/

root@fs-01:~# chmod 1770 /glusterfs/profile/
```

Legen Sie zuerst die Verzeichnisse an, und erstellen Sie dann die Freigaben. Wenn Sie erst die Freigaben anlegen, wird der CTDB-Dienst auf allen Knoten auf den Status *UNHEALTHY* wechseln. Erst wenn Sie das Verzeichnis anlegen, wird der Status wieder auf *OK* wechseln. Jetzt sollen die administrativen Freigaben für die Daten auf dem Cluster eingerichtet werden. In diesen administrativen Freigaben können dann später, von Windows aus, die Verzeichnisse und Freigaben für die Benutzer eingerichtet werden. Listing 24.23 zeigt auch hier alle Kommandos, die Sie benötigen:

Listing 24.23 Einrichten der administrativen Freigabe

```
root@fs-01:~# mkdir /glusterfs/admin-share

root@fs-01:~# net conf addshare admin /glusterfs/admin-share writeable=y \\
              guest_ok=n "Nur fuer Admins"

root@fs-01:~# net conf setparm admin "browsable" "no"

root@fs-01:~# net conf setparm admin "administrative share" "yes"
```

```
root@fs-01:~# chown 'WERNERSEN\\domain admins' /glusterfs/admin-share/

root@fs-01:~# chmod 775 /glusterfs/admin-share/
```

Informationen für die Dokumentation von Freigaben

- Name der Freigaben
- Gesetzte Rechte
- Besitzer und besitzende Gruppe
- Alle gesetzten Parameter, eventuell mit Kommentar, warum Sie diese Parameter gesetzt haben

Nach Abschluss der Installation zu sichernde Dateien:

- Die Konfiguration des Samba-Dienst mit *net conf list > smb.back*
- Die Datei /etc/nsswitch.conf

Wenn Sie den Cluster für die Benutzer freigeben, sollten Sie auch eine Offline-Sicherung der Daten einrichten, denn ein Cluster, auch wenn er die Daten redundant hält, ersetzt keine Offline-Sicherung.

24.10 Einrichten des Druckservers

Für die Firma Wernersen soll ein dedizierter Printserver für alle Benutzer eingerichtet werden. Der Printserver soll auf einem eigenen Samba-Server laufen. Installieren Sie eine neue Maschine mit den Samba-Paketen wie für einen Fileserver. Wenn Sie die Pakete selbst bauen, können Sie die Funktion des Domaincontrollers beim Lauf von *./configure* deaktivieren. Nach der Installation des Samba-Dienstes konfigurieren Sie ihn entweder über die Datei /etc/samba/smb.conf oder über die Registry.

 Tipp
Wenn Sie später die Konfiguration des Servers auch über Windows anpassen wollen, ist der bessere Weg die Konfiguration über die Registry.

In Listing 24.24 sehen Sie die globalen Einstellungen für den Printserver:

Listing 24.24 Grundeinstellungen des Printservers

```
[global]
        workgroup = wernersen
        realm = wernersen.lokal
        security = ADS
        winbind refresh tickets = Yes
        template shell = /bin/bash
        idmap config * : range = 10000 - 19999
        idmap config wernersen : backend = rid
        idmap config wernersen : range = 1000000 - 1999999
```

Tipp

Sie können auch alle Parameter in eine ASCII-Textdatei schreiben und sie anschließend mit *net conf import <textdatei>* in die Registry importieren.

Nachdem Sie die Grundkonfiguration erstellt haben, können Sie den Server mit dem Kommando *net ads join -U administrator* in die Domäne aufnehmen. Anschließend können Sie die Dienste smbd, nmbd und winbindd starten.

Passen Sie die Datei /etc/nsswitch.conf so an, dass Sie die Benutzer und Gruppen auf dem Printserver nutzen können.

Für den Printserver werden zwei Freigaben benötigt: eine Freigabe für die Druckertreiber und eine Freigabe, um die Druckaufträge zu speichern. Erstellen Sie die Freigaben wie in Listing 24.25:

Listing 24.25 Freigaben für die Printserver

```
[printers]
        path = /var/spool/samba
        read only = No
        create mask = 0700
        printable = Yes
        browseable = No


[print\$]
        path = /var/lib/samba/drivers
        create mask = 0775
        inherit permissions = Yes
```

Sorgen Sie dafür, dass alle Verzeichnisse vorhanden und die richtigen Berechtigungen gesetzt sind. In Listing 24.26 sehen Sie alle benötigten Kommandos:

Listing 24.26 Einrichten der Verzeichnisse

```
root@ps-01:~# mkdir /var/spool/samba

root@ps-01:~# chmod 1777 /var/spool/samba/

root@ps-01:~# chgrp -R 'WERNERSEN\\domain admins' /var/lib/samba/drivers/

root@ps-01:~# chmod -R g+w /var/lib/samba/drivers/
```

Damit die Gruppe der domain admins später die Druckertreiber auf den Printserver hochladen kann, müssen Sie das entsprechende Privileg wie in Listing 24.27 an die Gruppe vergeben:

Listing 24.27 Vergabe des Privilegs

```
net rpc rights grant 'wernersen\\domain admins' SePrintOperatorPrivilege\\
                -U administrator -S ps-01
Enter administrator's password:
```

```
Successfully granted rights.

root@ps-01:~# net rpc rights list 'wernersen\\domain admins' \\
                -U administrator -S ps-01
Enter administrator's password:
SePrintOperatorPrivilege
```

Jetzt können Sie die Drucker über CUPS einrichten und anschließend über die `Druckverwaltung` unter Windows die Treiber hochladen. Nachdem Sie die Drucker installiert und die Treiber hochgeladen haben, müssen Sie die Drucker noch mit den Treibern verbinden.

Das genaue Vorgehen für die Treiber- und Druckerinstallation finden Sie in Kapitel 19, «Samba4 als Printserver». Dort finden Sie auch die Einrichtung der entsprechenden Gruppenrichtlinien.

Informationen für die Dokumentation des Printservers

- Namen aller Drucker
- Verwendete Verzeichnisse für das Spooling
- Die verwendeten Freigaben
- Gesetzte Rechte
- Vorgang zur Zuordnung der Treiber zu den einzelnen Druckern

Nach Abschluss der Installation zu sichernde Dateien:

- Die Konfiguration des Samba-Dienstes
- Die Datei /etc/nsswitch.conf
- Die Datei /etc/cups/cupsd.conf

Damit sind jetzt alle Serverdienste installiert und dokumentiert. Jetzt kann die Verwaltungsstruktur im Active Directory angelegt werden. Erst dann können Sie die Gruppenrichtlinien erstellen. Ob Sie die benötigten Freigaben für Ihre Benutzer über die Kommandozeile erstellen oder über Windows, spielt keine Rolle. Wichtig ist nur, dass Sie alles genau dokumentieren. In der nachfolgenden Auflistung sehen Sie noch eine Übersicht über Dinge, die Sie auf jeden Fall außerhalb des Systems dokumentieren und sichern sollten.

Weitere Informationen für die Dokumentation

- Namen aller Freigaben für die Benutzer
- Vergebene Berechtigungen auf den Freigaben
- Namen der Gruppenrichtlinien
- Verknüpfungen der Gruppenrichtlinien
- Eingetragene Berechtigungsfilter in den Gruppenrichtlinien

Zusätzliche Dateien, die Sie sichern sollten:

- Sichern der Active-Directory-Datenbank
- Speichern des Verzeichnisses var/lib/samba/privat
- Alle smb.conf aller Serversysteme
- Den Inhalt der Freigabe sysvol inklusive der ACLs

24.11 Nachwort zum Workshop

Wenn Sie diesen Workshop als Vorlage für die Einrichtung Ihrer Umgebung nehmen und Ihre Struktur danach ausrichten, natürlich mit allen bei Ihnen vorhandenen Anpassungen, dann haben Sie im Anschluss ein gut wartbares Active Directory. Passen Sie alle Sicherungen und Dokumentationen immer wieder an, wenn Sie Änderungen durchführen, denn nur eine aktuelle Dokumentation hilft Ihnen bei der Fehlersuche.

Stichwortverzeichnis

/etc/hosts 263, 268
[global]-Section 179

A
acl 104
aclcheck 104
Active-Directory-Domaincontroller 12
ad 174
ADDC 12
Aktiv/Aktiv-Cluster 273
Apparmor 4, 52, 118
Authentifizierung 156

B
Backup 401
Baumstruktur 182
Benutzerverwaltung 63
bind9 15, 43, 45, 49, 50, 111, 115, 117, 317
Brick 264, 269, 440
Build-Umgebung 16

C
CentOS 26
cifs 63, 255, 266
Client 247, 265
– DNS-Server 247
Cluster Trivial Database 263
cn=Users 221
CNAME 420
CNAME-Record 124
Computersuchdienst 5, 397
configure 16, 22, 28, 33
Cron 131
Cron-Job 131
CSV 353, 354
CTDB 263, 266, 284, 442
ctdb 286
CTDB_NODES 287
CTDB_RECOVERY_LOCK 287

CUPS 379, 381
– cupsd.conf 381

D
Dateisystem 229
Dateisystemquota 239
Dateisystemrechte 229
– Besitzer 237
– Vererbung 233
DDNS 155
Debian 9 15
Desktopmanager 256
DFS 226
DFS-Link 226, 227
DFS-Proxy 226
DFS-Server 227
DHCP-Server 155
Disaster Recovery 309
Dispersed 266
Distribute 266
Distribute Replicate 266
Distributed File System 226
Distribution 9
DNS-Proxy 317
dnssec 318
dnssec-key 166
DNS-Server 45, 111
dnsupdate 424
dnsutils 419
Domaincontroller 12, 107, 247
Domainnamemaster 133
Domain-Suffix 331
Domain-Trust 315
Druckerserver 389
Druckertreiber 388

E
edquota 243
enum groups 69

enum users 69
exportkeytab 260
external trust 316
externale trust 315

F
Failover 286
Festplattenkontingent 239
Fileserver 422
Filesystemcluster 284
Firewall 407
– netstat 407, 408
– Ports DC 407
– Ports Fileserver 408
Flexible Single Master Operation 133
foreignSecurityPrincipal 331
Forest 315
Forest-Trusts 315, 331
Forwarder 51, 317
Forward-Lookupzone 108
Forward-Zone 318
Freigabe 189
– directory security mask 191
– hide unreadable 190
– HKLM 193
– read only = yes 190
– Registry 191
– rpc 192
– security mask 191
– smbclient 195
– tdbtool 192
– template homedir 199
Freigabeverwaltung 189
FSMO 126, 133, 420
– DomainDNSZones 134
– ForestDNSZones 134
– Infrastrukturmaster 134
– PDC-Master 126
– RID-Master 133
– Schemamaster 133
FSMO-Rolle 135
fuse 273
fuse-mount 265

G
get 349
getent passwd 178
GID 10, 45, 63, 173
GID-Mapping 173
Global Catalog 56, 134, 375
GlusterFS 263, 264
– Modi 266

GPO 91
Groupmapping 365
Gruppenrichtlinien 91
– samba-tool gpo 91
– Verknüpfung 97
Gruppenrichtlinieneditor 92, 217
Gruppenrichtlinienverwaltung 92, 94, 217
Gruppenrichtlinienverwaltungs-Editor 94

H
Heartbeat-Netzwerk 263
Heimatverzeichnis 199
Heimdal-Kerberos 10
Hive 181
HKLM 181
hostname 416

I
ID-Mapping 57, 63, 67, 173, 254, 328
id-mapping 9
INBOUND 122
InfiniBand 264
interfaces 412
iptaples 409

K
KDC 176
Kerberos 56, 175, 418
Kerberos-Server 43, 57
Kerberos-Ticket 320
Key Distribution Center 176
Keyptab 156
kinit 57
klist 57
Knoten 264
Knotentyp 398
krb5.conf 15, 57

L
LAM 83, 84
– Baumansicht 90
– ldaps 85
ldap 75
LDAP 9, 56
LDAP Account Manager 63, 64, 83
– installieren 84
– konfigurieren 85
ldaps 75, 418
ldbdel 359
ldbedit 77, 401
ldbmodify 78, 361
ldbsearch 59, 75

ldb-tools 75
.ldif-Datei 78
ldif-Datei 304
lightdm 256
Linux-Client 247, 248
– winbind 250
Linux-Fileserver 173
LMhosts 398
Load Balancing 286
log.ctdb 288
LVM2 265, 275, 299

M
make 17, 23
make install 18, 23
Masterbrowser 397, 403
mget 349
Migration 363
– /etc/group 369
– FSMO 375, 377
– FSMO-Rollen 376
– Global Catalog 375
– In Place 363
– openLDAP 370
– Provisioning 364
– .tdb-Datei 363
– Windows-Server 374
– wins support = yes 365
MIT-Kerberos 3, 10
Mountpoint 255
mput 349

N
Name Service Switch 253
Namensraum 264
Nameserver 47
Namespace 331
net 335
– ads 344
   – info 346
   – lookup 346
   – status 346
– rpc 344
– status 346
net conf 215
NetBEUI 8
NetBIOS 5, 8, 397, 412
NetBIOS-Domainname 45
NETLOGON 325
netlogon 48, 57
netplan 120
Netzwerkumgebung 397

nmbd 8, 19, 25, 31, 36, 449
nmblookup 402
nodes 287
NOTAUTH 424
NSS 253, 259, 329
nsswitch.conf 326
NTDS-Setting 375
ntlm 256
NTLN 9
ntp 61, 126
ntp.conf 61

O
objectGUID 124, 420
OMAPI 166
onnode 294
Organisational Unit 93
OU 93
OUTBOUND 122

P
PAM 259
pam_mount 255
pam_mount.conf.xml 255
Passwort 71
Passwortregeln 74
pdbedit 64
PDC-Emulator 133
PDC-Master 126
Peer 268, 269
Point'n'Print 379
Port 139 412
Pricipal 58
Printserver 379
– Point'n'Print 390
– print$ 383
– printers 383
– Privilegien 380
– rpcclient 392
– Systemprivilegien 380
Profile 202
Protokoll 5
Provisioning 47, 364, 416
PSO 10
PTR-Record 110
public_addresses 287
put 349

Q
Quorum 270
Quota 239
– aquota.group 241

– aquota.user 241
– edquota 242
– fstab 240
– grace period 242
– grpquota 240
– Hardlimit 242
– Inode 242
– quotacheck 240
– quotaon 241
– repquota 244
– Softlimit 242
– usrquota 240
Quota-Einträge 241

R
RDMA 264
read-only 412
readonly-Domaincontroller 145
Realm 44, 416
Recovery 401
recycle 215
Regedit 179, 185, 209
Registrierungs-Editor 399
Registry 178, 182, 189, 191, 311
– binaries 180
– Hive 180
– HKLM 180
– integer 180
– net conf 183
– registry shares = yes 179
– samba-regedit 182
– Schlüssel 181
– string 180
Remote Direct Memory Access 264
Remote Server Administration Tools 63, 79
Replicate 266
Replikation 126, 400
repquota 243
resolv.conf 47, 319, 417
Resolver 54, 56
Reverse-Lookupzonen 108
rfc2307 45
RID 133, 253
rid 174
RODC 145
round robin 43
RSAT 63, 79, 80, 326
rsync 126, 127, 420
– dry-run 130
rsyncd 129
rsyncd.conf 128

S
samba 292
samba4wins 398
Samba-Freigaben 254
Samba-Ports 55
samba-tool 43, 44, 64, 336, 352
– create username 71
– dbcheck 336
– disable user 73
– drs 337
– dsacl 341
– fsmo 341
– gpo 341
– group 341
– group add 67
– group addmembers 69
– group list 65
– group listmembers 66
– ldapcmp 342
– ntacl 343
– provision 44
– sites 343
– user 70, 343
– user delete 74
– user enable 73
– user list 70
Schemamaster 303
seize 138
SELinux 4, 26
SerNet 37
Server 173, 264
Serverport 55
Service-Records 123
shadow_copy2 9, 299
Sicherheit 407
Sicherung 309
Single Sign-on 405
SMB 5
SMB2 6
SMB3 7
smbclient 56, 335, 349
smb.conf 182, 247, 290, 311
smbd 19, 25, 31, 36, 449
smbd-Prozess 189
smb-Kommandos 346
smbstatus 335, 351
smbtree 351
Snapshot 265, 275, 299
Split Brain 272
split-brain 270
Spooling 379
SRV-Record 317, 319

SRV-Records 56
ss 55, 129, 407
ssh 405
– net ads keytab 406
ssh_config 406
sshd_config 405
ssh-Server 405
SSSD 247, 258
Standort 143
Sticky Bit 203
Storage-Pool 268
Stripe 266
Subnetz 143
Subvolume 264
Suse Leap 15 32
System Security Services Daemon 258
systemd 18, 53, 119, 273, 441
sysvol 48, 57, 104, 126, 311
– Replikation 126

T
Tar 350
.tar-File 350
tdb 174
.tdb-Datei 311
tdb-Datenbank 191
tdbdump 192
tdbtool 192
testparm 186
TGT 405
thinly-provision 269, 275
Ticket Granting Ticket 405
tkey-gssapi-keytab 51
transitiv 316

U
Ubuntu 21
UID 45, 63, 173
UID-Mapping 173
UPN 331
User Principal Name 331
Userspace 265, 273

V
Verbindungsaufbau 56
Vererbung 233
Vertrauensstellung 315
vfs-Modul 297
– glusterf 297
Volume 264

W
wbinfo 67, 253, 296, 323
wbinfo -g 252
wbinfo -u 252
Wiederherstellung 312
winbind 173, 247, 258, 292, 323, 449
winbindd 19, 25, 31, 36, 68
Windows Remote Server Administration Tools
    (RSAT) 64, 80
Windows-Client 247
Windows-Domaincontroller 43
Windows-Server 247
WINS 397
– Replikation 401
Workshop 431
– Forwarder 435
– Namensstandard 433
– netlogon 439
– Provisioning 434
– Replikationsbenutzer 438
– Reverse-Lookupzone 436
– sysvol 439
– sysvol-Replikation 437
– Zeitserver 435

X
xinetd 127, 129, 420
xinetd.d 127

Z
Zeitserver 61, 435
zypper 32

HANSER

Elektronik-Projekte mit Raspberry Pi, Linux, C/C++ und Bash realisieren

Schmidt

Raspberry Pi programmieren mit C/C++ und Bash
Mehr als 30 Programme rund um Foto, Video & Audio. Inkl. Einsatz von WiringPi, Qt Creator & OpenCV
850 Seiten. Inklusive E-Book
€ 38,–. ISBN 978-3-446-45342-5

Auch einzeln als E-Book erhältlich
€ 29,99. E-Book-ISBN 978-3-446-45349-4

- Das Buch für alle (Hobby)programmierer, die Elektronik-Projekte mit dem Raspberry Pi, Linux, C/C++ und Bash realisieren möchten
- Zeigt, wie sich der Raspberry Pi mithilfe von Bash bzw. C/C++ programmieren lässt
- Erläutert, wie man Schaltungen für GPIO-Ports aufbaut bzw. programmiert und wie man Sensoren ansteuert
- Mit zahlreichen Beispielprojekten rund um Foto, Video & Audio (Kamera-Fernsteuerung, Objekt- und Spracherkennung, Analog-Digital-Wandler u.v.m.)
- Im Internet: Sämtliche Programme aus dem Buch

Mehr Informationen finden Sie unter **www.hanser-fachbuch.de**

HANSER

So bekommen Sie die PowerShell in den Griff!

Schwichtenberg

Windows PowerShell und PowerShell Core – Der schnelle Einstieg

Skriptbasierte Systemadministration für Windows, Linux und macOS

507 Seiten. Inklusive E-Book

€ 28,–. ISBN 978-3-446-45214-5

Auch einzeln als E-Book erhältlich

PowerShell- und .NET-Experte Dr. Holger Schwichtenberg bietet Ihnen eine kompakte Einführung in die kommandozeilenbasierte Administration und das Scripting mit Windows PowerShell und PowerShell Core.

Zahlreiche Beispiele, Übungsaufgaben sowie Hinweise auf häufig auftretende Fehler unterstützen Sie bei der praktischen Arbeit mit PowerShell.

Das Buch kann für alle Windows-Versionen eingesetzt werden – von XP/Windows Server 2003 bis Windows 10/Windows Server 2016 sowie für diverse Linux-Distributionen und macOS. Behandelt werden PowerShell 5.1 und Core 6, das Buch ist aber auch für die Vorgängerversionen geeignet.

Mehr Informationen finden Sie unter **www.hanser-fachbuch.de**

HANSER

Das Standardwerk

Konopasek
SQL Server 2017
Der schnelle Einstieg
1040 Seiten. Inklusive E-Book
€ 40,–. ISBN 978-3-446-44826-1

Auch einzeln als E-Book erhältlich

- Das ideale Praxisbuch für Ein- und Umsteiger, die schnell und zielgerichtet mit SQL Server 2017 arbeiten wollen
- Grundlagen und fortgeschrittene Techniken
- Aufeinander aufbauende Beispiele helfen, die zugrunde liegenden Konzepte und Techniken zu verstehen
- Berücksichtigt SQL Server 2017 unter Linux
- Alle Beispiele des Buchs, u. a. Datenbanken, SQL-Skripte und Visual Studio-Projekte finden Sie auf der Website zum Buch

Mehr Informationen finden Sie unter **www.hanser-fachbuch.de**

HANSER

Framework für Digitalisierung und Industrie 4.0

Hanschke
Digitalisierung und Industrie 4.0 – einfach und effektiv
Systematisch und lean die Digitale Transformation meistern
422 Seiten. Inklusive E-Book
€ 44,–. ISBN 978-3-446-45293-0

Auch einzeln als E-Book erhältlich

Inge Hanschke zeigt Ihnen, was Digitalisierung und Industrie 4.0 ausmacht, was für Unternehmen wichtig ist und wie man Erfolge dann auch mit einem guten Kosten-Nutzen-Verhältnis erzielen kann.

- Umfassende, systematische Methode für alle Aspekte der digitalen Transformation und der Industrie 4.0.
- Erläutert die wesentlichen Herausforderungen auf Business- und IT-Seite und bietet die erforderlichen Bausteine zur Bewältigung
- Enthält einen Schritt-für-Schritt-Leitfaden, Vorlagen, Tipps und Best Practices

Mehr Informationen finden Sie unter **www.hanser-fachbuch.de**